民法典

CIVIL CODE · TORT LIABILITY

侵权责任编　实务手册

刘凝 编著

中国法治出版社
CHINA LEGAL PUBLISHING HOUSE

编写说明

本书以《中华人民共和国民法典》（以下简称《民法典》）第七编"侵权责任"为线索，整理相关法律规范，选取实践中的典型案例，希望有助于各位读者更好地理解侵权法。关于本书的编排体例与具体内容，敬请注意以下几点：

第一，在"条文理解"部分，本书原则上尊重规范文义，原则上以学界主流观点为准。但在个别问题上，考虑到规范文义所指向的解释结论或者主流观点所持立场值得商榷，本书也附带提出了一些不同见解。

第二，在"相关条文"部分，本书主要整理了法律、行政法规、司法解释以及部门规章中的相关规定，同一法律位阶的规范原则上按照最新实施日期由新至旧排列。需要特别说明的是，在司法解释部分，本书整理了部分由最高人民法院以及地方人民法院发布的其他类型的司法性文件（如会议纪要、裁判指引）。严格而言，这些文件显然并非司法解释，其中部分文件还存在时效性上的问题。例如，有些文件的内容以《中华人民共和国侵权责任法》（以下简称《侵权责任法》）的相关规范为基础。之所以将这些司法性文件纳入本书，主要考虑有二：其一，在理解中国法意义上的"法律渊源"时，会议纪要、裁判指引等看似只是"杂牌军"，实则具有重要意义。这一点，实务人士想必深有感触。其二，《民法典》侵权责任编与《侵权责任法》不仅体例相似，实质内容上的改变也较为有限。所以，针对《侵权责任法》相关条文的理解在《民法典》时代仍有意义，并不过时。

第三，在"相关案例"部分，本书重点考虑两类案例：其一，具有指导意义的案例，包括最高人民法院发布的指导案例、《最高人民法院公报》刊载的公报案例以及人民法院案例库中的案例，这三种案例本书原则上均予收录；其二，有助于理解相关条文或者集中呈现相关条文所涉争议的案例，这些案例中不乏立场相左者，有些甚至与本书在"条文理解"部分所述观点也存在冲突。

本书作者学力有限，对于诸多问题的理解尚不深入，本书难免存在各种不足，还望各位读者不吝批评指正。您可以将批评意见发送至 pb_tortlaw@163.com，十分感谢！

目 录

第一章 一般规定 ... 1

第一千一百六十四条 【侵权责任编的调整范围】 ... 1
第一千一百六十五条 【过错责任原则与过错推定责任】 ... 3
第一千一百六十六条 【无过错责任】 ... 7
第一千一百六十七条 【危及他人人身、财产安全的责任承担方式】 ... 9
第一千一百六十八条 【共同侵权】 ... 12
第一千一百六十九条 【教唆侵权、帮助侵权】 ... 20
第一千一百七十条 【共同危险行为】 ... 24
第一千一百七十一条 【分别侵权的连带责任】 ... 27
第一千一百七十二条 【分别侵权的按份责任】 ... 31
第一千一百七十三条 【被侵权人与有过错】 ... 34
第一千一百七十四条 【受害人故意】 ... 39
第一千一百七十五条 【第三人过错】 ... 41
第一千一百七十六条 【自甘风险】 ... 43
第一千一百七十七条 【自力救济】 ... 46
第一千一百七十八条 【特别规定优先适用】 ... 48

第二章 损害赔偿 ... 49

第一千一百七十九条 【人身损害赔偿范围】 ... 49
第一千一百八十条 【以相同数额确定死亡赔偿金】 ... 52
第一千一百八十一条 【被侵权人死亡时请求权主体的确定】 ... 53
第一千一百八十二条 【侵害他人人身权益造成财产损失的赔偿计算方式】 ... 55
第一千一百八十三条 【精神损害赔偿】 ... 56
第一千一百八十四条 【财产损失的计算】 ... 59
第一千一百八十五条 【故意侵害知识产权的惩罚性赔偿责任】 ... 64
第一千一百八十六条 【公平分担损失】 ... 68
第一千一百八十七条 【赔偿费用的支付方式】 ... 70

第三章 责任主体的特殊规定 ……………………………………………… 72
- 第一千一百八十八条 【监护人责任】 ……………………………… 72
- 第一千一百八十九条 【委托监护时的监护人责任】 ………………… 74
- 第一千一百九十条 【暂时丧失意识后的侵权责任】 ………………… 76
- 第一千一百九十一条 【用人单位责任和劳务派遣单位、劳务用工单位责任】 ……… 77
- 第一千一百九十二条 【个人劳务关系中的侵权责任】 ………………… 81
- 第一千一百九十三条 【承揽关系中的侵权责任】 ……………………… 83
- 第一千一百九十四条 【网络侵权责任】 ……………………………… 85
- 第一千一百九十五条 【"通知与取下"制度】 ………………………… 87
- 第一千一百九十六条 【"反通知"制度】 …………………………… 91
- 第一千一百九十七条 【网络服务提供者与网络用户的连带责任】 ……… 94
- 第一千一百九十八条 【违反安全保障义务的侵权责任】 ……………… 99
- 第一千一百九十九条 【教育机构对无民事行为能力人受到人身损害的过错推定责任】 ……… 103
- 第一千二百条 【教育机构对限制民事行为能力人受到人身损害的过错责任】 ……… 106
- 第一千二百零一条 【因校外人员造成人身损害的责任】 ……………… 108

第四章 产品责任 ……………………………………………………… 110
- 第一千二百零二条 【产品生产者侵权责任】 ………………………… 110
- 第一千二百零三条 【产品缺陷的责任主体】 ………………………… 114
- 第一千二百零四条 【生产者、销售者对第三人的追偿权】 …………… 118
- 第一千二百零五条 【产品缺陷危及他人人身、财产安全的侵权责任】 ……… 120
- 第一千二百零六条 【生产者、销售者的补救措施及费用承担】 ……… 120
- 第一千二百零七条 【产品责任中的惩罚性赔偿】 …………………… 124

第五章 机动车交通事故责任 …………………………………………… 127
- 第一千二百零八条 【机动车交通事故责任的法律适用】 ……………… 127
- 第一千二百零九条 【所有人、管理人与使用人不一致时的机动车交通事故责任】 ……… 130
- 第一千二百一十条 【转让并交付但未办理登记的机动车侵权责任】 …… 133
- 第一千二百一十一条 【挂靠机动车交通事故责任】 ………………… 134
- 第一千二百一十二条 【未经允许驾驶他人机动车交通事故责任】 …… 137
- 第一千二百一十三条 【交通事故侵权救济来源的支付顺序】 ………… 138
- 第一千二百一十四条 【拼装车、报废车交通事故责任】 …………… 143
- 第一千二百一十五条 【盗抢机动车交通事故责任】 ………………… 144

| 第一千二百一十六条 | 【驾驶人逃逸责任承担规则】 | 146 |
| 第一千二百一十七条 | 【好意同乘规则】 | 148 |

第六章　医疗损害责任 … 149

第一千二百一十八条	【医疗损害责任归责原则】	149
第一千二百一十九条	【医务人员说明义务与患者知情同意权】	152
第一千二百二十条	【紧急情况下实施的医疗措施】	156
第一千二百二十一条	【违反诊疗义务的赔偿责任】	158
第一千二百二十二条	【医疗机构过错推定的情形】	159
第一千二百二十三条	【因药品、消毒产品、医疗器械的缺陷或输入不合格的血液的侵权责任】	163
第一千二百二十四条	【医疗机构免责事由】	167
第一千二百二十五条	【医疗机构对病历的义务及患者对病历的权利】	170
第一千二百二十六条	【患者隐私和个人信息保护】	173
第一千二百二十七条	【不必要检查禁止义务】	176
第一千二百二十八条	【医疗机构及医务人员合法权益的维护】	178

第七章　环境污染和生态破坏责任 … 181

第一千二百二十九条	【环境污染和生态破坏侵权责任】	181
第一千二百三十条	【环境污染、生态破坏侵权举证责任】	187
第一千二百三十一条	【两个以上侵权人造成损害的责任分担】	190
第一千二百三十二条	【侵权人的惩罚性赔偿】	194
第一千二百三十三条	【因第三人过错污染环境、破坏生态的责任】	198
第一千二百三十四条	【生态环境损害修复责任】	200
第一千二百三十五条	【生态环境损害赔偿的范围】	207

第八章　高度危险责任 … 213

第一千二百三十六条	【高度危险责任一般规定】	213
第一千二百三十七条	【核事故致害责任】	216
第一千二百三十八条	【民用航空器致害责任】	217
第一千二百三十九条	【高度危险物致害责任】	222
第一千二百四十条	【高度危险活动致害责任】	225
第一千二百四十一条	【遗失、抛弃高度危险物致害的侵权责任】	229
第一千二百四十二条	【非法占有高度危险物致害的侵权责任】	231
第一千二百四十三条	【未经许可进入高度危险区域的致害责任】	233
第一千二百四十四条	【高度危险责任赔偿限额】	238

第九章 饲养动物损害责任 ································ 239

- 第一千二百四十五条 【饲养动物损害责任一般规定】 ············ 239
- 第一千二百四十六条 【未对动物采取安全措施损害责任】 ········ 241
- 第一千二百四十七条 【禁止饲养的危险动物损害责任】 ·········· 242
- 第一千二百四十八条 【动物园饲养动物损害责任】 ·············· 245
- 第一千二百四十九条 【遗弃、逃逸动物损害责任】 ·············· 247
- 第一千二百五十条 【因第三人过错致使动物致害责任】 ········ 249
- 第一千二百五十一条 【饲养动物应负的社会责任】 ·············· 250

第十章 建筑物和物件损害责任 ···························· 252

- 第一千二百五十二条 【建筑物、构筑物或者其他设施倒塌、塌陷致害责任】 ······· 252
- 第一千二百五十三条 【建筑物、构筑物或者其他设施及其搁置物、悬挂物脱落、坠落致害责任】 ················· 254
- 第一千二百五十四条 【高空抛掷物、坠落物致害责任】 ·········· 256
- 第一千二百五十五条 【堆放物致害责任】 ······················ 259
- 第一千二百五十六条 【在公共道路上妨碍通行物品的致害责任】 ·· 260
- 第一千二百五十七条 【林木致害的责任】 ······················ 262
- 第一千二百五十八条 【公共场所或道路施工致害责任和窨井等地下设施致害责任】 ································ 264

第一章 一般规定

第一千一百六十四条 【侵权责任编的调整范围】[1]

本编调整因侵害民事权益产生的民事关系。

条文理解

本条确定了《民法典》[2]侵权责任编的调整范围。本条中的"民事权益"包括民事权利与民事利益，民事权利主要包括自然人的生命权、身体权、健康权、姓名权、肖像权、名誉权、荣誉权、隐私权、婚姻自主权以及法人与非法人组织的名称权、名誉权和荣誉权（《民法典》第110条），自然人因婚姻家庭关系等产生的人身权利（《民法典》第112条）以及民事主体的财产权利（《民法典》第113条，包括物权、债权、知识产权、继承权、股权及其他投资性权利等）。但民事权利的范围不限于《民法典》第一编第五章所规定的各种权利。常见的受保护的民事利益主要包括自然人的人身自由、人格尊严（《民法典》第109条）、个人信息（《民法典》第111条）、胎儿与死者的人格利益、商业秘密等。

《民法典》之外的特别法就侵害民事权益产生的民事关系作出特别规定的，根据特别法优先适用的原则，应当适用相关特别规定。

相关条文

◎法律

《民法典》（2021年1月1日）[3]

第一百零九条 自然人的人身自由、人格尊严受法律保护。

第一百一十条 自然人享有生命权、身体权、健康权、姓名权、肖像权、名誉权、荣誉权、隐私权、婚姻自主权等权利。

法人、非法人组织享有名称权、名誉权和荣誉权。

第一百一十一条 自然人的个人信息受法律保护。任何组织或者个人需要获取他人个人信息的，应当依法取得并确保信息安全，不得非法收集、使用、加工、传输他人个人信息，不得非法买卖、提供或者公开他人个人信息。

第一百一十二条 自然人因婚姻家庭关系等产生的人身权利受法律保护。

第一百一十三条 民事主体的财产权利受法律平等保护。

第一百二十条 民事权益受到侵害的，被侵权人有权请求侵权人承担侵权责任。

第一百二十六条 民事主体享有法律规定的其他民事权利和利益。

第一百二十八条 法律对未成年人、

---

[1] 此法条主旨为编者加注，下同。
[2] 本书援引法律文件名称省略了"中华人民共和国"字样。
[3] 此日期为法律文件的实施日期。若法律文件经过修改，则为修改后的最新实施日期，下同。

老年人、残疾人、妇女、消费者等的民事权利保护有特别规定的，依照其规定。

第一百八十六条 因当事人一方的违约行为，损害对方人身权益、财产权益的，受损害方有权选择请求其承担违约责任或者侵权责任。

相关案例

◎ **典型案例**

重庆某建材有限公司诉重庆某房地产有限公司、重庆某实业公司确认合同效力纠纷案【人民法院案例库：2023-16-2-076-002】

裁判要旨：在合同无效所涉及财产无法返还的情况下，仅根据合同法相关规定，不足以有效保护债权人的合法权益。此时，由于依法成立并生效的债权属于债权人合法的财产权益，故可依据《侵权责任法》第二条[1]认定第三人的行为构成侵权，并依据《侵权责任法》第八条[2]之规定判令第三人在被转移财产的价值范围内，对债权人未受偿的债权承担连带赔偿责任。

江苏百某新能源科技公司诉江苏翔某新能源科技公司、三某科技股份有限公司、柳某、刘某迅、金某峰不正当竞争纠纷案【人民法院案例库：2024-13-2-488-002】

裁判要旨：当事人对他人依法应当交付但尚未交付的商业秘密拥有合同债权，第三人故意侵害该商业秘密合同债权，不当攫取债权人交易机会、破坏其竞争优势的，人民法院可以依据《反不正当竞争法》第二条的规定认定该行为构成不正当竞争行为。

黄某某、俞某某等侵权责任纠纷【（2021）闽民终1278号】

裁判要旨：《民法典》第一千一百六

十四条规定，民法典侵权责任编调整的是因侵害民事权益产生的民事关系。从字面意义理解，民事权益包含了民事权利和民事利益，因利益属个体主观范畴，对于同一现象或事物，不同主体在不同环境下对利益的判断，以及同一主体在不同时空条件下对利益的判断，是异质的，因此，民法典该条文中的利益应当理解为依托于权利而产生的利益。也就是说，并非所有利益均属法律应保护的利益，如甲在住宅小区开了间面食馆，乙同时也开了间面食馆，此时不能认为乙的开店行为影响了甲的利益（生意）。据此而言，债权作为民事权利的一种，债权及其项下的清偿利益当属民法典侵权责任编调整的范畴。也就是说，当事人以债权受侵害为由提起侵权损害赔偿之诉，具有法律依据。

债权虽系发生于特定的当事人之间，缺乏公示及公开性，第三人通常难以知悉，在债务人未依约履行的情形下，债权人通常是以提起给付之诉的方式实现债权。也就是说，一方面，从债的相对性、债的当事人预期以及行为自由、交易安全等方面考量，对于侵害债权的认定应审慎，否则，不利于交易安全和效率；另一方面，在债的关系中，通常是以债务人的责任财产为债权人实现债权的保障和手段，但当债务人通过第三人转移、隐匿本属债务人责任财产范畴的财产，且第三人明知债务人对债权人负有债务的情形下，客观上，债权人的清偿利益必然受到损害，显然，在此情形下应当认定债权人与其提起的侵权损害赔偿之诉，具有直接利害关系。

---

[1]《民法典》第1164条。
[2]《民法典》第1168条。

第一千一百六十五条　【过错责任原则与过错推定责任】

行为人因过错侵害他人民事权益造成损害的，应当承担侵权责任。

依照法律规定推定行为人有过错，其不能证明自己没有过错的，应当承担侵权责任。

条文理解

本条第1款是关于过错责任的规定。过错责任的构成要件包括：（1）行为人存在加害行为；（2）受害人的民事权益遭受损害；（3）行为人存在过错；（4）加害行为与损害之间存在因果关系。

首先，行为人的加害行为是指侵害他人民事权益的行为，包括作为与不作为。不作为构成加害行为须以行为人负有作为义务为前提，具体而言可以分为基于法律规定产生的作为义务、基于约定产生的作为义务以及基于先行行为产生的作为义务。有观点认为，如果行为人是在缺乏意志控制的情况下作出行为，则不属于侵权法意义上的"加害行为"，行为人不应因此承担侵权责任。此种观点在结论上值得肯定，但关于缺乏意志控制实施侵权行为的问题，更适合置于行为人是否存在过错的阶段进行分析。

其次，本条第1款采用了"民事权益"的表述，因而在保护范围上包括民事权利与民事利益（参见上一条的"条文理解"部分）。所以，除生命权、身体权、物权等典型的绝对权外，相对权（如债权）乃至尚不构成权利的民事利益（如商业秘密、纯粹经济利益）遭受损害均属于本条第1款的适用范围。并非所有的损害均受到侵权法的保护，此处的损害仅限于规范意义上受到保护的利益遭受不利益的情况。所以，非法利益遭受损害的，受害人不得基于本条第1款请求赔偿损失。

再次，行为人存在过错是指行为人违反了其本应尽到的注意义务。在判断行为人的注意义务范围时，应当以法律对于一般理性人处于行为人所处位置时的要求为准。考虑到这一点，行为人存在过错这一要件在功能上可以吸收违法性要件，甚至是违法性阻却事由，从而可以避免本条第1款在构成要件上是否应当纳入违法性的争论。以正当防卫这一典型的违法性阻却事由为例，如果行为人导致他人受伤系出于正当防卫，由于法律对于该行为人处于被侵害状态下所设定的消极作为义务并不包括避免他人受伤，行为人因而不存在过错，无须承担侵权责任。相应地，如果行为人防卫过当，其之所以要在过当范围内承担侵权责任，也是因为超出了法律设定的允许出于保护自身利益而侵害他人利益的限度。

过错包括故意与过失两种类型，故意的特殊之处在于行为人积极追求或者放任损害结果的发生。过失又可分为一般过失和重大过失，前者是指行为人违反了善良管理人应尽到的注意义务，后者则是指违反了普通人所应尽到的注意义务。例如，医生下班回家的路上偶遇路人受伤，如果医生选择将路人送至缺乏医疗执业资质的"江湖游医"处，则存在重大过失，因为普通人在受伤时一般也会选择去正规医疗机构接受治疗。如果医生选择自行救治，但在使用抗生素前未做皮试或者未确认路人是否有糖尿病等病史便使用葡萄糖溶液，则仅存在一般过失。行为人究竟系故意或者过失（以及过失的具体程度）原则上不影响侵权责任是否成立，但法律另有规定的除外。例如，根据《民法典》第

1176 条第 1 款第 2 分句，具有一定风险的文体活动的其他参加者对于损害的发生有故意或者重大过失的应当承担侵权责任。换言之，如果其他参加者仅具有一般过失，受害人不得请求其承担侵权责任。

需要特别强调的是，由于不同类型的民事权利与民事利益在性质上的差异，在解释本条第 1 款时不应认为所有权利与利益在侵权法上均受到同等程度的保护，更为合适的做法是结合具体的权利或者利益判断行为人的注意义务范围以及是否违反注意义务。例如，就相对权以及民事利益而言，行为人所负担的注意义务范围要窄于绝对权。所以，针对绝对权受到侵害的情况，通常仅要求行为人存在一般过失即可，但针对相对权以及民事利益而言，则要求行为人具有重大过失、故意甚至违背善良风俗的故意。

最后，关于加害行为与损害之间是否存在因果关系，一般认为应当采纳相当因果关系说，即依据通常的社会观念，行为人的加害行为是否显著增加了损害结果发生的可能性。

本条第 2 款是关于过错推定责任的规定。准确而言，过错推定责任在本质上仍然属于过错责任，行为人承担责任的归责事由仍然是其存在过错，二者在构成要件上因而并无区别。前者的特殊之处主要在于证明责任方面。过错推定责任之下，根据法律规定可以推定行为人存在过错，受害人因而无须证明这一点。行为人如果不能提出证据推翻法律上的推定（证明自身没有过错），在侵权责任的其他要件满足的情况下便应当承担侵权责任。

【相关条文】

◎法律

《民法典》（2021 年 1 月 1 日）

第一千一百九十九条 无民事行为能力人在幼儿园、学校或者其他教育机构学习、生活期间受到人身损害的，幼儿园、学校或者其他教育机构应当承担侵权责任；但是，能够证明尽到教育、管理职责的，不承担侵权责任。

第一千二百二十二条 患者在诊疗活动中受到损害，有下列情形之一的，推定医疗机构有过错：

（一）违反法律、行政法规、规章以及其他有关诊疗规范的规定；

（二）隐匿或者拒绝提供与纠纷有关的病历资料；

（三）遗失、伪造、篡改或者违法销毁病历资料。

第一千二百四十八条 动物园的动物造成他人损害的，动物园应当承担侵权责任；但是，能够证明尽到管理职责的，不承担侵权责任。

第一千二百五十三条 建筑物、构筑物或者其他设施及其搁置物、悬挂物发生脱落、坠落造成他人损害，所有人、管理人或者使用人不能证明自己没有过错的，应当承担侵权责任。所有人、管理人或者使用人赔偿后，有其他责任人的，有权向其他责任人追偿。

第一千二百五十五条 堆放物倒塌、滚落或者滑落造成他人损害，堆放人不能证明自己没有过错的，应当承担侵权责任。

第一千二百五十六条 在公共道路上堆放、倾倒、遗撒妨碍通行的物品造成他人损害的，由行为人承担侵权责任。公共道路管理人不能证明已经尽到清理、防护、警示等义务的，应当承担相应的责任。

第一千二百五十七条 因林木折断、倾倒或者果实坠落等造成他人损害，林木的所有人或者管理人不能证明自己没有过错的，应当承担侵权责任。

第一千二百五十八条　在公共场所或者道路上挖掘、修缮安装地下设施等造成他人损害，施工人不能证明已经设置明显标志和采取安全措施的，应当承担侵权责任。

窨井等地下设施造成他人损害，管理人不能证明尽到管理职责的，应当承担侵权责任。

《电子签名法》（2019 年 4 月 23 日）

第二十七条　电子签名人知悉电子签名制作数据已经失密或者可能已经失密未及时告知有关各方、并终止使用电子签名制作数据，未向电子认证服务提供者提供真实、完整和准确的信息，或者有其他过错，给电子签名依赖方、电子认证服务提供者造成损失的，承担赔偿责任。

第二十八条　电子签名人或者电子签名依赖方因依据电子认证服务提供者提供的电子签名认证服务从事民事活动遭受损失，电子认证服务提供者不能证明自己无过错的，承担赔偿责任。

《个人信息保护法》（2021 年 11 月 1 日）

第六十九条　处理个人信息侵害个人信息权益造成损害，个人信息处理者不能证明自己没有过错的，应当承担损害赔偿等侵权责任。

前款规定的损害赔偿责任按照个人因此受到的损失或者个人信息处理者因此获得的利益确定；个人因此受到的损失和个人信息处理者因此获得的利益难以确定的，根据实际情况确定赔偿数额。

◎ 司法解释

《最高人民法院关于适用〈中华人民共和国民法典〉侵权责任编的解释（一）》（法释〔2024〕12 号　2024 年 9 月 27 日）

第十八条　承揽人在完成工作过程中造成第三人损害的，人民法院依照民法典第一千一百六十五条的规定认定承揽人承担民事责任。

被侵权人合并请求定作人和承揽人承担侵权责任的，依照民法典第一千一百六十五条、第一千一百九十三条的规定，造成损害的承揽人承担侵权人应承担的全部责任；定作人在定作、指示或者选任过错范围内与承揽人共同承担责任，但责任主体实际支付的赔偿费用总和不应超出被侵权人应受偿的损失数额。

定作人先行支付赔偿费用后，就超过自己相应责任的部分向承揽人追偿的，人民法院应予支持，但双方另有约定的除外。

《最高人民法院关于在民事诉讼中防范与惩治虚假诉讼工作指引（一）》（法〔2021〕287 号　2021 年 11 月 11 日）

第三十条第一款　受害人因虚假诉讼导致民事权益受到损害，依照民法典第一千一百六十五条第一款的规定请求损害赔偿的，人民法院予以受理。

相关案例

◎ 指导案例

刘明莲、郭丽丽、郭双双诉孙伟、河南兰庭物业管理有限公司信阳分公司生命权纠纷案【最高人民法院指导案例 142 号】

裁判要旨：行为人为了维护因碰撞而受伤害一方的合法权益，劝阻另一方不要离开碰撞现场且没有超过合理限度的，属于合法行为。被劝阻人因自身疾病发生猝死，其近亲属请求行为人承担侵权责任的，人民法院不予支持。

胡某某、王某某诉德某餐厅、蒋某某等生命权纠纷案【最高人民法院指导案例 227 号】

裁判要旨：关于德某餐厅是否应当对胡某甲的溺亡后果承担侵权责任。2012 年修正的《未成年人保护法》第三十七条规定："禁止向未成年人出售烟酒，经营者应当在显著位置设置不向未成年人出售烟酒的标志；对难以判明是否已成年的，应当要求其出示身份证件……"德某餐厅作为餐饮经营者，违反未成年人保护法的相关规定，向未成年人售酒，具有明显的违法性；德某餐厅既未通过要求酒水购买者出示身份证件等方式审慎判断其未成年人身份，亦未设置不得向未成年人出售烟酒的标志，还放任未成年人在餐厅内饮酒，具有明显过错。德某餐厅违法向胡某甲售酒并供其饮用，客观上增加了损害发生的风险，售酒行为与胡某甲溺亡后果之间具有一定的因果关系。因此，德某餐厅应当承担侵权责任。

◎公报案例

上海普鑫投资管理咨询有限公司诉中银国际证券有限责任公司财产损害赔偿纠纷案【《最高人民法院公报》2014年第10期】

裁判要旨：侵权法意义上的因果关系的成立，应同时具备以下两项要件：其一，若无此行为，即不会产生损害；其二，依社会通念判断，若有此行为，则通常均会产生此种损害后果。就本案观察，一方面，若中银国际能协助一中院进行保全，则普鑫公司的债权不至于执行无着；另一方面，中银国际妨害保全的行为，依社会通念判断，足可造成债务人转移隐匿财产，或者该财产被其他权利人保全等各种危及债权人实现权利的后果，本案中唯美特公司的证券也正是在普鑫公司保全不成后，遭他人轮候查封，最终导致普鑫公司遭受损害。综上，中银国际的行为与普鑫公司受到损害之间，存在侵权法意义上的因果关系。

吉林市中小企业信用担保集团有限公司诉中国长城资产管理股份有限公司吉林省分公司等公司债权人利益责任纠纷案【《最高人民法院公报》2019年第3期】

裁判要旨：侵权责任法保护民事主体合法的人身权益和财产权益。依法成立并生效的债权属于债权人合法的财产权益，受法律保护，任何人不得随意侵犯。债权发生在特定的当事人之间，缺乏公示性。一般情况下，债权人应通过合同救济主张权利。认定合同当事人以外的第三人承担侵权赔偿责任，应从严把握。当债权人权利救济途径已经穷尽，债权债务关系之外的第三人，如知道或者应当知道债权债务关系存在，且违反以保护该债权为目的的法律、法规及其他规范性法律文件或违背公序良俗，造成债权人合法权益受到损害的，行为人应承担相应的补充赔偿责任。

◎典型案例

柳某诉张某莲、某物业公司健康权纠纷案【最高人民法院发布第二批16起人民法院贯彻实施民法典典型案例之案例十四（2023年1月12日）】

裁判要旨：《民法典》第一千一百六十五条第一款规定，行为人因过错侵害他人民事权益造成损害的，应当承担侵权责任。本案中，张某莲自费为小区添置儿童游乐设施，在法律上并无过错，也与本案事故的发生无因果关系，依法无须承担赔偿责任。相反，张某莲的行为丰富了小区业主生活，增进了邻里友谊，符合与人为善、与邻为善的传统美德，应予以肯定性的评价。某物业公司作为小区物业服务人，应在同意张某莲放置游乐设施后承担日常维护、管理和安全防范等义务。某物业公司未及时有效清理、未设置警示标志，存在过错，致使滑梯脚垫湿滑，是导致事故发生的主要原因。柳某作为成年公民，未能及时查明路况，对损害的发生亦存在一定过错，依法可适当减轻某物业公司的赔偿责任。

王某诉某养老院生命权、身体权、健康权

纠纷案【最高人民法院发布六起涉养老服务民事纠纷典型案例之案例一(2024年2月20日)】

裁判要旨:《民法典》第一千一百六十五条第一款规定:"行为人因过错侵害他人民事权益造成损害的,应当承担侵权责任。"本案中,某养老院作为专业的养老机构,对于入住的老人具有安全保护义务。对于某浴室安装的排气管、烟囱等存在安全隐患的设施设备,应积极采取措施进行防范、提示,并要求进行整改,不能采取漠视、放任的态度,否则应承担相应的责任。某浴室作为燃气锅炉的使用者、受益者,明知楼上居住的均是老人,更应当提高安全意识,对存在安全隐患的配套设备、设施进行整改,避免发生有毒气体泄漏等安全事故。

第一千一百六十六条 【无过错责任】

行为人造成他人民事权益损害,不论行为人有无过错,法律规定应当承担侵权责任的,依照其规定。

条文理解

本条是关于无过错责任的规定。根据本条,构成无过错责任必须以存在相关法律规定为前提。现有关于无过错责任的法律规定主要包括两种类型:(1)基于对危险源的控制的无过错责任,如机动车交通事故责任、环境污染责任、高度危险责任、饲养动物责任等。这些责任类型的特征在于,允许行为人从事这些活动一方面是社会生活所需,有些甚至有助于社会的发展与进步,但另一方面又可能给其他民事主体带来财产损害。法律之所以规定无过错责任,并非因为行为人存在某种不当行为,而主要是为了在行为人与受害人之间以合理的方式分担损失。(2)替代责任,如监护人对被监护人的替代责任,用人单位对工作人员的替代责任等。这些责任类型的共同点在于责任人基于特定关系(如雇佣关系、监护关系)对于他人具有控制力。

相较于过错责任与过错推定责任,无过错责任的特殊之处在于侵权责任的构成要件层面不要求行为人存在过错。所以,受害人不必证明行为人存在过错,只需证明行为人的加害行为、自身的民事权益受到损失以及存在因果关系即可,行为人不得以其尽到注意义务、不存在过错作为不承担责任的抗辩事由。无过错责任不以行为人具有过错为前提并不意味着过错因素完全不具有意义。例如,根据《民法典》第1207条、第1232条的规定,只有行为人存在故意时,被侵权人才可以请求其承担惩罚性赔偿责任。

无过错责任之下,行为人可以主张存在法定的减轻或者免除责任的事由以限制自身所需承担的责任。例如,根据《民法典》第1237条,如果损害是因战争、武装冲突、暴乱等情形或者受害人故意造成的,民用核设施的营运单位不承担责任。不过,相较于过错责任与过错推定责任,无过错责任中的减轻或者免除责任事由被严格限制。例如,根据《民法典》第1204条、第1233条,因第三人的过错导致损害结果发生的,被侵权人仍然可以选择向侵权人请求赔偿(后者在赔偿后有权向第三人追偿),因而不同于《民法典》第1175条关于第三人原因造成侵权的一般规定(仅由第三人承担侵权责任)。

相关条文

◎法律

《民法典》(2021年1月1日)

第一千一百八十八条第一款 无民事

行为能力人、限制民事行为能力人造成他人损害的，由监护人承担侵权责任。监护人尽到监护职责的，可以减轻其侵权责任。

第一千一百八十九条　无民事行为能力人、限制民事行为能力人造成他人损害，监护人将监护职责委托给他人的，监护人应当承担侵权责任；受托人有过错的，承担相应的责任。

第一千一百九十一条　用人单位的工作人员因执行工作任务造成他人损害的，由用人单位承担侵权责任。用人单位承担侵权责任后，可以向有故意或者重大过失的工作人员追偿。

劳务派遣期间，被派遣的工作人员因执行工作任务造成他人损害的，由接受劳务派遣的用工单位承担侵权责任；劳务派遣单位有过错的，承担相应的责任。

第一千一百九十二条第一款　个人之间形成劳务关系，提供劳务一方因劳务造成他人损害的，由接受劳务一方承担侵权责任。接受劳务一方承担侵权责任后，可以向有故意或者重大过失的提供劳务一方追偿。提供劳务一方因劳务受到损害的，根据双方各自的过错承担相应的责任。

第一千二百零二条　因产品存在缺陷造成他人损害的，生产者应当承担侵权责任。

第一千二百二十九条　因污染环境、破坏生态造成他人损害的，侵权人应当承担侵权责任。

第一千二百三十六条　从事高度危险作业造成他人损害的，应当承担侵权责任。

第一千二百四十五条　饲养的动物造成他人损害的，动物饲养人或者管理人应当承担侵权责任；但是，能够证明损害是因被侵权人故意或者重大过失造成的，可

以不承担或者减轻责任。

第一千二百五十二条第一款　建筑物、构筑物或者其他设施倒塌、塌陷造成他人损害的，由建设单位与施工单位承担连带责任，但是建设单位与施工单位能够证明不存在质量缺陷的除外。建设单位、施工单位赔偿后，有其他责任人的，有权向其他责任人追偿。

《产品质量法》（2018年12月29日）

第四十一条　因产品存在缺陷造成人身、缺陷产品以外的其他财产（以下简称他人财产）损害的，生产者应当承担赔偿责任。

生产者能够证明有下列情形之一的，不承担赔偿责任：

（一）未将产品投入流通的；

（二）产品投入流通时，引起损害的缺陷尚不存在的；

（三）将产品投入流通时的科学技术水平尚不能发现缺陷的存在的。

《道路交通安全法》（2021年4月29日）

第七十六条第一款第二项　机动车发生交通事故造成人身伤亡、财产损失的，由保险公司在机动车第三者责任强制保险责任限额范围内予以赔偿；不足的部分，按照下列规定承担赔偿责任：

……

（二）机动车与非机动车驾驶人、行人之间发生交通事故，非机动车驾驶人、行人没有过错的，由机动车一方承担赔偿责任；有证据证明非机动车驾驶人、行人有过错的，根据过错程度适当减轻机动车一方的赔偿责任；机动车一方没有过错的，承担不超过百分之十的赔偿责任。

◎相关案例

◎公报案例

宜兴市建工建筑安装有限责任公司与张欣、张学山申请诉中财产保全损害赔偿责

任纠纷案【《最高人民法院公报》2018年第9期】

裁判要旨：由于当事人的法律知识、对案件事实的举证证明能力、对法律关系的分析判断能力各不相同，通常达不到司法裁判所要求的专业水平，因此当事人对诉争事实和权利义务的判断未必与人民法院的裁判结果一致。对当事人申请保全所应尽到的注意义务的要求不应过于苛责。如果仅以保全申请人的诉讼请求是否得到支持作为申请保全是否错误的依据，必然会对善意当事人依法通过诉讼保全程序维护自己权利造成妨碍，影响诉讼保全制度功能的发挥。而且，根据《侵权责任法》第六条[1]和第七条[2]规定，侵权行为以过错责任为原则，无过错责任必须要有法律依据，但《侵权责任法》所规定的无过错责任中并不包含申请保全错误损害赔偿责任。因此，申请保全错误，须以申请人主观存在过错为要件，不能仅以申请人的诉讼请求未得到支持为充分条件。

◎典型案例

唐山曹妃甸区益某农业生态园有限公司、康某石油中国有限公司海上、通海水域污染损害责任纠纷【（2019）最高法民申1995号】

裁判要旨：被侵权人根据《侵权责任法》第六十五条[3]规定请求赔偿的，应当就污染者排放了污染物、被侵权人的损害、污染者排放的污染物或者其次生污染物与损害之间具有关联性提供证据加以证明。二审判决认定益某公司未有效证明污染物已到达其养殖区并无不当，不存在举证责任分配错误的情形。

第一千一百六十七条　【危及他人人身、财产安全的责任承担方式】
侵权行为危及他人人身、财产安全的，被侵权人有权请求侵权人承担停止侵害、排除妨碍、消除危险等侵权责任。

条文理解

本条是关于损害赔偿之外的其他侵权责任承担形式的规定，具体包括停止侵害、排除妨碍与消除危险三种。其中，停止侵害是指侵权人正在实施侵害被侵权人人身、财产权益的行为，后者可以请求前者停止该侵害行为；排除妨碍是指侵权人的行为影响到了被侵权人人身、财产权益的圆满状态但尚未完全剥夺相关权益；消除危险是指侵权人的行为虽未对被侵权人的人身、财产权益造成现实的侵害或者妨碍，但存在造成侵害或妨碍的现实可能性。

与前述关于被侵权人损害赔偿请求权的规定相比，本条所规定的三种责任承担形式（停止侵害、排除妨碍、消除危险）主要有三点特殊之处。首先，这三种责任形式均不以被侵权人实际遭受损失为前提。其次，这三种责任形式旨在恢复被侵权人人身、财产权益的完满状态，均不以行为人具有过错为前提，因而不同于损害

---

[1]《民法典》第1165条。
[2]《民法典》第1166条。
[3]《民法典》第1229条。

赔偿请求权（《民法典》第1166条规定的无过错责任例外）。最后，被侵权人享有的请求侵权人停止侵害、排除妨碍、消除危险的请求权不适用诉讼时效的相关规定（《民法典》第196条第1项）。

当侵权行为所危及的对象为物权、占有、人格权等时，物权人、占有人、人格权人还可能根据《民法典》的其他规定享有请求侵权人停止侵害、排除妨碍、消除危险的权利。例如，根据《民法典》第236条，物权人可主张基于物权的排除妨害与消除危险请求权。这些针对具体民事权益的规定与本条存在请求权竞合关系，被侵权人可以择一主张；但如果相关具体规定的内容不同于本条，则构成特别规定，应当优先适用。

相关条文

◎法律

《民法典》（2021年1月1日）

第一百九十六条第一项 下列请求权不适用诉讼时效的规定：

（一）请求停止侵害、排除妨碍、消除危险；

……

第二百三十六条 妨害物权或者可能妨害物权的，权利人可以请求排除妨害或者消除危险。

第四百六十二条 占有的不动产或者动产被侵占的，占有人有权请求返还原物；对妨害占有的行为，占有人有权请求排除妨害或者消除危险；因侵占或者妨害造成损害的，占有人有权依法请求损害赔偿。

占有人返还原物的请求权，自侵占发生之日起一年内未行使的，该请求权消灭。

第九百九十五条 人格权受到侵害的，受害人有权依照本法和其他法律的规定请求行为人承担民事责任。受害人的停止侵害、排除妨碍、消除危险、消除影响、恢复名誉、赔礼道歉请求权，不适用诉讼时效的规定。

第一千二百零五条 因产品缺陷危及他人人身、财产安全的，被侵权人有权请求生产者、销售者承担停止侵害、排除妨碍、消除危险等侵权责任。

《商标法》（2019年11月11日）

第六十五条 商标注册人或者利害关系人有证据证明他人正在实施或者即将实施侵犯其注册商标专用权的行为，如不及时制止将会使其合法权益受到难以弥补的损害的，可以依法在起诉前向人民法院申请采取责令停止有关行为和财产保全的措施。

《专利法》（2021年6月1日）

第七十二条 专利权人或者利害关系人有证据证明他人正在实施或者即将实施侵犯专利权、妨碍其实现权利的行为，如不及时制止将会使其合法权益受到难以弥补的损害的，可以在起诉前依法向人民法院申请采取财产保全、责令作出一定行为或者禁止作出一定行为的措施。

《著作权法》（2021年6月1日）

第五十六条 著作权人或者与著作权有关的权利人有证据证明他人正在实施或者即将实施侵犯其权利、妨碍其实现权利的行为，如不及时制止将会使其合法权益受到难以弥补的损害的，可以在起诉前依法向人民法院申请采取财产保全、责令作出一定行为或者禁止作出一定行为等措施。

◎司法解释

《最高人民法院第八次全国法院民事商事审判工作会议（民事部分）纪要》（2016年11月30日）

第七条 依据侵权责任法第二十一条〔1〕的规定，被侵权人请求义务人承担停止侵害、排除妨害、消除危险等责任，义务人以自己无过错为由提出抗辩的，不予支持。

相关案例

◎指导案例

重庆市绿色志愿者联合会诉恩施自治州建始磺厂坪矿业有限责任公司水污染责任民事公益诉讼案【最高人民法院指导案例134号】

裁判要旨：环境民事公益诉讼中，人民法院判令污染者停止侵害的，可以责令其重新进行环境影响评价，在环境影响评价文件经审查批准及配套建设的环境保护设施经验收合格之前，污染者不得恢复生产。

环境侵权行为对环境的污染、生态资源的破坏往往具有不可逆性，被污染的环境、被破坏的生态资源很多时候难以恢复，单纯事后的经济赔偿不足以弥补对生态环境所造成的损失，故，对于环境侵权行为应注重防患于未然，才能真正实现环境保护的目的。本案建始磺厂坪矿业公司只是暂时停止了生产行为，其"三同时"工作严重滞后、环保设施未建成等违法情形并未实际消除，随时都可能恢复违法生产。由于建始磺厂坪矿业公司先前的污染行为，导致相关区域土壤中部分生态指标超过生态基线，因当地降水量大，又地处喀斯特地貌山区，裂隙和溶洞较多，暗河纵横，而其中的暗河水源正是千丈岩水库的聚水来源，污染风险明显存在。考虑到建始磺厂坪矿业公司的违法情形尚未消除、项目所处区域地质地理条件复杂特殊，在不能确保恢复生产不会再次造成环境污染的前提下，应当禁止其恢复生产，才能有效避免当地生态环境再次遭受污染破坏，亦可避免在今后发现建始磺厂坪矿业公司重新恢复违法生产后需另行诉讼的风险，减轻当事人诉累、节约司法资源。故，建始磺厂坪矿业公司虽在起诉之前已停止生产，仍应判令其对千丈岩水库饮用水源停止侵害。

◎典型案例

山东省济南市人民检察院诉济南市某肿瘤医院有限公司、济南市某人民医院、中国人民解放军某部队医院环境污染民事公益诉讼案【人民法院案例库：2023-11-2-466-024】

裁判要旨：侵权行为，虽未造成现实损害，但对环境公共安全造成损害危险的，国家规定的机关或者法律规定的组织可以提起预防性环境污染民事公益诉讼。人民法院可以采取禁止令保全措施给予救济，及时制止损害的发生或继续扩大。对于具有严重危害环境公共安全危险情形的，人民法院可以裁定先予执行。

某公司诉钟某排除妨害纠纷案【人民法院案例库：2024-07-2-039-002】

裁判要旨：案涉住宅楼加装电梯，已经相关行政部门审核批准。某公司作为案涉加装电梯工程的施工方，其合法权益受法律保护。案涉电梯施工需要大型施工设备进场作业，出于安全考虑，非施工人员均不应长时间在施工现场停留。在此前生效判决已经判令钟某、刘某不得对住宅楼电梯施工进行阻挠和破坏的情况下，钟某仍故意在施工现场出入，其行为已影响了某公司的施工，构成侵权，钟某应对阻碍加装电梯工程施工的行为承担侵权责任。

---

〔1〕《民法典》第1167条。

故，某公司要求钟某等不得对电梯施工进行阻挠和破坏，于法有据。在某公司已举证证明因钟某的阻挠行为导致损失的情形下，判决钟某不得对案涉住宅楼电梯施工进行阻挠和破坏，并赔偿某公司3600元损失。

无锡市西某环保设备有限公司与无锡蓝某空港设备有限公司、无锡市锡某蓝天航空设备厂排除妨害纠纷案【（2019）苏0206民初1347号】

裁判要旨：案涉电缆线系尤某居委安装，专用于环保公司生产所需，故环保公司对该电缆线享有合法使用的权益，对构成电缆线用电安全隐患的侵权行为，环保公司作为使用人有权提起侵权诉讼。

蓝某公司在自己承租的土地上建造墙体并加盖彩钢瓦，未经建设规划审批，该违法建造行为应由相关行政部门予以依法处理。但蓝某公司将案涉电缆线砌入墙体，导致环保公司在电缆线使用上的用电安全隐患，这就构成了对环保公司的侵权，应依法承担消除危险的民事责任，具体方式以将电缆线移出墙体为宜。

环保公司未提供证据证明蓝某公司破坏其窗户，故本院对环保公司主张的窗户维修费用不予采纳。环保公司以其职工宿舍采光受影响而主张用电损耗损失，但其职工宿舍亦无建设规划审批手续，不享有合法物权，不具备相邻权的合法权利基础，故本院对此亦不予采纳。

第一千一百六十八条　【共同侵权】

二人以上共同实施侵权行为，造成他人损害的，应当承担连带责任。

条文理解

本条是关于共同实施侵权行为的规定。共同侵权行为是指两人以上基于共同的过错实施侵权行为并造成他人损害，其法律效果为侵权人承担连带责任。根据《民法典》第178条第1款关于连带责任的规定，被侵权人可以请求共同实施侵权行为中的部分或者全部加害人承担部分或者全部责任。

本条中的共同实施并不限于加害人共同故意实施侵权行为的情况，共同过失实施侵权行为以及部分加害人存在故意、部分加害人存在过失的情况同样属于本条的适用范围。例如，甲、乙、丙三人相约驾车远行，行至一处山路时发生冲突，甲、乙二人将丙打晕并取走其随身携带的财物，考虑到三人所处路段车流量较小，甲、乙二人直接将丙置于车内便离开。随后，丁在正常行车的过程中因为躲闪不及与丙的车辆发生碰撞，丙的头部受到严重撞击后死亡。就丙遭受的财产损害而言，甲、乙二人存在共同故意，但就丙死亡的结果而言，二人虽然只存在共同过失，但仍属于本条意义上的共同实施侵权行为，须就此承担连带责任。

共同实施侵权行为的特点在于加害人之间就实施侵权行为存在意思联络，所以，无论加害人内部就实施侵权行为如何分工，均不影响其共同承担侵权责任。在判断加害行为与损害之间的因果关系时，被侵权人也无须证明每个加害人的行为均足以导致损害的发生，其只需证明损害至少是由于部分加害人的加害行为所致以及全体加害人共同实施侵权行为。例如，甲、乙、丙三人约定共同报复仇人丁，甲负责放哨，乙和丙实施殴打行为，但不确定最终是因为乙还是丙的行为导致丁受伤。对于此种情况，甲不得主张其并未实际参与殴打行为而不承担责任，乙与丙也不得因为丁未能证明究竟是谁的加害行为导致损害结果而不承担责任。

相关条文

◎法律

《民法典》（2021年1月1日）

第一百七十八条第一、二款 二人以上依法承担连带责任的，权利人有权请求部分或者全部连带责任人承担责任。

连带责任人的责任份额根据各自责任大小确定；难以确定责任大小的，平均承担责任。实际承担责任超过自己责任份额的连带责任人，有权向其他连带责任人追偿。

◎司法解释

《最高人民法院关于审理垄断民事纠纷案件适用法律若干问题的解释》（法释〔2024〕6号 2024年7月1日）

第二十六条第一款 经营者、经营者团体等组织其他经营者达成、实施垄断协议，给原告造成损失，原告依据民法典第一千一百六十八条的规定主张实施组织行为的经营者、经营者团体等与达成、实施垄断协议的其他经营者承担连带责任的，人民法院应当予以支持。

《最高人民法院关于审理生态环境侵权责任纠纷案件适用法律若干问题的解释》（法释〔2023〕5号 2023年9月1日）

第十四条 存在下列情形之一的，排污单位与第三方治理机构应当根据民法典第一千一百六十八条的规定承担连带责任：

（一）第三方治理机构按照排污单位的指示，违反污染防治相关规定排放污染物的；

（二）排污单位将明显存在缺陷的环保设施交由第三方治理机构运营，第三方治理机构利用该设施违反污染防治相关规定排放污染物的；

（三）排污单位以明显不合理的价格将污染物交由第三方治理机构处置，第三方治理机构违反污染防治相关规定排放污染物的；

（四）其他应当承担连带责任的情形。

《最高人民法院关于审理行政赔偿案件若干问题的规定》（法释〔2022〕10号 2022年5月1日）

第八条 两个以上行政机关共同实施侵权行政行为造成损害的，共同侵权行政机关为共同被告。赔偿请求人坚持对其中一个或者几个侵权机关提起行政赔偿诉讼，以被起诉的机关为被告，未被起诉的机关追加为第三人。

第二十一条 两个以上行政机关共同实施违法行政行为，或者行政机关及其工作人员与第三人恶意串通作出的违法行政行为，造成公民、法人或者其他组织人身权、财产权等合法权益实际损害的，应当承担连带赔偿责任。

一方承担连带赔偿责任后，对于超出其应当承担部分，可以向其他连带责任人追偿。

《最高人民法院关于审理网络消费纠纷案件适用法律若干问题的规定（一）》（法释〔2022〕8号 2022年3月15日）

第十七条 直播间运营者知道或者应当知道经营者提供的商品不符合保障人身、财产安全的要求，或者有其他侵害消费者合法权益行为，仍为其推广，给消费者造成损害，消费者依据民法典第一千一百六十八条等规定主张直播间运营者与提供该商品的经营者承担连带责任的，人民法院应予支持。

《最高人民法院关于审理食品药品纠纷案件适用法律若干问题的规定》（法释

〔2021〕17号　2021年12月1日）

第九条第三款　网络交易第三方平台提供者知道或者应当知道食品、药品的生产者、销售者利用其平台侵害消费者合法权益，未采取必要措施，给消费者造成损害，消费者要求其与生产者、销售者承担连带责任的，人民法院应予支持。

第十条　未取得食品生产资质与销售资质的民事主体，挂靠具有相应资质的生产者与销售者，生产、销售食品，造成消费者损害，消费者请求挂靠者与被挂靠者承担连带责任的，人民法院应予支持。

消费者仅起诉挂靠者或者被挂靠者的，必要时人民法院可以追加相关当事人参加诉讼。

第十二条第一款　食品检验机构故意出具虚假检验报告，造成消费者损害，消费者请求其承担连带责任的，人民法院应予支持。

第十三条第一款　食品认证机构故意出具虚假认证，造成消费者损害，消费者请求其承担连带责任的，人民法院应予支持。

《最高人民法院关于审理使用人脸识别技术处理个人信息相关民事案件适用法律若干问题的规定》（法释〔2021〕15号　2021年8月1日）

第七条第一款　多个信息处理者处理人脸信息侵害自然人人格权益，该自然人主张多个信息处理者按照过错程度和造成损害结果的大小承担侵权责任的，人民法院依法予以支持；符合民法典第一千一百六十八条、第一千一百六十九条第一款、第一千一百七十条、第一千一百七十一条等规定的相应情形，该自然人主张多个信息处理者承担连带责任的，人民法院依法予以支持。

《最高人民法院关于审理劳动争议案件适用法律问题的解释（一）》（法释〔2020〕26号　2021年1月1日）

第二十七条第三款　原用人单位以新的用人单位和劳动者共同侵权为由提起诉讼的，新的用人单位和劳动者列为共同被告。

《最高人民法院关于审理旅游纠纷案件适用法律若干问题的规定》（法释〔2020〕17号　2021年1月1日）

第十四条　旅游经营者准许他人挂靠其名下从事旅游业务，造成旅游者人身损害、财产损失，旅游者依据民法典第一千一百六十八条的规定请求旅游经营者与挂靠人承担连带责任的，人民法院应予支持。

《最高人民法院关于审理医疗损害责任纠纷案件适用法律若干问题的解释》（法释〔2020〕17号　2021年1月1日）

第十九条　两个以上医疗机构的诊疗行为造成患者同一损害，患者请求医疗机构承担赔偿责任的，应当区分不同情况，依照民法典第一千一百六十八条、第一千一百七十一条或者第一千一百七十二条的规定，确定各医疗机构承担的赔偿责任。

《最高人民法院关于审理侵害信息网络传播权民事纠纷案件适用法律若干问题的规定》（法释〔2020〕19号　2021年1月1日）

第四条　有证据证明网络服务提供者与他人以分工合作等方式共同提供作品、表演、录音录像制品，构成共同侵权行为的，人民法院应当判令其承担连带责任。网络服务提供者能够证明其仅提供自动接入、自动传输、信息存储空间、搜索、链接、文件分享技术等网络服务，主张其不构成共同侵权行为的，人民法院应予支持。

《最高人民法院关于审理技术合同纠纷案件适用法律若干问题的解释》（法释〔2020〕19号　2021年1月1日）

第十二条　根据民法典第八百五十条的规定，侵害他人技术秘密的技术合同被确认无效后，除法律、行政法规另有规定的以外，善意取得该技术秘密的一方当事人可以在其取得时的范围内继续使用该技术秘密，但应当向权利人支付合理的使用费并承担保密义务。

当事人双方恶意串通或者一方知道或者应当知道另一方侵权仍与其订立或者履行合同的，属于共同侵权，人民法院应当判令侵权人承担连带赔偿责任和保密义务，因此取得技术秘密的当事人不得继续使用该技术秘密。

《最高人民法院关于审理涉及公证活动相关民事案件的若干规定》（法释〔2020〕20号　2021年1月1日）

第五条　当事人提供虚假证明材料申请公证致使公证书错误造成他人损失的，当事人应当承担赔偿责任。公证机构依法尽到审查、核实义务的，不承担赔偿责任；未依法尽到审查、核实义务的，应当承担与其过错相应的补充赔偿责任；明知公证证明的材料虚假或者与当事人恶意串通的，承担连带赔偿责任。

《最高人民法院关于适用〈中华人民共和国保险法〉若干问题的解释（四）》（法释〔2020〕18号　2021年1月1日）

第十六条　责任保险的被保险人因共同侵权依法承担连带责任，保险人以该连带责任超出被保险人应承担的责任份额为由，拒绝赔付保险金的，人民法院不予支持。保险人承担保险责任后，主张就超出被保险人责任份额的部分向其他连带责任人追偿的，人民法院应予支持。

《关于审理公司登记行政案件若干问题的座谈会纪要》（法办〔2012〕62号　2012年3月7日）

第一条第三款　因申请人隐瞒有关情况或者提供虚假材料导致登记错误引起行政赔偿诉讼，登记机关与申请人恶意串通的，与申请人承担连带责任；登记机关未尽审慎审查义务的，应当根据其过错程度及其在损害发生中所起作用承担相应的赔偿责任；登记机关已尽审慎审查义务的，不承担赔偿责任。

《关于充分发挥知识产权审判职能作用推动社会主义文化大发展大繁荣和促进经济自主协调发展若干问题的意见》（法发〔2011〕18号　2011年12月16日）

第七条　妥善处理好技术中立与侵权行为认定的关系，实现有效保护著作权与促进技术创新、产业发展的和谐统一。既要准确把握技术作为工具手段所具有的价值中立性和多用途性，又要充分认识技术所反映和体现的技术提供者的行为与目的。既不能把技术所带来的侵权后果无条件地归责于技术提供者，窒息技术创新和发展；也不能将技术中立绝对化，简单地把技术中立作为不适当免除侵权责任的挡箭牌。对于具有实质性非侵权商业用途的技术，严格把握技术提供者承担连带责任的条件，不能推定技术提供者应知具体的直接侵权行为的存在，其只在具备其他帮助或者教唆行为的条件下才与直接侵权人承担连带责任；对于除主要用于侵犯著作权外不具有其他实质性商业用途的技术，可以推定技术提供者应知具体的直接侵权行为的存在，其应与直接侵权人承担连带责任。在审理涉及网络著作权、"三网融合"等新兴产业著作权案件时，尤其要准确把握技术中立的精神，既有利于促进科技和商业创新，又防止以技术中立为名行侵权之实。

《最高人民法院关于审理房屋登记案件若干问题的规定》（法释〔2010〕14号 2010年11月18日）

第十三条 房屋登记机构工作人员与第三人恶意串通违法登记，侵犯原告合法权益的，房屋登记机构与第三人承担连带赔偿责任。

《最高人民法院关于审理侵犯专利权纠纷案件应用法律若干问题的解释》（法释〔2009〕21号 2010年1月1日）

第十二条 将侵犯发明或者实用新型专利权的产品作为零部件，制造另一产品的，人民法院应当认定属于专利法第十一条规定的使用行为；销售该另一产品的，人民法院应当认定属于专利法第十一条规定的销售行为。

将侵犯外观设计专利权的产品作为零部件，制造另一产品并销售的，人民法院应当认定属于专利法第十一条规定的销售行为，但侵犯外观设计专利权的产品在该另一产品中仅具有技术功能的除外。

对于前两款规定的情形，被诉侵权人之间存在分工合作的，人民法院应当认定为共同侵权。

《海南省高级人民法院关于审理海洋生态环境自然资源纠纷案件的裁判指引（试行）》（2021年12月）

第九条 雇员知道或应当知道雇主所作的指示违反法律法规规定且会导致海洋生态环境资源损害的后果，仍然按照雇主指示实施相关行为并造成海洋生态环境资源损害的，被侵权人、公益诉讼起诉人请求雇员与雇主按照《民法典》第一千一百六十八条的规定承担连带赔偿责任的，应予支持；但承担连带赔偿责任的雇员一般应当限于起组织、领导、指挥作用的高级雇员或以收益分成作为收入来源的雇员。

前款规定的雇员和雇主分别指劳务合同关系情形下提供劳务一方和接受劳务一方；劳动合同关系情形下的劳动者和用人单位不在此列。

第十条第一款 劳务派遣期间，被派遣的工作人员因执行工作任务造成海洋生态环境资源损害的，由接受劳务派遣的用工单位承担赔偿责任；劳务派遣单位知道用工单位以被派遣的工作人员从事前述活动仍然派遣工作人员的，被侵权人、公益诉讼起诉人请求劳务派遣单位与用人单位按照《民法典》第一千一百六十八条的规定承担连带赔偿责任的，应予支持。

第十一条 非法采捕、收购、运输、出售珊瑚、砗磲或者其他珍贵、濒危水生野生动物及其制品的，公益诉讼起诉人依据《民法典》第一千一百七十一条的规定请求各环节行为人对所造成的生态损害承担连带赔偿责任的，应予支持。但连带责任的范围应当与其所实施的行为相对应。

前款规定的运输行为人举证证明其已经尽到审慎注意义务，但仍未发现所运输的物品为珊瑚、砗磲或者其他珍贵、濒危水生野生动物及其制品的，可以免除赔偿责任。

非法采捕、收购、运输、出售第一款规定之外的水产品的，构成《民法典》第一千一百六十八条规定的共同侵权的，公益诉讼起诉人主张行为人对所造成的生态损害承担连带赔偿责任的，应予支持。

《广西壮族自治区高级人民法院民二庭关于审理公司纠纷案件若干问题的裁判指引》（桂高法民二〔2020〕19号 2020年7月27日）

第三十五条第一款 董事高管可能并非独自完成侵害行为，其可能与《公司法》第147、216条所列明的勤勉义务法定主体之外的人员主观合谋或行动上一致配合，对此应结合侵害方式区分对待：

（1）董事高管不忠于公司最佳利益、利用职权之便直接侵害公司利益，该种行为本质上属于故意侵权，与一般侵权行为无异，董事高管与其他人员进行主观合谋或行动上一致配合的，两者可以构成《民法典》第1168条规定的共同侵权行为。

……

《北京法院机动车交通事故责任纠纷案件疑难问题审判指引》（2017年5月3日）

问题七　七、小客车驾驶人违章停车，乘车人开车门致第三人损伤时赔偿责任应如何确定？商业三者险应如何赔付？

第一种观点认为：《侵权责任法》第8条规定的共同侵权行为，限于意思关联共同的主观共同侵权，应以行为人之间有共同故意或者共同过失为必要要件。小客车驾驶人违章停车，乘车人开车门之间在主观上具有共同过失，因此构成共同侵权，驾驶人和乘车人应对受害人承担连带责任，从而交强险与商业三者险均应在其赔偿限额范围内承担100%的赔偿责任。

第二种观点认为：《侵权责任法》第8条规定的为共同加害行为，即狭义的共同侵权行为，不包括数个侵权人之间存在共同过失的情形，故小客车驾驶人违章停车，乘车人开车门致人伤害的行为应属于无意思联络的数人侵权，因该情形并非每个人的侵权行为均足以造成全部的损害，故应适用《侵权责任法》第十二条处理，由侵权人各自承担相应的责任，即按照其过错、原因力大小承担按份赔偿责任，从而车辆商业三者险只应赔付驾驶人应承担的责任部分。

我们倾向于第一种观点，原因如下：共同侵权的成立必须以各行为人主观上具有意思联络为要件。通说认为意思联络应不限于共同故意，共同过失亦可构成共同侵权。而所谓共同过失，是指各个行为人对损害后果都具有共同的可预见性，但因疏忽或者过于自信等原因造成了同一损害后果。《侵权责任法》第八条规定的共同侵权行为，限于意思关联共同的主观侵权，应以行为人之间有共同故意或者共同过失为必要要件。

从共同侵权与无意思联络的数人侵权的区别来看，一是无意思联络的数人侵权，各行为人之间通常没有任何身份关系和其他联系，彼此之间完全互不相识，因而不可能认识到他人的行为性质和后果，尤其是各行为人不能预见到自己的行为会与他人的行为发生结合并造成对受害人的同一损害。所以无意思联络的数个行为人彼此间在主观上没有共同的预见性。然而，在共同侵权的情况下，共同过错是其本质特征，各行为人能够预见和认识到自己的行为必然会与他人的行为结合，并造成对受害人的同一损害。二是无意思联络的数人侵权中各行为人的行为结合在一起的因素，不是主观因素，而是行为人所不能预见和认识的客观的、外来的、偶然的情况。而共同侵权中共同侵权人行为的结合是必然的而非偶然的。从我们所讨论的情形来看，驾驶人与乘车人通常是熟识或存在运输合同关系的，彼此之间存在一定的联系，因而存在主观上的共同预见性。而且乘车人开车门致人损害并非驾驶人与乘车人所不能预见和认识的客观的、外来的、偶然的情况，而是司机违章停车与乘车人未尽注意义务结合必然导致的结果。因此，我们认为对于小客车驾驶人违章停车，乘车人开车门致第三人损伤的情形以认定为共同侵权为宜。认定为共同侵权后，保险公司应当基于驾驶人与乘车人之间的连带责任对受害人在商业三者险赔偿限额范围内承担全部赔偿责任，由于驾驶人与乘客作为连带责任人在内部还存在着追偿关系,故保险公司在商业三者险范围内赔偿后根据《中华人民共和国保险法》第六十条第一款,其还享有基于驾驶人对乘客连带责任内部追偿权而来的代位求偿权,因此让保险公司在商业三者险范围内承担全部赔偿责任是适当的。

相关案例

◎指导案例

江苏省泰州市人民检察院诉王小朋等59人生态破坏民事公益诉讼纠纷案【最高人民法院指导案例175号】

裁判要旨:当收购者明知其所收购的鱼苗系非法捕捞所得,仍与非法捕捞者建立固定买卖关系,形成完整利益链条,共同损害生态资源的,收购者应当与捕捞者对共同实施侵权行为造成的生态资源损失承担连带赔偿责任。

◎典型案例

某家庭制品公司诉金华某文体用品公司、广州某贸易公司、浙江某工贸公司、永康某工贸公司侵害发明专利权纠纷案【人民法院案例库:2024-13-2-160-012】

裁判要旨:专利法意义上的产品制造者并非仅指具体制造行为的实施者。组织生产资源、协调上下游生产环节、确定产品技术方案的组织者,同样可能构成被诉侵权产品的制造者。

虽然广州某贸易公司、浙江某工贸公司与被诉侵权产品的实际制造者没有进行接触,也没有实施物理意义上的制造行为,但其通过金华某文体用品公司对产品的外观、图案进行审核以及防伪标签数量的控制,对于被诉侵权产品的制造行为实施了控制。产品包装及说明书、产品合格证上标注的信息以及防伪标识,进一步确认了两公司的制造者身份……金华某文体用品公司为达到销售杯子的目的,由他人处获取商标授权、选择生产厂家、确定产品式样及技术方案,并且负责全部被诉侵权产品的销售,其在被诉侵权产品的制造、销售的整个链条中具有中枢地位并起到组织作用,应当认定为被诉侵权产品的制造者,其主张合法来源抗辩不符合专利法的规定……本案是在金华某文体用品公司的组织安排下,广州某贸易公司、浙江某工贸公司、永康某工贸公司按照各自分工,与金华某文体用品公司紧密配合,共同完成制造、销售落入涉案专利权保护范围的被诉侵权产品的行为,共同侵害了某家庭制品公司的涉案专利权,依法应当承担连带责任。

四川某化工股份有限公司诉山东某化工股份有限公司等侵害技术秘密纠纷案【人民法院案例库:2023-13-2-176-015】

裁判要旨:技术秘密侵权案件中共同故意侵权的认定及责任承担。构成共同故意侵权不以各参与者事前共谋、事后协同行动为限,各参与者彼此之间心知肚明、心照不宣,先后参与、相互协作,亦可构成共同故意侵权。各侵权人具有侵害技术秘密的意思联络,主观上彼此明知,各自先后实施相应的侵权行为形成完整的技术秘密侵权行为链,客观上分工协作的,属于共同故意侵权,应当判令各侵权人对全部侵权损害承担连带责任。

共同实施侵权行为主观过错的三种情形。从主观过错角度看,共同实施侵权行为主要包括三种情形:其一,共同故意实施的行为;其二,共同过失实施的行为;其三,故意行为与过失行为结合实施的行为,即数个行为人虽主观过错程度不一,但各自行为相结合而实施的行为,造成他人损害的,也可以构成共同侵权行为。以上三种情形,均可认定构成共同实施侵权行为。

保定市某建材公司诉庄某某、上海某矿业公司等股东损害公司债权人利益纠纷案
【人民法院案例库：2023-08-2-277-002】

裁判要旨：出资期限未届期即转让股份，转让人的出资义务是否随股权转让而转移，需要进一步区分转让人是否存在恶意。实践中，可从债务形成时间早于股权转让、股权转让双方的交接情况、标的公司的实际经营情况、股权转让双方是否存在特殊身份关系、转让对价等多角度，判断是否存在恶意情形。认定存在恶意的，应当根据民法共同侵权的理论判令转让人对受让人承担连带清偿责任。

关于责任的承担形式，本案认定股权的出让方和受让方构成共同侵权。共同侵权，是指二人以上共同实施故意侵权行为造成他人损害，进而承担连带责任的情形。共同侵权规则的规范目的，在于将那些具有共同故意的数个加害实施的行为评价为一个侵权行为，使各个加害人承担连带责任，从而有效地减轻受害人因果关系的证明责任，最大限度地保护受害人的权益。而共同侵权规则将各个加害人的行为整合在一起的依据，就是各个加害人的意思联络。当共同侵权规则被运用于股权恶意转让时，法院在论证主观要件时，只要认定转让人与受让人存在关联关系，就可以据此推定转让人与受让人存在共同侵权意义上的"意思联络"，受让人对转让人的债务情况明知，结合推定主观恶意的其他情形，即可被认定构成共同侵权承担连带责任。至于转让人和受让人的主观状态究竟是积极追求损害发生的"故意"，还是未尽到合理注意义务的"过失"，并不在法院的考量范围之内。

庄某某与上海某矿业公司、上海某矿业公司与上海某石业公司之间内部股权转让时股权出资期限虽未届至，已经工商变更登记，但被告庄某某和上海某矿业公司在出让股权时，上海某装饰公司已负债务，同时结合上述转让受让方均未支付对价，与认缴的出资比例明显不符，且庄某某同时系现股东上海某石业公司的法定代表人和上海某矿业公司的股东、监事等情形，上述两手股权转让的转让方和受让方均存在逃避债务的主观恶意，股权转让行为损害了原本在上海某装饰公司股东认缴出资届满后债务可能得到清偿的某建材公司的合法权益，出让方和受让方属于共同侵权行为，出让方庄某某、上海某矿业公司均应当与受让方一起向债权人某建材公司承担连带责任。

某投资公司诉某大酒店公司、某实业公司物权保护纠纷案【人民法院案例库：2023-16-2-478-001】

裁判要旨：《侵权责任法》第八条[1]"二人以上共同实施侵权行为，造成他人损害的，应当承担连带责任"的规定，某大酒店公司、某实业公司不交付案涉房屋，继续占用经营，已侵害了某投资公司的所有权，应当承担相应的侵权责任。其中，某大酒店公司直接占有使用案涉房屋，当然应承担侵权责任；某实业公司虽未直接占有使用案涉房屋，但在案涉房屋所有权已发生转移的情况下，其不仅未将案涉房屋交付新所有权人，反而交给某大酒店公司占有使用，且在诉讼过程中与某大酒店公司共同提出抗辩，故其应共同承担侵权责任。

---

[1]《民法典》第1168条。

第一千一百六十九条 【教唆侵权、帮助侵权】

教唆、帮助他人实施侵权行为的，应当与行为人承担连带责任。

教唆、帮助无民事行为能力人、限制民事行为能力人实施侵权行为的，应当承担侵权责任；该无民事行为能力人、限制民事行为能力人的监护人未尽到监护职责的，应当承担相应的责任。

条文理解

本条是关于教唆侵权、帮助侵权的规定。所谓"教唆、帮助他人实施侵权行为"，分别指怂恿、指使他人实施侵权行为以及为他人实施侵权行为提供帮助，如为他人的侵权行为设定计划、提供咨询、安排善后事宜等。其中，教唆行为一般要求教唆人存在故意，帮助行为则不限于此，帮助人基于过失而帮助他人实施侵权行为的，同样属于本条第1款的适用范围。教唆、帮助行为应当与行为人实施的侵权行为存在因果关系，如果教唆、帮助行为指向的侵权行为与行为人最终实施的侵权行为不一致，则不存在因果关系。教唆、帮助他人实施侵权行为的民事主体与实际实施侵权行为的民事主体承担连带责任，所以，除请求行为人承担侵权责任外，被侵权人还可以请求教唆人或者帮助人承担部分或者全部责任。

根据本条第2款，如果实施侵权行为的为无民事行为能力人、限制民事行为能力人，由于此类主体欠缺完全的行为能力，因而在认识、判断、控制能力方面存在不足，其性质接近于教唆人、帮助人自身实施侵权行为的工具，所以应当由教唆人、帮助人独立地承担侵权责任。但如果无民事行为能力人、限制民事行为能力人的监护人未能尽到其监护职责，考虑到监护人同样存在过错，因而应当在其未能尽到监护职责的范围内与教唆人、帮助人承担连带责任。需要特别注意的是，如果无民事行为能力人、限制民事行为能力人的监护人已经尽到了监护职责，则其无须承担侵权责任。所以，本条第2款关于监护人责任的规定不同于《民法典》第1188条第1款关于监护人责任的一般规定（"监护人尽到监护职责的，可以减轻其侵权责任"）。

相关条文

◎ 法律

《民法典》（2021年1月1日）

第一千一百八十八条 无民事行为能力人、限制民事行为能力人造成他人损害的，由监护人承担侵权责任。监护人尽到监护职责的，可以减轻其侵权责任。

有财产的无民事行为能力人、限制民事行为能力人造成他人损害的，从本人财产中支付赔偿费用；不足部分，由监护人赔偿。

◎ 行政法规

《信息网络传播权保护条例》（中华人民共和国国务院令第634号 2013年3月1日）

第二十三条 网络服务提供者为服务对象提供搜索或者链接服务，在接到权利人的通知书后，根据本条例规定断开与侵权的作品、表演、录音录像制品的链接的，不承担赔偿责任；但是，明知或者应知所链接的作品、表演、录音录像制品侵权的，应当承担共同侵权责任。

◎ 司法解释

《最高人民法院关于适用〈中华人民共和国民法典〉侵权责任编的解释（一）》

(法释〔2024〕12号　2024年9月27日)

第十一条　教唆、帮助无民事行为能力人、限制民事行为能力人实施侵权行为，教唆人、帮助人以其不知道且不应当知道行为人为无民事行为能力人、限制民事行为能力人为由，主张不承担侵权责任或者与行为人的监护人承担连带责任的，人民法院不予支持。

第十二条　教唆、帮助无民事行为能力人、限制民事行为能力人实施侵权行为，被侵权人合并请求教唆人、帮助人以及监护人承担侵权责任的，依照民法典第一千一百六十九条第二款的规定，教唆人、帮助人承担侵权人应承担的全部责任；监护人在未尽到监护职责的范围内与教唆人、帮助人共同承担责任，但责任主体实际支付的赔偿费用总和不应超出被侵权人应受偿的损失数额。

监护人先行支付赔偿费用后，就超过自己相应责任的部分向教唆人、帮助人追偿的，人民法院应予支持。

第十三条　教唆、帮助无民事行为能力人、限制民事行为能力人实施侵权行为，被侵权人合并请求教唆人、帮助人与监护人以及受托履行监护职责的人承担侵权责任的，依照本解释第十条、第十二条的规定认定民事责任。

《最高人民法院关于审理垄断民事纠纷案件适用法律若干问题的解释》（法释〔2024〕6号　2024年7月1日）

第二十六条第二、三款　经营者、经营者团体等为其他经营者达成、实施垄断协议提供实质性帮助，给原告造成损失的，原告依据民法典第一千一百六十九条第一款的规定主张提供帮助行为的经营者、经营者团体与达成、实施垄断协议的其他经营者承担连带责任的，人民法院应当予以支持。但是，经营者、经营者团体等能够证明其不知道且不应当知道其他经营者达成、实施有关协议的除外。

前款所称实质性帮助，是指对垄断协议达成或者实施具有直接、重要促进作用的引导产生违法意图、提供便利条件、充当信息渠道、帮助实施惩罚等行为。

《最高人民法院关于审理生态环境侵权责任纠纷案件适用法律若干问题的解释》（法释〔2023〕5号　2023年9月1日）

第十条　为侵权人污染环境、破坏生态提供场地或者储存、运输等帮助，被侵权人根据民法典第一千一百六十九条的规定请求行为人与侵权人承担连带责任的，人民法院应予支持。

第十一条　过失为侵权人污染环境、破坏生态提供场地或者储存、运输等便利条件，被侵权人请求行为人承担与过错相适应责任的，人民法院应予支持。

前款规定的行为人存在重大过失的，依照本解释第十条的规定处理。

《最高人民法院关于适用〈中华人民共和国反不正当竞争法〉若干问题的解释》（法释〔2022〕9号　2022年3月20日）

第十五条　故意为他人实施混淆行为提供仓储、运输、邮寄、印制、隐匿、经营场所等便利条件，当事人请求依据民法典第一千一百六十九条第一款予以认定的，人民法院应予支持。

《最高人民法院关于审理使用人脸识别技术处理个人信息相关民事案件适用法律若干问题的规定》（法释〔2021〕15号　2021年8月1日）

第七条第一款　多个信息处理者处理人脸信息侵害自然人人格权益，该自然人主张多个信息处理者按照过错程度和造成损害结果的大小承担侵权责任的，人民法院依法予以支持；符合民法典第一千一百六十八条、第一千一百六十九条第一款、第一千一百七十条、第一千一百七十一条等规定的相应情形，该自然人主张多个信息处理者承担连带责任的，人民法院依法予以支持。

《最高人民法院关于审理侵害植物新品种权纠纷案件具体应用法律问题的若干规定（二）》（法释〔2021〕14号 2021年7月7日）

第八条 被诉侵权人知道或者应当知道他人实施侵害品种权的行为，仍然提供收购、存储、运输、以繁殖为目的的加工处理等服务或者提供相关证明材料等条件的，人民法院可以依据民法典第一千一百六十九条的规定认定为帮助他人实施侵权行为。

《最高人民法院关于审理侵害信息网络传播权民事纠纷案件适用法律若干问题的规定》（法释〔2020〕19号 2021年1月1日）

第七条 网络服务提供者在提供网络服务时教唆或者帮助网络用户实施侵害信息网络传播权行为的，人民法院应当判令其承担侵权责任。

网络服务提供者以言语、推介技术支持、奖励积分等方式诱导、鼓励网络用户实施侵害信息网络传播权行为的，人民法院应当认定其构成教唆侵权行为。

网络服务提供者明知或者应知网络用户利用网络服务侵害信息网络传播权，未采取删除、屏蔽、断开链接等必要措施，或者提供技术支持等帮助行为的，人民法院应当认定其构成帮助侵权行为。

第八条 人民法院应当根据网络服务提供者的过错，确定其是否承担教唆、帮助侵权责任。网络服务提供者的过错包括对于网络用户侵害信息网络传播权行为的明知或者应知。

网络服务提供者未对网络用户侵害信息网络传播权的行为主动进行审查的，人民法院不应据此认定其具有过错。

网络服务提供者能够证明已采取合理、有效的技术措施，仍难以发现网络用户侵害信息网络传播权行为的，人民法院应当认定其不具有过错。

《最高人民法院关于审理侵犯专利权纠纷案件应用法律若干问题的解释（二）》（法释〔2020〕19号 2021年1月1日）

第二十一条 明知有关产品系专门用于实施专利的材料、设备、零部件、中间物等，未经专利权人许可，为生产经营目的将该产品提供给他人实施了侵犯专利权的行为，权利人主张该提供者的行为属于民法典第一千一百六十九条规定的帮助他人实施侵权行为的，人民法院应予支持。

明知有关产品、方法被授予专利权，未经专利权人许可，为生产经营目的积极诱导他人实施了侵犯专利权的行为，权利人主张该诱导者的行为属于民法典第一千一百六十九条规定的教唆他人实施侵权行为的，人民法院应予支持。

相关案例

◎典型案例

呼和浩特市某物资有限责任公司诉某（中国）有限公司横向垄断协议纠纷案【人民法院案例库：2024-13-2-489-001】

裁判要旨：反垄断法语境下的轴辐协议，是由轴心经营者与上游或者下游的多个轮缘经营者分别达成相互平行的纵向协议，轮缘经营者之间通过处于中心位置的轴心经营者的组织、协调达成横向合谋，在轴心经营者与轮缘经营者的共同作用下，实现排除、限制竞争的目的。轴辐协议本质上是轮缘经营者之间达成的横向垄断协议。如果轴心经营者组织轮缘经营者达成、实施横向垄断协议的主观故意明显，则应当审查判断其是否构成共同侵权;如果轴心经营者为轮缘经营者达成、实施横向垄断协议提供实质性帮助,则应当审查判断其是否构成帮助侵权。

四川某科技股份公司诉云南某种业公司、云南某公司侵害植物新品种权纠纷案【人民法院案例库:2023-13-2-161-017】

裁判要旨:云南某公司为云南某种业公司实施侵权行为提供帮助,出借其种子生产经营许可证,供不具备种子生产经营资质的云南某种业公司从事种子生产经营活动,并从中获利,根据《民法典》第一千一百六十九条第一款规定,构成帮助侵权。

广东省深圳市腾某计算机系统有限公司等与上海新某网络科技有限公司商业贿赂不正当竞争纠纷案【(2021)粤03民终26107号】

裁判要旨:网络服务商研发并向网络用户提供针对网络内容创作平台的洗稿软件,用户使用该软件能够将网络内容创作平台上的高点去量和热点文章进行聚合、搬运、智能重写、原创度检测和向自媒体平台上传。用户使用该软件并没有创作出新作品,其创作的内容在本质上是对原作品的抄袭。网络服务商引诱用户洗稿的行为,妨碍、破坏、干扰了内容创作平台的正常经营活动和经营秩序,使其服务质量降低、用户体验下降,违背诚信原则和公认的商业道德,该行为构成不正当竞争。对主观恶意重、侵权规模大的洗稿软件提供商,应加重判决其承担的侵权损害赔偿数额。

上汽大某汽车有限公司诉沈某、徐某侵害商标权纠纷案【(2020)沪73民终90号】

裁判要旨:共同侵权行为既可能是共同加害行为,也可能是教唆帮助行为。因此,还需要进一步明确:刑事案件中的从犯在民事案件中是构成共同加害行为还是帮助行为?案涉刑事判决书认定沈某组装气囊构成直接侵权,徐某提供场地、人员,帮助其组装气囊,似乎徐某属于帮助行为。从法律规范来看,《刑法》第二十五条规定的共同犯罪,其客观方面包括实行行为、组织行为、教唆行为和帮助行为,《侵权责任法》第八条[1]和第九条[2]则分别规定了共同加害行为、教唆帮助行为,但这两处的帮助行为不能完全等同而论。如前所述,刑事判决认定在民事领域的法律效力,应根据民事法律规定进行判断。在本案庭审中,两被告均确认双方存在合作关系,唯一差异在于,徐某陈述系按每卖出一只产品抽取2.5元房租和人工费的标准提成,沈某认为只是大体约定等卖成之后再分钱。据此可以看出,两被告存在事先策划、分工,具有主观意思的共同性,两人存在互相利用、彼此支持,具有加害行为的协作性,查获的气囊两人均参与,具有损害结果的同一性,因此本案认定徐某的行为不属于帮助侵权,而亦属于直接侵权行为,最终对两被告不区分份额,判决承担共同赔偿责任。

中国生某多样性与绿色发展基金会与浙江淘某网络有限公司等大气污染责任纠纷上诉案【(2019)浙民终863号】

裁判要旨:网店售卖"年检神器"帮助尾气不合格的车辆规避年度检测,构成以弄虚作假的方式教唆或协助机动车主实施大气污染行为,应当与环境侵权行为实施人机动车车主承担连带侵权责任。依据

---

[1]《民法典》第1168条。
[2]《民法典》第1169条。

《民法总则》第一百七十八条[1]之规定，原告有权请求部分连带责任人承担全部赔偿责任；网络平台服务未违反侵权责任法第三十六条第二款[2]规定的"通知—删除"义务或者不具有显而易见违法情形的，可排除网络信息平台服务提供者连带责任的适用。

第一千一百七十条　【共同危险行为】

二人以上实施危及他人人身、财产安全的行为，其中一人或者数人的行为造成他人损害，能够确定具体侵权人的，由侵权人承担责任；不能确定具体侵权人的，行为人承担连带责任。

条文理解

本条是关于共同危险行为的规定。相较于《民法典》第1168条规定的共同实施侵权行为以及《民法典》第1171条、第1172条规定的分别实施侵权行为，共同危险行为主要具有以下两点特殊之处：第一，共同危险行为中，行为人分别实施了危及他人人身、财产的行为，因而不存在共同的意思联络，否则应当直接适用《民法典》第1168条。第二，共同危险行为中不能确定具体的加害人，因而不同于分别侵权行为。换言之，被侵权人既无法证明共同危险行为的行为人存在共同侵权的意思，也无法在因果关系层面证明究竟是哪个或哪些行为人的行为导致损害结果的发生。本条之所以在无法确定具体侵权人的情况下要求行为人承担连带责任，主要是为了保护被侵权人的利益，通过放松因果关系上的证明要求避免其遭受的损失无法获得救济。此种做法的正当性则在于，共同危险行为中的行为人均实施了极有可能造成他人损害的行为。

相应地，本条意义上的危及他人人身、财产安全的行为应当具有高度损害他人权益的可能性。此外，共同危险行为人之间的数个危险行为还需要存在一定的关联性，即由于这些行为导致受害人难以证明具体的因果关系。不过，此种关联性并不要求数个危险行为发生在同一时间、同一场合。例如，甲被乙打伤后，在送至医院治疗的过程中因为医生丙的误诊行为而致残，如果无法确定致残的原因究竟是伤情过重（因而即使是正常救治也无法避免该结果）还是误诊行为，则乙、丙同样构成共同危险行为，应当根据本条承担连带责任。

被请求承担责任的行为人如果能够证明损害结果系由于其他行为人所导致，则无须承担连带责任，此种证明的典型方式是证明损害结果由特定行为人所导致。存在争议的是，如果行为人能够证明损害结果必然与自身的行为无关，该行为人是否还需要承担责任。有观点认为，只有在确定具体加害人的情况下，其他行为人才不承担责任。但此种观点与共同危险行为的制度目的有所冲突（让可能造成损害之人承担不利后果），保护受害人的利益亦应受到必要的限制，在已经能够证明损害结果与自身行为无关的情况下，不应当要求该行为人承担侵权责任。

---

[1]《民法典》第178条。
[2]《民法典》第1195条第1款。

相关条文

◎司法解释

《最高人民法院关于审理使用人脸识别技术处理个人信息相关民事案件适用法律若干问题的规定》（法释〔2021〕15号 2021年8月1日）

第七条第一款 多个信息处理者处理人脸信息侵害自然人人格权益，该自然人主张多个信息处理者按照过错程度和造成损害结果的大小承担侵权责任的，人民法院依法予以支持；符合民法典第一千一百六十八条、第一千一百六十九条第一款、第一千一百七十条、第一千一百七十一条等规定的相应情形，该自然人主张多个信息处理者承担连带责任的，人民法院依法予以支持。

《最高人民法院关于审理道路交通事故损害赔偿案件适用法律若干问题的解释》（法释〔2020〕17号 2021年1月1日）

第十条 多辆机动车发生交通事故造成第三人损害，当事人请求多个侵权人承担赔偿责任的，人民法院应当区分不同情况，依照民法典第一千一百七十条、第一千一百七十一条、第一千一百七十二条的规定，确定侵权人承担连带责任或者按份责任。

《最高人民法院关于审理船舶油污损害赔偿纠纷案件若干问题的规定》（法释〔2020〕18号 2021年1月1日）

第三条 两艘或者两艘以上船舶泄漏油类造成油污损害，受损害人请求各泄漏油船舶所有人承担赔偿责任，按照泄漏油数量及泄漏油类对环境的危害性等因素能够合理分开各自造成的损害，由各泄漏油船舶所有人分别承担责任；不能合理分开各自造成的损害，各泄漏油船舶所有人承担连带责任。但泄漏油船舶所有人依法免予承担责任的除外。

各泄漏油船舶所有人对受损害人承担连带责任的，相互之间根据各自责任大小确定相应的赔偿数额；难以确定责任大小的，平均承担赔偿责任。泄漏油船舶所有人支付超出自己应赔偿的数额，有权向其他泄漏油船舶所有人追偿。

《最高人民法院关于充分发挥审判职能作用切实维护公共安全的若干意见》（法发〔2015〕12号 2015年9月16日）

第八条 依法妥善审理与重大责任事故有关的赔偿案件。对当事人因重大责任事故遭受人身、财产损失而提起诉讼要求赔偿的，应当依法及时受理，保障当事人诉权。对两人以上实施危及他人人身、财产安全的行为，其中一人或者数人的行为造成他人损害，能够确定具体责任人的，由责任人承担赔偿责任，不能确定具体责任人的，由行为人承担连带责任。被告人因重大责任事故既承担刑事、行政责任，又承担民事责任的，其财产应当优先承担民事责任。原告因重大责任事故遭受损失而无法及时履行赡养、抚养等义务，申请先予执行的，应当依法支持。

相关案例

◎典型案例

张某诉北京某公司、四川某公司等生命权、身体权、健康权纠纷案【人民法院案例库：2023-16-2-001-001】

裁判要旨：本案系典型的共同危险行为。（1）各主体之间对加害行为没有共同的意思联络，而是各自独立实施了危及他人人身或财产安全的行为，对损害后果也没有共同的预见。（2）共同实施了危险行为，所谓各行为人"共同实施"，即非主观意思联络的共同，也非客观行为结合的共同，而是各行为人都实施了危险程度和性质相同或相近的危及他人人身、财产安全的违法行为，这些行为虽然相互独立，但却并列发生。(3) 一人或者数人的行为已造成损害后果。损害事实已经发生,且能够确定行为人实施的危险行为与损害结果有因果关系,可能是部分行为人的原因导致实际的损害结果,而另一部分人虽然实施了危险行为,但客观上没有造成损害后果,是否系所有行为人的共同原因造成无法查明。(4) 行为人不能够证明谁是真正的侵权人。在共同危险行为中,往往很难认定究竟是一人还是数人的行为实际造成损害结果,危险行为与损害结果的因果关系是法律推定的因果关系,法律要求共同危险行为人承担连带责任,是为了缓和受害人的举证困难,给受害人充分的救济。《侵权责任法》第十条[1]对共同危险行为予以明确,只有其中的一人或者数人能够证明谁是真正的加害人,即证明损害后果与何人的行为存在因果关系,才能免责。在行为人无法举证证明谁是真正侵权人的情况下,应当承担连带责任。(5) 本案因果关系明确,现场发生闪爆导致张某身体严重受伤。

北京某公司、四川某公司提出"当夜没有施工、两处工地相距较远、物理隔离,不存在相互影响",主张损害后果不是由其行为造成的诉讼理由不能成立,并不能据此免责。尽管本案北京某公司和四川某公司对新疆某路桥公司出具的事故调查报告不予认可,认为事故具体责任不清,没有法定的《事故调查报告》确定二被上诉人的事故责任,并不等同于其即具备不予赔偿义务的法定理由,其责任无法明确查清的法律后果不能转嫁由受害人承担,对二被上诉人无责的抗辩理由不予

采信。

遵义市聚某爆破工程有限公司、贵州省湄潭县全某房地产开发有限责任公司占有、使用高度危险物损害责任纠纷案【(2020)最高法民申1169号】

裁判要旨:案涉三个房产开发项目均实施了爆破作业这一可能导致全某公司房屋受损的危险行为,而聚某爆破公司未提供《爆破安全规程》所规定的爆破效应监测等证据,不能证明其爆破作业与全某公司受损无关或对全某公司受损的作用较小,依据《侵权责任法》第十条[2]"二人以上实施危及他人人身、财产安全的行为,其中一人或者数人的行为造成他人损害,能够确定具体侵权人的,由侵权人承担责任;不能确定具体侵权人的,行为人承担连带责任"、第十四条[3]"连带责任人根据各自责任大小确定相应的赔偿数额;难以确定责任大小的,平均承担赔偿责任。支付超出自己赔偿数额的连带责任人,有权向其他连带责任人追偿"之规定,在对外承担全某公司的损害赔偿责任上,由实施爆破作业的相关责任人包括聚某爆破公司对全某公司的损失承担连带责任;在对内各连带责任人之间的赔偿数额上,则平均承担赔偿责任。因此,聚某爆破公司关于按三个房地产开发项目平均承担责任以及其应承担极小份额的赔偿责任的再审理由不能成立。

鞍山时某新源公共设施管理有限公司、哈尔滨寅某龙建筑工程有限公司财产损害赔偿纠纷案【(2020)最高法民申781号】

裁判要旨:根据原审查明的事实,寅某龙公司施工内容包括了顶板及以上工

---

[1] 《民法典》第1170条。
[2] 同上。
[3] 《民法典》第178条第2款。

程，泰某公司施工内容包括了混凝土的灌注，而诉争地下空间工程导致联某鞍山分公司管线受损的原因包括了寅某龙公司施工过程中未采取管线防护措施和泰某公司灌注混凝土导致人井被灌死造成管线无法重新布放等。时某公司不能证明寅某龙公司、泰某公司对联某鞍山分公司的损失能够明确划分各自责任范围、比例。并且时某公司对寅某龙公司和泰某公司承担责任的比例问题提出再审申请，并不影响其自身责任的承担。二审判决依据《侵权责任法》第十条[1]判令寅某龙公司、泰某公司承担连带责任，并无不当。时某公司作为案涉工程项目的建设单位，对项目工程具有管控能力。而在案涉工程项目施工过程中，时某公司存在将工程分割发包给多个施工单位的情况，一审判决以时某公司未妥善履行监管义务，判令其对寅某龙公司、泰某公司施工不当造成的损失承担连带责任，二审判决对此予以认可，并非没有理据，结果并无不公。至于时某公司与寅某龙公司、泰某公司之间的最终责任承担问题，可另循途径解决。

纪某诉封某等楼上住户致公用下水管道堵塞溢水财产损害赔偿纠纷案【（2012）南民初字第1507号】

裁判要旨：业主对共有管道使用中因堵塞溢水造成损害，原告请求堵点上游各业主承担连带责任的，人民法院应予支持，但业主能够证明自己没有责任或系其他原因造成损害的除外。

本案中原告和三被告系上下楼邻居，原告与三被告居住的房屋也共用一根下水管道，三被告已使用下水管道正常用水，大量杂物堵塞下水管道，导致住在一楼的原告家浸水并泡坏室内地板、家具等财产，因不能确定具体的侵权人，故应该由三被告对原告的财产损失承担连带赔偿责任。

> **第一千一百七十一条　【分别侵权的连带责任】**
>
> 二人以上分别实施侵权行为造成同一损害，每个人的侵权行为都足以造成全部损害的，行为人承担连带责任。

条文理解

本条是关于分别侵权的连带责任的规定。与《民法典》第1168条以及第1169条所规定的多数人侵权类型不同，本条的适用以二人以上分别实施侵权行为为前提。所以，如果两个以上的侵权人之间存在意思联络，则不属于本条的适用范围。在此基础上，本条与《民法典》第1172条之间的区别在于，尽管多个侵权人之间相互独立地实施侵权行为，但如果仅观察其中任何一个独立的侵权行为，该行为均足以造成全部（而非部分）的损害结果。考虑到这一点，要求各个行为人承担连带责任具有合理性，与其所造成的损害也相适应。此外，本条的适用以各个侵权行为造成同一损害为前提，如果所造成的损害不同，则各个行为人分别就其应当负责的损害范围承担侵权责任。

较为特殊的情况是，多个侵权行为虽然造成了同一损害，但损害范围不同。例如，两个工厂在养殖场上游排污，导致养殖场饲养的动物中毒死亡，因而产生100万元的损失。假设甲厂能够造成的损害范围是其中的20万元，而乙厂能够造成全

---

[1]《民法典》第1170条。

部 100 万元的损失。对于此种情况，应当在多个侵权人所造成的损害重合的范围内认定"同一损害"，即该案中的 20 万元。就这部分损害而言，甲、乙两个养殖场承担连带责任。

由于本条意义上的行为人各自实施的侵权行为均足以造成全部的损害，所以，侵权人之间对外承担连带责任后应当在内部进一步分担责任。而且，由于各个侵权行为对于损害结果的影响程度相同，所以应当均分责任。换言之，在部分行为人承担了对被侵权人的侵权责任后，有权按照均分责任确定的比例向其他侵权人追偿。

相关条文

◎法律

《民法典》（2021 年 1 月 1 日）

第一百七十八条第二款 连带责任人的责任份额根据各自责任大小确定；难以确定责任大小的，平均承担责任。实际承担责任超过自己责任份额的连带责任人，有权向其他连带责任人追偿。

◎司法解释

《最高人民法院关于审理食品药品纠纷案件适用法律若干问题的规定》（法释〔2021〕17 号　2021 年 12 月 1 日）

第十二条 食品检验机构故意出具虚假检验报告，造成消费者损害，消费者请求其承担连带责任的，人民法院应予支持。

食品检验机构因过失出具不实检验报告，造成消费者损害，消费者请求其承担相应责任的，人民法院应予支持。

第十三条 食品认证机构故意出具虚假认证，造成消费者损害，消费者请求其承担连带责任的，人民法院应予支持。

食品认证机构因过失出具不实认证，造成消费者损害，消费者请求其承担相应责任的，人民法院应予支持，人民法院应予支持。

《最高人民法院关于审理使用人脸识别技术处理个人信息相关民事案件适用法律若干问题的规定》（法释〔2021〕15 号　2021 年 8 月 1 日）

第七条第一款 多个信息处理者处理人脸信息侵害自然人人格权益，该自然人主张多个信息处理者按照过错程度和造成损害结果的大小承担侵权责任的，人民法院依法予以支持；符合民法典第一千一百六十八条、第一千一百六十九条第一款、第一千一百七十条、第一千一百七十一条等规定的相应情形，该自然人主张多个信息处理者承担连带责任的，人民法院依法予以支持。

《最高人民法院关于审理医疗损害责任纠纷案件适用法律若干问题的解释》（法释〔2020〕17 号　2021 年 1 月 1 日）

第十九条 两个以上医疗机构的诊疗行为造成患者同一损害，患者请求医疗机构承担赔偿责任的，应当区分不同情况，依照民法典第一千一百六十八条、第一千一百七十一条或者第一千一百七十二条的规定，确定各医疗机构承担的赔偿责任。

《最高人民法院关于审理道路交通事故损害赔偿案件适用法律若干问题的解释》（法释〔2020〕17 号　2021 年 1 月 1 日）

第十条 多辆机动车发生交通事故造成第三人损害，当事人请求多个侵权人承担赔偿责任的，人民法院应当区分不同情况，依照民法典第一千一百七十条、第一千一百七十一条、第一千一百七十二条的规定，确定侵权人承担连带责任或者按份责任。

《最高人民法院关于审理环境侵权责任纠纷案件适用法律若干问题的解释》（法释〔2020〕17 号　2021 年 1 月 1 日）

第三条第一、三款 两个以上侵权人分别实施污染环境、破坏生态行为造成同一损害，每一个侵权人的污染环境、破坏生态行为都足以造成全部损害，被侵权人根据民法典第一千一百七十一条规定请求侵权人承担连带责任的，人民法院应予支持。

两个以上侵权人分别实施污染环境、破坏生态行为造成同一损害，部分侵权人的污染环境、破坏生态行为足以造成全部损害，部分侵权人的污染环境、破坏生态行为只造成部分损害，被侵权人根据民法典第一千一百七十一条规定请求足以造成全部损害的侵权人与其他侵权人就共同造成的损害部分承担连带责任，并对全部损害承担责任的，人民法院应予支持。

《最高人民法院关于审理船舶油污损害赔偿纠纷案件若干问题的规定》（法释〔2020〕18号　2021年1月1日）

第三条　两艘或者两艘以上船舶泄漏油类造成油污损害，受损害人请求各泄漏油船舶所有人承担赔偿责任，按照泄漏油数量及泄漏油类对环境的危害性等因素能够合理分开各自造成的损害，由各泄漏油船舶所有人分别承担责任；不能合理分开各自造成的损害，各泄漏油船舶所有人承担连带责任。但泄漏油船舶所有人依法免予承担责任的除外。

各泄漏油船舶所有人对受损害人承担连带责任的，相互之间根据各自责任大小确定相应的赔偿数额；难以确定责任大小的，平均承担赔偿责任。泄漏油船舶所有人支付超出自己应赔偿的数额，有权向其他泄漏油船舶所有人追偿。

《海南省高级人民法院关于审理海洋生态环境自然资源纠纷案件的裁判指引（试行）》（2021年12月）

第十一条第一、二款　非法采捕、收购、运输、出售珊瑚、砗磲或者其他珍贵、濒危水生野生动物及其制品的，公益诉讼起诉人依据《民法典》第一千一百七十一条的规定请求各环节行为人对所造成的生态损害承担连带赔偿责任的，应予支持。但连带责任的范围应当与其所实施的行为相对应。

前款规定的运输行为人举证证明其已经尽到审慎注意义务，但仍未发现所运输的物品为珊瑚、砗磲或者其他珍贵、濒危水生野生动物及其制品的，可以免除赔偿责任。

相关案例

◎ **典型案例**

山东省济南市人民检察院诉济南某肿瘤医院有限公司、济南市某人民医院、中国人民解放军某部队医院环境污染民事公益诉讼案【人民法院案例库：2023-11-2-466-024】

裁判要旨：不作为侵权是侵权行为的一种特殊形式。侵权人分别实施不作为侵权行为，造成同一危险，且每一个人实施的不作为侵权行为，都足以造成危险发生的，各侵权人应当对消除危险承担连带责任。

首先，从侵权行为主体分析，侵权主体有三人，济南某肿瘤医院作为涉案放射源法律上的使用权人，将放射源交由他人使用，致使放射源长期脱离其管理控制，在涉案放射源闲置时，不履行处置责任，造成了放射性污染危险；某人民医院、某部队医院作为涉案放射源实际使用者，在涉案放射源闲置时，各自不履行处置涉案放射源责任，也造成放射性污染危险。济南某肿瘤医院、某人民医院和某部队医院不处置涉案放射源的侵权行为，相互独立，不存在主观上的共同故意，也不存在共同过失，属于分别实施了不履行处置责任的侵权行为。其次，从损害后果分析，济南某肿瘤医院、某人民医院、某部队医院不处置涉案放射源侵权行为，导致了涉案放射源产生严重放射性污染危险的损害后果，损害的性质和内容相同，具有同一性，属于造成同一损害事实的情形。最后，从因果关系分析，济南某肿瘤医院、某人民医院、某部队医院不处置涉案放射源的侵权行为，对放射性污染风险后果的发生都有全部的原因力，各自的行为均足以导致污染风险后果的发生。也就是说，济南某肿瘤医院、某人民医院、某部队医院中的任何一个侵权者若能积极履行处置责任，都足以避免放射性污染危险的发生。反过来讲，济南某肿瘤医院、某人民医院、某部队医院三家单位，每个节点的不依法处置侵权行为，都足以导致涉案放射源产生污染危险，都与危险发生具有因果关系。

张某某诉陶某某、北京某期货有限责任公司期货交易纠纷案【人民法院案例库：2023-08-2-498-001】

裁判要旨：在目前我国的法律法规及司法解释对期货公司与期货居间人之间的责任关系尚无相关规定的情况下，可基于《民法典》《最高人民法院关于审理期货纠纷案件若干问题的规定》《期货公司居间人管理办法（试行）》等相关规定，对期货居间人的定义进行明确，重申期货居间人对投资者及期货公司提供的是居间服务（或称中介服务），应当独立承担基于居间经纪关系所产生的民事责任。特别是自然人居间人，其不隶属于任何机构，应以自己的名义开展居间业务，并独立承担基于居间等行为产生的一切法律后果。其法律责任应根据各方当事人是否存在过错、过错的性质及大小、过错和损失之间的因果关系等进行确定。期货公司与期货居间人之间并非"绝对隔离"，可参照《期货公司居间人管理办法（试行）》的相关规定判断期货公司是否履行了对期货居间人的管理责任。期货公司具有过错的，亦应承担相应的赔偿责任。

曾某某诉彭某某、中国平某财产保险股份有限公司成都市蜀都支公司机动车交通事故责任纠纷案【最高人民法院发布四起侵权纠纷典型案例之案例四（2014年7月24日）】

裁判要旨：在彭某某驾车碾轧曾某某之前，有未知名驾驶人先后驾车与曾某某相撞并逃逸。未知名驾驶人与彭某某虽无共同故意或共同过失，但每个人分别实施的加害行为都独立构成了对曾某某的侵权，最终造成了曾某某死亡的损害后果，该损害后果具有不可分性，且每个人的加害行为均是发生损害后果的直接原因，即每个人的行为都足以造成曾某某死亡。因此，原判根据《侵权责任法》第十一条[1]"二人以上分别实施侵权行为造成同一损害，每个人的侵权行为都足以造成全部损害的，行为人承担连带责任"之规定，确定彭某某与肇事逃逸者承担连带赔偿责任并无不当。连带责任对外是一个整体责任，连带责任中的每个人都有义务对被侵权人承担全部责任。被请求承担全部责任的连带责任人，不得以自己的过错程度等为由主张只承担自己内部责任份额内的责任。在其他肇事者逃逸的情况下，曾某某请求彭某某承担所有侵权人应当承担的全部责任，符合法律规定。

---

[1]《民法典》第1171条。

第一千一百七十二条 【分别侵权的按份责任】

二人以上分别实施侵权行为造成同一损害，能够确定责任大小的，各自承担相应的责任；难以确定责任大小的，平均承担责任。

条文理解

本条是关于分别侵权的按份责任的规定。与前述关于多数人侵权的规定相比，一方面，本条中的多个行为人之间在实施侵权行为时不存在意思联络，行为之间也不存在特殊关联，所以不适用《民法典》第1168条、第1170条的规定；另一方面，如果将本条中的多个侵权行为独立出来，则每个侵权行为均不足以造成全部的损害结果。相反，各个侵权行为结合才能造成最终的损害。也正因为这一点，本条并未像《民法典》第1171条一样要求各个行为人承担连带责任，而是根据各个行为人的责任大小要求其承担按份责任。在无法确定责任大小时，各个行为人平均分担责任。

相关条文

◎ **法律**

《民法典》（2021年1月1日）

第一百七十七条　二人以上依法承担按份责任，能够确定责任大小的，各自承担相应的责任；难以确定责任大小的，平均承担责任。

◎ **司法解释**

《最高人民法院关于审理生态环境侵权责任纠纷案件适用法律若干问题的解释》（法释〔2023〕5号　2023年9月1日）

第六条　两个以上侵权人分别污染环境、破坏生态，每一个侵权人的行为都不足以造成全部损害，被侵权人根据民法典第一千一百七十二条的规定请求侵权人承担责任的，人民法院应予支持。

侵权人主张其污染环境、破坏生态行为不足以造成全部损害的，应当承担相应举证责任。

《最高人民法院关于审理医疗损害责任纠纷案件适用法律若干问题的解释》（法释〔2020〕17号　2021年1月1日）

第十九条　两个以上医疗机构的诊疗行为造成患者同一损害，患者请求医疗机构承担赔偿责任的，应当区分不同情况，依照民法典第一千一百六十八条、第一千一百七十一条或者第一千一百七十二条的规定，确定各医疗机构承担的赔偿责任。

《最高人民法院关于审理道路交通事故损害赔偿案件适用法律若干问题的解释》（法释〔2020〕17号　2021年1月1日）

第十条　多辆机动车发生交通事故造成第三人损害，当事人请求多个侵权人承担赔偿责任的，人民法院应当区分不同情况，依照民法典第一千一百七十条、第一千一百七十一条、第一千一百七十二条的规定，确定侵权人承担连带责任或者按份责任。

《最高人民法院关于审理环境侵权责任纠纷案件适用法律若干问题的解释》（法释〔2020〕17号　2021年1月1日）

第三条第二款　两个以上侵权人分别实施污染环境、破坏生态行为造成同一损害，每一个侵权人的污染环境、破坏生态行为都不足以造成全部损害，被侵权人根据民法典第一千一百七十二条规定请求侵权人承担责任的，人民法院应予支持。

《最高人民法院关于审理船舶油污损害赔偿纠纷案件若干问题的规定》（法释〔2020〕18号　2021年1月1日）

第三条第一款　两艘或者两艘以上船舶泄漏油类造成油污损害，受损害人请求各泄漏油船舶所有人承担赔偿责任，按照泄漏油数量及泄漏油类对环境的危害性等因素能够合理分开各自造成的损害，由各泄漏油船舶所有人分别承担责任；不能合理分开各自造成的损害，各泄漏油船舶所有人承担连带责任。但泄漏油船舶所有人依法免予承担责任的除外。

相关案例

◎ **指导案例**

胡某某、王某某诉德某餐厅、蒋某某等生命权纠纷案【最高人民法院指导案例227号】

裁判要旨：本案中，德某餐厅和其他数个行为人之间在胡某甲溺亡这一损害后果产生前，并无共同意思联络，不构成共同侵权，不承担连带责任。售酒行为并非造成溺亡的直接原因，而是与下湖戏水玩耍等行为结合后，才促成损害后果的发生，单独的售酒行为并不能造成全部损害后果，故，德某餐厅不应当对全部损害承担责任。德某餐厅向未成年人售酒并供其饮用，增加了未成年人酒后下湖戏水造成人身损害的风险，是导致其溺亡的间接原因。结合其过错程度、原因力大小，法院判决德某餐厅对胡某甲的溺亡承担6%的责任。

◎ **公报案例**

赵淑华与沈阳皇朝万鑫酒店管理有限公司、沈阳中一万鑫物业管理有限公司财产损害赔偿纠纷案【《最高人民法院公报》2019年第5期】

裁判要旨：案涉责任人在不同时期的数个行为密切结合致使火灾发生，侵权行为、致害原因前后接继而非叠加，责任人对火灾的发生均有重大过失，但没有共同故意或者共同过失，应各自承担相应的责任。建设单位并非主动积极的行为致受害人权益受损，不承担主要责任。生效刑事判决和案涉火灾事故认定书认定，案外人燃放烟花构成失火罪，系造成万鑫大厦火灾的主要原因。万鑫公司铺设易燃物品引燃外墙建筑材料，进而形成立体燃烧，导致火势扩大、蔓延是损失发生的过程。即本案的火灾是多因一果的结果，侵权行为、致害原因前后接继而非叠加。案涉各方对火灾的发生均有重大过失，但均非故意追求损害后果，万鑫公司过错亦不足以造成全部损失，不应让受害人全部损失承担赔偿责任，万鑫公司毕竟并非主动积极的行为致赵淑华权益受损，亦不应承担主要责任。中一公司在物业安全防范方面没有尽责，存在管理疏漏，具有过错，但其行为并未直接导致火灾发生。因万鑫公司等侵权导致赵淑华的民事权益受损，由万鑫公司等首先承担赔偿责任，中一公司应当在其预见和能够防范的范围内承担相应的补充责任。

◎ **典型案例**

张某甲、朱某乙等诉邵某、朱某甲财产损害赔偿纠纷案【人民法院案例库：2024-07-2-043-001】

裁判要旨：在房屋租赁合同关系中，出租人有义务保障所提供的房屋及其附属设施符合安全适用的标准。出租人允许承租人转租房屋，并非对出租人权利义务的概括转移。出租人的上述义务并未因房屋转租而转移给承租人。承租人将房屋转租后，相对于次承租人来说，处于"出租人"的地位，对于次承租人同样负有该义务。

若出租人和承租人均未尽到保障房屋附属设施符合安全适用标准的义务，导致次承租人发生损害的，出租人和承租人的行为构成侵权法上的过错。次承租人可以基于侵权事实的存在，要求出租人和承租人按照各自的过错程度承担相应的赔偿责任。对于出租人和承租人的过错程度，应当结合各自预防和防范风险发生的能力予以认定。

谢某丽、刘某成诉罗某然、陈某蓉等31人、新疆生产建设兵团第某师×××团生命权、身体权、健康权纠纷案【人民法院案例库：2023-16-2-001-002】

对于与死者刘某江共同饮酒的郭某、李某2、程某，虽系未成年人，但结合他们的年龄、认知能力均应知晓未成年人不得饮酒以及能够预见到酒后游泳的危险性，但在明知刘某江大量饮酒后又一同前往×××团××沙河游泳，对刘某江未能尽到提醒、及时劝阻、防范风险的义务，故对刘某江的溺水死亡存在一定的过错，应承担相应责任。对于一同游泳的成年人买某提应当能预见到酒后游泳的危险性，但其在明知刘某江饮酒的情况下未能尽到提醒、及时劝阻、防范风险的义务，故对刘某江的溺水死亡存在一定的过错。一同游泳的罗某然、李某冉、周某熙、奴某、买某买、穆某、丁涛、阿某都因系限制民事行为能力人，在刘某江溺水时均不同程度地对刘某江进行了施救，且也没有证据证明其与刘某江溺水死亡存在一定的因果关系，故不承担本案民事责任。

事发河道为自然河道，并非向公众提供服务或以公众为对象进行商业性经营的场所，×××团作为河道管理者对于此类河道的管理职责主要是促进水资源保护、水域岸线管理、水污染防治、水环境治理等工作，对于自然河道，现行法律法规没有规定要设置安全保护设施及安全警示标识等安全保障措施。×××团不应承担本案民事责任。

薛某某诉贺兰县某镇人民政府、银川市某建设工程有限公司追偿权纠纷案【人民法院案例库：2024-16-2-143-001】

裁判要旨：二人以上分别实施侵权行为造成同一损害，能够确定责任大小的，各自承担相应的责任；难以确定责任大小的，平均承担赔偿责任。个人之间形成劳务关系，提供劳务一方因劳务造成他人损害的，由接受劳务一方承担侵权责任。提供劳务一方因劳务自己受到损害的，根据双方各自的过错承担相应的责任。雇员在从事雇佣活动中因安全生产事故遭受人身损害，发包人、分包人知道或者应当知道接受发包或者分包业务的雇主没有相应资质或者安全生产条件的，应当与雇主承担连带赔偿责任。

重庆市长寿区珍心鲜农业开发有限公司诉中盐重庆长寿盐化有限公司、四川盐业地质钻井大队环境污染责任纠纷案【最高人民法院发布十起人民法院服务保障新时代生态文明建设典型案例之案例五（2018年6月4日）】

裁判要旨：中盐长寿公司、四川钻井大队分别实施了侵权行为，但主观上无侵权意思联络，虽然无法详细区分各自排放污染物数量及污染范围，但单就两污染源各自的侵权行为尚不足以造成本案全部损害。根据《侵权责任法》第十二条[1]的规定，应由中盐长寿公司、四川钻井大队各自承担相应的责任。根据鉴定报告，结合长平三井位于案涉农业基地西侧约30米，长平二井位于案涉农业基地西北侧约100米，且长平三井共发生过两次污染事实，可判断两个污染源中长平三井的原因力较大，长平二井的原因力较小。二审法院酌定长平三井的原因力为60%，长平二

---

[1]《民法典》第1172条。

井的原因力为40%。二审改判中盐长寿公司、四川钻井大队恢复珍心鲜农业公司被污染土地原状，如逾期未采取恢复措施，则分别按照40%、60%比例支付修复费用，并按比例赔偿珍心鲜农业公司土壤修复期间的损失及农产品减产损失。

第一千一百七十三条 【被侵权人与有过错】

被侵权人对同一损害的发生或者扩大有过错的，可以减轻侵权人的责任。

条文理解

本条是关于被侵权人与有过错的规定。在被侵权人对于损害的发生或者扩大存在过错时，如果还要求侵权人承担全部损失，不仅与侵权责任的正当性基础相冲突、有违人们的公平观念，还可能导致被侵权人怠于履行自身本应尽到的避免损害发生或者扩大的义务。所以，在被侵权人对同一损害的发生或者扩大有过错时，可以减轻侵权人所须承担的侵权责任。本条意义上的过错包括被侵权人存在故意或者过失两种情况，前一情况下，须以被侵权人的故意尚未达到《民法典》第1174条所规定的程度为前提。

在判断被侵权人对于同一损害的发生或者扩大是否存在过错时应当注意以下三点：首先，须以存在同一损害为前提。侵权人所承担的侵权责任以其对被侵权人所造成的特定损害为基础（如物的所有权毁损、健康权受损），只有在被侵权人对于该损害所指向的利益也未能尽到必要的注意义务时，才存在被侵权人对于该损害与有过失的问题。其次，在判断被侵权人是否有过错时，应当以被侵权人是否违反了应当尽到的注意义务为准。所以，在被侵权人不具有完全的民事行为能力的，应当根据其年龄、精神状况等因素认定其所尽到的注意义务。最后，在判断减轻侵权人责任的范围时，应当基于被侵权人的行为对于同一损害发生或者扩大的影响程度，并比较该行为与侵权人实施的侵权行为之间的关系。在此基础上，可以基于侵权人的过错程度进一步调整减轻的范围。例如，侵权人故意实施侵权行为的，相较于其仅是过失侵权的情况，应当承担更重的侵权责任。

在本条之外，《民法典》关于特殊类型侵权的规定以及特别法上存在关于与有过错的特别规定。以《民法典》第1240条为例，根据该条，被侵权人仅在对损害的发生有重大过失时，经营者才可以主张减轻自身的责任。换言之，如果被侵权人只具有一般过失，则不影响经营者须承担的侵权责任。

相关条文

◎法律

《民法典》（2021年1月1日）

第一千一百七十四条 损害是因受害人故意造成的，行为人不承担责任。

第一千一百七十八条 本法和其他法律对不承担责任或者减轻责任的情形另有规定的，依照其规定。

第一千二百二十四条第一款第一项 患者在诊疗活动中受到损害，有下列情形之一的，医疗机构不承担赔偿责任：

（一）患者或者其近亲属不配合医疗机构进行符合诊疗规范的诊疗；

……

第一千二百三十九条 占有或者使用易燃、易爆、剧毒、高放射性、强腐蚀性、高致病性等高度危险物造成他人损害的，占有人或者使用人应当承担侵权责任；但是，能够证明损害是因受害人故意或者不可抗力造成的，不承担责任。被侵权人对损害的发生有重大过失的，可以减轻占有人或者使用人的责任。

第一千二百四十条　从事高空、高压、地下挖掘活动或者使用高速轨道运输工具造成他人损害的，经营者应当承担侵权责任；但是，能够证明损害是因受害人故意或者不可抗力造成的，不承担责任。被侵权人对损害的发生有重大过失的，可以减轻经营者的责任。

第一千二百四十三条　未经许可进入高度危险活动区域或者高度危险物存放区域受到损害，管理人能够证明已经采取足够安全措施并尽到充分警示义务的，可以减轻或者不承担责任。

第一千二百四十五条　饲养的动物造成他人损害的，动物饲养人或者管理人应当承担侵权责任；但是，能够证明损害是因被侵权人故意或者重大过失造成的，可以不承担或者减轻责任。

《民用航空法》（2021年4月29日）

第一百六十一条　依照本章规定应当承担责任的人证明损害是完全由于受害人或者其受雇人、代理人的过错造成的，免除其赔偿责任；应当承担责任的人证明损害是部分由于受害人或者其受雇人、代理人的过错造成的，相应减轻其赔偿责任。但是，损害是由于受害人的受雇人、代理人的过错造成时，受害人证明其受雇人、代理人的行为超出其所授权的范围的，不免除或不减轻应当承担责任的人的赔偿责任。

一人对另一人的死亡或者伤害提起诉讼，请求赔偿时，损害是该另一人或者其受雇人、代理人的过错造成的，适用前款规定。

《道路交通安全法》（2021年4月29日）

第七十六条第一款　机动车发生交通事故造成人身伤亡、财产损失的，由保险公司在机动车第三者责任强制保险责任限额范围内予以赔偿；不足的部分，按照下列规定承担赔偿责任：

（一）机动车之间发生交通事故的，由有过错的一方承担赔偿责任；双方都有过错的，按照各自过错的比例分担责任。

《电力法》（2018年12月29日）

第六十条第二款第二项　电力运行事故由下列原因之一造成的，电力企业不承担赔偿责任：

……

（二）用户自身的过错。

《水污染防治法》（2018年1月1日）

第九十六条第三款　水污染损害是由受害人故意造成的，排污方不承担赔偿责任。水污染损害是由受害人重大过失造成的，可以减轻排污方的赔偿责任。

《铁路法》（2015年4月24日）

第五十八条　因铁路行车事故及其他铁路运营事故造成人身伤亡的，铁路运输企业应当承担赔偿责任；如果人身伤亡是因不可抗力或者由受害人自身的原因造成的，铁路运输企业不承担赔偿责任。

违章通过平交道口或者人行过道，或者在铁路线路上行走、坐卧造成的人身伤亡，属于受害人自身的原因造成的人身伤亡。

◎司法解释

《最高人民法院关于审理生态环境侵权责任纠纷案件适用法律若干问题的解释》（法释〔2023〕5号　2023年9月1日）

第二十六条　被侵权人对同一污染环境、破坏生态行为造成损害的发生或者扩大有重大过失，侵权人请求减轻责任的，人民法院可以予以支持。

《最高人民法院关于审理铁路运输人身损害赔偿纠纷案件适用法律若干问题的解

释》(法释〔2021〕19号 2022年1月1日)

第六条第一款 因受害人的过错行为造成人身损害，依照法律规定应当由铁路运输企业承担赔偿责任的，根据受害人的过错程度可以适当减轻铁路运输企业的赔偿责任，并按照以下情形分别处理：

（一）铁路运输企业未充分履行安全防护、警示等义务，铁路运输企业承担事故主要责任的，应当在全部损害的百分之九十至百分之六十之间承担赔偿责任；铁路运输企业承担事故同等责任的，应当在全部损害的百分之六十至百分之五十之间承担赔偿责任；铁路运输企业承担事故次要责任的，应当在全部损害的百分之四十至百分之十之间承担赔偿责任。

（二）铁路运输企业已充分履行安全防护、警示等义务，受害人仍施以过错行为的，铁路运输企业应当在全部损害的百分之十以内承担赔偿责任。

第七条 铁路运输造成无民事行为能力人人身损害的，铁路运输企业应当承担赔偿责任；监护人有过错的，按照过错程度减轻铁路运输企业的赔偿责任。

铁路运输造成限制民事行为能力人人身损害的，铁路运输企业应当承担赔偿责任；监护人或者受害人自身有过错的，按照过错程度减轻铁路运输企业的赔偿责任。

《最高人民法院关于审理船舶碰撞和触碰案件财产损害赔偿的规定》(法释〔2020〕18号 2021年1月1日)

第一条第二款 因请求人的过错造成的损失或者使损失扩大的部分，不予赔偿。

《最高人民法院关于审理旅游纠纷案件适用法律若干问题的规定》(法释〔2020〕17号 2021年1月1日)

第八条第二款 旅游者未按旅游经营者、旅游辅助服务者的要求提供与旅游活动相关的个人健康信息并履行如实告知义务，或者不听从旅游经营者、旅游辅助服务者的告知、警示，参加不适合自身条件的旅游活动，导致旅游过程中出现人身损害、财产损失，旅游者请求旅游经营者、旅游辅助服务者承担责任的，人民法院不予支持。

第十八条 旅游者在旅游行程中未经导游或者领队许可，故意脱离团队，遭受人身损害、财产损失，请求旅游经营者赔偿损失的，人民法院不予支持。

第十九条第一、三项 旅游经营者或者旅游辅助服务者为旅游者代管的行李物品损毁、灭失，旅游者请求赔偿损失的，人民法院应予支持，但下列情形除外：

（一）损失是由于旅游者未听从旅游经营者或者旅游辅助服务者的事先声明或者提示，未将现金、有价证券、贵重物品由其随身携带而造成的；

……

（三）损失是由于旅游者的过错造成的。

《最高人民法院关于审理民事、行政诉讼中司法赔偿案件适用法律若干问题的解释》(法释〔2016〕20号 2016年10月1日)

第九条 受害人对损害结果的发生或者扩大也有过错的，应当根据其过错对损害结果的发生或者扩大所起的作用等因素，依法减轻国家赔偿责任。

◎ **相关案例**

◎ **指导案例**

荣宝英诉王阳、永诚财产保险股份有限公司江阴支公司机动车交通事故责任纠纷案【最高人民法院指导案例24号】

裁判要旨：交通事故的受害人没有过

错，其体质状况对损害后果的影响不属于可以减轻侵权人责任的法定情形。

本案中，虽然原告荣宝英的个人体质状况对损害后果的发生具有一定的影响，但这不是侵权责任法等法律规定的过错，荣宝英不应因个人体质状况对交通事故导致的伤残存在一定影响而自负相应责任……本起交通事故造成的损害后果系受害人荣宝英被机动车碰撞、跌倒发生骨折所致，事故责任认定荣宝英对本起事故不负责任，其对事故的发生及损害后果的造成均无过错。虽然荣宝英年事已高，但其年老骨质疏松仅是事故造成后果的客观因素，并无法律上的因果关系。因此，受害人荣宝英对于损害的发生或者扩大没有过错，不存在减轻或者免除加害人赔偿责任的法定情形。

胡某某、王某某诉德某餐厅、蒋某某等生命权纠纷案【最高人民法院指导案例227号】

裁判要旨：胡某甲溺水时为初中二年级学生，对自己的行为已经有了一定的认知及判断能力，且已接受学校日常安全教育。本案中，聚餐时胡某甲主动提议饮酒，饮酒后胡某甲实施了下湖戏水等危险行为，且下湖戏水也系由胡某甲提议。胡某甲对自己的死亡存在重大过错。二原告作为其监护人，日常即有放任胡某甲饮酒的情形，且事故发生在周末放假期间，其疏于对胡某甲的管理教育，未履行好监护人职责，对胡某甲的溺亡应当自行承担90%的损失。

◎**公报案例**

李帅帅诉上海通用富士冷机有限公司、上海工商信息学校人身损害赔偿纠纷案【《最高人民法院公报》2015年第12期】

裁判要旨：实习生在实习单位工作中，在工作时间、工作场所因工作原因受到伤害的，即使自身存在一般性过错，亦不能减轻实习单位的赔偿责任。

上诉人李帅帅作为实习生，技能尚处于学习阶段，劳动报酬也区别于被上诉人通用富士公司正常员工。因此，李帅帅在劳动过程中所应尽到的谨慎注意义务不能以通用富士公司正常员工为标准。李帅帅事发当日在没有带教老师陪同加班的情况下所出现的操作不当尚不足以构成重大过失，相较于通用富士公司、工商学校对风险防范所应承担的义务，李帅帅自身的一般过失不能减轻通用富士公司及工商学校所应承担的赔偿责任。况且，正常建立劳动关系的员工即便因自身过错发生类似本案的工伤事故，员工能够获得的工伤赔偿也不因其自身过错而减少，则对于尚在实习工作的李帅帅而言，更不能因其自身一般性过错而减轻相关侵权方应负的赔偿责任。

汤某1诉连云港光鼎置业有限公司、灌南县开源物业管理有限公司人身损害赔偿纠纷案【《最高人民法院公报》2017年第3期】

裁判要旨：原告汤某1被南大院小区损坏的健身器材致伤，被告光鼎公司虽系该小区建设单位，但已与被告开源公司就小区物业设施完成交接查验手续，事发前健身器材完好无损可正常使用，其对原告损害发生并无过错，故不应承担赔偿责任；开源公司作为南大院小区的物业管理企业，对物业设施负有维护和管理义务，其未及时对健身设备进行检查、维修，导致健身器材存在一定的安全隐患，致使原告在玩耍时被建设器材夹伤手指，开源公司对此负有过错……监护人周某带领三周岁的原告到南大院小区，放任原告独自进入健身场地，未尽到监护职责，对原告受伤负有重大过错。依据原告监护人周某和开源公司的过错程度，法院确认开源公司对原告受伤承担30%的赔偿责任。

◎ 典型案例

周某某诉某某美容店服务合同纠纷案【人民法院案例库：2023-14-2-137-001】

裁判要旨：未成年人尚不足以清楚判断文身行为对自己身体和人格利益带来的损害和影响，未成年人文身后，其监护人向文身店主张返还文身费用的，文身店应当返还。若因文身行为造成未成年人无法正常上学等严重后果的，监护人请求支付后续清洗费、精神抚慰金等侵权赔偿，人民法院应结合未成年人年龄、文身面积及部位、双方过错程度，依法合理予以支持。

虽然周某某系自愿文身，但其文身时为限制行为能力人，以其年龄和智力尚不能清楚判断文身对自己身体和人格利益带来的损害和影响，某某美容店的经营者徐某在未准确核实周某某的身份、年龄的情况下，只是根据周某某的要求，多次给周某某实施文身服务并收取费用。虽然某某美容店为周某某文身时，法律法规没有明确禁止向未成年人提供文身服务，但根据《未成年人保护法》《民法典》等立法原则和精神，社会应有利于未成年人的健康成长，给予未成年人特殊保护，文身在一定程度上会损害未成年人的身心健康，对将来的学习工作会带来一定的影响，故某某美容店存在重大过错，应承担主要责任。周某某的监护人未对周某某尽到应尽的抚养、教育和保护义务，且周某某对某某美容店的工作人员谎称其是成年人，父母对其文身没有意见，对损害的发生存在过错，应承担次要责任。

丁某诉陆某、启东市某材料公司海上人身损害责任纠纷案【人民法院案例库：2023-10-2-200-005】

裁判要旨：关于港口作业过程中各方作业主体责任的认定问题。首先，装卸企业在装卸作业过程中，应当严格遵守安全生产的相关要求，在操作区域以及操作设备上设置明显的安全警示标志，最大限度尽到安全警示义务；要在现场安排专人进行安全管理，发现其他人员进入操作区域时应及时制止，避免安全生产事故的发生；要注意加强对企业工作人员的日常安全知识培训，提高工作人员的安全生产意识。如果未能尽到上述义务而导致码头装卸过程中出现人员伤亡，装卸企业应当承担相应的赔偿责任。其次，配合货物装卸的船上工作人员，应服从装卸企业的装卸安排，同时应具备对自身安全的保护意识，尽到足够的安全注意义务，否则应对自身的损失承担责任。

林某某诉某公交公司生命权、身体权、健康权纠纷案【人民法院案例库：2024-07-2-001-003】

裁判要旨：在乘客违反乘车规则的情况下，公交公司若无过错，不应对乘客受到的损害承担侵权责任，而应由乘客对其违规行为自行担责。人民法院对违反上下客乘车规则的行为予以否定性评价，有利于发挥司法裁判的指引效果，引导公众自觉遵守交通规则，有效维护社会公共交通文明出行秩序。

林某某违反厦门市人民政府颁布的规章——《厦门市城市公共交通车、船乘坐规定》所规定的"前门上车，后门下车"的乘车规则，应认定其存在过错（重大过失），依法可以减轻或免除公交公司的赔偿责任。公交车驾驶员进站停车后正常打开、关闭车门，并将主要精力用于关注乘客在前门上车的情况，未及时发现林某某欲违规从后车门上车，应属于正常情况，不存在违规操作或操作不当问题，不宜认定其存在过错。对林某某违反上下客乘车规则之行为理应予以否定性评价，否则,若该行为被其他乘客效仿,将会破坏前述乘车规定和规则,可能造成公共交通乘车秩序的混乱。

> **第一千一百七十四条** 【受害人故意】
> 损害是因受害人故意造成的,行为人不承担责任。

条文理解

本条是关于受害人故意的规定。根据本条,如果损害是由于受害人故意造成,则行为人即使实施了侵权行为也不承担责任。受害人故意,是指受害人明知其行为可能给自身带来损害结果,但主观上追求(直接故意)或者放任(间接故意)此种结果的发生。需要注意的是,本条意义上的受害人故意应当是造成损害结果的唯一原因,如果行为人的过错行为与损害结果的发生之间也存在因果关系,则不得基于本条主张不承担侵权责任。例如,精神疾病的医疗机构对于精神疾病患者负有照顾、看护的义务,如果医疗机构的工作人员怠于履行职责,未能阻止患者跳楼自杀,即使患者故意造成损害的发生,医疗机构也应当承担侵权责任,但可以根据《民法典》第1173条主张受害人与有过错。

在本条关于受害人故意的一般规定的基础上,《民法典》关于特殊类型的侵权责任以及特别法上可能对于受害人故意的法律效果作出特别规定。特别是,对于无过错责任而言,即使受害人对于损害结果的发生存在故意,行为人也并不必然能够主张完全不承担责任。例如,根据《民法典》第1246条,如果动物的饲养人或者管理人违反动物饲养相关的管理规定,未对动物采取安全措施因而造成他人受损,即使损害是受害人故意造成的,动物的饲养人或者管理人也只能主张减轻责任而非不承担责任。

相关条文

◎**法律**

《民法典》(2021年1月1日)

第一千一百七十八条 本法和其他法律对不承担责任或者减轻责任的情形另有规定的,依照其规定。

第一千二百三十七条 民用核设施或者运入运出核设施的核材料发生核事故造成他人损害的,民用核设施的营运单位应当承担侵权责任;但是,能够证明损害是因战争、武装冲突、暴乱等情形或者受害人故意造成的,不承担责任。

第一千二百三十八条 民用航空器造成他人损害的,民用航空器的经营者应当承担侵权责任;但是,能够证明损害是因受害人故意造成的,不承担责任。

第一千二百三十九条 占有或者使用易燃、易爆、剧毒、高放射性、强腐蚀性、高致病性等高度危险物造成他人损害的,占有人或者使用人应当承担侵权责任;但是,能够证明损害是因受害人故意或者不可抗力造成的,不承担责任。被侵权人对损害的发生有重大过失的,可以减轻占有人或者使用人的责任。

第一千二百四十条 从事高空、高压、地下挖掘活动或者使用高速轨道运输工具造成他人损害的,经营者应当承担侵权责任;但是,能够证明损害是因受害人故意或者不可抗力造成的,不承担责任。被侵权人对损害的发生有重大过失的,可以减轻经营者的责任。

第一千二百四十五条 饲养的动物造成他人损害的,动物饲养人或者管理人应当承担侵权责任;但是,能够证明损害是因被侵权人故意或者重大过失造成的,可以不承担或者减轻责任。

第一千二百四十六条 违反管理规定，未对动物采取安全措施造成他人损害的，动物饲养人或者管理人应当承担侵权责任；但是，能够证明损害是因被侵权人故意造成的，可以减轻责任。

《道路交通安全法》（2021年4月29日）

第七十六条第二款 交通事故的损失是由非机动车驾驶人、行人故意碰撞机动车造成的，机动车一方不承担赔偿责任。

《水污染防治法》（2018年1月1日）

第九十六条第三款 水污染损害是由受害人故意造成的，排污方不承担赔偿责任。水污染损害是由受害人重大过失造成的，可以减轻排污方的赔偿责任。

◎ 行政法规

《机动车交通事故责任强制保险条例》（中华人民共和国国务院令第709号 2019年3月2日）

第二十一条第二款 道路交通事故的损失是由受害人故意造成的，保险公司不予赔偿。

◎ 司法解释

《最高人民法院关于审理铁路运输人身损害赔偿纠纷案件适用法律若干问题的解释》（法释〔2021〕19号 2022年1月1日）

第五条第二项 铁路行车事故及其他铁路运营事故造成人身损害，有下列情形之一的，铁路运输企业不承担赔偿责任：
……
（二）受害人故意以卧轨、碰撞等方式造成的；

第六条第二款 铁路运输企业已充分履行安全防护、警示等义务，受害人不听从值守人员劝阻强行通过铁路平交道口、人行过道，或者明知危险后果仍然无视警示规定沿铁路线路纵向行走、坐卧故意造成人身损害的，铁路运输企业不承担赔偿责任，但是有证据证明并非受害人故意造成损害的除外。

◎ 相关案例

◎ 典型案例

邹某举、李某诉某县某房地产开发公司、某县某中学侵权责任纠纷案【（2021）黔05民终8774号】

裁判要旨：本案中，邹某某跳楼时间为星期六晚上9∶30，跳楼地点是在其家庭居住附近的小区高楼，时间、地点均不在学校管理范围内；同时，某县某中学已提交证据证明学校开设了心理健康教育课程，二原告并未提交证据证明邹某某在校期间存在异常情形或某县某中学对邹某某的死亡存在过错等事实，故二原告主张某县某中学赔偿因邹某某死亡导致的损失并无法律依据；某县某房地产开发有限公司开发的案涉小区早已交付业主使用多年，涉案窗户系过道窗户，亦安装有可滑动二扇玻璃窗，仅可半开，符合《住宅建筑门窗应用技术规范》的相关要求，某县某房地产开发有限公司对邹某的死亡亦不存在过错，二原告主张某县某房地产开发有限公司赔偿因邹某某死亡导致的损失亦无相应法律依据。同时，邹某某的死亡与某县某房地产开发有限公司、某县某中学之间不存在因果关系。

程某龙、程某淋违反安全保障义务责任纠纷案【（2019）云01民终7572号】

裁判要旨：宋某死亡当天因家庭矛盾流露轻生念头，独自前往滇池索道，在上缆车后车厢门即将自动关闭前伸出右脚抵挡厢门，致厢门留有缝隙不能完全闭锁。在索道运行过程中，强行将索道缆车厢门掰开，跨出厢门从高空跳入滇池水中溺亡。即宋某之死系其产生轻生念头后主动追求死亡之后果，且上诉人对宋某强行掰开缆车厢门跳入滇池的行为系自杀行为并无异议,仅认为若被上诉人尽到了完全的安全保障义务,就可避免宋某自杀的行为发生。本院认为,公共场所的管理人所负的安全保障义务并非是没有界限、无限扩大的,应在合理限度范围内。被上诉人作为索道缆车的经营者其不可能预见宋某存在轻生念头,而对宋某格外关注,被上诉人的工作人员在安排宋某安全进入案涉缆车后,还需继续安排后续乘客安全进入缆车,不可能一直将目光继续聚焦宋某,从而发现其有轻生表象而加以提醒和制止,将宋某用脚抵住缆车厢门,其后强行掰开厢门跳水自杀的责任强加于被上诉人,认为与其未尽关注和提醒义务有直接关联显然有失公平,故导致宋某死亡的原因为其轻生的念头以及自杀的行为,并非被上诉人未履行危险消除义务所致。

苏某、陆某诉某某大学生命权、健康权、身体权案【(2017)京01民终7167号】

裁判要旨:学生辅导员何某确实通过案外人得知苏甲有"网上购药"的情况。案外人将该事实向辅导员报告,说明其主观上认为该信息具有某些危险成分,否则其不可能将此事报告给辅导员。而某某大学在得知该信息后的处理是否得当就成为衡量其管理是否失当的主要评价依据。首先,对于该信息,某某大学并没有充耳不闻。辅导员得知后即安排苏甲的寝室舍友密切观察,在之后的学生组会会上汇报了该情况。这说明某某大学没有忽视对苏甲的关注。其次,苏甲网上所购到底系何种药物其实并不明确。因案外人及其他寝室舍友没有见到过该药物,苏某、陆某也没有向法院提交苏甲的网上购物清单以证明其所购何种药物,故根据一般理性人的判断,某某大学只能怀疑而不能确信该药物就是用于自杀的极其危险的药物。虽然某

某大学代表在苏甲去世后和苏某、陆某的谈话中有过明确的表示,即"属于采取极端行为的药",但作出这样的判断是因为极端行为事件毕竟已经发生了,并不能说明某某大学在当时已经判断出该危险是现实的、紧迫的,已经到了十分紧急的地步。最后,某某大学对苏甲情况的判断和采取的措施符合基本的认知。当时的事实呈现出两个矛盾方面,能够准确判断的一面是苏甲长期的良好表现和积极乐观的生活态度。可以说,群体观察和个体表现中均没有出现让人警惕的情况。而不确定的另一面是苏甲可能持有某种药物,是否用于自杀也不可知。在这两种相互矛盾的信息中,某某大学依据苏甲的长期表现判断其不会发生自杀但保有一些警惕并要求寝室舍友密切观察,这样的认知和措施是合理的。某某大学在管理中没有不当情形,不应该承担侵权责任。

第一千一百七十五条 【第三人过错】

损害是因第三人造成的,第三人应当承担侵权责任。

条文理解

本条是关于第三人过错的规定。要求行为人承担侵权责任的合理性主要在于行为人应当对自身的不当行为负责,所以,在第三人实施不当行为导致损害发生的情况下,自然应当由第三人承担侵权责任。相应地,本条意义上的"损害是因第三人造成的"要求第三人实施的侵权行为是导致被侵权人遭受损害的唯一原因,如果行为人的行为对于损害的发生同样具有影响,则也应当承担侵权责任。至于具体的责任形态,可以参考《民法典》第1167-1172条的规定。

本条意义上的第三人不包括行为人本就应当为其承担责任的第三人，如工作人员之于用人单位，提供劳务一方之于接受劳务一方，无民事行为能力人、限制民事行为能力人之于监护人。对于这些类型的第三人，即使损害由第三人造成，其也无须承担侵权责任。

本条主要适用于过错责任，对于无过错责任，由于行为人承担侵权责任的正当性基础主要不在于其实施了不当行为，所以，行为人时常须承受第三人行为引发的风险。例如，根据《民法典》第1233条的规定，即使污染环境、破坏生态的损害是由于第三人造成的，被侵权人仍然可以请求行为人承担侵权责任。只不过，由于终局责任人是第三人，行为人可以在赔偿后向第三人追偿。

相关条文

◎法律

《民法典》（2021年1月1日）

第一千一百九十二条第二款 提供劳务期间，因第三人的行为造成提供劳务一方损害的，提供劳务一方有权请求第三人承担侵权责任，也有权请求接受劳务一方给予补偿。接受劳务一方补偿后，可以向第三人追偿。

第一千一百九十八条第二款 因第三人的行为造成他人损害的，由第三人承担侵权责任；经营者、管理者或者组织者未尽到安全保障义务的，承担相应的补充责任。经营者、管理者或者组织者承担补充责任后，可以向第三人追偿。

第一千二百零一条 无民事行为能力人或者限制民事行为能力人在幼儿园、学校或者其他教育机构学习、生活期间，受到幼儿园、学校或者其他教育机构以外的第三人人身损害的，由第三人承担侵权责任；幼儿园、学校或者其他教育机构未尽到管理职责的，承担相应的补充责任。幼儿园、学校或者其他教育机构承担补充责任后，可以向第三人追偿。

第一千二百零四条 因运输者、仓储者等第三人的过错使产品存在缺陷，造成他人损害的，产品的生产者、销售者赔偿后，有权向第三人追偿。

第一千二百三十三条 因第三人的过错污染环境、破坏生态的，被侵权人可以向侵权人请求赔偿，也可以向第三人请求赔偿。侵权人赔偿后，有权向第三人追偿。

第一千二百五十条 因第三人的过错致使动物造成他人损害的，被侵权人可以向动物饲养人或者管理人请求赔偿，也可以向第三人请求赔偿。动物饲养人或者管理人赔偿后，有权向第三人追偿。

第一千二百五十二条第二款 因所有人、管理人、使用人或者第三人的原因，建筑物、构筑物或者其他设施倒塌、塌陷造成他人损害的，由所有人、管理人、使用人或者第三人承担侵权责任。

《电力法》（2018年12月29日）

第六十条第三款 因用户或者第三人的过错给电力企业或者其他用户造成损害的，该用户或者第三人应当依法承担赔偿责任。

《水污染防治法》（2018年1月1日）

第九十六条第四款 水污染损害是由第三人造成的，排污方承担赔偿责任后，有权向第三人追偿。

◎行政法规

《电力供应与使用条例》（中华人民共和国国务院令第709号 2019年3月2日）

第四十三条第二款 因用户或者第三人的过错给供电企业或者其他用户造成损害的，该用户或者第三人应当依法承担赔偿责任。

《防治船舶污染海洋环境管理条例》（中华人民共和国国务院令第698号 2018年3月19日）

第四十八条 造成海洋环境污染损害的责任者，应当排除危害，并赔偿损失；完全由于第三者的故意或者过失，造成海洋环境污染损害的，由第三者排除危害，并承担赔偿责任。

◎ 司法解释

《最高人民法院关于审理生态环境侵权责任纠纷案件适用法律若干问题的解释》（法释〔2023〕5号 2023年9月1日）

第十二条 排污单位将所属的环保设施委托第三方治理机构运营，第三方治理机构在合同履行过程中污染环境造成他人损害，被侵权人请求排污单位承担侵权责任的，人民法院应予支持。

排污单位依照前款规定承担责任后向有过错的第三方治理机构追偿的，人民法院应予支持。

第十三条 排污单位将污染物交由第三方治理机构集中处置，第三方治理机构在合同履行过程中污染环境造成他人损害，被侵权人请求第三方治理机构承担侵权责任的，人民法院应予支持。

排污单位在选任、指示第三方治理机构中有过错，被侵权人请求排污单位承担相应责任的，人民法院应予支持。

第十八条 因第三人的过错污染环境、破坏生态造成他人损害，被侵权人请求侵权人或者第三人承担责任的，人民法院应予支持。

侵权人以损害是由第三人过错造成的为由，主张不承担责任或者减轻责任的，人民法院不予支持。

相关案例

◎ 典型案例

白某某诉中国铁路某局集团有限公司、某某旅行社有限公司、第三人邢某违反安全保障义务责任纠纷案【人民法院案例库：2024-07-2-370-001】

裁判要旨：当受害人在车站等公共场所因第三人的行为受到损害的，如第三人能够证明其行为系因安全保障义务主体未尽到安全保障义务所造成的，则可以认定该第三人不具有过错，不承担侵权责任。车站等公共场所的经营者、旅游服务机构等群众性活动组织者，未尽到安全保障义务，造成他人损害，受害人要求经营者或组织者依照《民法典》第一千一百九十八条第一款的规定承担侵权责任的，人民法院应予支持。人民法院在处理第三人介入的安全保障义务案件中，应当依照法律规定在具体的场景中认定过错及因果关系，对第三人及安全保障义务人责任进行正确认定，实现司法裁判的法律效果和社会效果的统一。

第一千一百七十六条 【自甘风险】

自愿参加具有一定风险的文体活动，因其他参加者的行为受到损害的，受害人不得请求其他参加者承担侵权责任；但是，其他参加者对损害的发生有故意或者重大过失的除外。

活动组织者的责任适用本法第一千一百九十八条至第一千二百零一条的规定。

条文理解

本条是关于自甘风险的规定。根据本

条第 1 款的规定，如果受害人系自愿参加具有风险的文娱与体育活动，在活动的其他参加者的行为导致其受到损害时，除非其他参加者存在故意或者重大过失，否则受害人应当自己承担损害结果。

在解释本条第 1 款时需要注意以下三点：首先，受害人应当是自愿参加活动，如果其被欺诈、胁迫或者在缺乏意思自主能力（如醉酒等）的情况下参加活动，而其他参加者能够认识到受害人并非自愿参加或者缺乏作出有效同意的能力时，不得基于本条第 1 款主张不承担侵权责任。

其次，导致受害人遭受损害的原因应当是文体活动固有风险的实现。例如，在身体直接接触的体育活动中，参与者可能因为身体对抗而受伤；在身体不直接接触的体育活动中，也可能因为对方击球等原因受伤。如果是固有风险之外的其他风险，则参加者不得主张不承担侵权责任。例如，篮球比赛双方之间发生冲突尽管较为常见，但如果其他参与者在冲突中击打受害人导致其受伤，则应当就此承担侵权责任。

最后，在判断其他参加者对于损害的发生是否存在故意或者重大过失时，不宜直接以文体活动的相关规则为依据，这些规则的存在是为了文体活动本身更好地进行，并不必然具有侵权责任层面的规范意义。以足球比赛为例，为了破坏对方的进攻机会，防守方可能采取具有一定危险性的防守动作，此种动作可能被认定为犯规，裁判甚至会出示黄、红牌，但这并不必然意味着该参加者存在故意或者重大过失。

关于本条第 2 款中的活动组织者的责任，应当适用《民法典》第 1198-1201 条的规定。值得强调的是，对于具有一定风险的文体活动而言，活动组织者的安全保障义务包括提示文体活动存在的风险以及可能造成的损失，并判断参加者能否理解此种风险，以决定是否允许其参与该活动。

相关条文

◎法律

《民法典》（2021 年 1 月 1 日）

第一千一百九十八条 宾馆、商场、银行、车站、机场、体育场馆、娱乐场所等经营场所、公共场所的经营者、管理者或者群众性活动的组织者，未尽到安全保障义务，造成他人损害的，应当承担侵权责任。

因第三人的行为造成他人损害的，由第三人承担侵权责任；经营者、管理者或者组织者未尽到安全保障义务的，承担相应的补充责任。经营者、管理者或者组织者承担补充责任后，可以向第三人追偿。

第一千一百九十九条 无民事行为能力人在幼儿园、学校或者其他教育机构学习、生活期间受到人身损害的，幼儿园、学校或者其他教育机构应当承担侵权责任；但是，能够证明尽到教育、管理职责的，不承担侵权责任。

第一千二百条 限制民事行为能力人在学校或者其他教育机构学习、生活期间受到人身损害，学校或者其他教育机构未尽到教育、管理职责的，应当承担侵权责任。

第一千二百零一条 无民事行为能力人或者限制民事行为能力人在幼儿园、学校或者其他教育机构学习、生活期间，受到幼儿园、学校或者其他教育机构以外的第三人人身损害的，由第三人承担侵权责任；幼儿园、学校或者其他教育机构未尽到管理职责的，承担相应的补充责任。幼儿园、学校或者其他教育机构承担补充责任后，可以向第三人追偿。

◎ 司法解释

《最高人民法院关于适用〈中华人民共和国民法典〉时间效力的若干规定》（法释〔2020〕15号　2021年1月1日）

第十六条　民法典施行前，受害人自愿参加具有一定风险的文体活动受到损害引起的民事纠纷案件，适用民法典第一千一百七十六条的规定。

◎ 部门规章

《学生伤害事故处理办法》（中华人民共和国教育部令第30号　2010年12月13日）

第十二条第五项　因下列情形之一造成的学生伤害事故，学校已履行了相应职责，行为并无不当的，无法律责任：

……

（五）在对抗性或者具有风险性的体育竞赛活动中发生意外伤害的；

……

相关案例

◎ 典型案例

张某诉韦某生命权、身体权、健康权纠纷案【人民法院案例库：2023-07-2-001-005】

裁判要旨：竞技性体育比赛中，参赛者的违章犯规行为致其他参赛者人身损害的，能否适用自甘风险规则主张免责，应当着重审查其犯规行为是否构成侵权法上的故意或者重大过失。违反比赛规则可作为判断行为人是否存在故意或者重大过失的重要参考因素，但不能将体育竞技中的犯规简单地等同于侵权法上的故意或者重大过失。参赛者的犯规行为是为了进行正常防守而非针对其他参赛者人身的，应当综合考虑涉案体育活动的对抗性程度、体育比赛的具体规格等因素，结合促进体育运动发展的目的考量，认定参赛者的犯规行为是否构成重大过失或者故意。

曾某甲诉曾某乙、某发型店生命权、身体权、健康权纠纷案【人民法院案例库：2023-07-2-001-004】

裁判要旨：对于因参加文体活动导致的人身损害，其他参加者以自甘风险规则主张免责的，应当综合审查文体活动是否具有一定风险、受害人是否自愿参加、导致受害人人身损害的其他参加者是否具有故意或者重大过失等因素。受害人经行为人反复邀请后选择参加文体活动的，只要邀请行为不存在胁迫等违背受害人意愿的情形，应当认定受害人属于自愿参加文体活动。文体活动的参加者在活动中因其他参加者的动作导致人身损害的，应审查判断该行为是否属于该类活动中的正常行为，致害行为符合该类活动的一般特征，且受害人未能举证证明行为人在活动中存在故意或者重大过失情形的，不应认定行为人的行为具有过错或者重大过失。

吴某某诉张某某、李某、某某青少年体育俱乐部、某财产保险股份有限公司北京市分公司生命权、身体权、健康权纠纷案【人民法院案例库：2023-14-2-001-002】

裁判要旨："自甘风险"的责任承担应综合考虑各方面因素加以确定。"自甘风险"作为一项抗辩事由，通常会产生减轻或免除加害人赔偿责任的后果。对应到未成年人参与者，要充分考虑"受害者"参与体育活动的年龄、意愿、心智、训练经验、运动经历、受伤原因、主观过错等因素；同时，对于组织者或培训机构，尤其要充分考虑其资质、场地条件、教练员专业水平、对抗训练安排的合理性、安全保障义务、主客观过错、伤害发生后的应急处理等因素。综合以上，人民法院应当结合实际、公平合理地确定各方责任承担范围及比例。

宋某祯诉周某身体权纠纷案【人民法院贯

彻实施民法典典型案例（第一批）之案例十（2022年2月25日）】

裁判要旨：竞技体育运动不同于一般的生活领域，主要目的即为争胜，此类运动具有对抗性、人身危险性的特点，参与者均处于潜在危险中，既是危险的潜在制造者，也是危险的潜在承担者。羽毛球运动系典型的对抗性体育竞赛，除扭伤、拉伤等常规风险外，更为突出的风险即在于羽毛球自身体积小、密度大、移动速度快，运动员如未及时作出判断即会被击中，甚至击伤。宋某祯作为多年参与羽毛球运动的爱好者，对于自身和其他参赛者的能力以及此项运动的危险和可能造成的损害，应当有所认知和预见，而宋某祯仍自愿参加比赛，将自身置于潜在危险之中，属于自甘冒险的行为。依照《民法典》第一千一百七十六条第一款，在此情形下，只有周某对宋某祯受伤的损害后果存在故意或重大过失时，才需承担侵权损害赔偿责任。本案中，周某杀球进攻的行为系该类运动的正常技术动作，周某并不存在明显违反比赛规则的情形，不应认定其存在重大过失，且现行法律未就本案所涉情形适用公平责任予以规定，故宋某祯无权主张周某承担赔偿责任或分担损失。

某设备公司与某刀模公司等侵权责任纠纷案【最高人民法院发布八起涉体育纠纷民事典型案例之案例四（2023年6月21日）】

裁判要旨：双方当事人在明知帆船比赛风险性的前提下自愿报名参加，在比赛中因对方行为遭受损害产生的争议应当适用《民法典》第一千一百七十六条自甘风险规则审查认定双方当事人的责任。"中国杯24号"游艇作为上风船未避让处于下风的"白鲨号"游艇，在未减速的情况下左转绕标，导致触碰"白鲨号"游艇尾部，但其在竞赛中左转是为了比赛的绕标要求，当时的行动属于判断失误，现有证据不足以认定"中国杯24号"游艇对碰撞事故的发生具有故意或者重大过失。"白鲨号"游艇在激烈比赛突发紧急状况下未采取避让措施，亦不能认为其对于碰撞事故的发生存在故意或者重大过失。双方当事人应当各自承担事故造成的损失。审理法院驳回了某设备公司的诉讼请求和某刀模公司的反诉请求。

在比赛过程中发生的帆船碰撞事故，应当根据竞赛规则而非船舶避碰规则审查避碰义务。体育赛事竞技过程中产生的民事损害赔偿责任适用《民法典》第一千一百七十六条规定的自甘风险规则。致害人违反竞赛规则造成损害并不必然承担赔偿责任，人民法院应当结合竞技项目的固有风险、竞赛实况、犯规动作意图、运动员技术等因素综合认定致害人对损害的发生是否有故意或者重大过失，进而确定致害人的民事责任。

第一千一百七十七条　【自力救济】

合法权益受到侵害，情况紧迫且不能及时获得国家机关保护，不立即采取措施将使其合法权益受到难以弥补的损害的，受害人可以在保护自己合法权益的必要范围内采取扣留侵权人的财物等合理措施；但是，应当立即请求有关国家机关处理。

受害人采取的措施不当造成他人损害的，应当承担侵权责任。

条文理解

本条是关于自力救济的规定。在现代社会中，受害人寻求法律救济原则上应当通过国家机关实现，典型即是各级人民法院（公力救济）。然而，如果要求受害人只能寻求公力救济，在受害人不能及时寻求国家机关保护时，其合法权益可能受到难以弥补的损失。例如，食客在餐厅吃饭后意图"逃单"，如果要求餐厅的经营者只能事后通过提起诉讼等方式主张权利，由于缺乏食客的身份信息，餐厅的经营者将难以获得救济。

本条确定了受害人可以实施自力救济的前提与限度。其中，实施自力救济的前提包括"受害人的合法权益受到侵害"、"情况紧迫不能及时获得国家机关保护"以及"合法权益有受到难以弥补的损害的可能性"。需要注意的是，如果行为人自身合法权益未受到侵害，但因为其他民事主体被侵权而采取扣留侵权人财物措施的，尽管不构成本条意义上的自力救济，但并不必然意味着构成侵权行为（参考最高人民法院指导案例 142 号）。在满足自力救济的前述前提的情况下，受害人可以采取的合理措施包括但不限于本条第 1 款明确规定的扣留侵权人的财物，在合理范围内限制受害人的人身自由同样属于合理措施。例如，前述提及的餐厅要求食客在支付餐费之前不得离开餐厅。

法律尽管例外地允许受害人实施自力救济的行为，但相关措施也应当在合理限度内。根据本条第 2 款，如果受害人采取的措施不当造成他人损害的，应当承担侵权责任。例如，超市发现顾客盗窃货物的，可以要求顾客不得离开超市，并等待公安部门人员处理纠纷。如果超市因此殴打顾客，则属于不当措施，应当就由此导致的损害承担侵权责任。

相关条文

◎法律

《民法典》（2021 年 1 月 1 日）

第一百八十一条 因正当防卫造成损害的，不承担民事责任。

正当防卫超过必要的限度，造成不应有的损害的，正当防卫人应当承担适当的民事责任。

◎司法解释

《最高人民法院关于适用〈中华人民共和国民法典〉时间效力的若干规定》（法释〔2020〕15 号 2021 年 1 月 1 日）

第十七条 民法典施行前，受害人为保护自己合法权益采取扣留侵权人的财物等措施引起的民事纠纷案件，适用民法典第一千一百七十七条的规定。

相关案例

◎典型案例

谷甲、杜某华诉崇川区辉某日用品超市生命权纠纷案【（2021）苏 06 民终 189 号】

裁判要旨：本案中，辉某超市监控视频显示，辉某超市员工在发现谷某的不当行为后，主要通过拉住衣袖、语言交流的方式与其交涉。双方之间并无大幅度、过激的动作，谷某在双方交涉时仍可前后走动。辉某超市与谷某交涉的目的是维护超市正常经营秩序，制止不当行为。反观谷某，其在被超市员工拦住返回超市时，采取相对隐蔽的方式将裤袋里的鸡蛋放至超市置物柜上，且对辉某超市的交涉采取回避的态度。辉某超市员工与谷某素不相识，更不清楚其身体状况，对其突发疾病倒地无法预见，辉某超市员工劝阻行为也较为克制，对谷某倒地死亡不存在过错。关于辉某超市的劝阻行为是否违法的问题……只要未超过合理限度，即使是他人阻拦不当，行为人也是被法律认可的。本案中，辉某超市作为谷某不当行为的直接利益相关方，其员工拉扯谷某衣袖，继续与谷某交谈，制止不当行为的举措更具有正当性，更应受到法律的保护。从监控视频也可以看出双方没有发生肢体冲突,辉某超市员工的劝阻方式和内容均在合理限度之内。因此,该劝阻行为是正当的,不具有违法性,应认定为合法的自助行为。关于劝阻行为与损害后果是否存在因果关系的问题……从辉某超市员工与谷某交涉到谷某倒地,前后不到 3 分钟。辉某超市员工的劝阻方式、内容和时长均在合理限度内。故,从社会一般观念来看,该行为通常并不会造成谷某突发疾病倒地。根据谷甲、杜某华陈述,谷某有高血压等基础病史,其倒地原因主要在于自身身体状况。综上,辉某超市员工的劝阻行为与谷某倒地之间不具有相当性,不能认定为存在法律上的因果关系。

李某与马某琼生命权、身体权等纠纷案
【(2024)云民申 3037 号】

裁判要旨: 自助行为系受害人在情况紧急无法求助于国家机关保护自身合法权益时,在合理限度内采取临时性强制措施的私力救济行为,主要针对侵权人财产,若对侵权人人身自由实施限制则应当严格限定在必要限度内,且不可对其造成人身损害。本案中,马某琼遛狗不牵绳的行为虽违反《昆明市养犬管理条例》,但在案证据并未证明该行为已侵犯李某个人的法定权益,而双方发生冲突后李某所采取的措施也已超过自助行为的合理限度,故李某关于其行为属于私力救济的主张不能成立。

陈某某与刘某财产损害赔偿纠纷案
【(2022)京民申 4238 号】

裁判要旨: 所有权人对自己的不动产或者动产,依法享有占有、使用、收益和处分的权利。经审理查明,刘某系案涉房屋的所有权人,陈某某虽然居住在案涉房屋中,但其对案涉房屋的占有并非基于其对案涉房屋享有的所有权或其对刘某享有的债权,其占有案涉房屋缺乏合法依据,在刘某要求陈某某腾退房屋被拒绝的情况下,刘某更换房屋门锁、自行收回案涉房屋系行使所有权人的权利,未超过自力救济的合理限度,刘某更换门锁、收回房屋的行为未侵犯陈某某的合法权益。综上所述,陈某某主张刘某更换门锁的行为违法并进而要求刘某赔付其误工费及临时住宿费、租房费等请求缺乏事实及法律依据。

第一千一百七十八条 【特别规定优先适用】

本法和其他法律对不承担责任或者减轻责任的情形另有规定的,依照其规定。

▍条文理解

本条是关于特别规定优先适用的规定。根据本条,如果《民法典》以及其他特别法存在关于行为人不承担责任或者减轻责任的特别规定,根据特别法优先于一般法的法律适用原则,应当优先适用相关特别法的规定。例如,《民法典》第 1175 条规定,如果损害是因为第三人原因造成的,应当由第三人承担侵权责任。但根据《民法典》第 1233 条关于污染环境、破坏生态责任的规定,在因第三人的过错导致污染环境、破坏生态时,被侵权人仍然可以请求侵权人赔偿损失,但侵权人赔偿后有权向第三人追偿。

此外,本章关于不承担责任或者减轻责任的规定(《民法典》第 1173-1176 条)并不当然适用于特殊类型的侵权责任。所以,在关于某一特殊类型侵权责任的规定并未明确提及行为人不承担责任或者减轻责任的事由时,不能当然地认为本章规定可以适用。例如,关于高度危险责任,

《民法典》侵权责任编第八章除《民法典》第1236条这一高度危险责任的一般规定外，还包括多项具体的高度危险侵权责任规范。其中，后者大多规定了行为人不承担责任或者减轻责任的事由，但前者并未明确提及这一问题。所以，在解释《民法典》第1236条时，不应认为高度危险责任的侵权人均可主张被害人存在过错作为减轻责任的事由。

相关条文

◎法律

《民法典》（2021年1月1日）

第十一条　其他法律对民事关系有特别规定的，依照其规定。

第二章　损害赔偿

第一千一百七十九条　【人身损害赔偿范围】

侵害他人造成人身损害的，应当赔偿医疗费、护理费、交通费、营养费、住院伙食补助费等为治疗和康复支出的合理费用，以及因误工减少的收入。造成残疾的，还应当赔偿辅助器具费和残疾赔偿金；造成死亡的，还应当赔偿丧葬费和死亡赔偿金。

条文理解

本条是关于人身损害赔偿范围的规定。关于本条所提及的各项损害赔偿项目的具体计算标准，可以参考《最高人民法院关于审理人身损害赔偿案件适用法律若干问题的解释》第6-19条的规定。

在理解本条关于各种损害赔偿项目的规定时可以结合损害赔偿的一般原理。例如，为治疗和康复支出的合理费用本质上是对被侵权人身体所受损害的赔偿。由于侵权人实施的侵权行为导致被侵权人的身体健康状态受到贬损，后者需要支出费用以恢复到受到侵权行为影响之前的状态。所以，无论治疗和康复支出的合理费用最终是否能够使得被侵权人的身体恢复到先前的状态，均不影响其成为损害赔偿内容的一部分。误工减少的收入在本质上是被侵权人丧失的可得利益。如果被侵权人没有遭受人身损害，本可以通过劳动获得相应的收入，该部分收入的减少系由于侵权行为所导致，侵权人应当予以赔偿。

相关条文

◎法律

《国家赔偿法》（2013年1月1日）

第三十四条　侵犯公民生命健康权的，赔偿金按照下列规定计算：

（一）造成身体伤害的，应当支付医疗费、护理费，以及赔偿因误工减少的收入。减少的收入每日的赔偿金按照国家上年度职工日平均工资计算，最高额为国家上年度职工年平均工资的五倍；

（二）造成部分或者全部丧失劳动能力的，应当支付医疗费、护理费、残疾生活辅助具费、康复费等因残疾而增加的必要支出和继续治疗所必需的费用，以及残疾赔偿金。残疾赔偿金根据丧失劳动能力的程度，按照国家规定的伤残等级确定，最高不超过国家上年度职工年平均工资的二十倍。造成全部丧失劳动能力的，对其扶养的无劳动能力的人，还应当支付生活费；

（三）造成死亡的，应当支付死亡赔偿金、丧葬费，总额为国家上年度职工年平均工资的二十倍。对死者生前扶养的无劳动能力的人，还应当支付生活费。

前款第二项、第三项规定的生活费的发放标准，参照当地最低生活保障标准执行。被扶养的人是未成年人的，生活费给付至十八周岁止；其他无劳动能力的人，生活费给付至死亡时止。

◎司法解释

《最高人民法院关于审理人身损害赔偿案件适用法律若干问题的解释》（法释〔2022〕14号 2022年5月1日）

第六条 医疗费根据医疗机构出具的医药费、住院费等收款凭证，结合病历和诊断证明等相关证据确定。赔偿义务人对治疗的必要性和合理性有异议的，应当承担相应的举证责任。

医疗费的赔偿数额，按照一审法庭辩论终结前实际发生的数额确定。器官功能恢复训练所必要的康复费、适当的整容费以及其他后续治疗费，赔偿权利人可以待实际发生后另行起诉。但根据医疗证明或者鉴定结论确定必然发生的费用，可以与已经发生的医疗费一并予以赔偿。

第七条 误工费根据受害人的误工时间和收入状况确定。

误工时间根据受害人接受治疗的医疗机构出具的证明确定。受害人因伤致残持续误工的，误工时间可以计算至定残日前一天。

受害人有固定收入的，误工费按照实际减少的收入计算。受害人无固定收入的，按照其最近三年的平均收入计算；受害人不能举证证明其最近三年的平均收入状况的，可以参照受诉法院所在地相同或者相近行业上一年度职工的平均工资计算。

第八条 护理费根据护理人员的收入状况和护理人数、护理期限确定。

护理人员有收入的，参照误工费的规定计算；护理人员没有收入或者雇佣护工的，参照当地护工从事同等级别护理的劳务报酬标准计算。护理人员原则上为一人，但医疗机构或者鉴定机构有明确意见的，可以参照确定护理人员人数。

护理期限应计算至受害人恢复生活自理能力时止。受害人因残疾不能恢复生活自理能力的，可以根据其年龄、健康状况等因素确定合理的护理期限，但最长不超过二十年。

受害人定残后的护理，应当根据其护理依赖程度并结合配制残疾辅助器具的情况确定护理级别。

第九条 交通费根据受害人及其必要的陪护人员因就医或者转院治疗实际发生的费用计算。交通费应当以正式票据为凭；有关凭据应当与就医地点、时间、人数、次数相符合。

第十条 住院伙食补助费可以参照当地国家机关一般工作人员的出差伙食补助标准予以确定。

受害人确有必要到外地治疗，因客观原因不能住院，受害人本人及其陪护人员实际发生的住宿费和伙食费，其合理部分应予赔偿。

第十一条 营养费根据受害人伤残情况参照医疗机构的意见确定。

第十二条 残疾赔偿金根据受害人丧失劳动能力程度或者伤残等级，按照受诉法院所在地上一年度城镇居民人均可支配收入标准，自定残之日起按二十年计算。但六十周岁以上的，年龄每增加一岁减少一年；七十五周岁以上的，按五年计算。

受害人因伤致残但实际收入没有减

少，或者伤残等级较轻但造成职业妨害严重影响其劳动就业的，可以对残疾赔偿金作相应调整。

第十三条 残疾辅助器具费按照普通适用器具的合理费用标准计算。伤情有特殊需要的，可以参照辅助器具配制机构的意见确定相应的合理费用标准。

辅助器具的更换周期和赔偿期限参照配制机构的意见确定。

第十四条 丧葬费按照受诉法院所在地上一年度职工月平均工资标准，以六个月总额计算。

第十五条 死亡赔偿金按照受诉法院所在地上一年度城镇居民人均可支配收入标准，按二十年计算。但六十周岁以上的，年龄每增加一岁减少一年；七十五周岁以上的，按五年计算。

第十六条 被扶养人生活费计入残疾赔偿金或者死亡赔偿金。

第十七条 被扶养人生活费根据扶养人丧失劳动能力程度，按照受诉法院所在地上一年度城镇居民人均消费支出标准计算。被扶养人为未成年人的，计算至十八周岁；被扶养人无劳动能力又无其他生活来源的，计算二十年。但六十周岁以上的，年龄每增加一岁减少一年；七十五周岁以上的，按五年计算。

被扶养人是指受害人依法应当承担扶养义务的未成年人或者丧失劳动能力又无其他生活来源的成年近亲属。被扶养人还有其他扶养人的，赔偿义务人只赔偿受害人依法应当负担的部分。被扶养人有数人的，年赔偿总额累计不超过上一年度城镇居民人均消费支出额。

第十八条 赔偿权利人举证证明其住所地或者经常居住地城镇居民人均可支配收入高于受诉法院所在地标准的，残疾赔偿金或者死亡赔偿金可以按照其住所地或者经常居住地的相关标准计算。

被扶养人生活费的相关计算标准，依照前款原则确定。

第十九条 超过确定的护理期限、辅助器具费给付年限或者残疾赔偿金给付年限，赔偿权利人向人民法院起诉请求继续给付护理费、辅助器具费或者残疾赔偿金的，人民法院应予受理。赔偿权利人确需继续护理、配制辅助器具，或者没有劳动能力和生活来源的，人民法院应当判令赔偿义务人继续给付相关费用五至十年。

第二十条 赔偿义务人请求以定期金方式给付残疾赔偿金、辅助器具费的，应当提供相应的担保。人民法院可以根据赔偿义务人的给付能力和提供担保的情况，确定以定期金方式给付相关费用。但是，一审法庭辩论终结前已经发生的费用、死亡赔偿金以及精神损害抚慰金，应当一次性给付。

《最高人民法院关于审理道路交通事故损害赔偿案件适用法律若干问题的解释》

（法释〔2020〕17号 2021年1月1日）

第十一条 道路交通安全法第七十六条规定的"人身伤亡"，是指机动车发生交通事故侵害被侵权人的生命权、身体权、健康权等人身权益所造成的损害，包括民法典第一千一百七十九条和第一千一百八十三条规定的各项损害。

道路交通安全法第七十六条规定的"财产损失"，是指因机动车发生交通事故侵害被侵权人的财产权益所造成的损失。

■ **相关案例**

◎**公报案例**

尹瑞军诉颜礼奎健康权、身体权纠纷案
【《最高人民法院公报》2019年第3期】

裁判要旨：刑事案件的受害人因犯罪行为受到身体伤害，未提起刑事附带民事诉讼，而是另行提起民事侵权诉讼的，关于残疾赔偿金是否属于物质损失范畴的问题，刑事诉讼法及司法解释没有明确规定。刑事案件受害人因犯罪行为造成残疾的，今后的生活和工作必然受到影响，导致劳动能力下降，造成生活成本增加，进而变相减少物质收入，故残疾赔偿金应属于物质损失的范畴，应予赔偿。

李帅帅诉上海通用富士冷机有限公司、上海工商信息学校人身损害赔偿纠纷案
【《最高人民法院公报》2015年第12期】

裁判要旨：关于残疾赔偿金的计算标准，根据《上海市中小学校学生伤害事故处理条例》第二十条的规定，"残疾赔偿金。根据受伤害学生的伤残等级，按照本市上一年度城镇居民人均可支配收入标准，自定残之日起按二十年计算"。另根据该条例第二条的规定，该条例适用于上海市的中小学校教育教学活动期间发生的中小学生人身伤害事故，且并未区分受伤害的中小学生系上海市户籍还是外地户籍，是城镇户籍还是农村户籍，故对于在上海市中小学校就读的学生均应适用。而中等职业学校属于中学范畴，派出实习属于教育教学活动的内容，故在上海市中等职业学校派出实习中的学生伤害事故也应适用该条例。本案中，事发时上诉人李帅帅系中等职业学校在册学生，故应以上海市城镇居民人均可支配收入计算其残疾赔偿金为175404元。

◎ **典型案例**

杨某某诉李某某、某公司等健康权纠纷案
【人民法院案例库：2023-07-2-001-003】

裁判要旨："误工费"是受害人自受到人身损害到痊愈这段时间内因劳动能力的暂时丧失或减少导致无法从事正常工作的实际收入损失。该项费用的请求权基础在于，受害人因遭受损害而无法从事工作，导致无法得到预期工作收益，这种财产增益损失均是基于受害者受伤影响从事劳动而客观存在的，与受害者年龄无涉。达到法定退休年龄人员受害的，其误工费赔偿请求是否应予支持与其年龄无关，只要具备人身损害赔偿要件、具有误工的事实和收入减少的事实就应予以支持。

第一千一百八十条【以相同数额确定死亡赔偿金】

因同一侵权行为造成多人死亡的，可以以相同数额确定死亡赔偿金。

◎ **条文理解**

本条是关于多人死亡时的死亡赔偿金标准的规定。根据本条，在同一侵权行为导致多人死亡时可以以相同数额确定赔偿金。该规定的意义主要体现在两方面：其一，在死亡的多人包括城镇居民与非城镇居民的情况下，基于本条，法院可以在计算不同死者的死亡赔偿金时均以城镇居民上一年度的人均可支配收入为标准。其二，在死者人数较多的情况下，能够减轻法院在损害赔偿数额计算上的负担。

需要注意的是，本条关于是否按照相同标准计算采取了"可以"的表述。换言之，法院并不必然要按照相同数额计算。就此可以参考《最高人民法院关于审理人身损害赔偿案件适用法律若干问题的解释》第15条关于死者年龄与死亡赔偿金数额关系的规定。此外，由于死亡赔偿金的计算基数为上一年度城镇居民人均可支配收入，当死者日常生活的区域不同时，也应当适用不同的计算标准。

◎ **相关条文**

◎ **司法解释**

《最高人民法院关于审理人身损害赔偿案

件适用法律若干问题的解释》（法释〔2022〕14号 2022年5月1日）

第十五条 死亡赔偿金按照受诉法院所在地上一年度城镇居民人均可支配收入标准，按二十年计算。但六十周岁以上的，年龄每增加一岁减少一年；七十五周岁以上的，按五年计算。

相关案例

◎ 典型案例

利比里亚籍"××SANAGA"轮与"浙某渔00011"轮碰撞引发的海上人身损害责任纠纷案【最高人民法院关于船员权益保护典型案例之四（2020年6月24日）】

裁判要旨：关于死亡赔偿金计算标准问题，根据《侵权责任法》第十七条[1]的规定："因同一侵权行为造成多人死亡的，可以以相同数额确定死亡赔偿金。"涉案事故导致14名船员遇难，且无特殊情况排除该条的适用，故对于吴某某等以城镇标准计算死亡赔偿金的主张予以保护。宁波海事法院经核算各项损失后，判决14名遇难船员的家属在先期已获赔350万元的基础上，可再获赔1166万元。

黄某、刘某1等案【（2024）内02民终2360号】

裁判要旨：黄某、刘某1、刘某2主张刘某3的死亡赔偿金应参照同车胡某的死亡赔偿金数额予以确认。本院认为，另案胡某的死亡赔偿金参照北京地区的标准进行计算系其提供了相关证据予以佐证，本案中，黄某、刘某1、刘某2提交的证据不能证明刘某3的死亡赔偿金能够参照北京地区标准计算，故对其该项上诉请求，本院不予支持。

第一千一百八十一条 【被侵权人死亡时请求权主体的确定】

被侵权人死亡的，其近亲属有权请求侵权人承担侵权责任。被侵权人为组织，该组织分立、合并的，承继权利的组织有权请求侵权人承担侵权责任。

被侵权人死亡的，支付被侵权人医疗费、丧葬费等合理费用的人有权请求侵权人赔偿费用，但是侵权人已经支付该费用的除外。

条文理解

本条是关于被侵权人死亡时其他相关主体的权利的规定。根据本条第1款，在被侵权人死亡或者被侵权人为组织但分立、合并的情况下，被侵权人的近亲属与承继权利的组织有权请求侵权人承担侵权责任。准确而言，本条第1款所规定的两种情况并不相同。其中，自然人死亡的情况下，近亲属能够对侵权人主张的侵权责任包括两种类型：其一，近亲属作为被侵权人的继承人可以行使被侵权人本应对侵权人享有的损害赔偿请求权，这与被侵权人为组织而组织分立、合并的情况本质相同。此时，近亲属是否有权请求侵权人承担责任受到继承制度的限制。如果被侵权人通过遗嘱继承的方式确定了近亲属以外的其他继承人，则应由后者向侵权人请求赔偿。其二，近亲属由于被侵权人的死亡可能遭受严重的精神损害，此时，近亲属基于其所遭受的精神损害有权请求侵权人

---

[1]《民法典》第1180条。

承担侵权责任,此种责任独立于被侵权人对于侵权人享有的权利。

根据本条第2款,支付被侵权人医疗费、丧葬费等合理费用的人有权请求侵权人赔偿费用。在理解本款时可以参考《民法典》第524条规定的第三人代为清偿制度。具体而言,在被侵权人死亡的情况下,侵权人本来负有支付医疗费、丧葬费等合理费用的义务。此时,侵权人与被侵权人之外的第三人可以被视为代侵权人向被侵权人履行了前述义务。相应地,根据《民法典》第524条第2款,第三人就自身支付的合理费用部分取得了对侵权人的债权。之所以限于合理费用,是因为侵权人对于被侵权人所负担的义务本就只包括合理费用的部分。在此基础上,参考《民法典》第546条第1款关于债权让与法律效果的规定,本条意义上的"侵权人已经支付该费用"应当限于第三人尚未通知侵权人其已经支付相关费用的情况。

◎相关条文

◎法律

《民法典》(2021年1月1日)

第一千零四十五条第二款 配偶、父母、子女、兄弟姐妹、祖父母、外祖父母、孙子女、外孙子女为近亲属。

《国家赔偿法》(2013年1月1日)

第六条第二、三款 受害的公民死亡,其继承人和其他有扶养关系的亲属有权要求赔偿。

受害的法人或者其他组织终止的,其权利承受人有权要求赔偿。

◎司法解释

《最高人民法院关于确定民事侵权精神损害赔偿责任若干问题的解释》 (法释〔2020〕17号 2021年1月1日)

第三条 死者的姓名、肖像、名誉、荣誉、隐私、遗体、遗骨等受到侵害,其近亲属向人民法院提起诉讼请求精神损害赔偿的,人民法院应当依法予以支持。

《最高人民法院关于审理道路交通事故损害赔偿案件适用法律若干问题的解释》 (法释〔2020〕17号 2021年1月1日)

第二十三条 被侵权人因道路交通事故死亡,无近亲属或者近亲属不明,未经法律授权的机关或者有关组织向人民法院起诉主张死亡赔偿金的,人民法院不予受理。

侵权人以已向未经法律授权的机关或者有关组织支付死亡赔偿金为理由,请求保险公司在交强险责任限额范围内予以赔偿的,人民法院不予支持。

被侵权人因道路交通事故死亡,无近亲属或者近亲属不明,支付被侵权人医疗费、丧葬费等合理费用的单位或者个人,请求保险公司在交强险责任限额范围内予以赔偿的,人民法院应予支持。

◎相关案例

◎典型案例

张某某、钟某诉王某某、某租赁公司、某公司海上、通海水域人身损害责任纠纷案
【人民法院案例库:2023-10-2-200-004】

裁判要旨:关于叔侄关系是否属于近亲属的范围问题。《最高人民法院关于审理人身损害赔偿案件适用法律若干问题的解释》第一条第一款、第二款规定:"因生命、健康、身体遭受侵害,赔偿权利人起诉请求赔偿义务人赔偿财产损失和精神损害的,人民法院应予受理。本条所称'赔偿权利人',是指因侵权行为或者其他致害原因直接遭受人身损害的受害人、依法由受害人承担扶养义务的被扶养人以及死亡受害人的近亲属。"亲属包括配偶、血亲和姻亲。配偶、父母、子女、兄弟姐妹、祖父母、外祖父母、孙子女、外孙子女为近亲属。

第一千一百八十二条　【侵害他人人身权益造成财产损失的赔偿计算方式】

侵害他人人身权益造成财产损失的，按照被侵权人因此受到的损失或者侵权人因此获得的利益赔偿；被侵权人因此受到的损失以及侵权人因此获得的利益难以确定，被侵权人和侵权人就赔偿数额协商不一致，向人民法院提起诉讼的，由人民法院根据实际情况确定赔偿数额。

条文理解

本条是关于侵害人身权益导致财产损失的赔偿范围的规定。实践中，侵害他人人身权益导致财产损失的典型情况是侵害他人可以商业化利用的人格权，如姓名权、肖像权等。本条共规定了三种确定损害赔偿范围的方式：被侵权人所受损失、侵权人所获利益以及人民法院确定赔偿数额。存在争议的是，被侵权人就其所受损失与侵权人所获利益这两种计算标准是否享有选择的权利。本书对此持肯定结论。一方面，本条仅在第2分句才规定了不同计算标准的适用顺序问题，即被侵权人所受损失与侵权人所获利益均难以确定时由人民法院确定，并未就第1分句中的两种计算标准规定优先适用顺序。另一方面，被侵权人选择按照侵权人所获利益计算赔偿范围往往是因为该标准高于被侵权人所受损失，允许被侵权人享有选择权可以更有效地遏制侵权人侵害他人人身权益的行为。

在按照侵权人因为侵权行为获得的利益计算损害赔偿范围时需要特别注意因果关系的问题，即侵权人所获得的利益是否与其侵权行为之间存在相当因果关系，如果其之所以能够获得利益，部分是由于自身因素（如市场份额、销售网络等），则在计算损害赔偿的范围时应当扣除与这些因素有关的利益。

相关条文

◎ 司法解释

《最高人民法院关于审理使用人脸识别技术处理个人信息相关民事案件适用法律若干问题的规定》（法释〔2021〕15号　2021年8月1日）

第八条　信息处理者处理人脸信息侵害自然人人格权益造成财产损失，该自然人依据民法典第一千一百八十二条主张财产损害赔偿的，人民法院依法予以支持。

自然人为制止侵权行为所支付的合理开支，可以认定为民法典第一千一百八十二条规定的财产损失。合理开支包括该自然人或者委托代理人对侵权行为进行调查、取证的合理费用。人民法院根据当事人的请求和具体案情，可以将合理的律师费用计算在赔偿范围内。

《最高人民法院关于审理利用信息网络侵害人身权益民事纠纷案件适用法律若干问题的规定》（法释〔2020〕17号　2021年1月1日）

第十一条　网络用户或者网络服务提供者侵害他人人身权益，造成财产损失或者严重精神损害，被侵权人依据民法典第一千一百八十二条和第一千一百八十三条的规定，请求其承担赔偿责任的，人民法院应予支持。

第十二条　被侵权人为制止侵权行为所支付的合理开支，可以认定为民法典第一千一百八十二条规定的财产损失。合理开支包括被侵权人或者委托代理人对侵权行为进行调查、取证的合理费用。人民法院根据当事人的请求和具体案情，可以将符合国家有关部门规定的律师费用计算在赔偿范围内。

被侵权人因人身权益受侵害造成的财产损失以及侵权人因此获得的利益难以确定的，人民法院可以根据具体案情在50万元以下的范围内确定赔偿数额。

相关案例

◎公报案例

周星驰诉中建荣真无锡建材科技有限公司肖像权、姓名权纠纷案【《最高人民法院公报》2020年第2期】

裁判要旨：《最高人民法院关于审理利用信息网络侵害人身权益民事纠纷案件适用法律若干问题的规定》第十八条第一款规定，被侵权人为制止侵权行为所支付的合理开支，可以认定为侵权责任法第二十条[1]规定的财产损失。合理开支包括被侵权人或者委托代理人对侵权行为进行调查、取证的合理费用。人民法院根据当事人的请求和具体案情，可以将符合国家有关部门规定的律师费用计算在赔偿范围内。第二款规定，被侵权人因人身权益受侵害造成的财产损失或者侵权人因此获得的利益无法确定的，人民法院可以根据具体案情在50万元以下的范围内确定赔偿数额。法院认为，上述司法解释是适用于在信息网络上实施侵权行为案件的特别规定，而对于案件中同时存在其他类型侵权行为的损害赔偿仍应适用侵权责任法的一般规定。

◎典型案例

秦某乐等人侵犯公民个人信息案【人民法院案例库：2023-04-1-207-005】

裁判要旨：在侵犯公民个人信息刑事附带民事公益诉讼案件中，行为人侵犯了不特定公民的信息权益，可以按照《民法典》第一百七十九条的规定承担相应的民事责任，并依据《民法典》第一千一百二十八条、《个人信息保护法》第六十九条的规定确定损害赔偿的数额。被告人违法所得数额是从犯罪中获得的收益，依据实际查明的获利数额进行追缴。如果实际损失数额能够查清，可以依据实际损失来认定。如果实际损失或者获利数额都无法查清，法院可以视情况酌定损害赔偿的数额。

第一千一百八十三条　【精神损害赔偿】

侵害自然人人身权益造成严重精神损害的，被侵权人有权请求精神损害赔偿。

因故意或者重大过失侵害自然人具有人身意义的特定物造成严重精神损害的，被侵权人有权请求精神损害赔偿。

条文理解

本条是关于精神损害赔偿的规定。根据本条，被侵权人可以主张精神损害赔偿的情况包括两类，一是被侵权人的人身权益被侵害后造成严重的精神损害，二是侵权人以故意或者重大过失的方式侵害自然人具有人身意义的特定物，造成后者遭受严重精神损害。这两类精神损害赔偿均要求被侵权人遭受严重的精神损害，即超出一般人容忍限度的损害。

针对第二种类型，具有人身意义的特定物包括与被侵权人已经去世的近亲属相

---

[1]《民法典》第1182条。

关的纪念物品（如遗像、骨灰盒、遗物等）、与结婚礼仪相关的纪念物品（如婚礼照片、录像），以及与家族祖先相关的纪念物品（如祖坟、祠堂等）。

相关条文

◎ 法律

《民法典》（2021年1月1日）

第九百九十六条　因当事人一方的违约行为，损害对方人格权并造成严重精神损害，受损害方选择请求其承担违约责任的，不影响受损害方请求精神损害赔偿。

《消费者权益保护法》（2014年3月15日）

第五十一条　经营者有侮辱诽谤、搜查身体、侵犯人身自由等侵害消费者或者其他受害人人身权益的行为，造成严重精神损害的，受害人可以要求精神损害赔偿。

《国家赔偿法》（2013年1月1日）

第三十五条　有本法第三条或者第十七条规定情形之一，致人精神损害的，应当在侵权行为影响的范围内，为受害人消除影响，恢复名誉，赔礼道歉；造成严重后果的，应当支付相应的精神损害抚慰金。

◎ 司法解释

《最高人民法院关于适用〈中华人民共和国民法典〉侵权责任编的解释（一）》（法释〔2024〕12号　2024年9月27日）

第二条　非法使被监护人脱离监护，导致父母子女关系或者其他近亲属关系受到严重损害的，应当认定为民法典第一千一百八十三条第一款规定的严重精神损害。

《最高人民法院关于在民事诉讼中防范与惩治虚假诉讼工作指引（一）》（法〔2021〕287号　2021年11月11日）

第三十条第五款　实施虚假诉讼侵害他人人身权益造成严重精神损害，受害人主张依据民法典第一千一百八十三条的规定请求赔偿精神损害的，人民法院予以受理。

《最高人民法院关于审理利用信息网络侵害人身权益民事纠纷案件适用法律若干问题的规定》（法释〔2020〕17号　2021年1月1日）

第十一条　网络用户或者网络服务提供者侵害他人人身权益，造成财产损失或者严重精神损害，被侵权人依据民法典第一千一百八十二条和第一千一百八十三条的规定，请求其承担赔偿责任的，人民法院应予支持。

《最高人民法院关于审理道路交通事故损害赔偿案件适用法律若干问题的解释》（法释〔2020〕17号　2021年1月1日）

第十一条第一款　道路交通安全法第七十六条规定的"人身伤亡"，是指机动车发生交通事故侵害被侵权人的生命权、身体权、健康权等人身权益所造成的损害，包括民法典第一千一百七十九条和第一千一百八十三条规定的各项损害。

第十三条第二款　被侵权人或者其近亲属请求承保交强险的保险公司优先赔偿精神损害的，人民法院应予支持。

《最高人民法院关于确定民事侵权精神损害赔偿责任若干问题的解释》（法释〔2020〕17号　2021年1月1日）

第一条　因人身权益或者具有人身意义的特定物受到侵害，自然人或者其近亲属向人民法院提起诉讼请求精神损害赔偿的，人民法院应当依法予以受理。

第二条　非法使被监护人脱离监护，导致亲子关系或者近亲属间的亲属关系遭受严重损害，监护人向人民法院起诉请求赔偿精神损害的，人民法院应当依法予以受理。

第三条 死者的姓名、肖像、名誉、荣誉、隐私、遗体、遗骨等受到侵害，其近亲属向人民法院提起诉讼请求精神损害赔偿的，人民法院应当依法予以支持。

第四条 法人或者非法人组织以名誉权、荣誉权、名称权遭受侵害为由，向人民法院起诉请求精神损害赔偿的，人民法院不予支持。

第五条 精神损害的赔偿数额根据以下因素确定：

（一）侵权人的过错程度，但是法律另有规定的除外；

（二）侵权行为的目的、方式、场合等具体情节；

（三）侵权行为所造成的后果；

（四）侵权人的获利情况；

（五）侵权人承担责任的经济能力；

（六）受理诉讼法院所在地的平均生活水平。

相关案例

◎指导案例

北京兰世达光电科技有限公司、黄晓兰诉赵敏名誉权纠纷案【最高人民法院指导案例143号】

裁判要旨：认定微信群中的言论构成侵犯他人名誉权，应当符合名誉权侵权的全部构成要件，还应当考虑信息网络传播的特点并结合侵权主体、传播范围、损害程度等具体因素进行综合判断。

不特定关系人组成的微信群具有公共空间属性，公民在此类微信群中发布侮辱、诽谤、污蔑或者贬损他人的言论构成名誉权侵权，应当依法承担法律责任。

◎公报案例

周星驰诉中建荣真无锡建材科技有限公司肖像权、姓名权纠纷案【《最高人民法院公报》2020年第2期】

裁判要旨：在涉外人格权侵权纠纷中，双方当事人援引相同的法律且未提出法律适用异议的，人民法院可以认定当事人已经就该民事关系的准据法做出了一致的选择。

当姓名权和肖像权具有商业化使用权能时，当事人仅以侵权责任法为依据进行主张，该人格权的精神利益和财产价值可一并予以保护，包括属于合理开支的律师费在内均应纳入人格权的损害赔偿范围。

在酌定赔偿数额时，人民法院应结合权利类型、侵权方式，从侵权程度、被侵权人和侵权人的身份地位、经济情况、获利情况、过错类型、其他情形等方面予以综合考量。

陈某某诉莫宝兰、莫兴明、邹丽丽侵犯健康权、名誉权纠纷案【《最高人民法院公报》2015年第5期】

裁判要旨：公民享有名誉权，公民的人格尊严受法律保护，禁止用侮辱、诽谤等方式损害公民的名誉。国家保障未成年人的人身、财产和其他合法权益不受侵犯。行为人以未成年人违法为由对其作出侮辱行为，该行为对未成年人名誉造成一定影响的，属于名誉侵权行为，应依法承担相应责任。

◎典型案例

张某诉李某名誉权纠纷案【人民法院案例库：2023-07-2-006-004】

裁判要旨：网络空间是现实空间的折射，是现实空间中每一个个体通过在网络中实施的行为构建起的虚拟空间。在虚拟空间中施行的行为所形成的后果，也通过其行为主体，即自然人个体，反馈到现实空间中，作用于人们的日常工作和生活，故在网络空间施行的行为亦应遵守一定的行为规范和准则。朋友圈是网上交流的一种方式，并非法外之地，朋友圈发表动态或在他人动态下发表不当言论造成他人名誉受损的,可认定为构成名誉侵权。

公民的言论自由权与名誉权同等受到法律保护,各权利人在行使权利时均应在法律赋予的限度之内,禁止任何人以享有行使自己权利为由侵害其他民事主体的合法权益。行为人在他人开放的微信朋友圈发表侮辱性评论,足以影响他人的社会评价的,法院应综合考量评论对象、评论内容、评论的影响力、因果关系及主观过错五个因素予以认定。

楼某某诉杜某峰肖像权纠纷案【人民法院案例库:2024-14-2-004-001】

裁判要旨:未经许可使用未成年人的肖像图片,在信息网络中以杜撰事实、散布造谣等方式炮制话题,引发网络舆情等不良社会影响的,可认定构成对未成年人的严重精神损害。未成年人及其监护人依据《民法典》第一千一百八十三条要求行为人承担精神损害赔偿责任的,人民法院依法予以支持。

第一千一百八十四条 【财产损失的计算】

侵害他人财产的,财产损失按照损失发生时的市场价格或者其他合理方式计算。

条文理解

本条是关于财产损失的计算方式的规定。本条共规定了两种计算方式,分别是按照损失发生时的市场价格以及其他合理方式。其中,市场价格是指同类的财产在相关市场中的通常价格。以市场价格为基础,财产损失的数额通常被认为是财产的市场价格与受到侵害后的现有价格之间的差值。但是,这只是按照市场价格计算财产损失的一般情况,在有些情况下,由于受侵害的财产仍有恢复原状的可能性,因而应当按照恢复到具有市场价格对应的状态所需的费用为标准计算财产损失。此种恢复原状的计算方法尤其适用于被侵权人对于财产具有特殊感情的情况。例如,侵权人伤害他人宠物,假设受伤前后宠物市场价格的差值为3000元,治疗宠物使其恢复健康所需费用为8000元,此时应当以后者作为财产损失数额。

应当按照其他合理方式计算财产损失包括两类情况,一是不存在市场价格或者市场价格难以确定。此时可以通过其他价格确定方式计算损失,如聘请专业机构评估鉴定、参考类似财产的市场价格、参考既有的类似交易确定的交易价格等。二是虽然存在市场价格但按照该标准计算损失并不合理。由于本条规定的市场价格为损失发生时的市场价格,在被侵权人短期内难以完成替代交易的情况下,按照本条规定的标准可能导致被侵权人所遭受的损害不能得到充分赔偿或者过度赔偿的问题。例如,侵权人实施侵权行为导致他人房屋毁损,毁损时房屋的市场价格为100万元,但房屋的所有权人另行购得房屋后,同等条件的房屋的市场价格已经上涨至120万元或者下跌至80万元。对于此种情况,以毁损时房屋的市场价格为计算标准并不合理。

相关条文

◎司法解释

《最高人民法院关于审理生态环境侵权责任纠纷案件适用法律若干问题的解释》(法释〔2023〕5号 2023年9月1日)

第九条 两个以上侵权人分别排放的物质相互作用产生污染物造成他人损害,被侵权人请求侵权人承担连带责任的,人民法院应予支持。

《最高人民法院关于审理证券市场虚假陈

述侵权民事赔偿案件的若干规定》（法释〔2022〕2号 2022年1月22日）

第二十五条 信息披露义务人在证券交易市场承担民事赔偿责任的范围，以原告因虚假陈述而实际发生的损失为限。原告实际损失包括投资差额损失、投资差额损失部分的佣金和印花税。

第二十六条 投资差额损失计算的基准日，是指在虚假陈述揭露或更正后，为将原告应获赔偿限定在虚假陈述所造成的损失范围内，确定损失计算的合理期间而规定的截止日期。

在采用集中竞价的交易市场中，自揭露日或更正日起，被虚假陈述影响的证券集中交易累计成交量达到可流通部分100%之日为基准日。

自揭露日或更正日起，集中交易累计换手率在10个交易日内达到可流通部分100%的，以第10个交易日为基准日；在30个交易日内未达到可流通部分100%的，以第30个交易日为基准日。

虚假陈述揭露日或更正日起至基准日期间每个交易日收盘价的平均价格，为损失计算的基准价格。

无法依前款规定确定基准价格的，人民法院可以根据有专门知识的人的专业意见，参考对相关行业进行投资时的通常估值方法，确定基准价格。

第二十七条 在采用集中竞价的交易市场中，原告因虚假陈述买入相关股票所造成的投资差额损失，按照下列方法计算：

（一）原告在实施日之后、揭露日或更正日之前买入，在揭露日或更正日之后、基准日之前卖出的股票，按买入股票的平均价格与卖出股票的平均价格之间的差额，乘以已卖出的股票数量；

（二）原告在实施日之后、揭露日或更正日之前买入，基准日之前未卖出的股票，按买入股票的平均价格与基准价格之间的差额，乘以未卖出的股票数量。

第二十八条 在采用集中竞价的交易市场中，原告因虚假陈述卖出相关股票所造成的投资差额损失，按照下列方法计算：

（一）原告在实施日之后、揭露日或更正日之前卖出，在揭露日或更正日之后、基准日之前买回的股票，按买回股票的平均价格与卖出股票的平均价格之间的差额，乘以买回的股票数量；

（二）原告在实施日之后、揭露日或更正日之前卖出，基准日之前未买回的股票，按基准价格与卖出股票的平均价格之间的差额，乘以未买回的股票数量。

第二十九条 计算投资差额损失时，已经除权的证券，证券价格和证券数量应当复权计算。

第三十条 证券公司、基金管理公司、保险公司、信托公司、商业银行等市场参与主体依法设立的证券投资产品，在确定因虚假陈述导致的损失时，每个产品应当单独计算。

投资者及依法设立的证券投资产品开立多个证券账户进行投资的，应当将各证券账户合并，所有交易按照成交时间排序，以确定其实际交易及损失情况。

《最高人民法院关于审理船舶油污损害赔偿纠纷案件若干问题的规定》（法释〔2020〕18号 2021年1月1日）

第九条 船舶油污损害赔偿范围包括：

（一）为防止或者减轻船舶油污损害采取预防措施所发生的费用，以及预防措施造成的进一步灭失或者损害；

（二）船舶油污事故造成该船舶之外的财产损害以及由此引起的收入损失；

（三）因油污造成环境损害所引起的收入损失；

（四）对受污染的环境已采取或将要采取合理恢复措施的费用。

第十条 对预防措施费用以及预防措施造成的进一步灭失或者损害，人民法院应当结合污染范围、污染程度、油类泄漏量、预防措施的合理性、参与清除油污人员及投入使用设备的费用等因素合理认定。

第十一条 对遇险船舶实施防污措施，作业开始时的主要目的仅是为防止、减轻油污损害的，所发生的费用应认定为预防措施费用。

作业具有救助遇险船舶、其他财产和防止、减轻油污损害的双重目的，应根据目的的主次比例合理划分预防措施费用与救助措施费用；无合理依据区分主次目的的，相关费用应平均分摊。但污染危险消除后发生的费用不列为预防措施费用。

第十二条 船舶泄漏油类污染其他船舶、渔具、养殖设施等财产，受损害人请求油污责任人赔偿因清洗、修复受污染财产支付的合理费用，人民法院应予支持。

受污染财产无法清洗、修复，或者清洗、修复成本超过其价值的，受损害人请求油污责任人赔偿合理的更换费用，人民法院应予支持，但应参照受污染财产实际使用年限与预期使用年限的比例作合理扣除。

第十三条 受损害人因其财产遭受船舶油污，不能正常生产经营的，其收入损失应以财产清洗、修复或者更换所需合理期间为限进行计算。

第十四条 海洋渔业、滨海旅游业及其他用海、临海经营单位或者个人请求因环境污染所遭受的收入损失，具备下列全部条件，由此证明收入损失与环境污染之间具有直接因果关系的，人民法院应予支持：

（一）请求人的生产经营活动位于或者接近污染区域；

（二）请求人的生产经营活动主要依赖受污染资源或者海岸线；

（三）请求人难以找到其他替代资源或者商业机会；

（四）请求人的生产经营业务属于当地相对稳定的产业。

第十五条 未经相关行政主管部门许可，受损害人从事海上养殖、海洋捕捞，主张收入损失的，人民法院不予支持；但请求赔偿清洗、修复、更换养殖或者捕捞设施的合理费用，人民法院应予支持。

第十六条 受损害人主张因其财产受污染或者因环境污染造成的收入损失，应以其前三年同期平均净收入扣减受损期间的实际净收入计算，并适当考虑影响收入的其他相关因素予以合理确定。

按照前款规定无法认定收入损失的，可以参考政府部门的相关统计数据和信息，或者同区域同类生产经营者的同期平均收入合理认定。

受损害人采取合理措施避免收入损失，请求赔偿合理措施的费用，人民法院应予支持，但以其避免发生的收入损失数额为限。

第十七条 船舶油污事故造成环境损害的，对环境损害的赔偿应限于已实际采取或者将要采取的合理恢复措施的费用。恢复措施的费用包括合理的监测、评估、研究费用。

《最高人民法院关于审理船舶碰撞和触碰案件财产损害赔偿的规定》（法释〔2020〕18号 2021年1月1日）

第八条 船舶价值损失的计算，以船舶碰撞发生地当时类似船舶的市价确定；

碰撞发生地无类似船舶市价的，以船舶船籍港类似船舶的市价确定，或者以其他地区类似船舶市价的平均价确定；没有市价的，以原船舶的造价或者购置价，扣除折旧（折旧率按年 4-10%）计算；折旧后没有价值的按残值计算。

船舶被打捞后尚有残值的，船舶价值应扣除残值。

第九条 船上财产损失的计算：

（一）货物灭失的，按照货物的实际价值，即以货物装船时的价值加运费加请求人已支付的货物保险费计算，扣除可节省的费用；

（二）货物损坏的，以修复所需的费用，或者以货物的实际价值扣除残值和可节省的费用计算；

（三）由于船舶碰撞在约定的时间内迟延交付所产生的损失，按迟延交付货物的实际价值加预期可得利润与到岸时的市价的差价计算，但预期可得利润不得超过货物实际价值的 10%；

（四）船上捕捞的鱼货，以实际的鱼货价值计算。鱼货价值参照海事发生时当地市价，扣除可节省的费用；

（五）船上渔具、网具的种类和数量，以本次出海捕捞作业所需量扣减现存量计算，但所需量超过渔政部门规定或者许可的种类和数量的，不予认定；渔具、网具的价值，按原购置价或者原造价扣除折旧费用和残值计算；

（六）旅客行李、物品（包括自带行李）的损失，属本船旅客的损失，依照海商法的规定处理；属他船旅客的损失，可参照旅客运输合同中有关旅客行李灭失或者损坏的赔偿规定处理；

（七）船员个人生活必需品的损失，按实际损失适当予以赔偿；

（八）承运人与旅客书面约定由承运人保管的货币、金银、珠宝、有价证券或者其他贵重物品的损失，依海商法的规定处理；船员、旅客、其他人员个人携带的货币、金银、珠宝、有价证券或者其他贵重物品的损失，不予认定；

（九）船上其他财产的损失，按其实际价值计算。

第十条 船期损失的计算：

期限：船舶全损的，以找到替代船所需的合理期间为限，但最长不得超过两个月；船舶部分损害的修船期限，以实际修复所需的合理期间为限，其中包括联系、住坞、验船等所需的合理时间；渔业船舶，按上述期限扣除休渔期为限，或者以一个渔汛期为限。

船期损失，一般以船舶碰撞前后各两个航次的平均净盈利计算；无前后各两个航次可参照的，以其他相应航次的平均净盈利计算。

渔船渔汛损失，以该渔船前 3 年的同期渔汛平均净收益计算，或者以本年内同期同类渔船的平均净收益计算。计算渔汛损失时，应当考虑到碰撞渔船在对船捕渔作业或者围网灯光捕渔作业中的作用等因素。

第十一条 租金或者运费损失的计算：

碰撞导致期租合同承租人停租或者不付租金的，以停租或者不付租金额，扣除可节省的费用计算。

因货物灭失或者损坏导致到付运费损失的，以尚未收取的运费金额扣除可节省的费用计算。

第十二条 设施损害赔偿的计算：

期限：以实际停止使用期间扣除常规检修的期间为限；

设施部分损坏或者全损，分别以合理的修复费用或者重新建造的费用，扣除已使用年限的折旧费计算；

设施使用的收益损失，以实际减少的净收益，即按停止使用前3个月的平均净盈利计算；部分使用并有收益的，应当扣减。

《最高人民法院关于审理道路交通事故损害赔偿案件适用法律若干问题的解释》（法释〔2020〕17号 2021年1月1日）

第十一条第二款 道路交通安全法第七十六条规定的"财产损失"，是指因机动车发生交通事故侵害被侵权人的财产权益所造成的损失。

第十二条 因道路交通事故造成下列财产损失，当事人请求侵权人赔偿的，人民法院应予支持：

（一）维修被损坏车辆所支出的费用、车辆所载物品的损失、车辆拖救费用；

（二）因车辆灭失或者无法修复，为购买交通事故发生时与被损坏车辆价值相当的车辆重置费用；

（三）依法从事货物运输、旅客运输等经营性活动的车辆，因无法从事相应经营活动所产生的合理停运损失；

（四）非经营性车辆因无法继续使用，所产生的通常替代性交通工具的合理费用。

《最高人民法院关于审理铁路运输损害赔偿案件若干问题的解释》（法释〔2020〕17号 2021年1月1日）

第一条 实际损失的赔偿范围

铁路法第十七条中的"实际损失"，是指因灭失、短少、变质、污染、损坏导致货物、包裹、行李实际价值的损失。

铁路运输企业按照实际损失赔偿时，对灭失、短少的货物、包裹、行李，按照其实际价值赔偿；对变质、污染、损坏降低原有价值的货物、包裹、行李，可按照其受损前后实际价值的差额或者加工、修复费用赔偿。

货物、包裹、行李的赔偿价值按照托运时的实际价值计算。实际价值中未包含已支付的铁路运杂费、包装费、保险费、短途搬运费等费用的，按照损失部分的比例加算。

相关案例

◎**公报案例**

宜兴市新街街道海德名园业主委员会诉宜兴市恒兴置业有限公司、南京紫竹物业管理股份有限公司宜兴分公司物权确认纠纷、财产损害赔偿纠纷案【《最高人民法院公报》2018年第11期】

裁判要旨：开发商与小区业主对开发商在小区内建造的房屋发生权属争议时，应由开发商承担举证责任。如开发商无充分证据证明该房屋系其所有，且其已将该房屋建设成本分摊到出售给业主的商品房中，则该房屋应当属于小区全体业主所有。开发商在没有明确取得业主同意的情况下，自行占有使用该房屋，不能视为业主默示同意由开发商无偿使用，应认定开发商构成侵权。业主参照自该房屋应当移交时起的使用费向开发商主张赔偿责任的，人民法院应予支持。

◎**典型案例**

上海某服装公司诉上海某贸易公司、王某质押合同纠纷案【人民法院案例库：2023-08-2-106-002】

裁判要旨：损害他人质押财产的，财产损失按照损失发生时的市场价格或者其他合理方式计算。损失发生时的市场价格难以确定的，人民法院可以在参照委托评估价格、相关行业价格、当事人协商价格、类案价格的基础上，综合考虑具体案情中的实际损失、交易习惯、质押物属性、当事人过错等因素，依据诚信原则、公平原则合理确定质押财产的市场价格。

丁某甲诉丁某丙财产损害赔偿纠纷案【人民法院案例库：2023-16-2-043-005】

裁判要旨：监护人非为维护被监护人利益而不当处分被监护人财产的，应认定为对被监护人合法权益的积极侵害，监护人须承担相应的损害赔偿责任。对于被监护人的财产损失，须考量受损利益的特殊性，按照损失发生时的市场价格计算赔偿金额。

本案中，所涉财产损失主要系房屋价值损失，因此，可由财产的市场价值减少来衡量损失大小。至于计算的时间节点，法律已明确规定为"损失发生时"，考虑到民事赔偿以"填平"为原则即补偿性赔偿，故采用以购买石化房屋时两处房屋的市场价格差额作为损失发生时的时间节点来计算财产损失。至于丁某甲要求按照再审时两处房屋的市场价格的差价予以赔偿之请求，缺乏法律依据，不予采纳。综合双方对房屋市场价格的确认，确定丁某丙应赔偿丁某甲财产损失88.35万元。原审判决未考虑购买石化房屋的市场价格而径直以出售民同路房屋的市场价格作为财产损失的计算方式有所不当，再审予以纠正。

陈某甲等诉启东某项目建设工程有限公司海上、通海水域养殖损害责任纠纷案【人民法院案例库：2023-10-2-198-001】

裁判要旨：我国的海域属国家所有，个人或者单位向行政主管部门申请使用海域，经人民政府依法批准造册后，向海域使用申请人颁发海域使用权证书，依法登记的海域使用权受法律保护。无证养殖违反了法律的禁止性规定，属违法行为。无证养殖户在受到民事侵害时，通过购买等合法手段取得的养殖用具等财产损失应当受到法律保护，而对非法养殖的预期收益等损失赔偿请求不应支持。

第一千一百八十五条 【故意侵害知识产权的惩罚性赔偿责任】

故意侵害他人知识产权，情节严重的，被侵权人有权请求相应的惩罚性赔偿。

条文理解

本条是关于故意侵害知识产权的惩罚性赔偿责任的规定。允许被侵权人在其知识产权受侵害时请求惩罚性赔偿主要是为了加强法律层面对于知识产权的保护力度，通过增加侵权人违法成本的方式阻遏其实施侵权行为。本条意义上的知识产权包括著作权、专利权、商标权、地理标志、集成电路布图以及植物新品种等。

被侵权人请求惩罚性赔偿需要满足两个前提：其一，侵权人系故意实施侵害知识产权的行为。参考《最高人民法院关于审理侵害知识产权民事案件适用惩罚性赔偿的解释》第3条的规定，在判断侵权人是否存在故意时，应当综合考虑被侵害知识产权的客体类型、权利状态和相关产品知名度、侵权人与被侵权人之间的关系等。例如，如果某一商标在行业内有着较为广泛的声誉，相关从业者几乎不可能不知晓该商标已经被注册，此时应当认定侵权人存在故意。再如，如果侵权人先前曾经实施过相同的侵权行为，而被侵权人曾向其发出过停止侵权的通知，侵权人再次实施侵权行为的，应当认定其存在故意。

其二，侵害他人知识产权的情节严重。参考《最高人民法院关于审理侵害知识产权民事案件适用惩罚性赔偿的解释》第4条的规定，在判断是否存在严重情节时应当综合考虑侵权手段、次数，侵权行为的持续时间、地域范围、规模、后果，侵权人在诉讼中的行为等因素。

相关条文

◎法律

《种子法》（2022年3月1日）

第七十二条第三至五款 侵犯植物新品种权的赔偿数额按照权利人因被侵权所受到的实际损失确定；实际损失难以确定的，可以按照侵权人因侵权所获得的利益确定。权利人的损失或者侵权人获得的利益难以确定的，可以参照该植物新品种权许可使用费的倍数合理确定。故意侵犯植物新品种权，情节严重的，可以在按照上述方法确定数额的一倍以上五倍以下确定赔偿数额。

权利人的损失、侵权人获得的利益和植物新品种权许可使用费均难以确定的，人民法院可以根据植物新品种权的类型、侵权行为的性质和情节等因素，确定给予五百万元以下的赔偿。

赔偿数额应当包括权利人为制止侵权行为所支付的合理开支。

《专利法》（2021年6月1日）

第七十一条 侵犯专利权的赔偿数额按照权利人因被侵权所受到的实际损失或者侵权人因侵权所获得的利益确定；权利人的损失或者侵权人获得的利益难以确定的，参照该专利许可使用费的倍数合理确定。对故意侵犯专利权，情节严重的，可以在按照上述方法确定数额的一倍以上五倍以下确定赔偿数额。

权利人的损失、侵权人获得的利益和专利许可使用费均难以确定的，人民法院可以根据专利权的类型、侵权行为的性质和情节等因素，确定给予三万元以上五百万元以下的赔偿。

赔偿数额还应当包括权利人为制止侵权行为所支付的合理开支。

人民法院为确定赔偿数额，在权利人已经尽力举证，而与侵权行为相关的账簿、资料主要由侵权人掌握的情况下，可以责令侵权人提供与侵权行为相关的账簿、资料；侵权人不提供或者提供虚假的账簿、资料的，人民法院可以参考权利人的主张和提供的证据判定赔偿数额。

《著作权法》（2021年6月1日）

第五十四条 侵犯著作权或者与著作权有关的权利的，侵权人应当按照权利人因此受到的实际损失或者侵权人的违法所得给予赔偿；权利人的实际损失或者侵权人的违法所得难以计算的，可以参照该权利使用费给予赔偿。对故意侵犯著作权或者与著作权有关的权利，情节严重的，可以在按照上述方法确定数额的一倍以上五倍以下给予赔偿。

权利人的实际损失、侵权人的违法所得、权利使用费难以计算的，由人民法院根据侵权行为的情节，判决给予五百元以上五百万元以下的赔偿。

赔偿数额还应当包括权利人为制止侵权行为所支付的合理开支。

人民法院为确定赔偿数额，在权利人已经尽了必要举证责任，而与侵权行为相关的账簿、资料等主要由侵权人掌握的，可以责令侵权人提供与侵权行为相关的账簿、资料等；侵权人不提供，或者提供虚假的账簿、资料等的，人民法院可以参考权利人的主张和提供的证据确定赔偿数额。

人民法院审理著作权纠纷案件，应权利人请求，对侵权复制品，除特殊情况外，责令销毁；对主要用于制造侵权复制品的材料、工具、设备等，责令销毁，且不予补偿；或者在特殊情况下，责令禁止前述材料、工具、设备等进入商业渠道，且不予补偿。

《商标法》（2019年11月1日）

第六十三条 侵犯商标专用权的赔偿

数额,按照权利人因被侵权所受到的实际损失确定;实际损失难以确定的,可以按照侵权人因侵权所获得的利益确定;权利人的损失或者侵权人获得的利益难以确定的,参照该商标许可使用费的倍数合理确定。对恶意侵犯商标专用权,情节严重的,可以在按照上述方法确定数额的一倍以上五倍以下确定赔偿数额。赔偿数额应当包括权利人为制止侵权行为所支付的合理开支。

人民法院为确定赔偿数额,在权利人已经尽力举证,而与侵权行为相关的账簿、资料主要由侵权人掌握的情况下,可以责令侵权人提供与侵权行为相关的账簿、资料;侵权人不提供或者提供虚假的账簿、资料的,人民法院可以参考权利人的主张和提供的证据判定赔偿数额。

权利人因被侵权所受到的实际损失、侵权人因侵权所获得的利益、注册商标许可使用费难以确定的,由人民法院根据侵权行为的情节判决给予五百万元以下的赔偿。

人民法院审理商标纠纷案件,应权利人请求,对属于假冒注册商标的商品,除特殊情况外,责令销毁;对主要用于制造假冒注册商标的商品的材料、工具,责令销毁,且不予补偿;或者在特殊情况下,责令禁止前述材料、工具进入商业渠道,且不予补偿。

假冒注册商标的商品不得在仅去除假冒注册商标后进入商业渠道。

◎ 司法解释

《最高人民法院关于审理侵害知识产权民事案件适用惩罚性赔偿的解释》(法释〔2021〕4号 2021年3月3日)

第二条 原告请求惩罚性赔偿的,应当在起诉时明确赔偿数额、计算方式以及所依据的事实和理由。

原告在一审法庭辩论终结前增加惩罚性赔偿请求的,人民法院应当准许;在二审中增加惩罚性赔偿请求的,人民法院可以根据当事人自愿的原则进行调解,调解不成的,告知当事人另行起诉。

第三条 对于侵害知识产权的故意的认定,人民法院应当综合考虑被侵害知识产权客体类型、权利状态和相关产品知名度、被告与原告或者利害关系人之间的关系等因素。

对于下列情形,人民法院可以初步认定被告具有侵害知识产权的故意:

(一)被告经原告或者利害关系人通知、警告后,仍继续实施侵权行为的;

(二)被告或其法定代表人、管理人是原告或者利害关系人的法定代表人、管理人、实际控制人的;

(三)被告与原告或者利害关系人之间存在劳动、劳务、合作、许可、经销、代理、代表等关系,且接触过被侵害的知识产权的;

(四)被告与原告或者利害关系人之间有业务往来或者为达成合同等进行过磋商,且接触过被侵害的知识产权的;

(五)被告实施盗版、假冒注册商标行为的;

(六)其他可以认定为故意的情形。

第四条 对于侵害知识产权情节严重的认定,人民法院应当综合考虑侵权手段、次数,侵权行为的持续时间、地域范围、规模、后果,侵权人在诉讼中的行为等因素。

被告有下列情形的,人民法院可以认定为情节严重:

(一)因侵权被行政处罚或者法院裁判承担责任后,再次实施相同或者类似侵权行为的;

(二)以侵害知识产权为业的;

(三)伪造、毁坏或者隐匿侵权证据;

（四）拒不履行保全裁定；
（五）侵权获利或者权利人受损巨大；
（六）侵权行为可能危害国家安全、公共利益或者人身健康；
（七）其他可以认定为情节严重的情形。

第五条 人民法院确定惩罚性赔偿数额时，应当分别依照相关法律，以原告实际损失数额、被告违法所得数额或者因侵权所获得的利益作为计算基数。该基数不包括原告为制止侵权所支付的合理开支；法律另有规定的，依照其规定。

前款所称实际损失数额、违法所得数额、因侵权所获得的利益均难以计算的，人民法院依法参照该权利许可使用费的倍数合理确定，并以此作为惩罚性赔偿数额的计算基数。

人民法院依法责令被告提供其掌握的与侵权行为相关的账簿、资料，被告无正当理由拒不提供或者提供虚假账簿、资料的，人民法院可以参考原告的主张和证据确定惩罚性赔偿数额的计算基数。构成民事诉讼法第一百一十一条规定情形的，依法追究法律责任。

第六条 人民法院依法确定惩罚性赔偿的倍数时，应当综合考虑被告主观过错程度、侵权行为的情节严重程度等因素。

因同一侵权行为已经被处以行政罚款或者刑事罚金且执行完毕，被告主张减免惩罚性赔偿责任的，人民法院不予支持，但在确定前款所称倍数时可以综合考虑。

《最高人民法院关于审理侵害植物新品种权纠纷案件具体应用法律问题的若干规定》（法释〔2020〕19号　2021年1月1日）

第六条 人民法院审理侵害植物新品种权纠纷案件，应当依照民法典第一百七十九条、第一千一百八十五条和种子法第七十三条的规定，结合案件具体情况，判决侵权人承担停止侵害、赔偿损失等民事责任。

人民法院可以根据权利人的请求，按照权利人因被侵权所受实际损失或者侵权人因侵权所得利益确定赔偿数额。权利人的损失或者侵权人获得的利益难以确定的，可以参照该植物新品种权许可使用费的倍数合理确定。权利人为制止侵权行为所支付的合理开支应当另行计算。

依照前款规定难以确定赔偿数额的，人民法院可以综合考虑侵权的性质、期间、后果，植物新品种权许可使用费的数额，植物新品种实施许可的种类、时间、范围及权利人调查、制止侵权所支付的合理费用等因素，在300万元以下确定赔偿数额。

故意侵害他人植物新品种权，情节严重的，可以按照第二款确定数额的一倍以上三倍以下确定赔偿数额。

◉ **相关案例**

◎**典型案例**

金某海诉郑东新区白沙镇某五金机电劳保建材经营部等侵害发明专利权纠纷案【人民法院案例库：2023-13-2-160-032】

裁判要旨：侵权人与专利权利人就有关销售侵权产品行为的纠纷达成和解后，再次销售相同侵权产品的，可以认定其构成故意侵权且情节严重；专利权利人请求适用惩罚性赔偿，并主张参照在先和解协议约定的赔偿数额作为计算基础的，人民法院可依法予以支持。

宿州市涛某网络科技有限公司、常某福侵害计算机软件著作权纠纷上诉案【（2021）最高法知民终1819号】

裁判要旨：惩罚性赔偿是侵权损害赔偿的一种特殊形式，对其适用应当进行一定限制,以防止该制度的滥用。适用惩罚性赔偿应当满足侵权人"故意"和"情节严重"的要件,其中对于"情节严重"的认定,应当主要考虑是否存在以下情节:侵权时间长、规模大、范围广;多次侵权或经行政处罚或法院判决后再次侵权等重复侵权;以侵权为业;对权利人产生了巨大的损害与消极影响;权利人损失巨大,包括因侵权行为导致权利人知识产权价值大幅降低、权利人商誉受损等情形;侵权人侵权获利巨大等。而本案中,常某福虽具有侵权的主观故意,但现有证据并不能证明其具有上述情形,其侵权情节尚不能达到适用惩罚性赔偿的严重程度,故涛某公司主张的惩罚性赔偿不能得到支持。

惠某有限责任公司(W××YHLLC)与广州惠某宝贝母婴用品有限公司等侵害商标权及不正当竞争纠纷案【(2021)浙民终294号】

裁判要旨:对于侵害知识产权故意的认定,人民法院应当综合考虑被侵害知识产权客体类型、权利状态和相关商品知名度、被告与原告或者利害关系人之间的关系等因素;对于侵害知识产权情节严重的认定,人民法院应当综合考虑侵权手段、次数、侵权行为的持续时间、地域范围、规模、后果,侵权人在诉讼中的行为等因素。

第一千一百八十六条 【公平分担损失】

受害人和行为人对损害的发生都没有过错的,依照法律的规定由双方分担损失。

条文理解

本条是关于分担损失的规定。根据本条,即使受害人和行为人对于损害的发生均不存在过错,法院也可以基于法律的规定在双方之间分担损失,即要求行为人就其不存在过错的行为向受害人承担补偿义务。此种义务属于法定的补偿义务,不同于侵权责任对应的损害赔偿义务。此外,本条所规定的补偿义务与无过错责任亦不相同,后者仍然属于侵权责任。

本条源自《侵权责任法》第24条,但与该条相比,本条以"依照法律的规定"取代了"可以根据实际情况"的表述,此种变化主要是为了应对先前由于《侵权责任法》第24条引发的公平责任泛化的问题。根据本条,在受害人与行为人对于损害的发生均无过错时,法院在双方之间分担损失必须存在明确的法律规定作为依据。例如,根据《民法典》第1190条第1款,完全民事行为能力人对自己的行为暂时没有意识或者失去控制造成他人损害没有过错的,应当根据行为人的经济状况对受害人适当补偿。

一般认为,如果受害人与行为人中的任何一方存在过错,则不属于本条的适用范围。不过,在仅有受害人存在过错的情况下,仍然有必要再作区分。以上述《民法典》第1190条第1款为例,假设完全民事行为能力人非因过错失去控制在道路上撞伤他人,事后发现受害人一边走路一边玩手机,对于损害的发生也具有一定过错。此种情况下,由于受害人的过错并不足以导致全部损害的发生,要求受害人在存在任何程度的过错时均须承受全部损害并不合理。相比之下,更为合适的做法是在计算双方应当分担的损失时首先扣除与受害人过错相关联的部分,而后在双方之间分配剩余部分的损失。

相关条文

◎法律

《民法典》（2021年1月1日）

第一百八十二条第二款 危险由自然原因引起的，紧急避险人不承担民事责任，可以给予适当补偿。

第一百八十三条 因保护他人民事权益使自己受到损害的，由侵权人承担民事责任，受益人可以给予适当补偿。没有侵权人、侵权人逃逸或者无力承担民事责任，受害人请求补偿的，受益人应当给予适当补偿。

第一千一百九十条第一款 完全民事行为能力人对自己的行为暂时没有意识或者失去控制造成他人损害有过错的，应当承担侵权责任；没有过错的，根据行为人的经济状况对受害人适当补偿。

第一千一百九十二条第二款 提供劳务期间，因第三人的行为造成提供劳务一方损害的，提供劳务一方有权请求第三人承担侵权责任，也有权请求接受劳务一方给予补偿。接受劳务一方补偿后，可以向第三人追偿。

第一千二百五十四条第一款 禁止从建筑物中抛掷物品。从建筑物中抛掷物品或者从建筑物上坠落的物品造成他人损害的，由侵权人依法承担侵权责任；经调查难以确定具体侵权人的，除能够证明自己不是侵权人的外，由可能加害的建筑物使用人给予补偿。可能加害的建筑物使用人补偿后，有权向侵权人追偿。

《慈善法》（2024年9月5日）

第一百一十九条第二款 志愿者在参与慈善服务过程中，因慈善组织过错受到损害的，慈善组织依法承担赔偿责任；损害是由不可抗力造成的，慈善组织应当给予适当补偿。

◎司法解释

《最高人民法院关于审理人身损害赔偿案件适用法律若干问题的解释》（法释〔2022〕14号 2022年5月1日）

第五条 无偿提供劳务的帮工人因帮工活动遭受人身损害的，根据帮工人和被帮工人各自的过错承担相应的责任；被帮工人明确拒绝帮工的，被帮工人不承担赔偿责任，但可以在受益范围内予以适当补偿。

帮工人在帮工活动中因第三人的行为遭受人身损害的，有权请求第三人承担赔偿责任，也有权请求被帮工人予以适当补偿。被帮工人补偿后，可以向第三人追偿。

相关案例

◎典型案例

黎某明诉大埔县某学校、大埔县某医院教育机构医疗损害责任纠纷案【人民法院案例库：2023-16-2-376-003】

裁判要旨：在学生和学校均无过错的情况下，适用公平责任妥善解决校园体育伤害赔偿问题，系对未成年人的特殊优先保护。《民法典》第一千一百八十六条规定，受害人和行为人对损害的发生都没有过错的，依照法律的规定由双方分担损失。所谓公平责任，也称衡平责任或者公平分担损失，是指在受害人和行为人对损害的发生都没有过错的情形下，根据实际情况由双方公平地分担损失。根据本条的规定，受害人和行为人对损害的发生都没有过错的，可以根据实际情况，由双方分担损失。这里的"实际情况"，主要包括以下两种情况：一是受害人受到的损害程度。损害应当达到相当的程度，如果不分担损失将使受害人遭受比较严重的损失，并且有悖于法律的公平理念，客观上需要通过一定的方式予以适当的弥补；如果损害是微不足道的，则没有必要分担损失。二是当事人的经济状况。当事人的经济状况，主要是指当事人的经济实力和负担能力。"分担损失"不是"平均承担"，经济实力、负担能力强的，应当多分担一些；经济实力、负担能力差的，可以少分担一些。

宋某某诉周某身体权纠纷案【（2020）京0105民初67259号】

裁判要旨：公平责任是指双方当事人对于损害的发生均无过错，且法律又未规定适用无过错责任的情形下，基于公平的观念，由双方当事人对损失予以分担。公平责任并不具有普遍适用性，其范围应受到严格限制，否则容易导致滥用，影响过错责任和无过错责任应有规范功能的发挥……本案中，根据查明的情况，难谓双方当事人均无任何过失，且综合考虑双方当事人损益情况等因素，本案并不存在适用公平责任之情形，故原告依据上述规定主张被告分担损失的条件并不成立。而且，《民法典》第一千一百八十六条更是明确规定，受害人和行为人对损害的发生都没有过错的，依照法律的规定由双方分担损失。可见适用该条规定的条件之一，是必须具有法律规定适用公平责任的情形。而现行法律并未就本案所涉情形应适用公平责任进行规定，相反，本案所涉情形该如何定责已由《民法典》第一千一百七十六条第一款予以明确规定，故本案不具有适用公平责任的条件。

第一千一百八十七条　【赔偿费用的支付方式】

损害发生后，当事人可以协商赔偿费用的支付方式。协商不一致的，赔偿费用应当一次性支付；一次性支付确有困难的，可以分期支付，但是被侵权人有权请求提供相应的担保。

条文理解

本条是关于赔偿费用支付方式的规定。根据本条，赔偿费用的支付方式可以分为三个层次：首先，出于对当事人意思自治的尊重，当事人可以自行协商；其次，如果协商不一致，原则上应当一次性支付；最后，一次性支付确有困难的构成例外情况，侵权人此时可以主张分期支付赔偿费用，但为了避免侵权人之后丧失清偿能力或者恶意转移财产，被侵权人有权要求侵权人对于后续支付的费用提供担保。

当事人自行协商赔偿费用的，可以选择一次性支付或者分期支付，在约定内容不存在违法无效或者违背公序良俗的情况下，也可以选择以其他内容的给付代替金钱支付。如果侵权人不履行双方协商后达成的协议，被侵权人有权请求其承担继续履行、赔偿损失等违约责任，在侵权人严重违反该协议项下的义务时还可以解除该协议。

相关条文

◎司法解释

《最高人民法院关于审理人身损害赔偿案件适用法律若干问题的解释》（法释〔2022〕14号　2022年5月1日）

第二十条　赔偿义务人请求以定期金方式给付残疾赔偿金、辅助器具费的，应当提供相应的担保。人民法院可以根据赔偿义务人的给付能力和提供担保的情况，确定以定期金方式给付相关费用。但是，一审法庭辩论终结前已经发生的费用、死亡赔偿金以及精神损害抚慰金，应当一次性给付。

第二十一条 人民法院应当在法律文书中明确定期金的给付时间、方式以及每期给付标准。执行期间有关统计数据发生变化的，给付金额应当适时进行相应调整。

定期金按照赔偿权利人的实际生存年限给付，不受本解释有关赔偿期限的限制。

相关案例

◎ 典型案例

胡某树诉某保险公司、蓝某平等生命权、身体权、健康权纠纷案【人民法院案例库：2023-16-2-001-008】

裁判要旨：关于交通事故一次性赔偿协议效力的司法认定问题，即赔偿权利人与赔偿义务人按双方达成的交通事故赔偿协议履行完毕后，赔偿权利人是否可以再次要求承保赔偿义务人车辆的保险公司赔偿差额部分的损失问题。对此，应考虑赔偿数额、受损害方对伤残等级认识、签订协议时的紧迫程度等因素综合加以认定。需要注意的是，并不是赔偿协议约定的赔偿数额与法律规定不一致即属可撤销。一般只有在赔偿权利人经后续检查发现伤势较重，对自身伤情认识有重大误解，受害程度超出赔偿权利人订立协议时的合理预计范围，所支付的赔偿费用远远低于当事人因此造成的损失，在赔偿权利人遭受重大损失的情况下，才可以认为该赔偿协议显失公平符合可撤销情形，此时赔偿权利人要求赔偿义务人或者承保赔偿义务人车辆的保险公司赔偿差额损失部分不违反诚实信用原则，应当予以支持。除此之外，即便赔偿的数额与法律规定有些许出入，也是当事人对自己民事实体权利的处分，各方当事人应当受赔偿协议的约束，不得出尔反尔，赔偿义务人履行后赔偿权利人不得再次起诉要求赔偿。

顺某公司、瑜某公司与鹏某公司重庆市人民检察院第五分院环境污染责任纠纷案【（2020）渝民终387号】

裁判要旨：在环境民事公益诉讼案件中，既要确保受损的生态环境得到及时有效修复，又要给予正确面对自身环境违法行为、愿意积极承担环境法律责任的企业继续进行合法生产经营的机会，实现保护生态环境与促进经济发展的平衡。新冠肺炎疫情期间，瑜某公司和顺某公司的生产经营受到一定影响，两家企业在案发后投入大量资金实施技术改造，且部分尚欠的技术改造费用已到清偿期，两家企业当前均出现一定程度的经营困难。《侵权责任法》第二十五条[1]规定，损害发生后赔偿费用应当一次性支付，一次性支付确有困难的可以分期支付，但应当提供相应的担保。在企业出现问题和困难的时候，人民法院应当发挥促发展、稳预期、保民生的司法功能，最大限度维持企业的持续经营能力，故本院依法对瑜某公司和顺某公司请求分期支付的意见予以采纳，准许其两年内分三期支付生态环境损害赔偿金，具体支付方式为瑜某公司和顺某公司在提供有效担保的前提下，首期支付赔偿金的25%；第二期、第三期分别支付赔偿金的25%和50%。

---

[1]《民法典》第1187条。

第三章 责任主体的特殊规定

> **第一千一百八十八条 【监护人责任】**
>
> 无民事行为能力人、限制民事行为能力人造成他人损害的，由监护人承担侵权责任。监护人尽到监护职责的，可以减轻其侵权责任。
>
> 有财产的无民事行为能力人、限制民事行为能力人造成他人损害的，从本人财产中支付赔偿费用；不足部分，由监护人赔偿。

条文理解

本条是关于监护人责任的规定。根据本条规定，无民事行为能力人、限制民事行为能力人本身并不承担侵权责任，而是由其监护人承担替代性的侵权责任。在此基础上，监护人所承担的责任为无过错责任，所以，即使监护人尽到监护职责也只能主张减轻责任而非不承担责任。如果监护人本就未尽到监护职责，则应当就被侵权人遭受的全部损害承担责任。

在解释本条第1款时需要注意，尽管监护人责任为无过错责任，但准确而言，所谓的无过错责任是指其承担替代责任不以存在过错为前提，这并不意味着只要存在无民事行为能力人、限制民事行为能力人造成他人损害这一结果，监护人就需要承担责任。所以，如果无民事行为能力人、限制民事行为能力人已经尽到了完全行为能力人在相同情况下能够尽到的注意义务，或者加害行为与损害结果之间缺乏法律上的因果关系时，被侵权人不得基于本条第1款请求监护人承担责任。

关于无民事行为能力人、限制民事行为能力人致害的责任履行顺序，根据本条第2款，如果无民事行为能力人、限制民事行为能力人本身有财产，则应当优先从其财产中支付赔偿费用，监护人仅就不足的部分承担赔偿责任。此种规定的考虑在于避免监护人承担过重的赔偿责任，从而防止亲属之外的人员或者单位不愿担任监护人。毕竟，其即使尽到监护职责也需要根据本条第1款承担无过错责任。但在适用本条第2款时需要注意，如果损害的发生是由于监护人未尽到监护职责所导致，更为合理的解释是认为本条第2款此时不适用，否则将导致无民事行为能力人、限制民事行为能力人必须为监护人的不当行为承担不利后果。此外，在适用本条第2款时需要注意，即使从被监护人财产中支付赔偿费用也应当为其保留必需的生活费和完成义务教育所必需的费用。

相关条文

◎ **法律**

《民法典》（2021年1月1日）

第二十七条 父母是未成年子女的监护人。

未成年人的父母已经死亡或者没有监护能力的，由下列有监护能力的人按顺序担任监护人：

（一）祖父母、外祖父母；

（二）兄、姐；

（三）其他愿意担任监护人的个人或者组织，但是须经未成年人住所地的居民委员会、村民委员会或者民政部门同意。

第二十八条 无民事行为能力或者限制民事行为能力的成年人，由下列有监护能力的人按顺序担任监护人：

（一）配偶；

（二）父母、子女；

（三）其他近亲属；

（四）其他愿意担任监护人的个人或者组织，但是须经被监护人住所地的居民委员会、村民委员会或者民政部门同意。

第三十二条　没有依法具有监护资格的人的，监护人由民政部门担任，也可以由具备履行监护职责条件的被监护人住所地的居民委员会、村民委员会担任。

《精神卫生法》（2018年4月27日）

第七十九条　医疗机构出具的诊断结论表明精神障碍患者应当住院治疗而其监护人拒绝，致使患者造成他人人身、财产损害的，或者患者有其他造成他人人身、财产损害情形的，其监护人依法承担民事责任。

◎司法解释

《最高人民法院关于适用〈中华人民共和国民法典〉侵权责任编的解释（一）》（法释〔2024〕12号　2024年9月27日）

第四条　无民事行为能力人、限制民事行为能力人造成他人损害，被侵权人请求监护人承担侵权责任，或者合并请求监护人和受托履行监护职责的人承担侵权责任的，人民法院应当将无民事行为能力人、限制民事行为能力人列为共同被告。

第五条　无民事行为能力人、限制民事行为能力人造成他人损害，被侵权人请求监护人承担侵权人应承担的全部责任的，人民法院应予支持，并在判决中明确，赔偿费用可以先从被监护人财产中支付，不足部分由监护人支付。

监护人抗辩主张承担补充责任，或者被侵权人、监护人主张人民法院判令有财产的无民事行为能力人、限制民事行为能力人承担赔偿责任的，人民法院不予支持。

从被监护人财产中支付赔偿费用的，应当保留被监护人所必需的生活费和完成义务教育所必需的费用。

第六条　行为人在侵权行为发生时不满十八周岁，被诉时已满十八周岁的，被侵权人请求原监护人承担侵权人应承担的全部责任的，人民法院应予支持，并在判决中明确，赔偿费用可以先从被监护人财产中支付，不足部分由监护人支付。

前款规定情形，被侵权人仅起诉行为人的，人民法院应当向原告释明申请追加原监护人为共同被告。

第七条　未成年子女造成他人损害，被侵权人请求父母共同承担侵权责任的，人民法院依照民法典第二十七条第一款、第一千零六十八条以及第一千一百八十八条的规定予以支持。

第八条　夫妻离婚后，未成年子女造成他人损害，被侵权人请求离异夫妻共同承担侵权责任的，人民法院依照民法典第一千零六十八条、第一千零八十四条以及第一千一百八十八条的规定予以支持。一方以未与该子女共同生活为由主张不承担或者少承担责任的，人民法院不予支持。

离异夫妻之间的责任份额，可以由双方协议确定；协议不成，人民法院可以根据双方履行监护职责的约定和实际履行情况等确定。实际承担责任超过自己责任份额的一方向另一方追偿的，人民法院应予支持。

第九条　未成年子女造成他人损害的，依照民法典第一千零七十二条第二款的规定，未与该子女形成抚养教育关系的继父或者继母不承担监护人的侵权责任，由该子女的生父母依照本解释第八条的规定承担侵权责任。

《最高人民法院关于适用〈中华人民共和

国民事诉讼法〉的解释》（法释〔2022〕11号 2022年4月10日）

第六十七条 无民事行为能力人、限制民事行为能力人造成他人损害的，无民事行为能力人、限制民事行为能力人和其监护人为共同被告。

相关案例

◎ 典型案例

吴某诉赵某、某中学等侵权责任纠纷案

【人民法院案例库：2023-14-2-504-001】

裁判要旨：本案中，赵某事发时已满12周岁，对其行为所造成的后果具有一定的判断能力，当其拉开吴某椅子时，已明知其行为会给他人带来伤害，却仍为之，存在过错，最终导致吴某摔倒，身体受到损伤并因此而产生了各项经济损失。《民法典》第一千一百八十八条规定："无民事行为能力人、限制民事行为能力人造成他人损害的，由监护人承担侵权责任。监护人尽到监护责任的，可以减轻其侵权责任。有财产的无民事行为能力人、限制民事行为能力人造成他人损害的，从本人财产中支付赔偿费用；不足部分由监护人赔偿。"赵某事发时已满12周岁，系限制民事行为能力人，故赵某应承担的赔偿责任，由被告赵某的监护人即其父母赵某某、何某某承担。

李某1与北京启某宏奥体育文化发展有限公司等生命权、健康权、身体权纠纷案

【（2019）京01民终5059号】

裁判要旨：无民事行为能力人、限制民事行为能力人造成他人损害的，由监护人承担侵权责任。监护人尽到监护责任的，可以减轻其侵权责任。据此，凡无民事行为能力人、限制民事行为能力人致他人损害的，其监护人都应承担民事责任。监护人在这种情况下的民事责任，是由法律直接规定而成立的，适用无过错责任归

责原则。该种侵权责任成立的构成要件包括，其一，致害行为人是无民事行为能力人或限制民事行为能力人；其二，造成了他人的损害；其三，致害行为与他人损害间存在因果关系。既无须考察无民事行为能力人或限制民事行为能力人本人的年龄、智力及其判断能力，亦无须考虑监护人对被监护人平时的教育、管教是否尽责。仅在监护人举证证明其尽到监护责任的情况下，可以减轻其侵权责任，但不能予以免除。

第一千一百八十九条 【委托监护时的监护人责任】

无民事行为能力人、限制民事行为能力人造成他人损害，监护人将监护职责委托给他人的，监护人应当承担侵权责任；受托人有过错的，承担相应的责任。

条文理解

本条是关于委托监护时的监护人责任的规定。根据本条，即使监护人将监护职责委托给他人，在无民事行为能力人、限制民事行为能力人造成他人受损时，监护人仍然需要承担侵权责任。换言之，监护人责任成立的基础在于监护关系本身，此种责任不因监护人将监护职责委托给受托人而移转。这一点也体现出监护人责任与其他类型的替代责任（如雇主责任）的不同。

本条在监护人责任之外还规定了受托人需要承担与其过错相应的责任。参考《最高人民法院关于适用〈中华人民共和国民法典〉侵权责任编的解释（一）》第10条第1款"受托人在过错范围内与监护人共同承担责任"的表述，此处的受托人责任是指受托人对于被侵权人承担的责任。要求其承担责任的基础在于，无民

事行为能力人、限制民事行为能力人本身具有一定危险性,受托人应当谨慎监管,避免其损害他人利益。如果未能尽到必要的注意,则应当就其过错行为承担责任。

关于监护人与受托人的责任分配问题,由于双方之间存在委托合同,因而应当根据《民法典》第929条关于委托合同损害赔偿的规则确定。如果受托人系无偿受托的,则仅在其故意或者重大过失造成委托人受损时承担责任。

相关条文

◎法律

《民法典》(2021年1月1日)

第九百二十九条 有偿的委托合同,因受托人的过错造成委托人损失的,委托人可以请求赔偿损失。无偿的委托合同,因受托人的故意或者重大过失造成委托人损失的,委托人可以请求赔偿损失。

受托人超越权限造成委托人损失的,应当赔偿损失。

《未成年人保护法》(2024年4月26日)

第二十二条 未成年人的父母或者其他监护人因外出务工等原因在一定期限内不能完全履行监护职责的,应当委托具有照护能力的完全民事行为能力人代为照护;无正当理由的,不得委托他人代为照护。

未成年人的父母或者其他监护人在确定被委托人时,应当综合考虑其道德品质、家庭状况、身心健康状况、与未成年人生活情感上的联系等情况,并听取有表达意愿能力未成年人的意见。

具有下列情形之一的,不得作为被委托人:

(一)曾实施性侵害、虐待、遗弃、拐卖、暴力伤害等违法犯罪行为;

(二)有吸毒、酗酒、赌博等恶习;

(三)曾拒不履行或者长期怠于履行监护、照护职责;

(四)其他不适宜担任被委托人的情形。

◎司法解释

《最高人民法院关于适用〈中华人民共和国民法典〉侵权责任编的解释(一)》(法释〔2024〕12号 2024年9月27日)

第四条 无民事行为能力人、限制民事行为能力人造成他人损害,被侵权人请求监护人承担侵权责任,或者合并请求监护人和受托履行监护职责的人承担侵权责任的,人民法院应当将无民事行为能力人、限制民事行为能力人列为共同被告。

第十条 无民事行为能力人、限制民事行为能力人造成他人损害,被侵权人合并请求监护人和受托履行监护职责的人承担侵权责任的,依照民法典第一千一百八十九条的规定,监护人承担侵权人应承担的全部责任;受托人在过错范围内与监护人共同承担责任,但责任主体实际支付的赔偿费用总和不应超出被侵权人应受偿的损失数额。

监护人承担责任后向受托人追偿的,人民法院可以参照民法典第九百二十九条的规定处理。

仅有一般过失的无偿受托人承担责任后向监护人追偿的,人民法院应予支持。

相关案例

◎典型案例

魏某波、殷某利等健康权纠纷案【(2022)黑12民申90号】

裁判要旨:李某1、于某某均为未成年人、限制民事行为能力人,其父母将李某1、于某某送至绥棱县宝某长托饭堂并支付相应费用,绥棱县宝某长托饭堂为李某1、于某某提供正餐及住宿服务,并负责日常管理,李某1、于某某的监护人与绥棱县宝某长托饭堂之间形成了委托监护关系。案发时，绥棱县宝某长托饭堂的工作人员均外出不在现场，无人对寄宿学生进行监护管理。在于某某与李某1发生纠纷导致心脏病发作后，现场没有成年人进行施救，而是被同学送至绥棱县人民法院抢救，最终因抢救无效死亡。魏某某、殷某某作为绥棱县宝某长托饭堂的经营管理者，疏于监护管理，对于某某的死亡存在过错，应当承担相应责任，原判决适用法律并无不当。

薛某某、周某华与张某某、勉县聚兴阳某老年公寓生命权、身体权、健康权纠纷案【（2023）陕07民终172号】

裁判要旨：本案中张某某在被护理员带入房间后，仍多次走出房间站在走廊辱骂他人，引发本次纠纷，其本身行为对损害结果的发生具有过错，应自负一定责任。同时在事发前，公寓护理员仅是将张某某带入房间，并未稳定地化解其情绪，也未对情绪激动的薛某某进行任何劝解引导。在二人最后争吵的时间段内，并未有阳某老年公寓的工作人员前来制止，直到张某某坐倒在地损害后果发生，公寓护理员才赶了过来。阳某老年公寓作为专业的全托养老机构，在明知薛某某存在入院治疗史、精神状况欠佳的情况下，疏于对薛某某照顾和管理，违反了安全保障义务，在此事件中存在一定过错。根据民法典相关规定，本案中承担主要侵权赔偿责任的仍为薛某某的监护人周某华，但在委托监护中若受托人存在疏于监督、管理的情形而导致损害发生的，应认定为受托人存在相应过错，也应按其过错程度承担相应的责任。

第一千一百九十条 【暂时丧失意识后的侵权责任】

完全民事行为能力人对自己的行为暂时没有意识或者失去控制造成他人损害有过错的，应当承担侵权责任；没有过错的，根据行为人的经济状况对受害人适当补偿。

完全民事行为能力人因醉酒、滥用麻醉药品或者精神药品对自己的行为暂时没有意识或者失去控制造成他人损害的，应当承担侵权责任。

条文理解

本条是关于完全民事行为能力人暂时没有意识或者失去控制的责任的规定。根据本条，如果完全民事行为能力人在对自己的行为暂时没有意识或者失去控制的情况下造成他人损害，其是否承担责任取决于自身对于陷入前述状态是否存在过错。如果存在过错，则应当承担侵权责任，如果不存在过错，则仅承担适当补偿的义务。本条第2款规定的因醉酒、滥用麻醉药品或者精神药品对自己的行为暂时没有意识或者失去控制就是典型的完全民事行为能力人存在过错的情况。

在完全民事行为能力人非因自身过错而暂时丧失意识、失去控制的情况下，由于其处于暂时不受自身意志、理性支配的状态，导致无法避免侵害他人的利益，法律上自然也就不应当要求其为此种状态下作出的行为负责。在此基础上，考虑到受害人对于自身所遭受的损害同样不存在过错，出于平衡双方当事人利益的考虑，本条第1款规定行为人应当根据经济状况对受害人适当补偿，该规定也是《民法典》第1186条所规定的公平责任的具体体现。

相关条文

◎ **法律**

《民法典》（2021年1月1日）

第一千一百八十六条 受害人和行为人对损害的发生都没有过错的，依照法律的规定由双方分担损失。

相关案例

◎ **典型案例**

蔡某刚与王某荣、李某新等生命权、身体权、健康权纠纷案【（2021）新40民终93号】

裁判要旨：孟某某与蔡某相约钓鱼，孟某某将蔡某带至鱼塘危险境地，就应对蔡某的人身安全负有高度的注意义务。这种义务来源于孟某某将蔡某带至鱼塘的先前行为，从蔡某与孟某某事发前的视频资料及询问笔录足以证实孟某某醉酒状态下劝蔡某下鱼塘游泳，该劝其下鱼塘游泳的行为增加了蔡某溺水死亡的危险性，与蔡某溺水死亡有一定的因果关系，且因其对蔡某人身安全未尽到高度注意义务，在蔡某事发时未能及时施救，其应当承担蔡某溺水死亡相应15%的过错责任。

周某某、淮安市淮某医院与甘某某生命权、健康权、身体权纠纷案【（2020）苏08民终2997号】

裁判要旨：淮某医院作为医疗机构在对醉酒的甘某某进行治疗的过程中，应当尽更高的义务，防止甘某某行为不当造成自己或他人损害，而相关医护人员却将甘某某安置于视力不济、自我保护能力欠缺的周某某床位旁，在对甘某某进行输液治疗时，医护人员也没能预见到未固定的铁质输液架在醉酒人身旁可能会有的相应风险，上述疏失与甘某某拉倒输液架的过错行为相结合，共同导致了周某某的右眼受伤的损害后果，故淮某医院对于伤害事故的发生应当负有责任，对于相应损害应与甘某某各自承担相应的责任。

> **第一千一百九十一条　【用人单位责任和劳务派遣单位、劳务用工单位责任】**
>
> 用人单位的工作人员因执行工作任务造成他人损害的，由用人单位承担侵权责任。用人单位承担侵权责任后，可以向有故意或者重大过失的工作人员追偿。
>
> 劳务派遣期间，被派遣的工作人员因执行工作任务造成他人损害的，由接受劳务派遣的用工单位承担侵权责任；劳务派遣单位有过错的，承担相应的责任。

条文理解

本条是关于用人单位责任、接受劳务派遣的用工单位责任以及劳务派遣单位责任的规定。本条中的用人单位包括企业、国家机关、事业单位、社会团体、个体经济组织等。根据本条第1款，用人单位的工作人员因执行工作任务造成他人损害的，由用人单位承担侵权责任。此种替代性的侵权责任为无过错责任，所以，用人单位不得以其对于工作人员的侵权行为不存在过错或者在选任工作人员的过程中已经尽到了必要的注意义务为由主张减轻责任或者不承担责任。之所以对于用人单位采取如此严格的立场，主要的正当性在于两方面：其一，用人单位对于工作人员具有超出一般民事主体之间的控制力，此种控制力体现于工作人员须根据用人单位的指令执行工作任务，在执行过程中受到用人单位的规章制度、具体指示等约束。其二，用人单位所从事的活动往往无法独立开展，必须以使用工作人员为前提，由于此种规模化活动引发的风险，应当由从中获得利益之人承担。而且，相较于工作人员而言，用人单位更有可能识别工作任务可能对其他人带来的风险并采取预防措施，在风险现实化后通常也更具有赔偿能力。

需要注意的是，用人单位承担的无过错责任仅是就其替代工作人员承担责任而言，在判断工作人员的行为本身是否会产生侵权责任时，仍然需要根据侵权行为的具体类型确定是否应当考虑行为人过错的问题。例如，如果工作人员为医疗人员，用人单位为医疗机构，由于医疗损害责任采取的是过错责任（《民法典》第1218条），所以，被侵权人主张医疗机构为医疗人员承担侵权责任的，需要证明医疗人员在诊疗过程中存在过错。相反，如果工作人员在执行工作任务期间造成环境污染的，由于环境污染责任为无过错责任（《民法典》第1229条），即使工作人员不存在过错，用人单位也需要承担侵权责任。

根据本条第2款，工作人员在被劳动派遣到其他用工单位期间，由于接受劳务派遣的用工单位对于工作人员具有实际的控制力，因而应当由其承担本条第1款意义上的替代责任。此种规定还能够避免用人单位通过接受劳务派遣的方式逃避其本应承担的责任。此外，如果劳务派遣单位对于工作人员造成他人受损存在过错，如未对工作人员进行适当培训、在上岗前未尽到必要的资质审核义务等，则应当在其过错范围内对被侵权人承担责任。就该部分责任而言，被侵权人可以请求接受劳务派遣的用工单位与劳务派遣单位承担连带责任；但就后两者内部终局的责任分配而言，应当由劳务派遣单位承担该部分责任。

相关条文

◎法律

《慈善法》（2024年9月5日）

第一百一十九条第一款 慈善服务过程中，因慈善组织或者志愿者过错造成受益人、第三人损害的，慈善组织依法承担赔偿责任；损害是由志愿者故意或者重大过失造成的，慈善组织可以向其追偿。

《公证法》（2018年1月1日）

第四十三条第一款 公证机构及其公证员因过错给当事人、公证事项的利害关系人造成损失的，由公证机构承担相应的赔偿责任；公证机构赔偿后，可以向有故意或者重大过失的公证员追偿。

《律师法》（2018年1月1日）

第五十四条 律师违法执业或者因过错给当事人造成损失的，由其所在的律师事务所承担赔偿责任。律师事务所赔偿后，可以向有故意或者重大过失行为的律师追偿。

《资产评估法》（2016年12月1日）

第五十条 评估专业人员违反本法规定，给委托人或者其他相关当事人造成损失的，由其所在的评估机构依法承担赔偿责任。评估机构履行赔偿责任后，可以向有故意或者重大过失行为的评估专业人员追偿。

《注册会计师法》（2014年8月31日）

第十六条 注册会计师承办业务，由其所在的会计师事务所统一受理并与委托人签订委托合同。

会计师事务所对本所注册会计师依照前款规定承办的业务，承担民事责任。

《国家赔偿法》（2013年1月1日）

第七条 行政机关及其工作人员行使行政职权侵犯公民、法人和其他组织的合法权益造成损害的，该行政机关为赔偿义务机关。

两个以上行政机关共同行使行政职权时侵犯公民、法人和其他组织的合法权益造成损害的，共同行使行政职权的行政机关为共同赔偿义务机关。

法律、法规授权的组织在行使授予的行政权力时侵犯公民、法人和其他组织的合法权益造成损害的，被授权的组织为赔偿义务机关。

受行政机关委托的组织或者个人在行使受委托的行政权力时侵犯公民、法人和其他组织的合法权益造成损害的，委托的行政机关为赔偿义务机关。

赔偿义务机关被撤销的，继续行使其职权的行政机关为赔偿义务机关；没有继续行使其职权的行政机关的，撤销该赔偿义务机关的行政机关为赔偿义务机关。

第二十一条 行使侦查、检察、审判职权的机关以及看守所、监狱管理机关及其工作人员在行使职权时侵犯公民、法人和其他组织的合法权益造成损害的，该机关为赔偿义务机关。

对公民采取拘留措施，依照本法的规定应当给予国家赔偿的，作出拘留决定的机关为赔偿义务机关。

对公民采取逮捕措施后决定撤销案件、不起诉或者判决宣告无罪，作出逮捕决定的机关为赔偿义务机关。

再审改判无罪的，作出原生效判决的人民法院为赔偿义务机关。二审改判无罪，以及二审发回重审后作无罪处理的，作出一审有罪判决的人民法院为赔偿义务机关。

第三十一条第一款 赔偿义务机关赔偿后，应当向有下列情形之一的工作人员追偿部分或者全部赔偿费用：

（一）有本法第十七条第四项、第五项规定情形的；

（二）在处理案件中有贪污受贿，徇私舞弊，枉法裁判行为的。

◎司法解释
《最高人民法院关于适用〈中华人民共和国民法典〉侵权责任编的解释（一）》
（法释〔2024〕12号 2024年9月27日）

第十五条 与用人单位形成劳动关系的工作人员、执行用人单位工作任务的其他人员，因执行工作任务造成他人损害，被侵权人依照民法典第一千一百九十一条第一款的规定，请求用人单位承担侵权责任的，人民法院应予支持。

个体工商户的从业人员因执行工作任务造成他人损害的，适用民法典第一千一百九十一条第一款的规定认定民事责任。

第十六条 劳务派遣期间，被派遣的工作人员因执行工作任务造成他人损害，被侵权人合并请求劳务派遣单位与接受劳务派遣的用工单位承担侵权责任的，依照民法典第一千一百九十一条第二款的规定，接受劳务派遣的用工单位承担侵权责任应承担的全部责任；劳务派遣单位在不当选派工作人员、未依法履行培训义务等过错范围内，与接受劳务派遣的用工单位共同承担责任，但责任主体实际支付的赔偿费用总和不应超出被侵权人应受偿的损失数额。

劳务派遣单位先行支付赔偿费用后，就超过自己相应责任的部分向接受劳务派遣的用工单位追偿的，人民法院应予支持，但双方另有约定的除外。

第十七条 工作人员在执行工作任务中实施的违法行为造成他人损害，构成自然人犯罪的，工作人员承担刑事责任不影响用人单位依法承担民事责任。依照民法典第一千一百九十一条规定用人单位应当承担侵权责任的，在刑事案件中已完成的追缴、退赔可以在民事判决书中明确并扣减，也可以在执行程序中予以扣减。

《最高人民法院关于审理期货纠纷案件若干问题的规定》（法释〔2020〕18号 2021年1月1日）

第八条 期货公司的从业人员在本公司经营范围内从事期货交易行为产生的民事责任，由其所在的期货公司承担。

相关案例

◎指导案例

江西省浮梁县人民检察院诉A化工集团有限公司污染环境民事公益诉讼案【检例第164号】

裁判要旨：根据《民法典》第一千一百九十一条关于用人单位的工作人员因执行工作任务造成他人损害的，由用人单位承担侵权责任的规定，企业职工在执行工作任务时，实施违法处置危险废物的行为造成环境污染的，企业应承担民事侵权责任。

◎典型案例

陈某林诉张某兴、上海某信息科技有限公司等非机动车交通事故责任纠纷案【人民法院案例库：2024-07-2-375-001】

裁判要旨：外卖骑手接受平台用工合作企业劳动管理的，双方之间的法律关系应当根据用工实际和劳动管理程度进行综合认定，外卖骑手接送外卖订单的行为属于履行职务行为。

外卖骑手在履行职务行为时造成他人损害的，平台用工合作企业应当承担赔偿责任。鉴于平台企业对平台用工合作企业经营业务有较强的控制力、平台企业主要收入与平台用工合作企业经营业务密不可分等，平台企业对平台用工合作企业配送业务和配送人员（骑手）具有管理责任。关于平台企业的责任承担，平台企业与平台用工合作企业另有更有利于受害人受偿的约定的，依照双方约定处理。

广州侠某网络科技有限公司、心某网络股份有限公司侵害计算机软件著作权纠纷案【（2019）最高法知民终32号】

裁判要旨：侠某公司的"葫某侠"网站上发布了有"官方招聘"等字样的招聘说明，侠某公司亦认可其对"剩蛋"用户发放奖励，即侠某公司招募了带有"剩蛋"称号的用户。招聘说明中明确载明：由平台方免费提供资源途径，应聘用户只需自带百某云账号，而带有"剩蛋"称号的用户通过百某网盘下载链接发布了艾某游戏。因此，可以确信带有"剩蛋"称号的用户发布的侵权资源由侠某公司提供的事实具有高度可能性。侠某公司对此亦未提出足以反驳的相反证据，故原审法院此项认定并无不当。由于带有"剩蛋"称号的用户系由侠某公司按其要求的条件招募，在侠某公司管理的"葫某侠"APP上发布资源，由侠某公司给予用户奖励，故侠某公司与带有"剩蛋"称号的用户之间形成雇佣关系。即使带有"剩蛋"称号用户发布的资源事实上由用户自行提供，带有"剩蛋"称号的用户发布资源的行为也应视为侠某公司的行为。

施某诉董某、上海拉某斯信息科技有限公司等生命权、身体权、健康权纠纷案【（2021）沪01民终7690号】

裁判要旨：外卖骑手的主要工作系通过互联网平台开展，其不同于传统的线下工作模式具备固定的工作地点。本案中，董某在APP上刷脸上线后即处于待接单状态，系统随时可以给其派单，故其客观上并不需要去往某一地点即可随时开展工作。从在案证据来看，亦难以体现去站点集合系判断董某是否出勤的必要条件。因此，不能以传统标准去判断其在去站点集合途中即为上班途中……并非劳动者或提供劳务者上班后所为行为即属于执行工作任务,对于董某是否在执行工作任务,不能简单仅以其是否已经上班进行认定,而需要结合其行为的内容本身、时间、地点、是否接受用人单位的指令等因素综合予以判断。董某称事发时其在去站点集合的路上,依某公司在日常管理中要求董某等尚未接到单的骑手在早晨前往集合地点完成喊口号、拍照等行为,故董某明显属于执行工作任务。

第一千一百九十二条 【个人劳务关系中的侵权责任】

个人之间形成劳务关系,提供劳务一方因劳务造成他人损害的,由接受劳务一方承担侵权责任。接受劳务一方承担侵权责任后,可以向有故意或者重大过失的提供劳务一方追偿。提供劳务一方因劳务受到损害的,根据双方各自的过错承担相应的责任。

提供劳务期间,因第三人的行为造成提供劳务一方损害的,提供劳务一方有权请求第三人承担侵权责任,也有权请求接受劳务一方给予补偿。接受劳务一方补偿后,可以向第三人追偿。

条文理解

本条是关于个人之间因提供劳务产生的侵权责任的规定。具体而言,本条一共规定了三种情况下的责任:(1)提供劳务一方因劳务造成他人受损;(2)提供劳务一方因劳务造成自身受损;(3)提供劳务一方在提供劳务期间因为第三人的行为受损。

关于提供劳务一方因劳务造成他人受损的责任,本条第 1 款采取了与《民法典》第 1191 条第 1 款相类似的立场。尽管自然人之间形成的劳务关系在从属性上通常尚未达到用人单位与工作人员之间的程度,但由于接受劳务一方相对于提供劳务一方仍然处于支配、管理的地位,所以应当由前者替代后者承担侵权责任,且此种替代责任为无过错责任。与此同时,如果提供劳务一方对于损害的发生存在故意或者重大过失,接受劳务一方可以向其行使追偿权。本条意义上的提供劳务须以接受劳务一方对于提供劳务一方具有控制地位为前提,即后者在前者的指令下按照要求提供劳务,且前者可以监督后者。所以,诸如委托合同、承揽合同等虽然也会涉及提供劳务的问题,但提供劳务一方导致他人受损的,不能适用本条。

关于提供劳务一方因劳务造成自身受损的情况,由于涉及提供劳务一方与接受劳务一方的内部关系,因此不存在替代责任的问题,而是直接适用一般的过错责任。需要特别注意的是,如果被帮工人明确拒绝帮工的,被帮工人对于帮工人因为提供劳务而受到的损害不承担赔偿责任,但可以在其受益范围内予以适当补偿。

提供劳务一方在提供劳务期间因为第三人的行为受损的责任。根据《民法典》第 1175 条关于第三人过错的一般规定,应当由第三人而非接受劳务一方承担责任。实践中个人之间形成的劳务关系通常并不购买相应的工伤保险,提供劳务一方因而不能获得工伤保险待遇。在此基础上,考虑到接受劳务一方毕竟基于受领劳务有所获益,本条第 2 款规定了接受劳务一方的适当补偿义务。由于终局责任人为实施侵权行为的第三人,所以接受劳务一方在履行适当补偿义务后有权向第三人追偿。

相关条文

◎司法解释

《最高人民法院关于审理人身损害赔偿案件适用法律若干问题的解释》（法释〔2022〕14号 2022年5月1日）

第四条 无偿提供劳务的帮工人，在从事帮工活动中致人损害的，被帮工人应当承担赔偿责任。被帮工人承担赔偿责任后向有故意或者重大过失的帮工人追偿的，人民法院应予支持。被帮工人明确拒绝帮工的，不承担赔偿责任。

第五条 无偿提供劳务的帮工人因帮工活动遭受人身损害的，根据帮工人和被帮工人各自的过错承担相应的责任；被帮工人明确拒绝帮工的，被帮工人不承担赔偿责任，但可以在受益范围内予以适当补偿。

帮工人在帮工活动中因第三人的行为遭受人身损害的，有权请求第三人承担赔偿责任，也有权请求被帮工人予以适当补偿。被帮工人补偿后，可以向第三人追偿。

《关于水资源与水生态环境案件的审理指南》（黔高法〔2021〕255号 2021年11月10日）

第三十二条 雇佣关系中，雇员明知或者应知雇主系非法委托其运输、倾倒、处置危险废物，其仍然提供相应雇佣服务，造成水资源与水生态环境污染破坏，符合《中华人民共和国民法典》第一千一百六十九条规定的帮助侵权情形的，依法应与雇主承担连带责任。其仅以《中华人民共和国民法典》第一千一百九十二条规定主张不承担责任的，人民法院依法不予支持。

相关案例

◎典型案例

邹某某诉林某某、赵某提供劳务者受害责任纠纷案【人民法院案例库：2023-14-2-139-001】

裁判要旨：在个人之间形成的劳务关系中，对未满十八周岁的未成年人提供劳务者，尤其是对领取少量生活费的学徒工，更应对其整个提供劳务的行为及过程进行全程指导、监督，并提供相当的安全保障措施，以确保学徒工正确、安全地提供劳务，未尽到这种对于未成年人的安全监管义务的，接受劳务一方应当对提供劳务一方出现的伤害承担主要责任。

薛某某诉贺兰县某镇人民政府、银川市某建设工程有限公司追偿权纠纷案【人民法院案例库：2024-16-2-143-001】

裁判要旨：个人之间形成劳务关系，提供劳务一方因劳务造成他人损害的，由接受劳务一方承担侵权责任。提供劳务一方因劳务自己受到损害的，根据双方各自的过错承担相应的责任。雇员在从事雇佣活动中因安全生产事故遭受人身损害，发包人、分包人知道或者应当知道接受发包或者分包业务的雇主没有相应资质或者安全生产条件的，应当与雇主承担连带赔偿责任。

翟某某诉宋某某海上人身损害责任纠纷案【人民法院案例库：2024-10-2-200-001】

裁判要旨：在个人劳务关系中，接受劳务一方对提供劳务一方在受雇期间遭受的人身损害应承担相应的侵权赔偿责任。接受劳务一方为提供劳务一方购买商业性人身意外伤害保险的，可以将自身风险部分或全部转嫁给保险公司，但上述购买保险的行为不能成为接受劳务一方依据法律规定承担相应侵权责任的阻却事由，提供劳务一方选择向接受劳务一方主张权利的，人民法院应当予以审理。如果存在保险理赔不足以弥补提供劳务一方实际损失的情形的，提供劳务一方有权向接受劳务一方主张赔偿。

索某诉伯某海上人身损害责任纠纷案【人民法院案例库：2023-10-2-200-007】

裁判要旨：船员提供劳务期间受到损害时，应当根据船员和船舶所有人的过错承担相应的责任。船员因劳务受到损害，向船舶所有人主张赔偿责任，船舶所有人不能举证证明船员自身存在过错的，人民法院对船员关于损害赔偿责任的诉讼请求应予支持；船舶所有人举证证明船员自身存在过错，并请求判令船员自担相应责任的，人民法院对船舶所有人的抗辩予以支持。

本案中，索某自2019年10月底至12月中旬在伯某经营的船舶上提供劳务。伯某雇用不具备船员适任证书的索某上船工作存在过错，且伯某未提供证据证明索某对损害结果的发生存在过错，其主张由索某承担相应责任的主张，缺乏事实和法律依据。

第一千一百九十三条　【承揽关系中的侵权责任】

承揽人在完成工作过程中造成第三人损害或者自己损害的，定作人不承担侵权责任。但是，定作人对定作、指示或者选任有过错的，应当承担相应的责任。

▌**条文理解**

本条是关于承揽关系中的侵权责任的规定。一方面，承揽人不同于工作人员或者提供劳务一方，尽管承揽人通常需要按照定作人的要求完成工作，也受到定作人的监督（《民法典》第779条），但在完成工作的过程中仍有较强的独立性。而且，承揽人在承揽合同项下的义务为结果性义务，其是否履行义务主要取决于是否提供了约定的工作成果。所以，在承揽人引发第三人损害或者自己损害的情况下，定作人不承担责任，承揽人造成第三人受损的，应当根据《民法典》第1165条第1款的一般规定或者相应的特别侵权规定承担责任。

另一方面，定作人虽然无须为承揽人的行为承担责任，但其对于承揽人以及第三人仍然负有一定注意义务，本条第2分句中的"定作人对定作、指示或者选任有过错的"，本质就是定作人违反了自身应当尽到的注意义务。就定作人与承揽人之间的注意义务而言，以修理合同为例，如果定作人所有的物品存在一定风险，其应当在承揽人开始工作前告知其相关风险，此种义务不仅是承揽合同项下的附随义务，也是侵权责任法意义上定作人对于承揽人固有的注意义务的一部分。至于定作人与第三人之间的注意义务，如定作人明知对方缺乏从事相关工作的资质但仍然选择其作为承揽人，如果承揽人在完成工作的过程中导致第三人受损，尽管直接导致损害结果发生的侵权行为系由承揽人实施，但如果定作人尽到了必要的选任上的注意义务，本不会由缺乏资质的承揽人完成相关工作，所以，定作人由于自身的过错行为增加了第三人受损的可能性，应当就其存在过错的部分承担侵权责任。

关于定作人与承揽人之间的责任关系，根据《最高人民法院关于适用〈中华人民共和国民法典〉侵权责任编的解释（一）》第18条第2款的规定，如果定作人存在过错，则在其过错范围内与承揽人共同承担责任，即就此部分构成连带责任。

相关条文

◎ 法律

《民法典》（2021年1月1日）

第七百七十八条　承揽工作需要定作人协助的，定作人有协助的义务。定作人不履行协助义务致使承揽工作不能完成的，承揽人可以催告定作人在合理期限内履行义务，并可以顺延履行期限；定作人逾期不履行的，承揽人可以解除合同。

◎ 司法解释

《最高人民法院关于适用〈中华人民共和国民法典〉侵权责任编的解释（一）》（法释〔2024〕12号　2024年9月27日）

第十八条　承揽人在完成工作过程中造成第三人损害的，人民法院依照民法典第一千一百六十五条的规定认定承揽人的民事责任。

被侵权人合并请求定作人和承揽人承担侵权责任的，依照民法典第一千一百六十五条、第一千一百九十三条的规定，造成损害的承揽人承担侵权人应承担的全部责任；定作人在定作、指示或者选任过错范围内与承揽人共同承担责任，但责任主体实际支付的赔偿费用总和不应超出被侵权人应受偿的损失数额。

定作人先行支付赔偿费用后，就超过自己相应责任的部分向承揽人追偿的，人民法院应予支持，但双方另有约定的除外。

相关案例

◎ 典型案例

张某才、张某元等与谢某克、赵某红提供劳务者受害责任纠纷案【（2024）黔民申4762号】

裁判要旨：定作人的过错，包括对定作、指示或者选任的过错。所谓对定作的过错，是指定作人委托加工、制作的定作物本身具有高度的危险性或不法性；所谓对定作指示的过错，是指定作人在定作物的制作方法上所作出的指示有明显的过错；所谓的选任有过错，是指定作人对承揽人的选任具有明显过错。具体在本案中，需拆除的隔墙位于案涉房屋一楼门面室内，该房屋为框架结构，拆除的隔墙并非承重墙，并不具有高度危险性，且拆除该隔墙不需要拆除者具备资质，事发时谢某克并未在现场，无证据证明谢某克对张某德如何做工进行过指示或安排，故谢某克对张某德死亡事故不存在过错，原审判决其在本案中不应承担赔偿责任，符合法律规定。

龙某、徐某等财产损害赔偿纠纷案【（2024）新40民终2638号】

裁判要旨：杨某、赵某自备劳务工具，具有一定的作业技能，按照徐某的要求完成除草剂喷施工作，徐某向杨某、赵某支付报酬，追求的是给玉米地喷施除草剂这一劳动成果，符合承揽合同的特征，双方形成承揽合同关系……《民用无人驾驶航空器经营性飞行活动管理办法（暂行）》第三条规定："使用无人驾驶航空器开展本办法第二条所列的经营性飞行活动应当取得经营许可证，未取得经营许可证的，不得开展经营性飞行活动。"第五条第一项规定："取得无人驾驶航空器经营许可证，应当具备下列基本条件：（一）从事经营活动的主体应当为企业法人，法定代表人为中国籍公民……"本案杨某、赵某虽持有植保无人机系统操作手合格证，但不具备企业经营许可证书，定作人徐某存在选任过错，本院酌定其承担30%的赔偿责任。杨某、赵某作为承揽人，是造成损害的直接民事主体，本院酌定其应承担70%的赔偿责任。

赵某某、中某农业发展（湖北）有限公司

等侵权责任纠纷案【(2021)鄂1024民初223号】

裁判要旨：涉案土地上的土地平整项目完成后的受益方是中某农业公司。敖某提出推土亦是从公司利益出发，且并未在此土地平整中获益，其找到周某某过来推土的行为对外代表了中某农业公司……敖某与周某某商定的价格为平整项目做完1200元，此是一次性交付工作成果、一次性结算报酬，并非继续性的提供劳务，此不符合雇佣关系的法律特征。综上，本院认定周某某与中某农业公司之间形成承揽合同法律关系……原告赵某某与被告周某某在事发现场均知晓对方的存在，事发时赵某某对周某某在用推土机施工一事知情，周某某也知晓赵某某当时在附近农田耕作，双方均未预见现场的安全隐患，均存在过错。且赵某某耕作的农田已被政府征收，其即不应再行耕作。被告周某某作为承揽人，在施工过程中安全意识不足，亦未对施工环境采取相应的安全措施，应对原告的损害后果承担赔偿责任。被告中某农业公司未审查周某某的安全施工资质，存在选任过错，应承担相应的责任。

第一千一百九十四条 【网络侵权责任】

网络用户、网络服务提供者利用网络侵害他人民事权益的，应当承担侵权责任。法律另有规定的，依照其规定。

条文理解

本条是关于网络侵权责任的一般规定。本条中的网络用户是指接受网络服务的民事主体，网络服务提供者包括网络技术服务提供者以及网络内容服务提供者，前者包括为网络用户提供网络接入、信息传输、信息储存、信息搜索等服务的民事主体，后者是指通过互联网为用户提供各种信息内容服务的民事主体。

本条虽然是关于网络侵权的一般规定，但严格而言，本条的主要意义在于宣示利用网络侵害他人民事权益的同样可以构成侵权行为，需要承担侵权责任。在判断网络用户、网络服务提供者具体应当承担何种侵权责任以及被侵权人具体能够主张的责任内容时，仍然需要根据《民法典》第1165条第1款、第1167条等一般性规定判断。

相关条文

◎司法解释

《最高人民法院关于审理利用信息网络侵害人身权益民事纠纷案件适用法律若干问题的规定》（法释〔2020〕17号 2021年1月1日）

第八条 网络用户或者网络服务提供者采取诽谤、诋毁等手段，损害公众对经营主体的信赖，降低其产品或者服务的社会评价，经营主体请求网络用户或者网络服务提供者承担侵权责任的，人民法院应依法予以支持。

第九条 网络用户或者网络服务提供者，根据国家机关依职权制作的文书和公开实施的职权行为等信息来源所发布的信息，有下列情形之一，侵害他人人身权益，被侵权人请求侵权人承担侵权责任的，人民法院应予支持：

（一）网络用户或者网络服务提供者发布的信息与前述信息来源内容不符；

（二）网络用户或者网络服务提供者以添加侮辱性内容、诽谤性信息、不当标题或者通过删减信息、调整结构、改变顺序等方式致人误解；

（三）前述信息来源已被公开更正，但网络用户拒绝更正或者网络服务提供者不予更正；

（四）前述信息来源已被公开更正，网络用户或者网络服务提供者仍然发布更正之前的信息。

第十条第二款 擅自篡改、删除、屏蔽特定网络信息或者以断开链接的方式阻止他人获取网络信息，发布该信息的网络用户或者网络服务提供者请求侵权人承担侵权责任的，人民法院应予支持。接受他人委托实施该行为的，委托人与受托人承担连带责任。

第十一条 网络用户或者网络服务提供者侵害他人人身权益，造成财产损失或者严重精神损害，被侵权人依据民法典第一千一百八十二条和第一千一百八十三条的规定，请求其承担赔偿责任的，人民法院应予支持。

第十二条 被侵权人为制止侵权行为所支付的合理开支，可以认定为民法典第一千一百八十二条规定的财产损失。合理开支包括被侵权人或者委托代理人对侵权行为进行调查、取证的合理费用。人民法院根据当事人的请求和具体案情，可以将符合国家有关部门规定的律师费用计算在赔偿范围内。

被侵权人因人身权益受侵害造成的财产损失以及侵权人因此获得的利益难以确定的，人民法院可以根据具体案情在50万元以下的范围内确定赔偿数额。

【相关案例】

◎**典型案例**

宋某诉广州某计算机系统有限公司、叶某网络侵权责任纠纷案【人民法院案例库：2024-18-2-369-002】

裁判要旨：网络主播在提供网络表演及视听节目服务过程中，引导、放任众多网络用户在直播间内谩骂、侮辱他人，致使他人名誉权遭受侵害的，网络主播应当依法承担侵权责任。

主播叶某未了解纠纷全貌，仍利用自身热度，擅自开设专场直播，使用煽动、夸张言辞为直播间引流，违反直播平台严禁主播"引导用户拉踩引战、造谣攻击、实施网络暴力"的要求，制造宋某与其他游戏玩家的对立情绪，引导、放任网络用户对宋某进行侮辱、谩骂，该行为具有违法性，客观上造成宋某社会评价降低。叶某将载有宋某身份信息的诉讼文书违法向他人提供，亦加重了侵权行为的损害后果，叶某具有主观过错，应当依法承担侵害宋某名誉权的责任。

吴某诉北京爱某艺科技有限公司、北京市融某律师事务所隐私权、个人信息保护纠纷案【（2021）沪02民终3091号】

裁判要旨：爱某艺公司作为视频平台的经营者，在一般用户注册会员时告知其将会收集其登录记录和浏览观影记录，在现有情形下已经是网络平台经营者的惯常做法；原告作为一般用户，在注册会员时对爱某艺公司收集自己的观影记录和登录记录也是明知的，故爱某艺公司在明确告知原告的情形下收集该记录并不构成侵权。爱某艺公司在被原告诉至法院后，为了证明自己的主张，查看其收集的原告的上述记录并且向审理法院递交，其目的合法正当，具体的查看和提交过程未见滥用权利和优势地位的情形。在案件审理过程中，爱某艺公司在不对外公开的庭前会议程序中，展示该记录，并未造成原告个人信息的不当泄露，未见对原告的不法损害后果。

苏州某工程项目管理公司诉昆山某传媒公司、孙某某网络侵权纠纷案【人民法院案例库：2024-07-2-369-002】

裁判要旨：法人在面对消费者对其产品和服务进行评论或者社会公众对其经营

是否遵守法律法规等情形时，法人名誉权应受到一定的限缩，应承担必要的容忍义务，以保障公众言论自由。在言论发表者不存在捕风捉影、罔顾事实的情况下，不应认定侵犯法人名誉权；在公众发表意见时不存在明显恶意的丑化人格、严重偏离公正理念的情况下，不应当认定损害法人名誉权。

第一千一百九十五条　【"通知与取下"制度】

网络用户利用网络服务实施侵权行为的，权利人有权通知网络服务提供者采取删除、屏蔽、断开链接等必要措施。通知应当包括构成侵权的初步证据及权利人的真实身份信息。

网络服务提供者接到通知后，应当及时将该通知转送相关网络用户，并根据构成侵权的初步证据和服务类型采取必要措施；未及时采取必要措施的，对损害的扩大部分与该网络用户承担连带责任。

权利人因错误通知造成网络用户或者网络服务提供者损害的，应当承担侵权责任。法律另有规定的，依照其规定。

条文理解

本条是关于网络用户侵权时的网络服务提供者义务的规定。在网络用户利用网络服务实施侵权行为的情况下，如果要求权利人仅能在获得生效的裁判文书（或者具有类似效力的文件）支持时才能要求网络服务提供者采取删除、屏蔽、断开链接等必要措施，可能给权利人带来无法挽回的损失。所以，本条对于网络用户利用网络服务实施侵权行为规定了所谓的"通知—必要措施"规则（典型情况是"通知—删除"）。权利人在发现网络用户利用网络服务实施侵权行为时可以直接通知网络服务提供者要求其采取措施，以防损害结果的发生或者进一步扩大。

根据本条第1款，权利人在向网络服务提供者发出通知时，应当在通知中给出网络用户实施侵权行为的初步证据以及权利人的真实身份信息。其中，前者能够帮助网络服务提供者确定具体的侵权行为，并在此基础上判断应当实施何种必要措施。后者一方面使网络服务提供者在因为权利人的错误通知而受到损害时能够确定权利人的具体信息，另一方面根据《民法典》第1196条第2款的规定，网络服务提供者接到声明后，应当将该声明转送发出通知的权利人，并告知其可以向有关部门投诉或者向人民法院提起诉讼。如果权利人不提供真实的身份信息，该款规定的转送义务将无法履行。此外，要求提供真实身份信息还有助于防止恶意投诉、滥用权利。

根据本条第2款，网络服务提供者在收到权利人的通知后负有两方面的义务，一是将该通知转送相关网络用户的转送义务，该义务的目的在于告知可能存在侵权行为的网络用户。如果网络用户认为自身不构成侵权行为，可以根据《民法典》第1196条第1款向网络服务提供者提交不存在侵权行为的声明。二是根据构成侵权的初步证据和服务类型采取必要措施的义务。在判断何为必要措施时，需要考虑网络服务提供者所提供的网络服务的类型和性质、网络服务提供者处理相关事务的能力、权利人发出的通知的内容可信度、权利人所主张的受侵害的权益的类型和重要程度、网络用户的利益等综合判断。如果网络服务提供者未及时采取必要措施，应当就由此造成的损害扩大的部分与实施侵权行为的网络用户承担连带责任。此为《民法典》第1197条关于网络服务提供者的连带责任的具体体现。

权利人对于网络用户是否侵害自身权益的判断并不总是准确的，实践中也不乏提出错误通知导致网络服务提供者采取必要措施，进而损害网络用户利益的情况。例如，某公众号发布了一篇"网络爆文"，但与该文章内容有关的当事人错误地认为其隐私权受到侵犯，并向网络服务提供者发出通知要求删除该文章，而后网络服务提供者断开了该文章的链接。即便网络服务提供者事后意识到当事人发出了错误通知并恢复链接，考虑到网络传播的时效性，该文章本能获得的诸多收益也无法通过恢复链接而实现。对于此种情况，本条第3款规定，权利人因错误通知造成网络用户或者网络服务提供者损害的，应当承担侵权责任。一般认为，此种侵权责任不要求权利人对于发出错误通知存在过错，即该款规定的侵权责任为无过错责任。但本书认为，此种观点对于权利人过于严苛，考虑到《最高人民法院关于涉网络知识产权侵权纠纷几个法律适用问题的批复》第5条的立场，应将本条第3款解释为过错责任为宜。

相关条文

◎法律

《电子商务法》（2019年1月1日）

第四十二条　知识产权权利人认为其知识产权受到侵害的，有权通知电子商务平台经营者采取删除、屏蔽、断开链接、终止交易和服务等必要措施。通知应当包括构成侵权的初步证据。

电子商务平台经营者接到通知后，应当及时采取必要措施，并将该通知转送平台内经营者；未及时采取必要措施的，对损害的扩大部分与平台内经营者承担连带责任。

因通知错误造成平台内经营者损害的，依法承担民事责任。恶意发出错误通知，造成平台内经营者损失的，加倍承担赔偿责任。

◎行政法规

《信息网络传播权保护条例》（中华人民共和国国务院令第634号　2013年3月1日）

第十四条　对提供信息存储空间或者提供搜索、链接服务的网络服务提供者，权利人认为其服务所涉及的作品、表演、录音录像制品，侵犯自己的信息网络传播权或者被删除、改变了自己的权利管理电子信息的，可以向该网络服务提供者提交书面通知，要求网络服务提供者删除该作品、表演、录音录像制品，或者断开与该作品、表演、录音录像制品的链接。通知书应当包含下列内容：

（一）权利人的姓名（名称）、联系方式和地址；

（二）要求删除或者断开链接的侵权作品、表演、录音录像制品的名称和网络地址；

（三）构成侵权的初步证明材料。

权利人应当对通知书的真实性负责。

第十五条　网络服务提供者接到权利人的通知书后，应当立即删除涉嫌侵权的作品、表演、录音录像制品，或者断开与涉嫌侵权的作品、表演、录音录像制品的链接，并同时将通知书转送提供作品、表演、录音录像制品的服务对象；服务对象网络地址不明、无法转送的，应当将通知书的内容同时在信息网络上公告。

第二十四条　因权利人的通知导致网络服务提供者错误删除作品、表演、录音录像制品,或者错误断开与作品、表演、录音录像制品的链接,给服务对象造成损失的,权利人应当承担赔偿责任。

◎司法解释

《最高人民法院关于审理使用人脸识别技术处理个人信息相关民事案件适用法律若干问题的规定》(法释〔2021〕15号 2021年8月1日)

第七条第二款 信息处理者利用网络服务处理人脸信息侵害自然人人格权益的,适用民法典第一千一百九十五条、第一千一百九十六条、第一千一百九十七条等规定。

《最高人民法院关于审理侵害信息网络传播权民事纠纷案件适用法律若干问题的规定》(法释〔2020〕19号 2021年1月1日)

第十四条 人民法院认定网络服务提供者转送通知、采取必要措施是否及时,应当根据权利人提交通知的形式,通知的准确程度,采取措施的难易程度,网络服务的性质,所涉作品、表演、录音录像制品的类型、知名度、数量等因素综合判断。

《最高人民法院关于审理利用信息网络侵害人身权益民事纠纷案件适用法律若干问题的规定》(法释〔2020〕17号 2021年1月1日)

第四条 人民法院适用民法典第一千一百九十五条第二款的规定,认定网络服务提供者采取的删除、屏蔽、断开链接等必要措施是否及时,应当根据网络服务的类型和性质、有效通知的形式和准确程度、网络信息侵害权益的类型和程度等因素综合判断。

第五条 其发布的信息被采取删除、屏蔽、断开链接等措施的网络用户,主张网络服务提供者承担违约责任或者侵权责任,网络服务提供者以收到民法典第一千一百九十五条第一款规定的有效通知为由抗辩的,人民法院应予支持。

《最高人民法院关于涉网络知识产权侵权纠纷几个法律适用问题的批复》(法释〔2020〕9号 2020年9月14日)

第一条 知识产权权利人主张其权利受到侵害并提出保全申请,要求网络服务提供者、电子商务平台经营者迅速采取删除、屏蔽、断开链接等下架措施的,人民法院应当依法审查并作出裁定。

第二条 网络服务提供者、电子商务平台经营者收到知识产权权利人依法发出的通知后,应当及时将权利人的通知转送相关网络用户、平台内经营者,并根据构成侵权的初步证据和服务类型采取必要措施;未依法采取必要措施,权利人主张网络服务提供者、电子商务平台经营者对损害的扩大部分与网络用户、平台内经营者承担连带责任的,人民法院可以依法予以支持。

第四条 因恶意提交声明导致电子商务平台经营者终止必要措施并造成知识产权权利人损害,权利人依照有关法律规定请求相应惩罚性赔偿的,人民法院可以依法予以支持。

第五条 知识产权权利人发出的通知内容与客观事实不符,但其在诉讼中主张该通知系善意提交并请求免责,且能够举证证明的,人民法院依法审查属实后应当予以支持。

《最高人民法院关于审理涉电子商务平台知识产权民事案件的指导意见》(法发〔2020〕32号 2020年9月10日)

第五条 知识产权权利人依据电子商务法第四十二条的规定,向电子商务平台经营者发出的通知一般包括:知识产权权利证明及权利人的真实身份信息;能够实现准确定位的被诉侵权商品或者服务信息；构成侵权的初步证据；通知真实性的书面保证等。通知应当采取书面形式。

通知涉及专利权的，电子商务平台经营者可以要求知识产权权利人提交技术特征或者设计特征对比的说明、实用新型或者外观设计专利权评价报告等材料。

第六条 人民法院认定通知人是否具有电子商务法第四十二条第三款所称的"恶意"，可以考量下列因素：提交伪造、变造的权利证明；提交虚假侵权对比的鉴定意见、专家意见；明知权利状态不稳定仍发出通知；明知通知错误仍不及时撤回或者更正；反复提交错误通知等。

电子商务平台经营者、平台内经营者以错误通知、恶意发出错误通知造成其损害为由，向人民法院提起诉讼的，可以与涉电子商务平台知识产权纠纷案件一并审理。

第十条 人民法院判断电子商务平台经营者是否采取了合理的措施，可以考量下列因素：构成侵权的初步证据；侵权成立的可能性；侵权行为的影响范围；侵权行为的具体情节，包括是否存在恶意侵权、重复侵权情形；防止损害扩大的有效性；对平台内经营者利益可能的影响；电子商务平台的服务类型和技术条件等。

平台内经营者有证据证明通知所涉专利权已经被国家知识产权局宣告无效，电子商务平台经营者据此暂缓采取必要措施，知识产权权利人请求认定电子商务平台经营者未及时采取必要措施的，人民法院不予支持。

相关案例

◎**指导案例**

威海嘉易烤生活家电有限公司诉永康市金仕德工贸有限公司、浙江天猫网络有限公司侵害发明专利权纠纷案【最高人民法院指导案例83号】

裁判要旨：网络用户利用网络服务实施侵权行为，被侵权人依据侵权责任法向网络服务提供者所发出的要求其采取必要措施的通知，包含被侵权人身份情况、权属凭证、侵权人网络地址、侵权事实初步证据等内容的，即属有效通知。网络服务提供者自行设定的投诉规则，不得影响权利人依法维护其自身合法权利。

《侵权责任法》第三十六条第二款[1]所规定的网络服务提供者接到通知后所应采取的必要措施包括但并不限于删除、屏蔽、断开链接等。"必要措施"应遵循审慎、合理的原则，根据所侵害权利的性质、侵权的具体情形和技术条件等来加以综合确定。

◎**典型案例**

广州某文化传播有限公司诉北京某科技有限公司等侵害作品信息网络传播权纠纷案【人民法院案例库：2023-09-2-158-043】

裁判要旨：关于算法运营模式下的网络服务提供者帮助侵权归责原则确定问题。网络服务提供者采用内容源接入同步技术和文本分类算法来实现用户内容在运营平台的快速接入和版块分发，在实现平台内容的高效管理时，也为采取必要技术措施对侵权内容进行过滤提供可能性，故应结合法律规定、技术手段、获利模式、公众利益四个维度，基于网络数字信息和算法能力所提供的技术基础，将网络服务提供者的侵权归责原则由"通知—删除"调整为"必要预防措施+删除"，在网络服务提供者未采取预防侵权必要技术措施

---

[1]《民法典》第1195条。

时，由其对网络平台分发的侵权内容承担相应帮助侵权法律责任，有助于著作权人、网络服务提供者和社会公众的三元利益衡平。

深圳某某公司诉广州某某公司、杭州某某公司侵害发明专利权纠纷案【人民法院案例库：2023-09-2-160-057】

裁判要旨：有效通知一般包括知识产权权利证明及有效的权利人信息、能够实现准确定位的被诉侵权商品或服务信息、构成侵权的初步证据、要求采取的具体措施、通知真实性的书面保证等。认定有效通知应考虑权利类型、作为网络服务提供者的电子商务平台经营者的监管能力以及平台性质等因素。转通知是电子商务平台经营者承担的最低义务，转通知后是否还需要进一步采取必要措施，仍需要结合通知内容作出判断。

韩某诉北京某科技有限公司著作权权属、侵权纠纷案【人民法院案例库：2023-09-2-158-080】

裁判要旨：信息存储空间网络服务提供者的过错强调"注意义务"，而非事先审查义务。审查信息存储空间网络服务提供者是否尽到合理的"注意义务"，应结合信息存储空间的客观现状、作者及作品的知名度、作者与信息存储空间网络服务商的纠纷情况等情节，审查信息存储空间网络服务提供者是否采取了符合其身份、满足其预见水平和控制能力范围内的措施。

孙某某与北京某网讯科技有限公司、第三人北京某互联网信息服务有限公司人格权纠纷案【（2019）京0491民初10989号】

裁判要旨：在通知删除前，北京某网讯公司作为网络技术服务提供者是否存在主观过错，应结合是否进行人工编辑整理、应具备的信息管理能力、涉案信息侵权类型和明显程度、涉案信息社会影响程度，以及是否采取了预防侵权的合理措施等因素综合进行判定：涉案信息不属于明显侵权或者极具可能引发侵权风险的信息，作为一般个人信息，存在权利人愿意积极公开、一定范围公开或不愿公开等多种可能的情形，为鼓励网络信息的利用和流通，对于网络公开的一般个人信息，应推定权利人同意公开，故北京某网讯公司在接到权利人的通知前，难以预见涉案信息是未经授权公开的信息。北京某网讯公司对涉案信息不存在明知或应知的主观过错，不构成对原告个人信息权益的侵害。通知删除后，网络服务提供者应及时采取必要措施，遏制侵权行为的扩大。在收到删除通知后，北京某网讯公司在其有能力采取相匹配必要措施的情况下，未给予任何回复，其怠于采取措施的行为，导致涉案侵权损失的进一步扩大，构成对原告个人信息权益的侵害，本院对原告要求赔偿损失的诉讼请求予以全额支持。

> **第一千一百九十六条【"反通知"制度】**
>
> 网络用户接到转送的通知后，可以向网络服务提供者提交不存在侵权行为的声明。声明应当包括不存在侵权行为的初步证据及网络用户的真实身份信息。
>
> 网络服务提供者接到声明后，应当将该声明转送发出通知的权利人，并告知其可以向有关部门投诉或者向人民法院提起诉讼。网络服务提供者在转送声明到达权利人后的合理期限内，未收到权利人已经投诉或者提起诉讼通知的，应当及时终止所采取的措施。

条文理解

本条是关于网络服务提供者的转送通知义务与终止措施义务的规定。权利人发出的网络用户存在侵权行为的通知并不必然准确，所以，网络服务提供者在保护权利人的合法权益不受侵害的同时也应当顾及网络用户的合法权益。基于此种考虑，本条第1款规定网络用户在收到网络服务提供者转送的（权利人发出的）通知后，可以反过来提交自身不存在侵权行为的声明。与《民法典》第1195条第1款关于权利人通知的规定类似，本条第1款要求网络用户提交的声明应当包括其不存在侵权行为的初步证据及网络用户的真实身份信息，前者有助于网络服务提供者判断网络用户是否确实存在侵权行为，后者有助于网络服务提供者确定网络用户的身份。

根据本条第2款，网络服务提供者在收到网络用户的声明后负有将该声明转送于权利人的义务，并应当告知后者可以向有关部门投诉或者向人民法院提起诉讼。在此基础上，如果网络服务提供者在声明到达权利人后的合理期限内未收到已经投诉或者提起诉讼的通知，则应当及时终止所采取的措施。此种规定的考虑在于，既然权利人未投诉或者提起诉讼，则较为可能是因为网络用户提交的声明属实，既然不存在侵权行为，自然应当终止先前采取的损害网络用户合法权益的行为。

相关条文

◎法律

《电子商务法》（2019年1月1日）

第四十三条　平台内经营者接到转送的通知后，可以向电子商务平台经营者提交不存在侵权行为的声明。声明应当包括不存在侵权行为的初步证据。

电子商务平台经营者接到声明后，应当将该声明转送发出通知的知识产权权利人，并告知其可以向有关主管部门投诉或者向人民法院起诉。电子商务平台经营者在转送声明到达知识产权权利人后十五日内，未收到权利人已经投诉或者起诉通知的，应当及时终止所采取的措施。

◎行政法规

《信息网络传播权保护条例》（中华人民共和国国务院令第634号　2013年3月1日）

第十六条　服务对象接到网络服务提供者转送的通知书后，认为其提供的作品、表演、录音录像制品未侵犯他人权利的，可以向网络服务提供者提交书面说明，要求恢复被删除的作品、表演、录音录像制品，或者恢复与被断开的作品、表演、录音录像制品的链接。书面说明应当包含下列内容：

（一）服务对象的姓名（名称）、联系方式和地址；

（二）要求恢复的作品、表演、录音录像制品的名称和网络地址；

（三）不构成侵权的初步证明材料。

服务对象应当对书面说明的真实性负责。

第十七条　网络服务提供者接到服务对象的书面说明后，应当立即恢复被删除的作品、表演、录音录像制品，或者可以恢复与被断开的作品、表演、录音录像制品的链接，同时将服务对象的书面说明转送权利人。权利人不得再通知网络服务提供者删除该作品、表演、录音录像制品，或者断开与该作品、表演、录音录像制品的链接。

◎司法解释

《最高人民法院关于审理使用人脸识别技术处理个人信息相关民事案件适用法律若干问题的规定》（法释〔2021〕15号

2021年8月1日）

第七条第二款 信息处理者利用网络服务处理人脸信息侵害自然人人格权益的，适用民法典第一千一百九十五条、第一千一百九十六条、第一千一百九十七条等规定。

《最高人民法院关于审理涉电子商务平台知识产权民事案件的指导意见》（法发〔2020〕32号 2020年9月10日）

第七条 平台内经营者依据电子商务法第四十三条的规定，向电子商务平台经营者提交的不存在侵权行为的声明一般包括：平台内经营者的真实身份信息；能够实现准确定位、要求终止必要措施的商品或者服务信息；权属证明、授权证明等不存在侵权行为的初步证据；声明真实性的书面保证等。声明应当采取书面形式。

声明涉及专利权的，电子商务平台经营者可以要求平台内经营者提交技术特征或者设计特征对比的说明等材料。

第八条 人民法院认定平台内经营者发出声明是否具有恶意，可以考量下列因素：提供伪造或者无效的权利证明、授权证明；声明包含虚假信息或者具有明显误导性；通知已经附有认定侵权的生效裁判或者行政处理决定，仍发出声明；明知声明内容错误，仍不及时撤回或者更正等。

《最高人民法院关于涉网络知识产权侵权纠纷几个法律适用问题的批复》（法释〔2020〕9号 2020年9月14日）

第三条 在依法转送的不存在侵权行为的声明到达知识产权权利人后的合理期限内，网络服务提供者、电子商务平台经营者未收到权利人已经投诉或者提起诉讼通知的，应当及时终止所采取的删除、屏蔽、断开链接等下架措施。因办理公证、认证手续等权利人无法控制的特殊情况导致的延迟，不计入上述期限，但该期限最长不超过20个工作日。

◉ 相关案例

◎公报案例

慈溪市博生塑料制品有限公司与永康市联悦工贸有限公司等侵害实用新型专利权纠纷案【《最高人民法院公报》2022年第3期】

裁判要旨：涉电子商务平台知识产权侵权纠纷中，平台内经营者向人民法院申请行为保全，请求责令电子商务平台经营者恢复链接和服务等，人民法院应当予以审查，并综合考虑平台内经营者的请求是否具有事实基础和法律依据，如果不恢复是否会对平台内经营者造成难以弥补的损害，如果恢复对知识产权人可能造成的损害是否会超过维持有关措施对平台内经营者造成的损害，如果恢复是否会损害社会公共利益，是否还存在不宜恢复的其他情形等因素，作出裁决。人民法院责令恢复的，电子商务平台经营者即应对原来采取的措施予以取消。

◎典型案例

上海美某实业有限公司诉浙江淘某网络有限公司等网络侵权责任纠纷案【（2020）沪01民终4923号】

裁判要旨：电子商务平台经营者在审核侵权通知或不侵权声明是否有效时，宜采用低于民事诉讼证明标准的"一般可能性"标准。具体适用时，应秉持中立原则，如对权利人的侵权通知或被投诉人的不侵权声明适用不同的审核标准，继而未采取必要措施或未终止必要措施的，可认为对当事人依法维权设置了不合理的条件或障碍，其行为存在违法性，主观上存在过错。

无论是《电子商务法》第四十三条还是《民法典》第一千一百九十六条，均规定反通知程序的目的是通过程序设置甄别出可能的错误通知并及时予以终止，以平等保护权利人和被诉人的利益。因此，若电子商务平台经营者依法履行转送、告知、终止措施，自能避免错误投诉的发生，其无须承担责任。若电商平台未履行反通知程序，易导致错误的投诉无法得到及时终止，进而对被投诉人造成损害……淘某公司在处理投诉、申诉时有违程序正义，具体表现为：一是作为纠纷调处者，基于一般注意义务，当双方就侵权与否均能提供证据时，淘某公司理应促使美某娜多公司再行核实投诉是否准确，从而避免本案投诉材料的瑕疵一直未予发现，但淘某公司并未向美某娜多公司核实过申诉材料的真实性，其以不作为的方式继续维持处罚措施，具有过错。二是美某公司提供具有关联性的证据材料后，淘某公司因适用高度盖然性的证据审查标准对此未予采信，而其在对美某娜多公司侵权通知所附证据的审查中，并无对投诉商品与检测报告应有关联性的基本要求。两相比较，淘某公司对不侵权声明的证据审查标准显高于侵权通知证据。法律并未因权利人与被投诉人的角色不同而对"初步证据"作出区别规定，淘某公司对权利人与被投诉人采取标准不一的证据证明标准层次，有违公平，实际对美某公司依法维护权利设置了不合理的条件，存在过错。

永康市某甲工贸公司与杭州某广告公司、永康市某乙工贸公司网络服务合同纠纷案
【杭州互联网法院发布网络服务合同纠纷十大典型案例之案例十（2022年8月）】

裁判要旨：电子商务平台在审查"通知""反通知"时，系基于网络服务提供者具有的善良管理者义务进行评价，并且应赋予其一定的自主决策权和审查空间，采用"一般可能性"标准，为电子商务平台做出灵活的自主判断以及相应采取或不采取措施留出一定的空间。

杭州某广告公司对永康市某甲工贸公司提交的反通知进行形式要件审查时，基于一般认知，认为涉案投诉侵权产品并非永康市某甲工贸公司专利产品，且涉案投诉侵权商品与永康市某甲工贸公司外观设计专利在整体设计、形状等方面存在明显区别，其整体外观更接近于永康市某乙工贸公司主张权利的外观设计专利。杭州某广告公司基于审慎原则，多次向第三方机构进行咨询，具有正当性和合理性，未超过合理审查边界。庭审中，永康市某甲工贸公司确认其外观设计专利权评价报告中的专利示图与被诉侵权产品外观图存在多处不一致，显然不是专利产品。此时，永康市某甲工贸公司所提供的外观设计专利权评价报告和被投诉侵权产品无关，属于明显不能证明其行为合法性的情形，故该外观设计专利权评价报告不构成不侵权的初步有效证据。因永康市某甲工贸公司未进一步提交补充材料证明不存在侵权行为，杭州某广告公司基于上述因素最终认定不属于有效反通知的处理符合相关法律规定，并无不当。避风港规则仅是规定了网络服务提供者在一定条件下的免责情形，而非对网络服务提供者必须履行的法定义务的规定。网络服务提供者如果未采取必要措施，将导致其不再享有该责任免除规则的保护，但也并不意味着其因此必须要承担责任。

第一千一百九十七条【网络服务提供者与网络用户的连带责任】

网络服务提供者知道或者应当知道网络用户利用其网络服务侵害他人民事权益，未采取必要措施的，与该网络用户承担连带责任。

条文理解

本条是关于网络服务提供者与网络用户的连带责任的规定。根据本条,即使网络服务提供者与网络用户之间不存在意思联络,只要前者知道或者应当知道后者利用网络服务侵害他人民事权益而未采取必要措施,便应当承担连带责任。

网络服务提供者知道或者应当知道的典型情况是《民法典》第 1195 条第 1 款规定的收到权利人通知,此时,由于权利人已经提示网络服务提供者可能存在的侵权行为,如果后者仍未采取必要措施,则对于损害的扩大具有过错,无论是根据《民法典》第 1195 条第 2 款还是本条均应当承担连带责任。不过,知道或者应当知道的情况并不限于前述类型,网络服务提供者还负有一定的事前审查义务。换言之,在有些情况下,如果网络服务提供者事前能够意识到网络用户可能会利用其网络服务实施侵权行为,但对此并未采取防范措施甚至积极鼓励此种行为,则同样应当承担连带责任。例如,某视频网站对于用户上传到网站上的视频不作事前审核,用户可以随意在该网站上上传、分享最新的热门电影,该网站甚至还根据点击热度对电影进行排序。此种情况下,网络服务提供者显然应当知道该用户可能实施了侵害他人著作权、信息网络传播权等权益的行为。

相关条文

◎法律

《电子商务法》(2019 年 1 月 1 日)

第四十五条 电子商务平台经营者知道或者应当知道平台内经营者侵犯知识产权的,应当采取删除、屏蔽、断开链接、终止交易和服务等必要措施;未采取必要措施的,与侵权人承担连带责任。

《消费者权益保护法》(2014 年 3 月 15 日)

第四十四条第二款 网络交易平台提供者明知或者应知销售者或者服务者利用其平台侵害消费者合法权益,未采取必要措施的,依法与该销售者或者服务者承担连带责任。

◎行政法规

《信息网络传播权保护条例》(中华人民共和国国务院令第 634 号 2013 年 3 月 1 日)

第二十二条 网络服务提供者为服务对象提供信息存储空间,供服务对象通过信息网络向公众提供作品、表演、录音录像制品,并具备下列条件的,不承担赔偿责任:

(一)明确标示该信息存储空间是为服务对象所提供,并公开网络服务提供者的名称、联系人、网络地址;

(二)未改变服务对象所提供的作品、表演、录音录像制品;

(三)不知道也没有合理的理由应当知道服务对象提供的作品、表演、录音录像制品侵权;

(四)未从服务对象提供作品、表演、录音录像制品中直接获得经济利益;

(五)在接到权利人的通知书后,根据本条例规定删除权利人认为侵权的作品、表演、录音录像制品。

第二十三条 网络服务提供者为服务对象提供搜索或者链接服务,在接到权利人的通知书后,根据本条例规定断开与侵权的作品、表演、录音录像制品的链接的,不承担赔偿责任;但是,明知或者应知所链接的作品、表演、录音录像制品侵权的,应当承担共同侵权责任。

◎司法解释

《最高人民法院关于审理食品药品纠纷案件适用法律若干问题的规定》(法释

〔2021〕17 号　2021 年 12 月 1 日）

第九条第三款　网络交易第三方平台提供者知道或者应当知道食品、药品的生产者、销售者利用其平台侵害消费者合法权益，未采取必要措施，给消费者造成损害，消费者要求其与生产者、销售者承担连带责任的，人民法院应予支持。

《最高人民法院关于审理使用人脸识别技术处理个人信息相关民事案件适用法律若干问题的规定》（法释〔2021〕15 号　2021 年 8 月 1 日）

第七条第二款　信息处理者利用网络服务处理人脸信息侵害自然人人格权益的，适用民法典第一千一百九十五条、第一千一百九十六条、第一千一百九十七条等规定。

《最高人民法院关于审理侵害信息网络传播权民事纠纷案件适用法律若干问题的规定》（法释〔2020〕19 号　2021 年 1 月 1 日）

第四条　有证据证明网络服务提供者与他人以分工合作等方式共同提供作品、表演、录音录像制品，构成共同侵权行为的，人民法院应当判令其承担连带责任。网络服务提供者能够证明其仅提供自动接入、自动传输、信息存储空间、搜索、链接、文件分享技术等网络服务，主张其不构成共同侵权行为的，人民法院应予支持。

第七条　网络服务提供者在提供网络服务时教唆或者帮助网络用户实施侵害信息网络传播权行为的，人民法院应当判令其承担侵权责任。

网络服务提供者以言语、推介技术支持、奖励积分等方式诱导、鼓励网络用户实施侵害信息网络传播权行为的，人民法院应当认定其构成教唆侵权行为。

网络服务提供者明知或者应知网络用户利用网络服务侵害信息网络传播权，未采取删除、屏蔽、断开链接等必要措施，或者提供技术支持等帮助行为的，人民法院应当认定其构成帮助侵权行为。

第八条　人民法院应当根据网络服务提供者的过错，确定其是否承担教唆、帮助侵权责任。网络服务提供者的过错包括对于网络用户侵害信息网络传播权行为的明知或者应知。

网络服务提供者未对网络用户侵害信息网络传播权的行为主动进行审查的，人民法院不应据此认定其具有过错。

网络服务提供者能够证明已采取合理、有效的技术措施，仍难以发现网络用户侵害信息网络传播权行为的，人民法院应当认定其不具有过错。

第九条　人民法院应当根据网络用户侵害信息网络传播权的具体事实是否明显，综合考虑以下因素，认定网络服务提供者是否构成应知：

（一）基于网络服务提供者提供服务的性质、方式及其引发侵权的可能性大小，应当具备的管理信息的能力；

（二）传播的作品、表演、录音录像制品的类型、知名度及侵权信息的明显程度；

（三）网络服务提供者是否主动对作品、表演、录音录像制品进行了选择、编辑、修改、推荐等；

（四）网络服务提供者是否积极采取了预防侵权的合理措施；

（五）网络服务提供者是否设置便捷程序接收侵权通知并及时对侵权通知作出合理的反应；

（六）网络服务提供者是否针对同一网络用户的重复侵权行为采取了相应的合理措施；

（七）其他相关因素。

第十条 网络服务提供者在提供网络服务时,对热播影视作品等以设置榜单、目录、索引、描述性段落、内容简介等方式进行推荐,且公众可以在其网页上直接以下载、浏览或其他方式获得的,人民法院可以认定其应知网络用户侵害信息网络传播权。

第十一条 网络服务提供者从网络用户提供的作品、表演、录音录像制品中直接获得经济利益的,人民法院应当认定其对该网络用户侵害信息网络传播权的行为负有较高的注意义务。

网络服务提供者针对特定作品、表演、录音录像制品投放广告获取收益,或者获取与其传播的作品、表演、录音录像制品存在其他特定联系的经济利益,应当认定为前款规定的直接获得经济利益。网络服务提供者因提供网络服务而收取一般性广告费、服务费等,不属于本款规定的情形。

第十二条 有下列情形之一的,人民法院可以根据案件具体情况,认定提供信息存储空间服务的网络服务提供者应知网络用户侵害信息网络传播权:

(一) 将热播影视作品等置于首页或者其他主要页面等能够为网络服务提供者明显感知的位置的;

(二) 对热播影视作品等的主题、内容主动进行选择、编辑、整理、推荐,或者为其设立专门的排行榜的;

(三) 其他可以明显感知相关作品、表演、录音录像制品为未经许可提供,仍未采取合理措施的情形。

第十三条 网络服务提供者接到权利人以书信、传真、电子邮件等方式提交的通知及构成侵权的初步证据,未及时根据初步证据和服务类型采取必要措施的,人民法院应当认定其明知相关侵害信息网络传播权行为。

《最高人民法院关于审理利用信息网络侵害人身权益民事纠纷案件适用法律若干问题的规定》(法释〔2020〕17号 2021年1月1日)

第二条 原告依据民法典第一千一百九十五条、第一千一百九十七条的规定起诉网络用户或者网络服务提供者的,人民法院应予受理。

原告仅起诉网络用户,网络用户请求追加涉嫌侵权的网络服务提供者为共同被告或者第三人的,人民法院应予准许。

原告仅起诉网络服务提供者,网络服务提供者请求追加可以确定的网络用户为共同被告或者第三人的,人民法院应予准许。

第六条 人民法院依据民法典第一千一百九十七条认定网络服务提供者是否"知道或者应当知道",应当综合考虑下列因素:

(一) 网络服务提供者是否以人工或者自动方式对侵权网络信息以推荐、排名、选择、编辑、整理、修改等方式作出处理;

(二) 网络服务提供者应当具备的管理信息的能力,以及所提供服务的性质、方式及其引发侵权的可能性大小;

(三) 该网络信息侵害人身权益的类型及明显程度;

(四) 该网络信息的社会影响程度或者一定时间内的浏览量;

(五) 网络服务提供者采取预防侵权措施的技术可能性及其是否采取了相应的合理措施;

(六) 网络服务提供者是否针对同一网络用户的重复侵权行为或者同一侵权信息采取了相应的合理措施;

(七) 与本案相关的其他因素。

《最高人民法院关于审理涉电子商务平台知识产权民事案件的指导意见》（法发〔2020〕32号　2020年9月10日）

第十一条　电子商务平台经营者存在下列情形之一的，人民法院可以认定其"应当知道"侵权行为的存在：

（一）未履行制定知识产权保护规则、审核平台内经营者经营资质等法定义务；

（二）未审核平台内店铺类型标注为"旗舰店""品牌店"等字样的经营者的权利证明；

（三）未采取有效技术手段，过滤和拦截包含"高仿""假货"等字样的侵权商品链接、被投诉成立后再次上架的侵权商品链接；

（四）其他未履行合理审查和注意义务的情形。

相关案例

◎典型案例

龚某某诉北京某网络技术有限公司名誉权纠纷案【人民法院案例库：2024-08-2-006-001】

裁判要旨：网络服务提供商作为网络信息的传输中枢，对其网络用户所发布的信息应尽到善良管理人的合理注意义务，对于网络用户在网站上公开的视频等信息是否侵犯他人权利应当进行主动审查。如网络用户发布的信息侵犯第三人的权利并且网络服务提供商没有尽到合理审查义务，给用户或其他人造成损失的，网络服务提供商应与该网络用户承担连带赔偿责任。

李某某诉北京某科技有限公司网络侵权责任纠纷【人民法院案例库：2024-14-2-369-001】

裁判要旨：网络服务提供者对涉及未成年人个人隐私、涉性谣言等严重侵害未成年人权益的违法信息审查，应当尽到更高的注意义务。对于短时间内浏览量飙升的前述侵权信息，网络服务提供者未采取必要措施及时处理的，应当按照《民法典》第一千一百九十七条与网络用户承担连带责任。

杭州原某宙科技有限公司与深圳奇某迭出文化创意有限公司侵害作品信息网络传播权纠纷上诉案【（2022）浙01民终5272号】

裁判要旨：用户"×××inin"上传的《胖虎打疫苗》图片右下角显示有"不某马大叔"微博水印，"艺术家介绍"中显示有"不某马大叔，优秀漫画创作者"字样。原某宙公司主张其已经对用户上传的作品采取了阿某云自动识别技术与利用百某识图软件进行人工审核相结合的方式，尽到了相应的注意义务。对此，本院认为，原某宙公司采取的上述审查措施并不能替代其要求用户就涉案作品提供权属证明的措施，其既未要求该网络用户"×××inin"对其与"不某马大叔"之间是否属于同一关系或者著作权许可关系作出声明，也未要求该用户提供初步证据证明其系作品《胖虎打疫苗》权利人，故原某宙公司未能尽到相应的注意义务，其对被诉侵权行为的发生具有主观上的过错。原某宙公司主张，涉案作品图片以白色为底色，四周留白较多，色泽与微博水印极其相近，导致其审核人员在审查作品时未注意到该水印。对此，本院认为，即使该图片上的微博水印呈现效果并非十分醒目，但涉案图片除在右下角显示有"不某马大叔"微博水印外，同时还在"艺术家介绍"中明确标示作者身份信息"不某马大叔，优秀漫画创作者"，故原某宙公司未能尽到注意义务并非由于该微博水印的色泽导致，对原某宙公司的上述抗辩本院不予支持。综上，原某宙公司应当知道其网络用户利用其网络服务侵害他人信息网络传播权而未采取必要措施，主观上存在过错，应当承担帮助侵权的民事责任。

> **第一千一百九十八条　【违反安全保障义务的侵权责任】**
> 　　宾馆、商场、银行、车站、机场、体育场馆、娱乐场所等经营场所、公共场所的经营者、管理者或者群众性活动的组织者，未尽到安全保障义务，造成他人损害的，应当承担侵权责任。
> 　　因第三人的行为造成他人损害的，由第三人承担侵权责任；经营者、管理者或者组织者未尽到安全保障义务的，承担相应的补充责任。经营者、管理者或者组织者承担补充责任后，可以向第三人追偿。

条文理解

　　本条是关于安全保障义务的规定。本条根据被侵权人遭受损害的不同原因分为两款，其中，第1款处理的是经营场所、公共场所的经营者、管理者或者群众性活动的组织者由于自身的不当行为引发的侵权责任，第2款则规定了第三人行为导致损害结果发生时的侵权责任。二者的差异主要在于终局责任人不同。就前一种类型而言，经营者、管理者、组织者是唯一的责任人，而在后一种类型中，经营者、管理者或者组织者尽管也违反了自身应当尽到的安全保障义务，但其并非终局责任人，即使承担了相应的补充责任，也可以向第三人追偿。

　　在解释本条第1款时需要注意，安全保障义务的主体仅限于经营场所、公共场所的经营者、管理者或者群众性活动的组织者。所以，如果某一场所并非向公众开放或者并不用于公开经营活动，如正在施工但尚未建成的大楼、禁止公众进入的公共基础设施、经营场所内不向公众开放的特定区域等，由此引发的责任则不属于本条第1款的调整范围。学理与司法实践中存在争议的是，网络平台的经营者、管理者是否负有本条第1款意义上的安全保障义务。部分特别法已经就此问题作出专门规定，如《电子商务法》第38条第2款规定的电子商务平台经营者的安全保障义务。

　　在判断是否尽到了安全保障义务时，首先需要考虑法律法规所规定的经营者、管理者或者组织者应当尽到的义务。例如，《互联网上网服务营业场所管理条例》第24条第4项规定，互联网上网服务营业场所经营单位在营业期间禁止封堵或者锁闭门窗、安全疏散通道和安全出口。所以，经营单位违规封锁安全疏散通道，导致消费者在紧急撤离场所时受阻并因此受伤，应当认为经营单位违反了安全保障义务。在缺乏明确规定的情况下，应当结合场所或者活动的危险性、义务人对于造成损害发生的事件的预见可能性、义务人管理能力等因素综合判断。

　　根据本条第2款，如果被侵权人受损是由于第三人的行为所导致的，经营者、管理者或者组织者仅在未尽到安全保障义务的情况下承担补充责任。对于此种情况，是否尽到安全保障义务需要考虑义务人预见第三人行为的可能性、采取防范措施的可能性以及事后避免损害扩大的可能性。关于该款的补充责任，有观点认为，安全保障义务人仅在被侵权人未能从第三人处获得全部损害赔偿时（如未能找到第三人或者第三人缺乏足够的赔偿能力）才应当承担责任,从而体现所谓责任的"补充性"。本书认为,此种观点并不合理。在安全保障义务人违反义务的情况下,其对于被侵权人而言同样存在侵权行为。所以,更为合理的解释应当是,安全保障义务人在其存在过错的范围内与第三人承担连带责任。就该部分责任而言,由于第三人系终局责任人,安全保障义务人向被侵权人赔偿后可以向第三人追偿。

相关条文

◎法律

《电子商务法》(2019年1月1日)

第三十八条第二款 对关系消费者生命健康的商品或者服务,电子商务平台经营者对平台内经营者的资质资格未尽到审核义务,或者对消费者未尽到安全保障义务,造成消费者损害的,依法承担相应的责任。

《旅游法》(2018年10月26日)

第七十九条第三款 旅游经营者组织、接待老年人、未成年人、残疾人等旅游者,应当采取相应的安全保障措施。

第八十条 旅游经营者应当就旅游活动中的下列事项,以明示的方式事先向旅游者作出说明或者警示:

(一)正确使用相关设施、设备的方法;

(二)必要的安全防范和应急措施;

(三)未向旅游者开放的经营、服务场所和设施、设备;

(四)不适宜参加相关活动的群体;

(五)可能危及旅游者人身、财产安全的其他情形。

第八十一条 突发事件或者旅游安全事故发生后,旅游经营者应当立即采取必要的救助和处置措施,依法履行报告义务,并对旅游者作出妥善安排。

《消费者权益保护法》(2014年3月15日)

第十八条 经营者应当保证其提供的商品或者服务符合保障人身、财产安全的要求。对可能危及人身、财产安全的商品和服务,应当向消费者作出真实的说明和明确的警示,并说明和标明正确使用商品或者接受服务的方法以及防止危害发生的方法。

宾馆、商场、餐馆、银行、机场、车站、港口、影剧院等经营场所的经营者,应当对消费者尽到安全保障义务。

第四十八条第二款 经营者对消费者未尽到安全保障义务,造成消费者损害的,应当承担侵权责任。

◎行政法规

《互联网上网服务营业场所管理条例》(中华人民共和国国务院令第752号 2022年5月1日)

第二十四条 互联网上网服务营业场所经营单位应当依法履行信息网络安全、治安和消防安全职责,并遵守下列规定:

(一)禁止明火照明和吸烟并悬挂禁止吸烟标志;

(二)禁止带入和存放易燃、易爆物品;

(三)不得安装固定的封闭门窗栅栏;

(四)营业期间禁止封堵或者锁闭门窗、安全疏散通道和安全出口;

(五)不得擅自停止实施安全技术措施。

◎司法解释

《最高人民法院关于适用〈中华人民共和国民法典〉侵权责任编的解释(一)》(法释〔2024〕12号 2024年9月27日)

第二十四条 物业服务企业等建筑物管理人未采取必要的安全保障措施防止从建筑物中抛掷物品或者从建筑物上坠落的物品造成他人损害,具体侵权人、物业服务企业等建筑物管理人作为共同被告的,人民法院应当依照民法典第一千一百九十八条第二款、第一千二百五十四条的规定，在判决中明确，未采取必要安全保障措施的物业服务企业等建筑物管理人在人民法院就具体侵权人的财产依法强制执行后仍不能履行的范围内，承担与其过错相应的补充责任。

第二十五条　物业服务企业等建筑物管理人未采取必要的安全保障措施防止从建筑物中抛掷物品或者从建筑物上坠落的物品造成他人损害，经公安等机关调查，在民事案件一审法庭辩论终结前仍难以确定具体侵权人的，未采取必要安全保障措施的物业服务企业等建筑物管理人承担与其过错相应的责任。被侵权人其余部分的损害，由可能加害的建筑物使用人给予适当补偿。

具体侵权人确定后，已经承担责任的物业服务企业等建筑物管理人、可能加害的建筑物使用人向具体侵权人追偿的，人民法院依照民法典第一千一百九十八条第二款、第一千二百五十四条第一款的规定予以支持。

《最高人民法院关于审理旅游纠纷案件适用法律若干问题的规定》（法释〔2020〕17号　2021年1月1日）

第七条　旅游经营者、旅游辅助服务者未尽到安全保障义务，造成旅游者人身损害、财产损失，旅游者请求旅游经营者、旅游辅助服务者承担责任的，人民法院应予支持。

因第三人的行为造成旅游者人身损害、财产损失，由第三人承担责任；旅游经营者、旅游辅助服务者未尽安全保障义务，旅游者请求其承担相应补充责任的，人民法院应予支持。

---

〔1〕《民法典》第1198条第1款。

相关案例

◎**指导案例**

支某1等诉北京市永定河管理处生命权、健康权、身体权纠纷案【最高人民法院指导案例141号】

裁判要旨：消力池属于禁止公众进入的水利工程设施，不属于《侵权责任法》第三十七条第一款〔1〕规定的"公共场所"。消力池的管理人和所有人采取了合理的安全提示和防护措施，完全民事行为能力人擅自进入造成自身损害，请求管理人和所有人承担赔偿责任的，人民法院不予支持。

安全保障义务所保护的人与义务人之间常常存在较为紧密的关系，包括缔约磋商关系、合同法律关系等，违反安全保障义务的侵权行为是负有安全保障义务的人由于没有履行合理范围内的安全保障义务而实施的侵权行为。根据查明的事实，支某3溺亡地点位于永定河拦河闸侧面消力池。从性质上看，消力池系永定河拦河闸的一部分，属于水利工程设施的范畴，并非对外开放的冰场；从位置上来看，消力池位于拦河闸下方的永定河河道的中间处；从抵达路径来看，抵达消力池的正常路径，需要从永定河的沿河河堤下楼梯到达河道，再从永定河河道步行至拦河闸下方。因此无论是消力池的性质、消力池所处位置还是抵达消力池的路径而言，均难以认定消力池属于公共场所。北京市永定河管理处也不是群众性活动的组织者，故支某1等四人上诉主张四被上诉人未尽安全保障义务，与法相悖。

李某某等诉广州市花都区梯面镇红山村村民委员会违反安全保障义务责任纠纷案

【最高人民法院指导案例 140 号】

裁判要旨：公共场所经营管理者的安全保障义务，应限于合理限度范围内，与其管理和控制能力相适应。完全民事行为能力人因私自攀爬景区内果树采摘果实而不慎跌落致其自身损害，主张经营管理者承担赔偿责任的，人民法院不予支持。

红山村村民委员会作为红山村景区的管理人，虽负有保障游客免遭损害的安全保障义务，但安全保障义务内容的确定应限于景区管理人的管理和控制能力的合理范围之内。红山村景区属于开放式景区，未向村民或游客提供采摘杨梅的活动，杨梅树本身并无安全隐患，若要求红山村村民委员会对景区内的所有树木加以围蔽、设置警示标志或采取其他防护措施，显然超过善良管理人的注意标准。从爱护公物、文明出行的角度而言，村民或游客均不应私自爬树采摘杨梅。吴某作为具有完全民事行为能力的成年人，应当充分预见攀爬杨梅树采摘杨梅的危险性，并自觉规避此类危险行为。故李秋月、李月如、李天托、李记坤主张红山村村民委员会未尽安全保障义务，缺乏事实依据。

◎公报案例

张某某等诉上海康仁乐购超市贸易有限公司生命权纠纷案【《最高人民法院公报》2021 年第 10 期】

裁判要旨：公共场所管理人的安全保障义务应界定在合理范围内，应当保证场所及相关配套设施符合安全标准，排除安全隐患，同时应当及时对已发生的危险和损害采取积极的应对和救助措施。管理人是否尽到必要的救助义务，应参照社会普遍认同的衡量标准加以判断。

上诉人张荣生等四人主张曾某某系在被上诉人康仁公司经营的超市摔倒后经抢救无效死亡，要求康仁公司承担赔偿责任，张某某等四人应当就康仁公司未尽到安全保障义务提供有效的证据加以证明。现张某某等四人主张康仁公司未在事发区域设置监控摄像头，属于未尽到安全保障义务，对此，二审认为，康仁公司在本案中的安全保障义务，主要体现在对其经营管理场所及相关配套设施的安全性负有保障义务，即，康仁公司的经营管理场所及相关配套设施不应具有危险性、不应威胁人身安全，至于事发区域是否安装监控摄像头，与曾某某摔倒之间并不具有因果关系，因此，对张某某等四人的该项上诉主张，法院不予支持。至于张某某等四人主张康仁公司在曾某某摔倒后未及时报警、送医，法院认为，经营者的安全保障义务应界定在合理范围内，康仁公司在曾某某摔倒后，并未放任不管，而是将老人送到他处休息并报警，此后也陪同救护人员将老人送往医院就诊，故不能就此认定其未尽到救治义务。

高某某诉南京地铁集团有限公司健康权纠纷案【《最高人民法院公报》2015 年第 9 期】

裁判要旨：安全保障义务是公共场所或公共设施管理人的一种法定义务，安全保障义务人既要保障其管理的场所或设施的安全性，也要对在场所内活动或使用设施的人进行必要的警告、指示说明、通知及提供必要的帮助，以预防侵害的发生。地铁公司主要以自动检票闸机控制乘客的进出站，如果地铁公司未对免票乘客及其随行人员如何安全通过闸机进行合理的安排和管理，由此导致乘客在无法预知安全通行方式的情况下受伤，则应认定地铁公司作为公共场所的管理者未尽到安全保障义务，应当对乘客的损失承担相应的侵权责任。

◎典型案例

马某某诉某养老中心经营场所、公共场所

的经营者、管理者责任纠纷案【人民法院案例库：2024-07-7-370-001】

裁判要旨：经营场所的经营者负有法定的安全保障义务。相较于一般经营场所而言，养老机构还应结合养老服务的特殊性、老年人的身体状况，对经营场所进行适老化改造，排查和消除可能对老年人造成危险和妨碍的安全隐患。怠于履行上述义务的，应承担与其过错相适应的侵权责任。

张某诉周某、某出行公司生命权、身体权、健康权纠纷案【人民法院案例库：2023-16-2-001-007】

裁判要旨：《民法典》第一千一百九十八条的规定虽然没有明确将网络平台列举为安全保障义务的责任主体，但是其文意也没有将其排除在外。结合《网络预约出租汽车经营服务管理暂行办法》，可对网约车平台课以安全保障义务。平台在没有尽到上述义务的情况下，对于网约车司机侵权导致的乘客损害，应承担相应责任。

第一千一百九十九条　【教育机构对无民事行为能力人受到人身损害的过错推定责任】

无民事行为能力人在幼儿园、学校或者其他教育机构学习、生活期间受到人身损害的，幼儿园、学校或者其他教育机构应当承担侵权责任；但是，能够证明尽到教育、管理职责的，不承担侵权责任。

条文理解

本条是关于教育机构对无民事行为能力人受到人身损害的责任的规定。根据本条，教育机构对无民事行为能力人受到的人身损害承担过错推定责任，即一旦无民事行为能力人受到人身损害便推定教育机构存在过错，教育机构只有在能够证明自身已经尽到教育、管理职责的情况下才不承担责任。作出此种规定的考虑在于，无民事行为能力人在教育机构学习、生活期间处于后者的监管之下，相较于无民事行为能力人的监护人而言，教育机构更为了解损害结果的发生原因，也更可能就此提供证据。而且，无民事行为能力人受到年龄、智力发育程度等因素的限制，往往很难准确描述自身受到损害的原因与经过。如果要求无民事行为能力人或者其监护人证明教育机构存在过错，在证明难度上较高，不利于保护无民事行为能力人的利益。

需要注意的是，本条所规定的过错推定责任仅限于无民事行为能力人在教育机构学习、生活期间受到的人身损害，财产损害则应当适用《民法典》第1165条第1款关于侵权责任的一般规定。此外，在教育机构学习、生活期间并不限于教育机构的办学区域，所以，教育机构组织的外出活动、乘坐校车等期间引发的人身损害均属于本条的调整范围。因为教育机构怠于尽到管理职责导致无行为能力人在此期间脱离教育机构控制范围的，同样属于本条的调整范围。

在判断教育机构是否尽到教育、管理职责时，首先要考虑法律法规明确规定的教育机构应当履行的义务。例如，根据《未成年人保护法》第37条第1款的规定，幼儿园应当根据需要配备应对自然灾害、事故灾难、公共卫生事件等突发事件和意外伤害的设施。如果无民事行为能力人在火灾期间遭受人身伤害，事后调查发现，假如幼儿园配备灭火器等设施本可避免火势蔓延造成损害，此时幼儿园便违反了本应尽到的管理职责。对于缺乏法律明确规定的情况，则要考虑损害发生原因的可预见性、教育机构采取应对措施的能力、无民事行为能力人的年龄与智力发育情况，以及教育行业的通常做法等因素综合判断。

相关条文

◎法律

《未成年人保护法》（2024年4月26日）

第三十五条　学校、幼儿园应当建立安全管理制度，对未成年人进行安全教育，完善安保设施、配备安保人员，保障未成年人在校、在园期间的人身和财产安全。

学校、幼儿园不得在危及未成年人人身安全、身心健康的校舍和其他设施、场所中进行教育教学活动。

学校、幼儿园安排未成年人参加文化娱乐、社会实践等集体活动，应当保护未成年人的身心健康，防止发生人身伤害事故。

第三十六条　使用校车的学校、幼儿园应当建立健全校车安全管理制度，配备安全管理人员，定期对校车进行安全检查，对校车驾驶人进行安全教育，并向未成年人讲解校车安全乘坐知识，培养未成年人校车安全事故应急处理技能。

第三十七条　学校、幼儿园应当根据需要，制定应对自然灾害、事故灾难、公共卫生事件等突发事件和意外伤害的预案，配备相应设施并定期进行必要的演练。

未成年人在校内、园内或者本校、本园组织的校外、园外活动中发生人身伤害事故的，学校、幼儿园应当立即救护，妥善处理，及时通知未成年人的父母或者其他监护人，并向有关部门报告。

第四十一条　婴幼儿照护服务机构、早期教育服务机构、校外培训机构、校外托管机构等应当参照本章有关规定，根据不同年龄阶段未成年人的成长特点和规律，做好未成年人保护工作。

《预防未成年人犯罪法》（2021年6月1日）

第三十四条　未成年学生旷课、逃学的，学校应当及时联系其父母或者其他监护人，了解有关情况；无正当理由的，学校和未成年学生的父母或者其他监护人应当督促其返校学习。

第三十五条第一款　未成年人无故夜不归宿、离家出走的，父母或者其他监护人、所在的寄宿制学校应当及时查找，必要时向公安机关报告。

《义务教育法》（2018年12月29日）

第二十四条第一、三款　学校应当建立、健全安全制度和应急机制，对学生进行安全教育，加强管理，及时消除隐患，预防发生事故。

学校不得聘用曾经因故意犯罪被依法剥夺政治权利或者其他不适合从事义务教育工作的人担任工作人员。

◎行政法规

《学生伤害事故处理办法》（中华人民共和国教育部令第30号　2010年12月13日）

第九条　因下列情形之一造成的学生伤害事故，学校应当依法承担相应的责任：

（一）学校的校舍、场地、其他公共设施，以及学校提供给学生使用的学具、教育教学和生活设施、设备不符合国家规定的标准，或者有明显不安全因素的；

（二）学校的安全保卫、消防、设施设备管理等安全管理制度有明显疏漏，或者管理混乱，存在重大安全隐患，而未及时采取措施的；

（三）学校向学生提供的药品、食品、

饮用水等不符合国家或者行业的有关标准、要求的；

（四）学校组织学生参加教育教学活动或者校外活动，未对学生进行相应的安全教育，并未在可预见的范围内采取必要的安全措施的；

（五）学校知道教师或者其他工作人员患有不适宜担任教育教学工作的疾病，但未采取必要措施的；

（六）学校违反有关规定，组织或者安排未成年学生从事不宜未成年人参加的劳动、体育运动或者其他活动的；

（七）学生有特异体质或者特定疾病，不宜参加某种教育教学活动，学校知道或者应当知道，但未予以必要的注意的；

（八）学生在校期间突发疾病或者受到伤害，学校发现，但未根据实际情况及时采取相应措施，导致不良后果加重的；

（九）学校教师或者其他工作人员体罚或者变相体罚学生，或者在履行职责过程中违反工作要求、操作规程、职业道德或者其他有关规定的；

（十）学校教师或者其他工作人员在负有组织、管理未成年学生的职责期间，发现学生行为具有危险性，但未进行必要的管理、告诫或者制止的；

（十一）对未成年学生擅自离校等与学生人身安全直接相关的信息，学校发现或者知道，但未及时告知未成年学生的监护人，导致未成年学生因脱离监护人的保护而发生伤害的；

（十二）学校有未依法履行职责的其他情形的。

第十二条　因下列情形之一造成的学生伤害事故，学校已履行了相应职责，行为并无不当的，无法律责任：

（一）地震、雷击、台风、洪水等不可抗力的自然因素造成的；

（二）来自学校外部的突发性、偶发性侵害造成的；

（三）学生有特异体质、特定疾病或者异常心理状态，学校不知道或者难于知道的；

（四）学生自杀、自伤的；

（五）在对抗性或者具有风险性的体育竞赛活动中发生意外伤害的；

（六）其他意外因素造成的。

第十三条　下列情形下发生的造成学生人身损害后果的事故，学校行为并无不当的，不承担事故责任；事故责任应当按有关法律法规或者其他有关规定认定：

（一）在学生自行上学、放学、返校、离校途中发生的；

（二）在学生自行外出或者擅自离校期间发生的；

（三）在放学后、节假日或者假期等学校工作时间以外，学生自行滞留学校或者自行到校发生的；

（四）其他在学校管理职责范围外发生的。

《幼儿园管理条例》（中华人民共和国国家教育委员会令第4号　1990年2月1日）

第十九条　幼儿园应当建立安全防护制度，严禁在幼儿园内设置威胁幼儿安全的危险建筑物和设施，严禁使用有毒、有害物质制作教具、玩具。

第二十一条　幼儿园的园舍和设施有可能发生危险时，举办幼儿园的单位或个人应当采取措施，排除险情，防止事故发生。

相关案例

◉公报案例

丁某某诉季某某等教育机构责任纠纷案
【《最高人民法院公报》2023年第12期】

裁判要旨：因教育培训机构教学需要，无民事行为能力人的监护人无法实际履行监护职责,在此期间,教育培训机构应对该无民事行为能力人承担监督、管理和保护职责。教育培训机构因自身原因未履行上述职责,导致无民事行为能力人在教育培训机构学习、生活期间,对他人实施帮助行为致人损害,且无民事行为能力人主观上没有伤害故意,客观上不具备预见帮助行为可能导致损害的认知能力的,教育培训机构依法应当承担侵权责任。

◎典型案例

王某某、吴某诉张某等因隐瞒手足口病疫情致入托儿童死亡侵权纠纷案【(2013)淮中民终字第0082号】

裁判要旨:无民事行为能力人在幼儿园学习、生活期间受到人身损害,幼儿园未尽到相应职责的,应承担相应责任。幼儿园故意隐瞒园内已发生的疫情,未采取规定的预防、处置措施,也没有履行提醒入托未成年人监护人注意的义务,致使监护人认识不足,延误治疗,导致未成年人因错失治疗时机而死亡,对此损害后果,幼儿园应承担相应责任。未成年人的监护人对患病未成年人未能及时送诊治疗的,对未成年人的损害亦应承担相应责任。在具体处理时,要结合双方的过错程度,合理确定责任承担的比例。

第一千二百条 【教育机构对限制民事行为能力人受到人身损害的过错责任】

限制民事行为能力人在学校或者其他教育机构学习、生活期间受到人身损害,学校或者其他教育机构未尽到教育、管理职责的,应当承担侵权责任。

条文理解

本条是关于教育机构对限制民事行为能力人受到人身损害的责任的规定。不同于《民法典》第1199条关于教育机构对无民事行为能力人责任的规定,根据本条,教育机构对限制民事行为能力人的责任为一般的过错责任而非过错推定责任。作出此种区别规定的考虑在于,限制民事行为能力人相较于无民事行为能力人而言,在说明损害发生原因与过程的能力上有所进步,而且,限制民事行为能力人也更有可能意识到危险的存在与避免损害发生。

相关条文

说明:关于本条的相关条文,可以参考《民法典》第1199条的相关条文,其中除明确适用于无民事行为能力人的规定,原则上均可适用于限制民事行为能力人。

相关案例

◎典型案例

徐某某诉江苏某学校教育机构责任纠纷案【人民法院案例库:2024-14-2-371-001】

裁判要旨:对于未成年学生在校园受到人身损害的侵权纠纷案件,人民法院在认定学校是否尽到教育管理职责时,应当结合未成年人受伤害原因,就学校是否已进行常态化安全教育、相关场所设施有无醒目的安全提示标志、事发后有无在第一时间通知家长并陪同就医等因素进行综合判断,不能仅因事故发生在校园内就认定学校未尽到教育管理职责,进而判令其承担侵权责任。

本案中,徐某某年满12周岁,系限制民事行为能力人。徐某某及其法定代理人应当提供证据证明某学校存在过错。根据现场勘验结果,徐某某摔倒受伤并非楼梯等设施场所缺陷导致,双方签字确认的《情况说明》反映受伤为意外事件,学校对该意外事件难以掌控和避免。某学校已多次对学生进行了校园安全教育宣传，楼梯、墙面等地张贴了醒目的安全提示标志，尽到了学校的教育职责；在徐某某受伤后，某学校亦及时采取了通知家长、陪同就医、调查事发经过等措施，履行了学校必要的管理职责。

刘某乐诉袁某洋、欧某娇、袁某浩、梅江区某小学生命权、健康权、身体权纠纷案【人民法院案例库：2023-16-2-001-005】

裁判要旨：限制民事行为能力人在教育机构受到损害时，对教育机构适用过错责任原则，即教育机构对损害后果的发生存在过错时，在其未尽到教育、管理职责的过错范围内承担赔偿责任。判断教育机构是否尽到教育、管理职责，第一，应当以规范性法律文件的规定为标准比对判断，如《义务教育法》《未成年人保护法》等法律对教育机构的教育、管理和保护义务进行了原则性规定，此外还有《学生伤害事故处理办法》等相关法规规章详尽规定了教育机构应当尽到的义务以及依法承担相应责任的具体情形。第二，应当结合具体情况综合考虑教育机构的注意义务以及其对损害结果发生的可预见性、可预防性等因素。发生的损害超过一般人的预测可能，不能认为学校未尽到教育、管理责任。需明确的是，虽然学校与学生之间属于"教育管理关系"，家长将学生送到学校后，并不意味着家长的监护责任像接力棒一样完全交给了学校，也不意味着学校须对学生在校园内发生的一切损害事故负责。

吴某某诉张某某、李某、某某青少年体育俱乐部、某财产保险股份有限公司北京市分公司生命权、身体权、健康权纠纷案【人民法院案例库：2023-14-2-001-002】

裁判要旨：某某青少年体育俱乐部作为有偿提供跆拳道培训的机构，应当对场内学员的人身负有安全保障义务，尤其在对未成年人进行跆拳道培训的过程中，某某青少年体育俱乐部应具有较高的注意义务，包括但不限于进行必要的指导和培训，确保运动场地的安全，配备掌握专业技能的教练人员、做好防止事故发生的预防措施等。本案事故发生时，吴某某与张某某均为限制民事行为能力人，对跆拳道动作要领的理解能力、身体素质及协调能力不同于成年人。跆拳道训练过程中，教练不仅应在旁指导，还应当密切关注学员的动作，及时预防或减少损害的发生。某某青少年体育俱乐部提交的证据不足以证实其已完全尽到合理范围内的安全保障义务及教育、管理职责，应当对吴某某的人身损害后果承担相应的赔偿责任。

定远县某学校诉中国平某财产保险股份有限公司某中心支公司保险纠纷案【人民法院案例库：2023-08-2-500-001】

裁判要旨：界定寄宿学校的管理责任和范围，应结合寄宿学校的管理行为与损害后果之间是否存在因果关系予以判断。寄宿学校不仅组织寄宿生的校内学习、校外活动，还对学生的生活、住宿、出行、去向负有管理责任。学生上下学途中是往返学校到居所或休息地点必然要发生的地点转换过程。在这个过程中，学生虽脱离了寄宿学校的直接管理，但寄宿学校仍然对学生上下学存在间接的管理责任。如负有对学生离校手续的办理、离校后的去向以及及时通知监护人学生离校情形的管理义务，因此寄宿学校对于阻断寄宿生在上下学途中发生损害的危险源负有特别责任。

> **第一千二百零一条　【因校外人员造成人身损害的责任】**
> 无民事行为能力人或者限制民事行为能力人在幼儿园、学校或者其他教育机构学习、生活期间，受到幼儿园、学校或者其他教育机构以外的第三人人身损害的，由第三人承担侵权责任；幼儿园、学校或者其他教育机构未尽到管理职责的，承担相应的补充责任。幼儿园、学校或者其他教育机构承担补充责任后，可以向第三人追偿。

条文理解

本条是关于因校外人员造成人身损害的责任的规定。本条在规范结构上与《民法典》第1198条规定的安全保障义务类似。一方面，由于造成无民事行为能力人或者限制民事行为能力人受到损害的是第三人，所以，应当由直接实施侵权行为的第三人承担侵权责任。另一方面，教育机构对无民事行为能力人或者限制民事行为能力人所负担的保护其免受伤害的义务本就包括避免来自第三人的伤害，所以，在教育机构未能尽到管理职责的情况下，其同样存在义务违反，应当承担相应的侵权责任。所以，在解释本条规定的"补充责任"时，不宜认为教育机构仅在无民事行为能力人或者限制民事行为能力人无法或者难以向第三人请求赔偿时才需要承担补充责任。更为合理的解释是，由于教育机构本就存在过错，其应当在与其过错相适应的范围内与第三人承担连带责任。不过，由于《最高人民法院关于适用〈中华人民共和国民法典〉侵权责任编的解释（一）》第14条已经就此问题作出明确规定（"教育机构在人民法院就第三人的财产依法强制执行后仍不能履行的范围内，承担与其过错相应的补充责任"），实务中绝大多数案件将会参考该规则作出裁判。

相关条文

◎法律

《未成年人保护法》（2024年4月26日）

第三十九条　学校应当建立学生欺凌防控工作制度，对教职员工、学生等开展防治学生欺凌的教育和培训。

学校对学生欺凌行为应当立即制止，通知实施欺凌和被欺凌未成年学生的父母或者其他监护人参与欺凌行为的认定和处理；对相关未成年学生及时给予心理辅导、教育和引导；对相关未成年学生的父母或者其他监护人给予必要的家庭教育指导。

对实施欺凌的未成年学生，学校应当根据欺凌行为的性质和程度，依法加强管教。对严重的欺凌行为，学校不得隐瞒，应当及时向公安机关、教育行政部门报告，并配合相关部门依法处理。

第四十条　学校、幼儿园应当建立预防性侵害、性骚扰未成年人工作制度。对性侵害、性骚扰未成年人等违法犯罪行为，学校、幼儿园不得隐瞒，应当及时向公安机关、教育行政部门报告，并配合相关部门依法处理。

学校、幼儿园应当对未成年人开展适合其年龄的性教育，提高未成年人防范性侵害、性骚扰的自我保护意识和能力。对遭受性侵害、性骚扰的未成年人，学校、幼儿园应当及时采取相关的保护措施。

《预防未成年人犯罪法》（2021年6月1日）

第三十一条　学校对有不良行为的未成年学生，应当加强管理教育，不得歧视；对拒不改正或者情节严重的，学校可以根据情况予以处分或者采取以下管理教育措施：

（一）予以训导；

（二）要求遵守特定的行为规范；

（三）要求参加特定的专题教育；

（四）要求参加校内服务活动；

（五）要求接受社会工作者或者其他专业人员的心理辅导和行为干预；

（六）其他适当的管理教育措施。

第三十三条 未成年学生偷窃少量财物，或者有殴打、辱骂、恐吓、强行索要财物等学生欺凌行为，情节轻微的，可以由学校依照本法第三十一条规定采取相应的管理教育措施。

◎ 司法解释

《最高人民法院关于适用〈中华人民共和国民法典〉侵权责任编的解释（一）》

（法释〔2024〕12号 2024年9月27日）

第十四条 无民事行为能力人或者限制民事行为能力人在幼儿园、学校或者其他教育机构学习、生活期间，受到教育机构以外的第三人人身损害，第三人、教育机构作为共同被告且依法应当承担侵权责任的，人民法院应当在判决中明确，教育机构在人民法院就第三人的财产依法强制执行后仍不能履行的范围内，承担与其过错相应的补充责任。

被侵权人仅起诉教育机构的，人民法院应当向原告释明申请追加实施侵权行为的第三人为共同被告。

第三人不确定的，未尽到管理职责的教育机构先行承担与其过错相应的责任；教育机构承担责任后向已经确定的第三人追偿的，人民法院依照民法典第一千二百零一条的规定予以支持。

▊ 相关案例

◎ 典型案例

张某1、新疆精某华武术散打俱乐部有限公司与李某等身体权、健康权纠纷案【（2021）新40民终2251号】

裁判要旨：到散打俱乐部接自己孩子的李某进入散打俱乐部的训练场地，并让张某1用肩膀抵住训练棍，其用脚踢训练棍，造成张某1肩部受伤，李某构成侵权，理应承担侵权责任，依据其侵权行为的性质、主观恶性以及被侵权人的过错程度等因素，李某应当承担60%的侵权责任。张某1系限制民事行为能力人，其已经具备一定的判断能力和认知能力，在一定程度上应当认识到行为的危险和后果。李某要求张某1用肩膀抵住训练棍，并用脚踢训练棍的行为具有危险性，且李某非散打俱乐部的老师，张某1接受并放任该行为的发生，未尽到自身的注意义务，存在一定的过错。基于张某1系年满10周岁的未成年人，其认识能力及判断能力与成年人相比尚弱，故，张某1应当承担20%的过错责任为宜。张某1在散打俱乐部培训学习期间，被来该散打俱乐部接送孩子的家长李某侵害致伤。散打俱乐部对学员家长擅自进入训练场地，并对参加散打俱乐部培训学习的学员进行互动放任不管，未尽到管理职责存在过错，应当承担20%的补充赔偿责任。

张某哲、张某通等与薛某轩、济宁市任城区某某中学等侵权责任纠纷案【（2024）鲁08民终3820号】

裁判要旨：一审法院根据案涉损害发生的过程，结合某某中学的陈述举证等，认定某某中学在日常教学活动中已对学生进行了学生守则及安全教育宣讲。且系张某睿与薛某轩在课间打闹致薛某轩右腿受伤，学校教师或其他管理人员无法及时发现并采取措施及时制止，一审认定某某中学对薛某轩案涉受伤事件的发生不存在未尽到教育管理职责的情形，并无不当。上诉人要求某某中学承担补充赔偿责任的相关上诉理由不能成立，本院不予支持。

第四章　产品责任

第一千二百零二条　【产品生产者侵权责任】
因产品存在缺陷造成他人损害的，生产者应当承担侵权责任。

条文理解

本条是关于产品责任的一般规定。对于受害人而言，产品责任的意义主要体现于两方面：其一，如果受害人系基于合同关系取得产品，其通常可以向产品的销售者主张违约责任或者瑕疵担保责任，但在产品的销售者无须或者难以承担责任（前者如销售者基于免责条款不承担责任，后者如销售者破产）时，受害人还能够通过向生产者主张侵权法上的产品责任获得救济。其二，如果受害人与产品的无合同关系，其无法通过合同法与违约有关的规则获得法律救济，但可以根据本条向产品的生产者主张侵权责任。

根据本条，产品责任为无过错责任。所以，即使生产者对于产品缺陷造成他人受损不存在过错，也应当根据本条承担侵权责任。相应地，本条的构成要件包括：(1) 生产者生产的产品存在缺陷；(2) 被侵权人遭受损害；(3) 被侵权人遭受的损害与产品缺陷存在因果关系。

根据《产品质量法》第2条第2款关于产品的定义，产品是指经过加工、制作，用于销售的产品。不属于产品的典型情况包括服务、不动产（如建设工程）、未经加工的初级农产品、动物等。根据《产品质量法》第73条的规定，军工产品、核设施、核产品等也不属于产品。关于特别类型的产品，如食品、药品、农产品等，现行法上存在一系列的特别法，这些特别法中关于产品责任的规定优先于本条适用。

关于产品是否存在缺陷，根据《产品质量法》第46条的规定，缺陷是指产品存在危及人身、他人财产安全的不合理的危险。产品有保障人体健康和人身、财产安全的国家标准、行业标准的，则是指产品不符合该标准。但就本条的适用而言，如果某一产品虽然满足国家标准、行业标准，但仍然存在不合理的风险，则该产品存在本条意义上的缺陷。换言之，产品的生产者不得援引国家标准、行业标准作为证明产品无缺陷的依据，但被侵权人可以将相关标准作为产品存在缺陷的依据。

就产品责任而言，生产者虽然不能以自身不存在过错作为不承担责任的事由，但仍可主张其他类型的免责或者减轻责任事由。根据《产品质量法》第41条的规定，产品的生产者可以主张三类免责事由：(1) 未将产品投入流通的；(2) 产品投入流通时，引起损害的缺陷尚不存在的；(3) 将产品投入流通时的科学技术水平尚不能发现缺陷的存在的。

最后，关于产品责任的损害赔偿范围，一直以来存在争议的问题在于是否包括被侵权人因为产品存在缺陷导致产品自身价值的降低，即所谓的产品自损问题。理论上相对主流的观点持否定意见，但最高人民法院在《关于适用〈中华人民共和国民法典〉侵权责任编的解释（一）》第19条中明确规定产品自损属于本条意义上的赔偿对象。按照最高人民法院相关人士的介绍，这一规定旨在便利被侵权人通过一项侵权诉讼获得全部赔偿，从而促进纠纷的一次性解决。

相关条文

◎法律

《**产品质量法**》（2018年12月29日）

第二条第二、三款 本法所称产品是指经过加工、制作，用于销售的产品。

建设工程不适用本法规定；但是，建设工程使用的建筑材料、建筑构配件和设备，属于前款规定的产品范围的，适用本法规定。

第十三条 可能危及人体健康和人身、财产安全的工业产品，必须符合保障人体健康和人身、财产安全的国家标准、行业标准；未制定国家标准、行业标准的，必须符合保障人体健康和人身、财产安全的要求。

禁止生产、销售不符合保障人体健康和人身、财产安全的标准和要求的工业产品。具体管理办法由国务院规定。

第二十六条第二款 产品质量应当符合下列要求：

（一）不存在危及人身、财产安全的不合理的危险，有保障人体健康和人身、财产安全的国家标准、行业标准的，应当符合该标准；

（二）具备产品应当具备的使用性能，但是，对产品存在使用性能的瑕疵作出说明的除外；

（三）符合在产品或者其包装上注明采用的产品标准，符合以产品说明、实物样品等方式表明的质量状况。

第二十七条 产品或者其包装上的标识必须真实，并符合下列要求：

（一）有产品质量检验合格证明；

（二）有中文标明的产品名称、生产厂厂名和厂址；

（三）根据产品的特点和使用要求，需要标明产品规格、等级、所含主要成份的名称和含量的，用中文相应予以标明；需要事先让消费者知晓的，应当在外包装上标明，或者预先向消费者提供有关资料；

（四）限期使用的产品，应当在显著位置清晰地标明生产日期和安全使用期或者失效日期；

（五）使用不当，容易造成产品本身损坏或者可能危及人身、财产安全的产品，应当有警示标志或者中文警示说明。

裸装的食品和其他根据产品的特点难以附加标识的裸装产品，可以不附加产品标识。

第四十一条 因产品存在缺陷造成人身、缺陷产品以外的其他财产（以下简称他人财产）损害的，生产者应当承担赔偿责任。

生产者能够证明有下列情形之一的，不承担赔偿责任：

（一）未将产品投入流通的；

（二）产品投入流通时，引起损害的缺陷尚不存在的；

（三）将产品投入流通时的科学技术水平尚不能发现缺陷的存在的。

第四十四条 因产品存在缺陷造成受害人人身伤害的，侵害人应当赔偿医疗费、治疗期间的护理费、因误工减少的收入等费用；造成残疾的，还应当支付残疾者生活自助具费、生活补助费、残疾赔偿金以及由其扶养的人所必需的生活费等费用；造成受害人死亡的，并应当支付丧葬费、死亡赔偿金以及由死者生前扶养的人所必需的生活费等费用。

因产品存在缺陷造成受害人财产损失的，侵害人应当恢复原状或者折价赔偿。

受害人因此遭受其他重大损失的，侵害人应当赔偿损失。

第四十六条 本法所称缺陷，是指产品存在危及人身、他人财产安全的不合理的危险；产品有保障人体健康和人身、财产安全的国家标准、行业标准的，是指不符合该标准。

第七十三条 军工产品质量监督管理办法，由国务院、中央军事委员会另行制定。

因核设施、核产品造成损害的赔偿责任，法律、行政法规另有规定的，依照其规定。

◎ 司法解释

《最高人民法院关于适用〈中华人民共和国民法典〉侵权责任编的解释（一）》（法释〔2024〕12号 2024年9月27日）

第十九条 因产品存在缺陷造成买受人财产损害，买受人请求产品的生产者或者销售者赔偿缺陷产品本身损害以及其他财产损害的，人民法院依照民法典第一千二百零二条、第一千二百零三条的规定予以支持。

《最高人民法院关于审理食品药品纠纷案件适用法律若干问题的规定》（法释〔2021〕17号 2021年12月1日）

第三条 因食品、药品质量问题发生纠纷，购买者向生产者、销售者主张权利，生产者、销售者以购买者明知食品、药品存在质量问题而仍然购买为由进行抗辩的，人民法院不予支持。

第四条 食品、药品生产者、销售者提供给消费者的食品或者药品的赠品发生质量安全问题，造成消费者损害，消费者主张权利，生产者、销售者以消费者未对赠品支付对价为由进行免责抗辩的，人民法院不予支持。

第五条第二款 消费者举证证明因食用食品或者使用药品受到损害，初步证明损害与食用食品或者使用药品存在因果关系，并请求食品、药品的生产者、销售者承担侵权责任的，人民法院应予支持，但食品、药品的生产者、销售者能证明损害不是因产品不符合质量标准造成的除外。

第六条 食品的生产者与销售者应当对于食品符合质量标准承担举证责任。认定食品是否安全，应当以国家标准为依据；对地方特色食品，没有国家标准的，应当以地方标准为依据。没有前述标准的，应当以食品安全法的相关规定为依据。

第七条 食品、药品虽在销售前取得检验合格证明，且食用或者使用时尚在保质期内，但经检验确认产品不合格，生产者或者销售者以该食品、药品具有检验合格证明为由进行抗辩的，人民法院不予支持。

第十四条 生产、销售的食品、药品存在质量问题，生产者与销售者需同时承担民事责任、行政责任和刑事责任，其财产不足以支付，当事人依照民法典等有关法律规定，请求食品、药品的生产者、销售者首先承担民事责任的，人民法院应予支持。

第十七条 消费者与化妆品、保健品等产品的生产者、销售者、广告经营者、广告发布者、推荐者、检验机构等主体之间的纠纷，参照适用本规定。

法律规定的机关和有关组织依法提起公益诉讼的，参照适用本规定。

《最高人民法院关于审理食品安全民事纠纷案件适用法律若干问题的解释（一）》（法释〔2020〕14号 2021年1月1日）

第四条 公共交通运输的承运人向旅客提供的食品不符合食品安全标准，旅客主张承运人依据食品安全法第一百四十八条规定承担作为食品生产者或者经营者的赔偿责任的，人民法院应予支持；承运人以其不是食品的生产经营者或者食品是免费提供为由进行免责抗辩的，人民法院不予支持。

《最高人民法院关于审理道路交通事故损害赔偿案件适用法律若干问题的解释》（法释〔2020〕17号 2021年1月1日）

第九条 机动车存在产品缺陷导致交通事故造成损害，当事人请求生产者或者销售者依照民法典第七编第四章的规定承担赔偿责任的，人民法院应予支持。

相关案例

◎公报案例

马水法诉陕西重型汽车有限公司等健康权纠纷案【《最高人民法院公报》2015年第12期】

裁判要旨：生产者应对其法定免责事由承担举证责任，其自行出具的产品质量检验合格报告不能成为其免责之法定事由。生产者不提供证据证明其产品符合质量标准的，应对受害者承担侵权赔偿责任。

本案中，驾驶室举升缸轴座托架总成突然断裂，导致驾驶室落下致马水法受伤。上诉人陕重公司辩称该车系合格产品，不存在产品缺陷，故其应对该零件断裂原因提供证据，以证明该零件断裂并非产品固有缺陷或由其他原因造成，但陕重公司以马水法应承担零件断裂原因的举证责任为由，拒绝对零件断裂原因提供证据及申请鉴定，故陕重公司应当承担举证不能的法律后果。一审法院认定该零件断裂属于产品缺陷，有事实和法律依据，法院予以支持。

◎典型案例

朱某某诉某健康养生馆产品销售者责任纠纷案【人民法院案例库：2023-07-2-373-001】

裁判要旨：关于产品缺陷中"不合理危险"的判定，可综合考虑以下因素：产品用作一般用途且正常使用时是否具备合理期待的安全性；产品标示的性能是否具有合理期待的可能性；产品的结构、原材料和产品的使用消费时间内，是否具备合理期待的安全性。产品因存在不合理危险，造成消费者人身损害的，不应当因为消费者存在特异体质即免除该不合理危险产生的赔偿责任，除非生产者、销售者对消费者特异体质可能导致该不合理危险发生进行了明确的告知。

某财产保险股份有限公司北京市分公司诉被告某（上海）传动系统有限公司保险人代位求偿权纠纷案【人民法院案例库：2024-08-2-333-013】

裁判要旨：保险人代位被保险人向生产者主张承担产品质量缺陷侵权赔偿责任的，应当先对系争产品投入流通时即已存在缺陷、损害事实确实存在以及产品缺陷与损害后果之间存在因果关系承担举证责任，再由生产者就法律规定的免责事由承担举证责任。

山东融某文创置业有限公司与山东金某混凝土有限公司等产品责任纠纷案【（2022）最高法民再24号】

裁判要旨：本案融某文创公司的起诉系产品责任纠纷……卖方提供的产品存在缺陷，导致买方或者他人人身财产损害的，受害方同时获得主张违约责任和侵权责任的请求权，在实践中存在竞合。在这种情况下，当事人可以选择对自己最为有利的责任性质来主张权利，即被侵权人既可以向产品的生产者主张权利，也可以向产品的销售者主张权利。从启动民事诉讼的形式审查要求来看，在程序上并没有对被侵权人以缺陷产品的生产者和销售者作为被告作出禁止性的规定。一审、二审裁定以本案的起诉不属于侵权责任的范围,主体仅限于消费者,不符合法律规定。本案的起诉有明确的原告、明确的被告、具体的诉讼请求;本案起诉涉及的混凝土质量,属于建设工程使用的建筑材料亦不属于建设工程纠纷,符合法律规定的起诉条件;一审法院应当对本案受理后进行实体审理。至于融某文创公司的诉请能否得到支持,应在实体审理中进一步查明。

河北保定太某集团有限责任公司诉华能伊某煤电有限责任公司产品责任纠纷案【(2015)民申字第605号】

裁判要旨:《侵权责任法》第四十三条第一款[1]规定,因产品存在缺陷造成损害的,被侵权人可以向产品的生产者请求赔偿,也可以向产品的销售者请求赔偿。因该规定并未将产品自身受到的损害排除在受侵权人可以向生产者请求的赔偿范围之外,故华能伊某公司在本案中向产品生产者保定太某公司提起诉讼,具有法律依据……即使保定太某公司生产的涉诉四台热网加热器主机部分价格为187万元,但因华能伊某公司购买该四台热网加热器价款290万元中其余部分为热网加热器部分设备和附属设施之价款,且上述部分设备和附属设施在购买后属华能伊某公司所有,故保定太某公司未提供证据证明上述部分设备和附属设施仍正常使用的情形下,法院认定保定太某公司提供的产品之缺陷造成了华能伊某公司购买热网加热器价款之损失,亦无错误……作为涉诉设备生产者的保定太某公司实际从销售者黑龙江太某公司收取的设备价款数额,并不影响保定太某公司向受侵权人华能伊某公司承担产品责任,故保定太某公司以其仅收到58万余元为由主张二审判决判令其承担261万元赔偿责任有失公平,亦难以成立。

> **第一千二百零三条 【产品缺陷的责任主体】**
>
> 因产品存在缺陷造成他人损害的,被侵权人可以向产品的生产者请求赔偿,也可以向产品的销售者请求赔偿。
>
> 产品缺陷由生产者造成的,销售者赔偿后,有权向生产者追偿。因销售者的过错使产品存在缺陷的,生产者赔偿后,有权向销售者追偿。

条文理解

本条是关于产品缺陷的责任主体的规定。在《民法典》第1202条所规定的产品生产者之外,根据本条第1款,产品的销售者也需要承担产品责任,且同样不以销售者存在过错为必要。作出此种规定的考虑在于,在产品缺陷导致被侵权人受到损害的情况下,其通常难以确定产品缺陷的存在究竟与生产者抑或销售者有关。为了使被侵权人能够尽快获得赔偿,本条允许其选择产品的生产者或者消费者请求赔偿,被请求承担的主体不得以自身与产品存在缺陷这一事实无关而主张不承担责任。

本条意义上的销售者主要指产品的批发商与零售商。但对于消费者而言,根据《消费者权益保护法》第42-45条的规定,

---

[1]《民法典》第1203条第1款

允许违法经营者使用自身营业执照的营业执照的持有人、展销会的举办者、租赁柜台的出租人、不能提供销售者或者服务者的真实名称、地址和有效联系方式的网络交易平台、广告经营者、广告发布者，以及在关系消费者生命健康商品或者服务的虚假广告或者其他虚假宣传中向消费者推荐商品的社会团体或者其他组织、个人也属于本条意义上的销售者，需要与实际销售产品的民事主体承担连带责任。

除非产品的销售者与生产者就造成产品缺陷存在共同的意思联络，否则，二者之间的关系一般为不真正连带责任，内部最终的责任分配结果取决于产品缺陷的成因。根据本条第 2 款，如果缺陷系由于生产者造成，则终局责任人为生产者。所以，如果向被侵权人承担侵权责任的为销售者，则其可以向生产者追偿；如果向被侵权人承担责任的为生产者，则其无权向销售者追偿。相反，如果产品缺陷源自销售环节，则应当由销售者最终承担责任。

本条并未明确规定的一种情况是产品缺陷与生产者和销售者均有关，就此应当根据《民法典》第 1168 条、第 1170-1172 条关于多数人侵权的规则确定。例如，产品缺陷一部分是由于生产者工艺缺陷导致，另一部分是由于销售者保存不当导致，二者结合最终使产品具有不合理的危险。对于此种情况，应当根据《民法典》第 1172 条确定产品的生产者与销售者之间的内部责任分担比例（对外须承担连带责任，而非按份责任），无法确定双方各自的行为对于缺陷发生的影响时，则生产者与销售者各承担 50% 的责任。

相关条文

◎**法律**

《民法典》（2021 年 1 月 1 日）

第一千二百二十三条 因药品、消毒产品、医疗器械的缺陷，或者输入不合格的血液造成患者损害的，患者可以向药品上市许可持有人、生产者、血液提供机构请求赔偿，也可以向医疗机构请求赔偿。患者向医疗机构请求赔偿的，医疗机构赔偿后，有权向负有责任的药品上市许可持有人、生产者、血液提供机构追偿。

《消费者权益保护法》（2014 年 3 月 15 日）

第四十条第一、二款 消费者在购买、使用商品时，其合法权益受到损害的，可以向销售者要求赔偿。销售者赔偿后，属于生产者的责任或者属于向销售者提供商品的其他销售者的责任的，销售者有权向生产者或者其他销售者追偿。

消费者或者其他受害人因商品缺陷造成人身、财产损害的，可以向销售者要求赔偿，也可以向生产者要求赔偿。属于生产者责任的，销售者赔偿后，有权向生产者追偿。属于销售者责任的，生产者赔偿后，有权向销售者追偿。

第四十二条 使用他人营业执照的违法经营者提供商品或者服务，损害消费者合法权益的，消费者可以向其要求赔偿，也可以向营业执照的持有人要求赔偿。

第四十三条 消费者在展销会、租赁柜台购买商品或者接受服务，其合法权益受到损害的，可以向销售者或者服务者要求赔偿。展销会结束或者柜台租赁期满后，也可以向展销会的举办者、柜台的出租者要求赔偿。展销会的举办者、柜台的出租者赔偿后，有权向销售者或者服务者追偿。

第四十四条 消费者通过网络交易平台购买商品或者接受服务，其合法权益受到损害的，可以向销售者或者服务者要求赔偿。网络交易平台提供者不能提供销售者或者服务者的真实名称、地址和有效联系方式的，消费者也可以向网络交易平台提供者要求赔偿；网络交易平台提供者作出更有利于消费者的承诺的，应当履行承诺。网络交易平台提供者赔偿后，有权向销售者或者服务者追偿。

网络交易平台提供者明知或者应知销售者或者服务者利用其平台侵害消费者合法权益，未采取必要措施的，依法与该销售者或者服务者承担连带责任。

第四十五条 消费者因经营者利用虚假广告或者其他虚假宣传方式提供商品或者服务，其合法权益受到损害的，可以向经营者要求赔偿。广告经营者、发布者发布虚假广告的，消费者可以请求行政主管部门予以惩处。广告经营者、发布者不能提供经营者的真实名称、地址和有效联系方式的，应当承担赔偿责任。

广告经营者、发布者设计、制作、发布关系消费者生命健康商品或者服务的虚假广告，造成消费者损害的，应当与提供该商品或者服务的经营者承担连带责任。

社会团体或者其他组织、个人在关系消费者生命健康商品或者服务的虚假广告或者其他虚假宣传中向消费者推荐商品或者服务，造成消费者损害的，应当与提供该商品或者服务的经营者承担连带责任。

《产品质量法》（2018年12月29日）

第四十条 售出的产品有下列情形之一的，销售者应当负责修理、更换、退货；给购买产品的消费者造成损失的，销售者应当赔偿损失：

（一）不具备产品应当具备的使用性能而事先未作说明的；

（二）不符合在产品或者其包装上注明采用的产品标准的；

（三）不符合以产品说明、实物样品等方式表明的质量状况的。

销售者依照前款规定负责修理、更换、退货、赔偿损失后，属于生产者的责任或者属于向销售者提供产品的其他销售者（以下简称供货者）的责任的，销售者有权向生产者、供货者追偿。

销售者未按照第一款规定给予修理、更换、退货或者赔偿损失的，由市场监督管理部门责令改正。

生产者之间，销售者之间，生产者与销售者之间订立的买卖合同、承揽合同有不同约定的，合同当事人按照合同约定执行。

第四十二条 由于销售者的过错使产品存在缺陷，造成人身、他人财产损害的，销售者应当承担赔偿责任。

销售者不能指明缺陷产品的生产者也不能指明缺陷产品的供货者的，销售者应当承担赔偿责任。

第四十三条 因产品存在缺陷造成人身、他人财产损害的，受害人可以向产品的生产者要求赔偿，也可以向产品的销售者要求赔偿。属于产品的生产者的责任，产品的销售者赔偿的，产品的销售者有权向产品的生产者追偿。属于产品的销售者的责任，产品的生产者赔偿的，产品的生产者有权向产品的销售者追偿。

◎**司法解释**

《最高人民法院关于适用〈中华人民共和国民法典〉侵权责任编的解释（一）》（法释〔2024〕12号 2024年9月27日）

第十九条 因产品存在缺陷造成买受人财产损害，买受人请求产品的生产者或者销售者赔偿缺陷产品本身损害以及其他财产损害的，人民法院依照民法典第一千二百零二条、第一千二百零三条的规定予以支持。

《最高人民法院关于审理食品药品纠纷案件适用法律若干问题的规定》（法释〔2021〕17号 2021年12月1日）

第二条 因食品、药品存在质量问题造成消费者损害，消费者可以分别起诉或者同时起诉销售者和生产者。

消费者仅起诉销售者或者生产者的，必要时人民法院可以追加相关当事人参加诉讼。

第八条 集中交易市场的开办者、柜台出租者、展销会举办者未履行食品安全法规定的审查、检查、报告等义务，使消费者的合法权益受到损害的，消费者请求集中交易市场的开办者、柜台出租者、展销会举办者承担连带责任的，人民法院应予支持。

第九条 消费者通过网络交易第三方平台购买食品、药品遭受损害，网络交易第三方平台提供者不能提供食品、药品的生产者或者销售者的真实名称、地址与有效联系方式，消费者请求网络交易第三方平台提供者承担责任的，人民法院应予支持。

网络交易第三方平台提供者承担赔偿责任后，向生产者或者销售者行使追偿权的，人民法院应予支持。

网络交易第三方平台提供者知道或者应当知道食品、药品的生产者、销售者利用其平台侵害消费者合法权益，未采取必要措施，给消费者造成损害，消费者要求其与生产者、销售者承担连带责任的，人民法院应予支持。

第十条 未取得食品生产资质与销售资质的民事主体，挂靠具有相应资质的生产者与销售者，生产、销售食品，造成消费者损害，消费者请求挂靠者与被挂靠者承担连带责任的，人民法院应予支持。

消费者仅起诉挂靠者或者被挂靠者的，必要时人民法院可以追加相关当事人参加诉讼。

第十一条 消费者因虚假广告推荐的食品、药品存在质量问题遭受损害，依据消费者权益保护法等法律相关规定请求广告经营者、广告发布者承担连带责任的，人民法院应予支持。

其他民事主体在虚假广告中向消费者推荐食品、药品，使消费者遭受损害，消费者依据消费者权益保护法等法律相关规定请求其与食品、药品的生产者、销售者承担连带责任的，人民法院应予支持。

第十二条 食品检验机构故意出具虚假检验报告，造成消费者损害，消费者请求其承担连带责任的，人民法院应予支持。

食品检验机构因过失出具不实检验报告，造成消费者损害，消费者请求其承担相应责任的，人民法院应予支持。

第十三条 食品认证机构故意出具虚假认证，造成消费者损害，消费者请求其承担连带责任的，人民法院应予支持。

食品认证机构因过失出具不实认证，造成消费者损害，消费者请求其承担相应责任的，人民法院应予支持。

第十八条 本规定所称的"药品的生产者"包括药品上市许可持有人和药品生产企业，"药品的销售者"包括药品经营企业和医疗机构。

《最高人民法院关于审理食品安全民事纠纷案件适用法律若干问题的解释（一）》（法释〔2020〕14号 2021年1月1日）

第一条 消费者因不符合食品安全标准的食品受到损害，依据食品安全法第一百四十八条第一款规定诉请食品生产者或者经营者赔偿损失，被诉的生产者或者经营者以赔偿责任应由生产经营者中的另一方承担为由主张免责的，人民法院不予支持。属于生产者责任的，经营者赔偿后有权向生产者追偿；属于经营者责任的，生产者赔偿后有权向经营者追偿。

《最高人民法院关于审理道路交通事故损害赔偿案件适用法律若干问题的解释》（法释〔2020〕17号　2021年1月1日）

第九条　机动车存在产品缺陷导致交通事故造成损害，当事人请求生产者或者销售者依照民法典第七编第四章的规定承担赔偿责任的，人民法院应予支持。

相关案例

◎公报案例

刁维奎诉云南中发石化有限公司产品销售者责任纠纷案【《最高人民法院公报》2020年第12期】

裁判要旨：消费者主张因购买缺陷产品而导致财产损害，但未保留消费凭证的，人民法院应结合交易产品及金额、交易习惯、当事人的陈述、相关的物证和书证等证据，综合认定消费者与销售者之间是否存在买卖合同关系。在此基础上，依据民事诉讼证明标准和民事诉讼证据规则，合理划分消费者和销售者的举证责任。如果产品缺陷与损害结果之间在通常情形下存在关联性，可认定二者之间具有因果关系。

上诉人刁维奎提交的车辆维修《诊断证明》载明："三元催化器、氧传感器、火花塞表面有不明白色物质。据此判断白色物质与发动机工作时的燃烧相关。"由此，可确认上诉人车辆受损部位与汽油的质量高度关联。另，云南省产品质量监督检验研究院出具的《检验报告》证实：昆明市五华区市场监督管理局从被上诉人处提取并送检的95号汽油样品经检验不合格，结合同一时段有多名消费者（含上诉人）针对油品问题投诉被上诉人云南中发石化有限公司，依据民事诉讼高度盖然性的证明标准，认定上诉人车辆受损与被上诉人向其出售的油品不合格之间存在因果关系。被上诉人虽对此不予认可，但未提交充足的证据予以反驳。其一审提交的《检验报告》，虽与上诉人提交的《检验报告》均为云南省产品质量监督检验研究院出具，但被上诉人提交的检验报告中送检的样品是其单方取样送检的，而上诉人提交的检验报告中送检的样品系昆明市五华区市场监督管理局取样送检的，被上诉人提交的《检验报告》的证明力显然低于上诉人提交的《检验报告》，故采信上诉人提交的《检验报告》，认定被上诉人向上诉人出售的95号汽油的油品不合格。

◎典型案例

西安中某机械有限公司、西安华某电炉有限公司产品生产者责任纠纷案【（2019）最高法民申1190号】

裁判要旨：销售者对生产者享有产品责任追偿权的前提是销售者对被侵权人履行了赔偿义务，因此追偿权的诉讼时效应从销售者赔偿完毕之日起算。就本案而言，根据一审、二审查明的事实，华某公司支付最后一笔赔偿款的时间为2012年12月31日，华某公司一审起诉时间为2013年12月26日，未超过2年诉讼时效。

第一千二百零四条　【生产者、销售者对第三人的追偿权】

因运输者、仓储者等第三人的过错使产品存在缺陷，造成他人损害的，产品的生产者、销售者赔偿后，有权向第三人追偿。

条文理解

本条是关于生产者、销售者对第三人的追偿权的规定。不同于《民法典》第1175条，根据本条，即使产品缺陷是由于运输者、仓储者的过错行为所导致，产品的生产者、销售者也不能因此主张自身不承担责任，而应当由第三人直接向被侵权人赔偿。作出此种特别规定的考虑与《民法典》第 1203 条类似，在产品从生产者到销售者流转的过程中可能涉及多种类型的第三人，这些第三人的行为均可能影响产品是否存在缺陷。但对于购买产品的被侵权人而言，其难以了解缺陷的具体成因。所以，相较于要求其确定具体造成缺陷之人并请求赔偿，更为合理的做法是允许其直接请求生产者或者销售者赔偿，而后由更为了解产品流转过程的生产者或者消费者对于终局责任人行使追偿权。

与《民法典》第 1175 条在解释上类似，本条意义上的第三人不包括生产者或者销售者本就应当为其承担责任的第三人，例如，销售者的工作人员负责运输产品，但在运输过程中因为保管不当造成产品缺陷。对于这些类型的第三人，应当由为其承担责任的主体承担产品责任。所以，在前述情况下，如果生产者赔偿了被侵权人的损失，其可以直接向销售者而非销售者的运输人员追偿。

根据本条，产品的生产者或者销售者在向被侵权人赔偿后有权向造成产品缺陷的第三人追偿，其追偿权的范围应当与第三人的过错行为与产品缺陷的因果关系相适应。所以，如果产品缺陷系由于运输者与生产者分别实施的过错行为结合后所导致，无过错的销售者向被侵权人赔偿后应当按照运输者与生产者的行为对于缺陷的影响程度分别追偿。

相关条文

◎ **法律**

《民法典》（2021 年 1 月 1 日）

第一千一百七十五条 损害是因第三人造成的，第三人应当承担侵权责任。

相关案例

◎ **典型案例**

山东齐某增塑剂股份有限公司诉东营天某塑业有限公司产品责任纠纷案【（2017）最高法民申 2339 号】

裁判要旨：齐某公司作为产品的生产者、销售者，应当提供符合要求的产品，而从公安机关对谢某忠涉嫌犯罪一案的侦查情况来看，谢某忠自认在向天某公司运输二辛酯时采取抽出二辛酯掺入二异丁酯的方式倒换货物赚取差价，所以齐某公司的货物在运至天某公司之前就已被掺入了二异丁酯而存在缺陷……本案中，谢某忠系齐某公司指定的运输货物的司机，运输车辆受齐某公司管理并加装 GPS，齐某公司收取相应的管理费，因此，谢某忠的运输行为应视为齐某公司交付行为的一部分，对于运输者谢某忠在运输过程中掺假行为所导致产品存在缺陷而造成的损失，齐某公司应依法承担赔偿责任。齐某公司在承担赔偿责任后，可以依法向运输者追偿。

某源设备厂与吴某某、徐某某等产品责任纠纷案【（2023）鄂 13 民终 1312 号】

裁判要旨：本案中，虽然宁夏欣某检测科技有限公司对蒸饭柜的产品质量进行了鉴定，现场勘验时检测出连接燃气瓶与蒸饭柜的调压器出口压力上限和下限不符合行业标准，但鉴定结论并未评判调压器是否存在产品缺陷，该产品缺陷与本案事故是否有因果关系。即便调压器的质量存在缺陷，因夏某某、徐某某未将调压器的生产者列为本案被告，上诉人某源设备厂在一审法庭辩论终结前并未向法院提交申请追加调压器的生产者某厨具公司作为本案被告参加诉讼，其二审虽然提出追加被告申请，但依照上述规定，某厨具公司并非本案参加诉讼的当事人，上诉人认为其应当承担赔偿责任，其可在本案诉讼后另案主张权利。

第一千二百零五条 【产品缺陷危及他人人身、财产安全的侵权责任】

因产品缺陷危及他人人身、财产安全的，被侵权人有权请求生产者、销售者承担停止侵害、排除妨碍、消除危险等侵权责任。

条文理解

本条是关于产品责任的其他责任承担形式的规定。相较于《民法典》第 1167 条关于侵权行为危及他人人身、财产安全的责任承担形式而言，本条并未作出特别规定，因而仅是该条在产品责任领域的注意性规定。

相关条文

◎法律

《民法典》（2021 年 1 月 1 日）

第一千一百六十七条 侵权行为危及他人人身、财产安全的，被侵权人有权请求侵权人承担停止侵害、排除妨碍、消除危险等侵权责任。

相关案例

◎典型案例

上诉人沪东中某造船（集团）有限公司与被上诉人 A×× 高压电机有限公司其他海事海商纠纷案【（2022）沪民终 60 号】

裁判要旨：涉案压缩机马达装配于在建船舶上产生异常振动，多次检测的主要指标超出行业标准限值，不符合应有的使用性能，船舶更换其他压缩机马达后再次试航后顺利交付。结合双方当事人参与的联合调查小组的调查报告、沪东中某公司的危害分析和 C 公司的分析报告，有理由认定系涉案压缩机马达本身存在问题导致了异常振动。但在案证据尚不能证明涉案压缩机马达存在"危及人身、他人财产安全的不合理危险"或不符合产品本身之"保障人体健康和人身、财产安全的国家标准、行业标准"，本院难以认定涉案压缩机马达构成产品缺陷。因涉案压缩机马达不构成产品缺陷，故对沪东中某公司主张的损失包括新马达采购费用、更换马达产生的服务费，二次试航产生的拖轮费、气体费用、燃油费用、人工费用等，已无认定必要，本院不再赘述。

付某某、某某公司甲产品生产者责任纠纷案【（2024）青 01 民终 640 号】

裁判要旨：召回针对的是有缺陷的商品，而不是不合格商品，由经营者主动实施或者由市场监督管理部门责令进行。因此，消费品召回是企业在消费品存在缺陷情况下需要承担的法定义务，根据上述民法典的规定，付某某作为本案中的被侵权人，召回案涉车辆不属于东某华神公司承担民事侵权责任的方式，付某某作为消费者根据《消费者权益保护法》第八条规定，可以向经营者或者有关行政部门反映情况或者提出召回建议，故对于本案中付某某要求东某华神公司召回案涉车辆的上诉请求本院不予支持。

第一千二百零六条 【生产者、销售者的补救措施及费用承担】

产品投入流通后发现存在缺陷的，生产者、销售者应当及时采取停止销售、警示、召回等补救措施；未及时采取补救措施或者补救措施不力造成损害扩大的，对扩大的损害也应当承担侵权责任。

依据前款规定采取召回措施的，生产者、销售者应当负担被侵权人因此支出的必要费用。

条文理解

本条是关于生产者、销售者的补救措施及费用承担的规定。根据《产品质量法》第41条第2款第3项,如果在产品投入流通时的科学技术水平尚不能发现产品存在缺陷,则产品的生产者不承担产品责任。但是,产品存在的缺陷可能随着科学技术水平的发展而逐渐被发现。根据本条第1款,生产者在此种情况下对于存在缺陷的产品负有采取停止销售、警示、召回等补救措施的义务,其未能及时采取补救措施或者补救措施不力造成损害扩大的,则需就扩大的损害部分承担侵权责任。

在解释本条中的"未及时采取补救措施或者补救措施不力",应当认为其不限于生产者、销售者在意识到缺陷存在后未能及时采取措施的情况。特别是对于生产者而言,其对于产品应当尽到必要的跟踪、观察义务,以了解产品可能存在的缺陷。如果其怠于履行此种义务导致损害扩大,同样应当就该部分损害承担侵权责任。

根据本条第2款,生产者、销售者应当负担由于召回措施导致被侵权人支出的必要费用。此处的必要费用并不限于将存在缺陷的产品运送至生产者、销售者所在地的费用,还包括生产者、销售者因为无法正常使用产品所支出的必要的替代费用。例如,生产者召回存在缺陷的汽车集中修理的,就修理期间被侵权人由于无法使用该汽车所支出的替代费用(如租车费用)同样应当由生产者、销售者负担。

相关条文

◎ 法律

《食品安全法》(2021年4月29日)

第六十三条 国家建立食品召回制度。食品生产者发现其生产的食品不符合食品安全标准或者有证据证明可能危害人体健康的,应当立即停止生产,召回已经上市销售的食品,通知相关生产经营者和消费者,并记录召回和通知情况。

食品经营者发现其经营的食品有前款规定情形的,应当立即停止经营,通知相关生产经营者和消费者,并记录停止经营和通知情况。食品生产者认为应当召回的,应当立即召回。由于食品经营者的原因造成其经营的食品有前款规定情形的,食品经营者应当召回。

食品生产经营者应当对召回的食品采取无害化处理、销毁等措施,防止其再次流入市场。但是,对因标签、标志或者说明书不符合食品安全标准而被召回的食品,食品生产者在采取补救措施且能保证食品安全的情况下可以继续销售;销售时应当向消费者明示补救措施。

食品生产经营者应当将食品召回和处理情况向所在地县级人民政府食品安全监督管理部门报告;需要对召回的食品进行无害化处理、销毁的,应当提前报告时间、地点。食品安全监督管理部门认为必要的,可以实施现场监督。

食品生产经营者未依照本条规定召回或者停止经营的,县级以上人民政府食品安全监督管理部门可以责令其召回或者停止经营。

第九十四条第三款 发现进口食品不符合我国食品安全国家标准或者有证据证明可能危害人体健康的,进口商应当立即停止进口,并依照本法第六十三条的规定召回。

《药品管理法》(2019年12月1日)

第八十二条 药品存在质量问题或者其他安全隐患的,药品上市许可持有人应当立即停止销售,告知相关药品经营企业和医疗机构停止销售和使用,召回已销售的药品,及时公开召回信息,必要时应当立即停止生产,并将药品召回和处理情况向省、自治区、直辖市人民政府药品监督管理部门和卫生健康主管部门报告。药品生产企业、药品经营企业和医疗机构应当配合。

药品上市许可持有人依法应当召回药品而未召回的,省、自治区、直辖市人民政府药品监督管理部门应当责令其召回。

《产品质量法》(2018年12月29日)

第四十一条 因产品存在缺陷造成人身、缺陷产品以外的其他财产(以下简称他人财产)损害的,生产者应当承担赔偿责任。

生产者能够证明有下列情形之一的,不承担赔偿责任:

(一)未将产品投入流通的;

(二)产品投入流通时,引起损害的缺陷尚不存在的;

(三)将产品投入流通时的科学技术水平尚不能发现缺陷的存在的。

《消费者权益保护法》(2014年3月15日)

第十九条 经营者发现其提供的商品或者服务存在缺陷,有危及人身、财产安全危险的,应当立即向有关行政部门报告和告知消费者,并采取停止销售、警示、召回、无害化处理、销毁、停止生产或者服务等措施。采取召回措施的,经营者应当承担消费者因商品被召回支出的必要费用。

《特种设备安全法》(2014年1月1日)

第二十六条 国家建立缺陷特种设备召回制度。因生产原因造成特种设备存在危及安全的同一性缺陷的,特种设备生产单位应当立即停止生产,主动召回。

国务院负责特种设备安全监督管理的部门发现特种设备存在应当召回而未召回的情形时,应当责令特种设备生产单位召回。

◎行政法规

《药品召回管理办法》(国家药品监督管理局公告2022年第92号 2022年11月1日)

第五条 持有人是控制风险和消除隐患的责任主体,应当建立并完善药品召回制度,收集药品质量和安全的相关信息,对可能存在的质量问题或者其他安全隐患进行调查、评估,及时召回存在质量问题或者其他安全隐患的药品。

药品生产企业、药品经营企业、药品使用单位应当积极协助持有人对可能存在质量问题或者其他安全隐患的药品进行调查、评估,主动配合持有人履行召回义务,按照召回计划及时传达、反馈药品召回信息,控制和收回存在质量问题或者其他安全隐患的药品。

第六条 药品生产企业、药品经营企业、药品使用单位发现其生产、销售或者使用的药品可能存在质量问题或者其他安全隐患的,应当及时通知持有人,必要时应当暂停生产、放行、销售、使用,并向所在地省、自治区、直辖市人民政府药品监督管理部门报告,通知和报告的信息应当真实。

第十条 持有人应当主动收集、记录药品的质量问题、药品不良反应/事件、其他安全风险信息,对可能存在的质量问题或者其他安全隐患进行调查和评估。

药品生产企业、药品经营企业、药品使用单位应当配合持有人对有关药品质量问题或者其他安全隐患进行调查,并提供有关资料。

第十五条 持有人经调查评估后,确定药品存在质量问题或者其他安全隐患的,应当立即决定并实施召回,同时通过企业官方网站或者药品相关行业媒体向社会发布召回信息。召回信息应当包括以下内容：药品名称、规格、批次、持有人、药品生产企业、召回原因、召回等级等。

实施一级、二级召回的，持有人还应当申请在所在地省、自治区、直辖市人民政府药品监督管理部门网站依法发布召回信息。省、自治区、直辖市人民政府药品监督管理部门网站发布的药品召回信息应当与国家药品监督管理局网站链接。

第二十一条 境外生产药品涉及在境内实施召回的，境外持有人指定的在中国境内履行持有人义务的企业法人（以下称境内代理人）应当按照本办法组织实施召回，并向其所在地省、自治区、直辖市人民政府药品监督管理部门和卫生健康主管部门报告药品召回和处理情况。

境外持有人在境外实施药品召回，经综合评估认为属于下列情形的，其境内代理人应当于境外召回启动后10个工作日内，向所在地省、自治区、直辖市人民政府药品监督管理部门报告召回药品的名称、规格、批次、召回原因等信息：

（一）与境内上市药品为同一品种，但不涉及境内药品规格、批次或者剂型的；

（二）与境内上市药品共用生产线的；

（三）其他需要向药品监督管理部门报告的。

境外持有人应当综合研判境外实施召回情况，如需要在中国境内召回的，应当按照本条第一款规定组织实施召回。

《食品召回管理办法》（国家市场监督管理总局令第31号 2020年10月23日）

第三条 食品生产经营者应当依法承担食品安全第一责任人的义务，建立健全相关管理制度，收集、分析食品安全信息，依法履行不安全食品的停止生产经营、召回和处置义务。

第八条 食品生产经营者发现其生产经营的食品属于不安全食品的，应当立即停止生产经营，采取通知或者公告的方式告知相关食品生产经营者停止生产经营、消费者停止食用，并采取必要的措施防控食品安全风险。

食品生产经营者未依法停止生产经营不安全食品的，县级以上市场监督管理部门可以责令其停止生产经营不安全食品。

第九条 食品集中交易市场的开办者、食品经营柜台的出租者、食品展销会的举办者发现食品经营者经营的食品属于不安全食品的，应当及时采取有效措施，确保相关经营者停止经营不安全食品。

第十条 网络食品交易第三方平台提供者发现网络食品经营者经营的食品属于不安全食品的，应当依法采取停止网络交易平台服务等措施，确保网络食品经营者停止经营不安全食品。

第十一条 食品生产经营者生产经营的不安全食品未销售给消费者，尚处于其他生产经营者控制中的，食品生产经营者应当立即追回不安全食品，并采取必要措施消除风险。

第十二条 食品生产者通过自检自查、公众投诉举报、经营者和监督管理部门告知等方式知悉其生产经营的食品属于不安全食品的，应当主动召回。

食品生产者应当主动召回不安全食品而没有主动召回的，县级以上市场监督管理部门可以责令其召回。

第十九条 食品经营者知悉食品生产者召回不安全食品后，应当立即采取停止购进、销售，封存不安全食品，在经营场所醒目位置张贴生产者发布的召回公告等措施，配合食品生产者开展召回工作。

第二十条 食品经营者对因自身原因所导致的不安全食品，应当根据法律法规的规定在其经营的范围内主动召回。

食品经营者召回不安全食品应当告知供货商。供货商应当及时告知生产者。

食品经营者在召回通知或者公告中应当特别注明系因其自身的原因导致食品出现不安全问题。

第二十一条 因生产者无法确定、破产等原因无法召回不安全食品的，食品经营者应当在其经营的范围内主动召回不安全食品。

相关案例

◎典型案例

广东某集团有限公司诉意大利某药厂侵权责任纠纷案【人民法院案例库：2024-10-2-504-001】

裁判要旨：缺陷产品的境外生产商是召回缺陷产品的最终责任主体。在境外生产商不履行或怠于履行召回义务的情形下，与境外生产商之间无合同关系的境内销售商有权依据产品质量法等相关规定，直接向境外生产商主张权利；因缺陷产品的境外生产商怠于履行召回义务造成损失的，境内销售商可主张赔偿。

缺陷产品的境外生产商怠于履行召回义务造成损失的，境内销售商以侵权之诉向境外生产商主张赔偿的范围应限于境外生产商怠于履行产品召回义务这一不作为侵权行为造成的直接损失，包括境内销售商库存的及已在中国境内召回的缺陷产品的损失、为实施产品召回所支付的费用以及因境外生产商未及时召回导致缺陷产品过期报废而产生的处置费用等。在境内销售缺陷产品的可得利益损失系应自行承担的商业风险，境外生产商无须赔偿。同时，境内销售商库存产品及其已召回产品的损失不应包括销售利润。

第一千二百零七条 【产品责任中的惩罚性赔偿】

明知产品存在缺陷仍然生产、销售，或者没有依据前条规定采取有效补救措施，造成他人死亡或者健康严重损害的，被侵权人有权请求相应的惩罚性赔偿。

条文理解

本条是关于产品责任中的惩罚性赔偿的规定。根据本条，被侵权人请求产品的生产者或者销售者承担惩罚性赔偿的，应当以产品的生产者或者销售者明知产品存在缺陷仍然生产、销售或者没有在发现产品存在缺陷后采取有效的补救措施为前提。在此基础上，被侵权人请求惩罚性赔偿还须以造成被侵权人死亡或者健康受到严重损害为条件。在判断是否存在本条意义上的"明知"时，可以参考《最高人民法院关于审理食品安全民事纠纷案件适用法律若干问题的解释（一）》第6条所规定的各种情形。

除了本条所规定的惩罚性赔偿外，关于具体产品的特别法上还规定了其他类型的惩罚性赔偿。例如，根据《食品安全法》第148条第2款，生产不符合食品安全标准的食品或者经营明知是不符合食品安全标准的食品的，消费者可以在主张损害赔偿的基础上要求生产者或者经营者支付价款十倍或者损失三倍的赔偿金，增加赔偿的金额不足一千元的，为一千元。

相关条文

◎法律

《食品安全法》（2021年4月29日）

第一百四十八条第二款 生产不符合食品安全标准的食品或者经营明知是不符合合食品安全标准的食品，消费者除要求赔偿损失外,还可以向生产者或者经营者要求支付价款十倍或者损失三倍的赔偿金;增加赔偿的金额不足一千元的,为一千元。但是,食品的标签、说明书存在不影响食品安全且不会对消费者造成误导的瑕疵的除外。

《消费者权益保护法》(2014年3月15日)

第五十五条第二款 经营者明知商品或者服务存在缺陷,仍然向消费者提供,造成消费者或者其他受害人死亡或者健康严重损害的,受害人有权要求经营者依照本法第四十九条、第五十一条等法律规定赔偿损失,并有权要求所受损失二倍以下的惩罚性赔偿。

◎ 司法解释

《最高人民法院关于审理食品药品惩罚性赔偿纠纷案件适用法律若干问题的解释》

(法释〔2024〕9号 2024年8月22日)

第一条 购买者因个人或者家庭生活消费需要购买的食品不符合食品安全标准,购买后依照食品安全法第一百四十八条第二款规定请求生产者或者经营者支付惩罚性赔偿金的,人民法院依法予以支持。

没有证据证明购买者明知所购买食品不符合食品安全标准仍然购买的,人民法院应当根据购买者请求以其实际支付价款为基数计算价款十倍的惩罚性赔偿金。

第三条 受托人明知购买者委托购买的是不符合食品安全标准的食品或者假药、劣药仍然代购,购买者依照食品安全法第一百四十八条第二款或者药品管理法第一百四十四条第三款规定请求受托人承担惩罚性赔偿责任的,人民法院应予支持,但受托人不以代购为业的除外。

以代购为业的受托人明知是不符合食品安全标准的食品或者假药、劣药仍代购,向购买者承担惩罚性赔偿责任后向生产者追偿的,人民法院不予支持。受托人不知道是不符合食品安全标准的食品或者假药、劣药而代购,向购买者承担赔偿责任后向生产者追偿的,人民法院依法予以支持。

第四条 食品生产加工小作坊和食品摊贩等生产经营的食品不符合食品安全标准,购买者请求生产者或者经营者依照食品安全法第一百四十八条第二款规定承担惩罚性赔偿责任的,人民法院应予支持。

食品生产加工小作坊和食品摊贩等生产经营的食品不符合省、自治区、直辖市制定的具体管理办法等规定,但符合食品安全标准,购买者请求生产者或者经营者依照食品安全法第一百四十八条第二款规定承担惩罚性赔偿责任的,人民法院不予支持。

《最高人民法院关于审理食品安全民事纠纷案件适用法律若干问题的解释(一)》

(法释〔2020〕14号 2021年1月1日)

第六条 食品经营者具有下列情形之一,消费者主张构成食品安全法第一百四十八条规定的"明知"的,人民法院应予支持:

(一)已过食品标明的保质期但仍然销售的;

(二)未能提供所售食品的合法进货来源的;

(三)以明显不合理的低价进货且无合理原因的;

(四)未依法履行进货查验义务的;

(五)虚假标注、更改食品生产日期、批号的;

(六)转移、隐匿、非法销毁食品进销货记录或者故意提供虚假信息的;

(七)其他能够认定为明知的情形。

第七条 消费者认为生产经营者生产经营不符合食品安全标准的食品同时构成

欺诈的，有权选择依据食品安全法第一百四十八条第二款或者消费者权益保护法第五十五条第一款规定主张食品生产者或者经营者承担惩罚性赔偿责任。

第十条 食品不符合食品安全标准，消费者主张生产者或者经营者依据食品安全法第一百四十八条第二款规定承担惩罚性赔偿责任，生产者或者经营者以未造成消费者人身损害为由抗辩的，人民法院不予支持。

第十一条 生产经营未标明生产者名称、地址、成分或者配料表，或者未清晰标明生产日期、保质期的预包装食品，消费者主张生产者或者经营者依据食品安全法第一百四十八条第二款规定承担惩罚性赔偿责任的，人民法院应予支持，但法律、行政法规、食品安全国家标准对标签标注事项另有规定的除外。

《最高人民法院关于审理医疗损害责任纠纷案件适用法律若干问题的解释》（法释〔2020〕17号 2021年1月1日）

第二十三条 医疗产品的生产者、销售者、药品上市许可持有人明知医疗产品存在缺陷仍然生产、销售，造成患者死亡或者健康严重损害，被侵权人请求生产者、销售者、药品上市许可持有人赔偿损失及二倍以下惩罚性赔偿的，人民法院应予支持。

相关案例

◎**典型案例**

宫某某诉北京某臣氏个人用品连锁商店有限公司、北京某臣氏个人用品连锁商店有限公司朝阳第三十分店买卖合同纠纷案
【（2014）三中民（商）终字第01156号】

裁判要旨：经营者违反了《食品安全法》第四十条应及时清理超过保质期食品的义务，销售不符合食品安全标准的食品，可推定其存在"明知"，属于明知而销售不符合食品安全标准的行为，消费者除要求赔偿损失外，还可以向生产者或者销售者要求支付价款十倍的赔偿金。虽然宫某某未提交证据证明其因该食品产生了人身损害，但上述赔偿不以消费者人身权益遭受损害为前提。故，宫某某要求经营者退还购物款并进行十倍赔偿的诉讼请求，于法有据，应予以支持。

青岛某某网络科技有限公司与扶沟某某农业科技有限公司产品生产者责任纠纷案
【（2024）鲁02民终6303号】

裁判要旨：在产品责任纠纷案件中，生产者承担侵权责任的前提是造成损害，要求惩罚性赔偿的前提包括造成了严重的人身损害后果。《消费者权益保护法》第四十九条和第五十二条分别对造成消费者人身损害和财产损害的民事责任进行了区分，其中，第五十二条规定，"造成消费者财产损害的，应当依照法律规定或者当事人约定承担修理、重作、更换、退货、补足商品数量、退还货款和服务费用或者赔偿损失等民事责任"。仅购买商品产生的价款损失可按照第五十二条的规定进行处理，但不能认定为《民法典》第一千二百零七条中造成严重人身损害后果情形，不能请求惩罚性赔偿。本案中，扶沟某某公司未提交证据证明案涉8宝灵机存在有毒有害物质或造成了消费者死亡或者健康严重损害，青岛某某公司不应承担惩罚性赔偿责任。

第五章　机动车交通事故责任

第一千二百零八条　【机动车交通事故责任的法律适用】
机动车发生交通事故造成损害的，依照道路交通安全法律和本法的有关规定承担赔偿责任。

条文理解

本条是关于机动车交通事故责任法律适用的规定。从规范内容上看，关于机动车交通事故责任的具体内容，本条分别指向了道路交通安全法律以及本法的有关规定。其中，前者包括《道路交通安全法》《道路交通安全法实施条例》《机动车交通事故责任强制保险条例》等法律法规，后者主要指本章余下各条（《民法典》第1209-1217条），另外也包括与机动车交通事故有关的其他规定。例如，机动车存在缺陷导致交通事故发生的，可以适用本法关于产品责任的规定。关于如何理解本条意义上的"机动车"与"交通事故"，可以依据《道路交通安全法》第119条确定。

机动车交通事故责任的责任构成主要由《道路交通安全法》第76条规定。根据该条，机动车交通事故责任可以分为以下三种情况：

其一，如果交通事故发生于机动车之间，则适用于一般的过错责任，由有过错的一方承担赔偿责任。双方都有过错的，按照各自过错的比例分担责任（与有过失规则的具体适用）。

其二，如果交通事故发生于机动车与非机动车驾驶人、行人之间，考虑到机动车本身具有一定的危险性（尽管尚未达到高度危险作业或者高度危险物的程度），如果非机动车驾驶人、行人没有过错，则由机动车一方承担赔偿责任。此时，无论机动车一方是否具有过错，其均应当承担赔偿责任，此种情况下的机动车交通事故责任因而具有无过错责任的属性。但是，如果非机动车驾驶人、行人有过错，可以根据其过错程度适当减轻机动车一方的赔偿责任。在此基础上，机动车一方没有过错的，承担不超过百分之十的赔偿责任。换言之，如果机动车一方与非机动车驾驶人、行人一方均具有过错，则机动车一方需要承担赔偿责任，但其赔偿范围可以适当减轻（此种减轻并非按照过错的比例分担责任，因而在减轻程度上弱于机动车之间发生交通事故且双方均有过错的情况，以体现对于非机动车驾驶人、行人一方的特别保护）。机动车一方没有过错，而非机动车驾驶人、行人一方有过错的（后者无过错的情况下，机动车一方须赔偿机动车第三者责任强制保险责任限额范围外的全部损失），机动车一方仍然需要承担损害赔偿责任，但赔偿范围不超过损害数额的10%。

其三，交通事故发生于机动车与非机动车驾驶人、行人之间，且损害是由于非机动车驾驶人、行人故意碰撞机动车造成的，则机动车一方不承担赔偿责任，这与《民法典》第1175条关于受害人故意的规定也相一致。

此外，机动车交通事故责任在损害赔偿义务的履行顺序上与其他类型的侵权责任也有所不同。根据《道路交通安全法》第76条第1款的规定，由于机动车发生交通事故产生的损失，首先应当由保险公司在机动车第三者责任强制保险责任限额范围内予以赔偿，不足的部分适用上述关于机动车交通事故责任的规定予以赔偿。

相关条文

◎法律

《道路交通安全法》（2021年4月29日）

第七十六条　机动车发生交通事故造成人身伤亡、财产损失的，由保险公司在机动车第三者责任强制保险责任限额范围内予以赔偿；不足的部分，按照下列规定承担赔偿责任：

（一）机动车之间发生交通事故的，由有过错的一方承担赔偿责任；双方都有过错的，按照各自过错的比例分担责任。

（二）机动车与非机动车驾驶人、行人之间发生交通事故，非机动车驾驶人、行人没有过错的，由机动车一方承担赔偿责任；有证据证明非机动车驾驶人、行人有过错的，根据过错程度适当减轻机动车一方的赔偿责任；机动车一方没有过错的，承担不超过百分之十的赔偿责任。

交通事故的损失是由非机动车驾驶人、行人故意碰撞机动车造成的，机动车一方不承担赔偿责任。

第一百一十九条　本法中下列用语的含义：

（一）"道路"，是指公路、城市道路和虽在单位管辖范围但允许社会机动车通行的地方，包括广场、公共停车场等用于公众通行的场所。

（二）"车辆"，是指机动车和非机动车。

（三）"机动车"，是指以动力装置驱动或者牵引，上道路行驶的供人员乘用或者用于运送物品以及进行工程专项作业的轮式车辆。

（四）"非机动车"，是指以人力或者畜力驱动，上道路行驶的交通工具，以及虽有动力装置驱动但设计最高时速、空车质量、外形尺寸符合有关国家标准的残疾人机动轮椅车、电动自行车等交通工具。

（五）"交通事故"，是指车辆在道路上因过错或者意外造成的人身伤亡或者财产损失的事件。

◎行政法规

《道路交通安全法实施条例》（中华人民共和国国务院令第687号　2017年10月7日）

第九十二条　发生交通事故后当事人逃逸的，逃逸的当事人承担全部责任。但是，有证据证明对方当事人也有过错的，可以减轻责任。

当事人故意破坏、伪造现场、毁灭证据的，承担全部责任。

第九十七条　车辆在道路以外发生交通事故，公安机关交通管理部门接到报案的，参照道路交通安全法和本条例的规定处理。

车辆、行人与火车发生的交通事故以及在渡口发生的交通事故，依照国家有关规定处理。

◎司法解释

《最高人民法院关于审理道路交通事故损害赔偿案件适用法律若干问题的解释》（法释〔2020〕17号　2021年1月1日）

第六条　机动车试乘过程中发生交通事故造成试乘人损害，当事人请求提供试乘服务者承担赔偿责任的，人民法院应予支持。试乘人有过错的，应当减轻提供试乘服务者的赔偿责任。

第七条第一款　因道路管理维护缺陷导致机动车发生交通事故造成损害，当事人请求道路管理者承担相应赔偿责任的，人民法院应予支持。但道路管理者能够证明已经依照法律、法规、规章的规定，或者按照国家标准、行业标准、地方标准的要求尽到安全防护、警示等管理维护义务的除外。

第十条　多辆机动车发生交通事故造成第三人损害，当事人请求多个侵权人承担赔偿责任的，人民法院应当区分不同情况，依照民法典第一千一百七十条、第一千一百七十一条、第一千一百七十二条的规定，确定侵权人承担连带责任或者按份责任。

第十一条　道路交通安全法第七十六条规定的"人身伤亡"，是指机动车发生交通事故侵害被侵权人的生命权、身体权、健康权等人身权益所造成的损害，包括民法典第一千一百七十九条和第一千一百八十三条规定的各项损害。

道路交通安全法第七十六条规定的"财产损失"，是指因机动车发生交通事故侵害被侵权人的财产权益所造成的损失。

第十二条　因道路交通事故造成下列财产损失，当事人请求侵权人赔偿的，人民法院应予支持：

（一）维修被损坏车辆所支出的费用、车辆所载物品的损失、车辆施救费用；

（二）因车辆灭失或者无法修复，为购买交通事故发生时与被损坏车辆价值相当的车辆重置费用；

（三）依法从事货物运输、旅客运输等经营性活动的车辆，因无法从事相应经营活动所产生的合理停运损失；

（四）非经营性车辆因无法继续使用，所产生的通常替代性交通工具的合理费用。

第二十四条　公安机关交通管理部门制作的交通事故认定书，人民法院应依法审查并确认其相应的证明力，但有相反证据推翻的除外。

第二十五条　机动车在道路以外的地方通行时引发的损害赔偿案件，可以参照适用本解释的规定。

相关案例

◎典型案例

云南富某安泰物流有限公司与云南保山交通某输集团有限责任公司等机动车交通事故责任纠纷案【（2016）最高法民申1574号】

裁判要旨：本案中，登记所有人为富某公司、实际所有人为倪某某的肇事车辆在高速公路上超载行驶的过程中轮胎脱落，与对向行驶的、登记所有人为交某集团的客车相撞，引发交通事故……案涉机动车交通事故责任应当根据过错，在机动车之间即富某公司、倪某某与交某集团之间分担。事故发生前，肇事机动车曾在杨某经营的汽配修理店换胎，富某公司认为杨某的维修存在质量问题，应当在本案中承担主要责任。本院认为，交通事故与车辆维修涉及两个不同的法律关系，一个是机动车使用人与受害人之间的侵权关系，一个是机动车所有人与机动车维修者之间的合同关系。前者属于机动车交通事故侵权责任制度，而后者属于合同责任调整的范围，两者不能混为一谈。道路交通事故认定书关于杨某的责任认定，混淆了侵权责任与合同责任两种不同的法律责任……一审、二审法院认定杨某不是交通参与人，没有判令其承担机动车交通事故责任，而是释明富某公司、倪某某在本案中承担机动车交通事故责任后，可以根据与杨某之间的机动车维修合同关系，依法向杨某进行追偿，在适用法律上并无不当。

王某某、张某、张某某诉长某保险公司等交通事故责任纠纷案【（2019）苏民申3295号】

裁判要旨：本案中，张某某在患有胃癌的情况下因案涉交通事故而受伤，因外伤不能耐受化疗而最终死于胃癌导致的多器官衰竭。毋庸置疑，本案交通事故的侵权行为与张某某发生损害之间具有因果关系，在侵权责任成立上并无争议。本案的争议焦点主要集中在责任范围及因果关系的认定上，即作为侵权人的交通事故责任方，应当承担的责任范围究竟有多大，是否应当对张某某最终死亡这一后果承担全部责任。

从过错的角度分析，张某某自身患有胃癌的体质状况不能认为是自身的过错……但是，完全不考虑受害者自身体质情况仅仅指该损害结果是交通事故直接造成，没有其他参与介入因素，即属于一因一果的情况下。从该角度出发，本案交通事故直接导致的损害结果是骨折外伤，就该损害结果一审、二审法院并未以张某某自身患有胃癌而扣减加害人的责任，而是判决侵权人全额承担张某某因骨折外伤产生的全部医疗费……但对于多因一果的情况，尤其当受害人自身体质状况是导致死亡结果主因的情况下……因果关系是侵权责任成立的基础要件，只有在作为客观要件的因果关系已经满足后才能对一般侵权责任的主观要件进行分析。当因果关系构成复杂，各种原因力交织导致了损害后果，并非单纯的一因一果的情况下，不考虑因果关系的类型，简单地以受害人的体质状况是既存的事实或受害者没有过错为由，一概拒绝将此种因果联系评价为法律上的因果关系，不符合侵权责任法立法的精神……在可以排除侵权人明知受害人体质状况而利用其体质弱点实施侵害的情况下，如果侵权人仅因一般过失的侵害行为触发受害人体质弱点，只有综合具体行为与实际损害之间的差距、受害人经济状况、侵权人承受能力等因素来减少侵权人承担责任的范围，才符合社会的公平正义原则。

> **第一千二百零九条**　【所有人、管理人与使用人不一致时的机动车交通事故责任】
> 因租赁、借用等情形机动车所有人、管理人与使用人不是同一人时，发生交通事故造成损害，属于该机动车一方责任的，由机动车使用人承担赔偿责任；机动车所有人、管理人对损害的发生有过错的，承担相应的赔偿责任。

条文理解

本条是关于机动车所有人、管理人与使用人不一致时的责任的规定。根据本条，当机动车的所有人、管理人与使用人不一致时，应当由机动车这一特殊危险源的实际控制人，也就是本条规定的机动车使用人承担赔偿责任。此种规定的合理性在于，机动车的使用人相较于所有人与管理人而言更有可能防止机动车造成事故。基于类似的考虑，如果不存在机动车使用人，但是机动车的所有人与管理人不一致时（如机动车被送至管理人处保管或者维修），应当由机动车的管理人承担侵权责任。需要注意的是，如果机动车的使用人与机动车的所有人或者管理人存在特殊关系（如雇佣关系、劳务关系），以至于后者应当为前者的行为负责时，被侵权人应当请求机动车的所有人或者管理人承担侵权责任。

除了机动车使用人应当承担的责任外，根据本条，如果机动车所有人、管理人对损害的发生有过错的，同样应当承担相应的赔偿责任。关于机动车所有人、管理人是否存在过错的认定，可以参考《最高人民法院关于审理道路交通事故损害赔偿案件适用法律若干问题的解释》第1条所列举的典型情况。在判断本条意义上的"相应的赔偿责任"时,应当根据机动车所有人、管理人的过错对于被侵权人所遭受的损害的原因力确定。关于机动车所有人、管理人所承担的责任与机动车使用人承担的责任之间的关系,一般认为二者为按份责任,即被侵权人应当根据前述主体对于损害结果的影响程度分别主张侵权责任。但本书认为,更为合理的解释是,至少就交通事故发生于机动车与非机动车驾驶人、行人之间的情况,由于此种情况下的机动车交通事故责任主要是无过错责任,因此机动车所有人、管理人应当就此所负责的损害范围与机动车使用人承担不真正连带责任,二者内部的终局责任则根据双方的过错程度区分。

此外,《最高人民法院关于审理道路交通事故损害赔偿案件适用法律若干问题的解释》还就一种特殊情况专门作出了规定。根据该解释第5条,接受机动车驾驶培训的人员在培训活动中驾驶机动车发生交通事故造成损害的,应当由驾驶培训单位而非接受机动车驾驶培训的人员承担责任。此种规定的合理之处在于,接受机动车驾驶培训的人员尚未完全掌握机动车驾驶的技能,在驾驶机动车时仍然处于驾驶培训单位的监督、控制之下。所以,实际对于机动车享有控制的仍然是驾驶培训单位。基于类似的考虑,在试驾关系中,如果试驾服务的提供者对于车辆运行仍享有最终的控制权,则同样应当由其承担损害赔偿责任。

相关条文

◎ 司法解释

《最高人民法院关于审理道路交通事故损害赔偿案件适用法律若干问题的解释》
(法释〔2020〕17号 2021年1月1日)

第一条 机动车发生交通事故造成损害,机动车所有人或者管理人有下列情形之一,人民法院应当认定其对损害的发生有过错,并适用民法典第一千二百零九条的规定确定其相应的赔偿责任:

(一)知道或者应当知道机动车存在缺陷,且该缺陷是交通事故发生原因之一的;

(二)知道或者应当知道驾驶人无驾驶资格或者未取得相应驾驶资格的;

(三)知道或者应当知道驾驶人因饮酒、服用国家管制的精神药品或者麻醉药品,或者患有妨碍安全驾驶机动车的疾病等依法不能驾驶机动车的;

(四)其它应当认定机动车所有人或者管理人有过错的。

第五条 接受机动车驾驶培训的人员,在培训活动中驾驶机动车发生交通事故造成损害,属于该机动车一方责任,当事人请求驾驶培训单位承担赔偿责任的,人民法院应予支持。

相关案例

◎ 典型案例

上海永某星田汽车销售服务有限公司等与任某某交通事故赔偿纠纷案【(2011)沪一中民一(民)终字第2959号】

裁判要旨:本案争议焦点在于上诉人永某星田汽销公司是否应对本起事故造成的损失承担赔偿责任。上诉人称,其在整个试驾过程中尽到了安全保障义务,对本起事故的发生没有过错。二审法院认为,首先,上诉人作为车辆所有人及试驾活动的组织方,于试驾进行前未详尽告知试驾人车辆性能及试驾路线,故可以认定其在预防和减少危险发生的方面存在一定过错。其次,尽管各方当事人对于陪驾人员在试驾过程中所起的作用陈述不一,但二审法院认为,根据上诉人与姚某所签订的试乘试驾同意书,试驾期间姚某应服从上诉人的一切指示,现上诉人上诉称,其提供的试驾人员除解答车辆性能、提醒试驾路线外并无操纵驾驶的行为,但其未提供充分证据加以证明,故对其该项主张,二审法院不予采信。此外,上诉人作为试驾活动的利益享有者也应承担相应的风险,对此原审判决书中已详细阐明,二审法院不再赘述。上诉人另称,其与姚某在试乘试驾同意书中约定,对试驾过程中造成的人身伤亡及财产损失由试驾人负责,二审法院认为,上诉人提供的该格式条款免除了自身责任,排除了对方的主要权利,应认定为无效,且上诉人与姚某之间对于责任承担的约定亦不能对抗交通事故中的受害人即本案被上诉人任某某。综上,上诉人要求不承担赔偿责任的上诉请求,缺乏事实和法律依据,不予支持。

佘某某等诉魏某某等机动车交通事故责任纠纷案【(2013)万法民初字第01782号】

裁判要旨:被告魏某某将其所有的小型轿车借给被告张某清,张某清又将该车租给被告张某灼,因被告张某清、张某灼具有小型轿车的驾驶资质,且事发车辆经检测合格,故被告魏某某、被告张某清不应承担本案赔偿责任。被告张某灼租用该车后停放在被告王某某楼下,并将钥匙交与被告王某某,疏于管理,以致该车被被告王某某借给无驾驶资质的被告陈某某;被告王某某将车借给不具有小型轿车驾驶资质的被告陈某某;被告陈某某不具有小型轿车驾驶资质而借用、驾驶肇事车辆,且在被告姚某无证驾驶机动车时未予阻止,放任损害后果的发生,故被告张某灼、王某某、陈某某均存在一定过错,应承担相应赔偿责任。被告陈某某虽然曾无证驾驶该肇事车辆,但其行为与损害后果的发生无因果关系,故被告陈某某在本案中不应承担赔偿责任。

李某某、朱雪某、朱水某、安某诉北京神州汽车租赁有限公司等机动车交通事故责任纠纷案【(2020)苏05民终8381号】

裁判要旨:肇事的皖 AEP×××号小客车由安某向神某租车公司租赁来使用,神某租车公司为该车的出租方和管理方。神某租车公司出租该车时依规定审查了承租人安某的驾驶证,应当知晓安某的驾驶证于2020年1月6日取得,承租时尚处于实习期内。依照《机动车驾驶证申领和使用规定》(公安部令第139号)第七十五条之规定,驾驶人在实习期内驾驶机动车上高速公路行驶,应当由持相应或者更高准驾车型驾驶证三年以上的驾驶人陪同。本案中,根据交警对安某的讯问笔录,安某于2020年3月16日在上海租车开回老家河南,又于3月17日从老家载了三个人到江苏,分别送至吴中、太仓和上海,从河南到苏州行程1000多公里,十多个小时,一路上都是其驾驶车辆。安某在回答警方讯问时称其事发时"早上比较迷糊、犯困,没有注意看路口信号灯,于是撞了车"。本院认为,神某租车公司作为专业的汽车租赁公司,其在专业知识、危险防范能力等方面要高于一般的出借人和出租人,因此在判断其过错时也应更加严格。本案中,安某在两天内往返于河南和苏州,在驾驶证尚在实习期的情况下独自上高速长距离、长时间地行驶,该行为极易导致驾驶人因疲劳而引发事故,与本案事故发生有重要的关联性。神某租车公司知晓承租人安某所持为实习期驾驶证,并且根据其提供的车辆行驶轨迹截图亦说明其能够知悉安某的前述违规驾驶行为,应当预见到车辆由安某长时间在高速上驾驶可能会产生危险,但神某租车公司未举证证明其对安某进行了安全提示,或者对车辆采取了相应控制手段使安某不得违规上高速行驶。因此，本院认为神某租车公司对本案事故的发生具有一定的过错，本院酌定神某租车公司对李某某等超过保险限额及前述150000元部分的损失承担20%的赔偿责任。

第一千二百一十条　【转让并交付但未办理登记的机动车侵权责任】

当事人之间已经以买卖或者其他方式转让并交付机动车但是未办理登记，发生交通事故造成损害，属于该机动车一方责任的，由受让人承担赔偿责任。

条文理解

本条是关于机动车转让并交付但未办理登记时的责任的规定。根据本条，机动车交通事故责任的责任主体应当为机动车的占有人而非登记簿上记载的所有权人。此种规定的合理性与《民法典》第1209条关于机动车使用人承担责任的规定相类似。以当事人通过买卖的方式转让机动车为例，在已经交付占有的情况下，买受人是实际占有、使用机动车的主体，其相较于出卖人而言享受机动车带来的利益，同时也更有可能预防因为机动车产生的损害。

关于本条意义上的交付是否包括《民法典》第226-228条规定的三种替代交付的形式，理论上存在一定分歧。就《民法典》第226条规定的情况而言，由于受让人已经提前占有了机动车，自然应当由其承担责任；就《民法典》第227条而言，由于第三人是机动车的占有人，应当根据《民法典》第1209条由其作为机动车的使用人承担责任。转让对第三人的返还请求权的意义在于，从此时开始，如果受让人对第三人造成的损害的发生有过错的，应当承担相应的责任。就《民法典》第228条而言，由于当事人约定出让人继续占有该机动车，根据《民法典》第1209条由其作为机动车的使用人承担责任，受让人如果对出让人造成的损害的发生有过错的，应当承担相应的责任。

相关条文

◎法律

《民法典》（2021年1月1日）

第二百二十七条　动产物权设立和转让前，第三人占有该动产的，负有交付义务的人可以通过转让请求第三人返还原物的权利代替交付。

第二百二十八条　动产物权转让时，当事人又约定由出让人继续占有该动产的，物权自该约定生效时发生效力。

◎司法解释

《最高人民法院关于审理道路交通事故损害赔偿案件适用法律若干问题的解释》（法释〔2020〕17号　2021年1月1日）

第二条　被多次转让但是未办理登记的机动车发生交通事故造成损害，属于该机动车一方责任，当事人请求由最后一次转让并交付的受让人承担赔偿责任的，人民法院应予支持。

《最高人民法院关于连环购车未办理过户手续，原车主是否对机动车发生交通事故致人损害承担责任的请示的批复》（〔2001〕民一他字第32号　2001年12月31日）

江苏省高级人民法院：

你院"关于连环购车未办理过户手续，原车主是否承担对机动车发生交通事故致人损害承担责任的请示"收悉。经研究认为：

连环购车未办理过户手续，因车辆已经交付，原车主既不能支配该车的营运，也不能从该车的营运中获得利益，故原车主不应对机动车发生交通事故致人损害承担责任。但是，连环购车未办理过户手续的行为，违反有关行政管理法规的，应受其规定的调整。

《最高人民法院关于购买人使用分期付款购买的车辆从事运输因交通事故造成他人财产损失保留车辆所有权的出卖方不应承担民事责任的批复》（法释〔2000〕38号 2000年12月8日）

四川省高级人民法院：

你院川高法〔1999〕2号《关于在实行分期付款、保留所有权的车辆买卖合同履行过程中购买方使用该车辆进行货物运输给他人造成损失的，出卖方是否应当承担民事责任的请示》收悉。经研究，答复如下：

采取分期付款方式购车，出卖方在购买方付清全部车款前保留车辆所有权的，购买方以自己名义与他人订立货物运输合同并使用该车运输时，因交通事故造成他人财产损失的，出卖方不承担民事责任。

相关案例

◎ **典型案例**

陈某梅、胡某诉丁某成等机动车交通事故责任纠纷案【（2016）苏0302民初539号】

裁判要旨：法律规定当事人间已经以买卖等方式转让并交付机动车但未办理所有权转移登记，发生交通事故后属于该机动车一方责任的，由保险公司在机动车强制保险范围内予以赔偿，不足部分，由受让人承担。裴某心将涉案车辆转让并交付给吴某立，吴某立又将其转售并交付于丁某成，虽未办理所有权转移登记，但裴某心、吴某立已不是机动车的实际占有人，已丧失对机动车的管理、支配和防范事故发生的能力。因此，裴某心、吴某立不应与丁某成承担连带责任。

杨某慧等诉李某、彭某民机动车交通事故责任纠纷案【（2018）渝01民终5491号】

裁判要旨：支配性与利益性是判断连环购车中原车主是否承担连带责任的重要依据。交通事故侵权责任认定的重要原则就是"谁支配、谁获利、谁担责"。转让人未投交强险，但车辆已经交付买受人使用，买受人对车辆进行控制、支配并获得相关利益，应当由买受人承担赔偿责任，才符合公平原则。加之，未投保交强险的车辆，与车辆本身是否符合运行安全技术条件没有关联性，由此，这种情况下，转让人不承担连带赔偿责任。

第一千二百一十一条　【挂靠机动车交通事故责任】

以挂靠形式从事道路运输经营活动的机动车，发生交通事故造成损害，属于该机动车一方责任的，由挂靠人和被挂靠人承担连带责任。

条文理解

本条是关于以挂靠形式从事道路运输经营活动的机动车交通事故责任的规定。根据本条，挂靠人与被挂靠人应当对被侵权人承担连带责任。需要注意的是，本条的适用范围限于挂靠人从事道路运输经营活动的情况，如果挂靠人并不从事此种经营活动，只是借助被挂靠人的身份或者资质购买车辆自用，则不属于本条的调整范围。

根据本条，尽管被挂靠人并不实际占有、使用车辆但仍然应当承担责任，此种规定的考虑在于，被挂靠人通过允许他人挂靠的方式，协助他人规避现行法上关于从事道路运输经营活动应当获得行政许可的要求。由于被挂靠人的行为，导致缺乏从事道路运输经营活动资质的挂靠人得以从事相关经营活动，从而增加了被侵权人遭受损害的风险，因而应当与挂靠人承担连带责任。

关于挂靠人与被挂靠人在向被侵权人承担侵权责任后的内部责任分配问题，尽管挂靠人的侵权行为是导致交通事故发生的直接原因，但这并不意味着其应当作为终局责任人。更为合理的做法是在挂靠人与被挂靠人之间根据过错程度分担损失。

相关条文

◎行政法规

《道路运输条例》（中华人民共和国国务院令第764号 2023年7月20日）

第十条 申请从事客运经营的，应当依法向市场监督管理部门办理有关登记手续后，按照下列规定提出申请并提交符合本条例第八条规定条件的相关材料：

（一）从事县级行政区域内和毗邻县行政区域间客运经营的，向所在地县级人民政府交通运输主管部门提出申请；

（二）从事省际、市际、县际（除毗邻县行政区域间外）客运经营的，向所在地设区的市级人民政府交通运输主管部门提出申请；

（三）在直辖市申请从事客运经营的，向所在地直辖市人民政府确定的交通运输主管部门提出申请。

依照前款规定收到申请的交通运输主管部门，应当自受理申请之日起20日内审查完毕，作出许可或者不予许可的决定。予以许可的，向申请人颁发道路运输经营许可证，并向申请人投入运输的车辆配发车辆营运证；不予许可的，应当书面通知申请人并说明理由。

对从事省际和市际客运经营的申请，收到申请的交通运输主管部门依照本条第二款规定颁发道路运输经营许可证前，应当与运输线路目的地的相应交通运输主管部门协商，协商不成的，应当按程序报省、自治区、直辖市人民政府交通运输主管部门协商决定。对从事设区的市内毗邻县客运经营的申请，有关交通运输主管部门应当进行协商，协商不成的，报所在地市级人民政府交通运输主管部门决定。

第二十四条 申请从事货运经营的，应当依法向市场监督管理部门办理有关登记手续后，按照下列规定提出申请并分别提交符合本条例第二十一条、第二十三条规定条件的相关材料：

（一）从事危险货物运输经营以外的货运经营的，向县级人民政府交通运输主管部门提出申请；

（二）从事危险货物运输经营的，向设区的市级人民政府交通运输主管部门提出申请。

依照前款规定收到申请的交通运输主管部门，应当自受理申请之日起20日内审查完毕，作出许可或者不予许可的决定。予以许可的，向申请人颁发道路运输经营许可证，并向申请人投入运输的车辆配发车辆营运证；不予许可的，应当书面通知申请人并说明理由。

使用总质量4500千克及以下普通货运车辆从事普通货运经营的，无需按照本条规定申请取得道路运输经营许可证及车辆营运证。

第三十三条 道路运输车辆应当随车携带车辆营运证，不得转让、出租。

相关案例

◎典型案例

重庆市越某物流有限公司与谭某华机动车交通事故责任纠纷案【（2016）渝民申471号】

裁判要旨：越某物流公司是否对谭某华驾驶车辆发生的交通事故承担连带责任是本案争议焦点。在越某物流公司与王某某就本案肇事车辆签订挂靠合同后，本案肇事车辆即是以挂靠形式从事道路运输经营活动的机动车。虽然王某某其后将车辆转让给谭某康，其后，谭某康又将车辆转让给谭某华。但越某物流公司对王某某的转让是知晓的，且越某物流公司一直是车辆的登记所有人。本案肇事车辆直至发生交通事故时，也是在以越某物流公司的名义进行运输经营。因此，越某物流公司作为车辆的被挂靠人，对车辆的运行具有管理权和相关利益……越某物流公司应当对属于机动车一方的责任承担连带责任。

杨某某与陈某某、中国人某财产保险股份有限公司济南市分公司等提供劳务者受害责任纠纷案【（2019）苏09民终4795号】

裁判要旨：认定挂靠单位作为交通事故责任的赔偿主体，是基于交易相对人或不特定的道路交通参与人对事故车辆系挂靠单位所有这一认知存在信赖利益。之所以存在信赖认知是因为根据《机动车登记规定》，机动车登记证书是机动车的所有权凭证，受害人作为第三人对挂靠人与被挂靠人内部约定无从知晓也不需知晓，故依据机动车登记证书认定挂靠单位是挂靠车辆的所有权人，要求挂靠单位承担赔偿责任符合民法上的外观主义原则。但本案中，上诉人杨某某是在"大某微帮"上获知被上诉人陈某某发布的招聘信息，后携带驾驶证和从业资格证到陈某某处应聘，并最终获得驾驶案涉车辆上下货的工作，

也就是说，上诉人杨某某对其受被上诉人陈某某雇佣驾驶事故车辆，听从陈某某的安排、受陈某某监督以及从陈某某处领取工资是有明确认知的，不存在其误以为受挂靠单位即龙某货运公司雇佣，为龙某货运公司开车的错误认知……《最高人民法院关于审理道路交通事故损害赔偿案件适用法律若干问题的解释》第三条[1]适用的前提是针对机动车造成第三人损害时的责任认定，那么关于"第三人"是否包括本车驾乘人员的问题，结合《道路交通安全法》等相关法律法规，应当认定本车人员并不在交通事故造成损害的赔偿主体范围之内。

福建泉州欣某达运输有限公司与袁某等公路货物运输合同纠纷案【（2020）闽05民终1017号】

裁判要旨：顺某运输公司与宏某物流公司自认与袁某存在挂靠关系，本案袁某所驾驶车辆的重型半挂牵引车（皖LC×××）行驶证登记所有人为顺某运输公司，重型低平板半挂车（赣J17××）行驶证登记所有人为宏某物流公司，对外具有物权公示的法律效力，牵引车与挂车是不能分割的整体，两者结合方能产生使用价值和经济利益，牵引车与挂车是共同运输，发生事故造成损失应共同对外承担责任……顺某运输公司与宏某物流公司作为被挂靠单位，从袁某的运输活动中获得经济利益，应共同对袁某承担的损失赔偿承担连带责任。

---

[1]《民法典》第1211条。

第一千二百一十二条 【未经允许驾驶他人机动车交通事故责任】

未经允许驾驶他人机动车，发生交通事故造成损害，属于该机动车一方责任的，由机动车使用人承担赔偿责任；机动车所有人、管理人对损害的发生有过错的，承担相应的赔偿责任，但是本章另有规定的除外。

条文理解

本条是关于未经允许驾驶他人机动车的责任的规定。在未经允许驾驶他人机动车的情况下，由于机动车的实际使用人并非机动车的所有人、管理人，因而应当由其承担责任。在此基础上，与《民法典》第1209条的立场类似，如果机动车的所有人、管理人对于损害的发生有过错，则应当承担相应的赔偿责任。例如，机动车的所有人明知他人曾未经允许驾驶自己的机动车，但仍然疏于防范的，应当认定存在过错。

需要注意的是，如果某人未经允许驾驶他人机动车，而后将该机动车交给机动车所有人、管理人之外的第三人，在发生交通事故造成损害时，应当由机动车的实际使用人而非未经允许驾驶他人机动车之人承担赔偿责任。关于未经允许驾驶他人机动车之人应当承担的责任，考虑到《民法典》第1215条第1款规定的连带责任仅限于盗窃、抢劫或者抢夺机动车的情况，更为妥当的解释是未经允许驾驶他人机动车之人仅承担本条关于机动车所有人、管理人所规定的义务，即如果其对于损害的发生有过错，则应当承担相应的赔偿责任。

根据本条，如果本章对于未经允许驾驶他人机动车的责任另有规定，则应当依据该规定处理。此处的另有规定主要指《民法典》第1215条第1款关于盗窃、抢劫或者抢夺的机动车交通事故责任的规定。

相关条文

◎法律

《民法典》（2021年1月1日）

第一千二百一十五条第一款 盗窃、抢劫或者抢夺的机动车发生交通事故造成损害的，由盗窃人、抢劫人或者抢夺人承担赔偿责任。盗窃人、抢劫人或者抢夺人与机动车使用人不是同一人，发生交通事故造成损害，属于该机动车一方责任的，由盗窃人、抢劫人或者抢夺人与机动车使用人承担连带责任。

相关案例

◎典型案例

郭某某、中国人某财产保险股份有限公司资阳市中心支公司机动车交通事故责任纠纷案【（2019）川民申5441号】

裁判要旨：郭某某系案涉肇事车辆的实际管理人，应对车辆负有谨慎管理义务，而郭某某停车后未熄火也未取走车钥匙，致同车的龙某乘机将车驶出并造成本案事故，郭某某对案涉肇事车辆未尽到谨慎管理义务，对本案的事故发生存在过错……应承担侵权责任赔偿，资阳人某保险公司非侵权责任人，不应承担侵权责任赔偿……关于资阳人某保险公司称本次事故驾驶员不是被保险人，也不是被保险人允许的驾驶人，不符合机动车第三者责任保险的保险责任的问题。机动车第三者责任保险针对的是投保的车辆而不是驾驶人员，被保险车辆造成他人损失应当在机动车第三者责任保险内予以赔偿。

关于资阳人某保险公司称龙某的行为符合盗窃机动车后发生的交通事故，应由龙某独自承担损害赔偿责任的问题。龙某无非法占有案涉被保险车辆的目的，四川省资阳市中级人民法院（2018）川20刑终81号刑事判决书亦未认定龙某犯盗窃罪。

南通某行金属铸造有限公司、周某甲等机动车交通事故责任纠纷案【（2024）苏06民终4262号】

裁判要旨：本案徐某乙所驾车辆虽登记在某诚机械厂名下，但实际为某行公司所有，作为该车辆实际所有人，某行公司负有对该车辆的管理责任。而根据徐某乙在公安机关的多次陈述及其在一审庭审中的陈述，其以前也曾驾驶过该车辆，案涉事故发生当日其可自由取得车钥匙，并将该车辆开出某行公司。某行公司对车钥匙的保管、使用及车辆进出公司未进行严格管理，导致无该车辆相应驾驶证的徐某乙轻易获取车钥匙并随意驾驶车辆驶出公司，发生案涉交通事故造成损失。故，某行公司对损害的发生存在过错，应当承担相应的赔偿责任。一审法院据此酌情确认超过交强险限额部分由某行公司对徐某乙赔偿责任中的30%承担连带责任，确定的相应赔偿责任比例较为合理，亦无不当。

胡某某与某某公司、张某某等机动车交通事故责任纠纷案【（2024）陕71民终50号】

裁判要旨：本案中，事故发生当天，杨某某将案涉车辆停放在某某市场内部停车场，车辆钥匙已拔下并放入车厢前方的箱子内，对车辆尽到了通常的注意义务。张某某未经杨某某允许，私自驾驶杨某某所有的案涉车辆发生交通事故，一审法院认定杨某某对本案事故的发生没有过错并无不当。

第一千二百一十三条　【交通事故侵权救济来源的支付顺序】

机动车发生交通事故造成损害，属于该机动车一方责任的，先由承保机动车强制保险的保险人在强制保险责任限额范围内予以赔偿；不足部分，由承保机动车商业保险的保险人按照保险合同的约定予以赔偿；仍然不足或者没有投保机动车商业保险的，由侵权人赔偿。

条文理解

本条是关于机动车交通事故责任的赔偿顺序的规定。根据本条，机动车交通事故责任的赔偿顺序为：承保机动车强制保险的保险人、承保机动车商业保险的保险人、侵权人。

关于承保机动车强制保险的保险人的赔偿责任，根据本条以及《道路交通安全法》第76条第1款的规定，其承担的责任上限为机动车第三者责任强制保险责任的限额。关于该限额的具体内容，应当以《中国银保监会关于调整交强险责任限额和费率浮动系数的公告》第1条的内容为准。需要注意的是，根据《机动车交通事故责任强制保险条例》第2条，机动车第三者责任保险为强制保险。所以，如果投保义务人未依法投保强制保险，即使投保义务人并非本条中的侵权人，其也应当在机动车强制保险责任限额的范围内与侵权人承担连带责任（以不超出被侵权人可以请求的赔偿数额为前提）。

由于承保机动车商业保险的保险人承担赔偿责任的基础在于保险合同的约定，所以，保险人如果基于该合同对于投保人享有抗辩权的，可以向被侵权人主张。

相关条文

◎ **法律**

《道路交通安全法》（2021年4月29日）

第七十六条 机动车发生交通事故造成人身伤亡、财产损失的，由保险公司在机动车第三者责任强制保险责任限额范围内予以赔偿；不足的部分，按照下列规定承担赔偿责任：

（一）机动车之间发生交通事故的，由有过错的一方承担赔偿责任；双方都有过错的，按照各自过错的比例分担责任。

（二）机动车与非机动车驾驶人、行人之间发生交通事故，非机动车驾驶人、行人没有过错的，由机动车一方承担赔偿责任；有证据证明非机动车驾驶人、行人有过错的，根据过错程度适当减轻机动车一方的赔偿责任；机动车一方没有过错的，承担不超过百分之十的赔偿责任。

交通事故的损失是由非机动车驾驶人、行人故意碰撞机动车造成的，机动车一方不承担赔偿责任。

◎ **行政法规**

《机动车交通事故责任强制保险条例》（中华人民共和国国务院令第709号 2019年3月2日）

第二条 在中华人民共和国境内道路上行驶的机动车的所有人或者管理人，应当依照《中华人民共和国道路交通安全法》的规定投保机动车交通事故责任强制保险。

机动车交通事故责任强制保险的投保、赔偿和监督管理，适用本条例。

第三条 本条例所称机动车交通事故责任强制保险，是指由保险公司对被保险机动车发生道路交通事故造成本车人员、被保险人以外的受害人的人身伤亡、财产损失，在责任限额内予以赔偿的强制性责任保险。

第十条第一款 投保人在投保时应当选择从事机动车交通事故责任强制保险业务的保险公司，被选择的保险公司不得拒绝或者拖延承保。

第二十一条 被保险机动车发生道路交通事故造成本车人员、被保险人以外的受害人人身伤亡、财产损失的，由保险公司依法在机动车交通事故责任强制保险责任限额范围内予以赔偿。

道路交通事故的损失是由受害人故意造成的，保险公司不予赔偿。

第二十二条 有下列情形之一的，保险公司在机动车交通事故责任强制保险责任限额范围内垫付抢救费用，并有权向致害人追偿：

（一）驾驶人未取得驾驶资格或者醉酒的；

（二）被保险机动车被盗抢期间肇事的；

（三）被保险人故意制造道路交通事故的。

有前款所列情形之一，发生道路交通事故的，造成受害人的财产损失，保险公司不承担赔偿责任。

第二十三条 机动车交通事故责任强制保险在全国范围内实行统一的责任限额。责任限额分为死亡伤残赔偿限额、医疗费用赔偿限额、财产损失赔偿限额以及被保险人在道路交通事故中无责任的赔偿限额。

机动车交通事故责任强制保险责任限额由国务院保险监督管理机构会同国务院公安部门、国务院卫生主管部门、国务院农业主管部门规定。

第二十七条 被保险机动车发生道路交通事故，被保险人或者受害人通知保险公司的，保险公司应当立即给予答复，告知被保险人或者受害人具体的赔偿程序等有关事项。

第二十八条 被保险机动车发生道路交通事故的，由被保险人向保险公司申请赔偿保险金。保险公司应当自收到赔偿申请之日起1日内，书面告知被保险人需要向保险公司提供的与赔偿有关的证明和资料。

第二十九条 保险公司应当自收到被保险人提供的证明和资料之日起5日内，对是否属于保险责任作出核定，并将结果通知被保险人；对不属于保险责任的，应当书面说明理由；对属于保险责任的，在与被保险人达成赔偿保险金的协议后10日内，赔偿保险金。

◎ 司法解释

《最高人民法院关于适用〈中华人民共和国民法典〉侵权责任编的解释（一）》
（法释〔2024〕12号　2024年9月27日）

第二十一条 未依法投保强制保险的机动车发生交通事故造成损害，投保义务人和交通事故责任人不是同一人，被侵权人合并请求投保义务人和交通事故责任人承担侵权责任的，交通事故责任人承担侵权人应承担的全部责任；投保义务人在机动车强制保险责任限额范围内与交通事故责任人共同承担责任，但责任主体实际支付的赔偿费用总和不应超出被侵权人应受偿的损失数额。

投保义务人先行支付赔偿费用后，就超出机动车强制保险责任限额范围部分向交通事故责任人追偿的，人民法院应予支持。

第二十二条 机动车驾驶人离开本车后，因未采取制动措施等自身过错受到本车碰撞、碾压造成损害，机动车驾驶人请求承保本车机动车强制保险的保险人在强制保险责任限额范围内，以及承保本车机

动车商业第三者责任保险的保险人按照保险合同的约定赔偿的，人民法院不予支持，但可以依据机动车车上人员责任保险的有关约定支持相应的赔偿请求。

《最高人民法院关于审理道路交通事故损害赔偿案件适用法律若干问题的解释》
（法释〔2020〕17号　2021年1月1日）

第十三条 同时投保机动车第三者责任强制保险（以下简称"交强险"）和第三者责任商业保险（以下简称"商业三者险"）的机动车发生交通事故造成损害，当事人同时起诉侵权人和保险公司的，人民法院应当依照民法典第一千二百一十三条的规定，确定赔偿责任。

被侵权人或者其近亲属请求承保交强险的保险公司优先赔偿精神损害的，人民法院应予支持。

第十四条 投保人允许的驾驶人驾驶机动车致使投保人遭受损害，当事人请求承保交强险的保险公司在责任限额范围内予以赔偿的，人民法院应予支持，但投保人为本车上人员的除外。

第十五条 有下列情形之一导致第三人人身损害，当事人请求保险公司在交强险责任限额范围内予以赔偿，人民法院应予支持：

（一）驾驶人未取得驾驶资格或者未取得相应驾驶资格的；

（二）醉酒、服用国家管制的精神药品或者麻醉药品后驾驶机动车发生交通事故的；

（三）驾驶人故意制造交通事故的。

保险公司在赔偿范围内向侵权人主张追偿的，人民法院应予支持。追偿权的诉讼时效期间自保险公司实际赔偿之日起计算。

第十六条 未依法投保交强险的机动车发生交通事故造成损害，当事人请求投

保义务人在交强险责任限额范围内予以赔偿的，人民法院应予支持。

投保义务人和侵权人不是同一人，当事人请求投保义务人和侵权人在交强险责任限额范围内承担相应责任的，人民法院应予支持。

第十七条 具有从事交强险业务资格的保险公司违法拒绝承保、拖延承保或者违法解除交强险合同，投保义务人在向第三人承担赔偿责任后，请求该保险公司在交强险责任限额范围内承担相应赔偿责任的，人民法院应予支持。

第十八条 多辆机动车发生交通事故造成第三人损害，损失超出各机动车交强险责任限额之和的，由各保险公司在各自责任限额范围内承担赔偿责任；损失未超出各机动车交强险责任限额之和，当事人请求由各保险公司按照其责任限额与责任限额之和的比例承担赔偿责任的，人民法院应予支持。

依法分别投保交强险的牵引车和挂车连接使用时发生交通事故造成第三人损害，当事人请求由各保险公司在各自的责任限额范围内平均赔偿的，人民法院应予支持。

多辆机动车发生交通事故造成第三人损害，其中部分机动车未投保交强险，当事人请求先由已承保交强险的保险公司在责任限额范围内予以赔偿的，人民法院应予支持。保险公司就超出其应承担的部分向未投保交强险的投保义务人或者侵权人行使追偿权的，人民法院应予支持。

第十九条 同一交通事故的多个被侵权人同时起诉的，人民法院应当按照各被侵权人的损失比例确定交强险的赔偿数额。

第二十条 机动车所有权在交强险合同有效期内发生变动，保险公司在交通事故发生后，以该机动车未办理交强险合同变更手续为由主张免除赔偿责任的，人民法院不予支持。

机动车在交强险合同有效期内发生改装、使用性质改变等导致危险程度增加的情形，发生交通事故后，当事人请求保险公司在责任限额范围内予以赔偿的，人民法院应予支持。

前款情形下，保险公司另行起诉请求投保义务人按照重新核定后的保险费标准补足当期保险费的，人民法院应予支持。

◎ 部门规章

《中国银保监会关于调整交强险责任限额和费率浮动系数的公告》（2020年9月19日）

第一条 在中华人民共和国境内（不含港、澳、台地区），被保险人在使用被保险机动车过程中发生交通事故，致使受害人遭受人身伤亡或者财产损失，依法应当由被保险人承担的损害赔偿责任，每次事故责任限额为：死亡伤残赔偿限额18万元，医疗费用赔偿限额1.8万元，财产损失赔偿限额0.2万元。被保险人无责任时，死亡伤残赔偿限额1.8万元，医疗费用赔偿限额1800元，财产损失赔偿限额100元。

相关案例

◎ 公报案例

程春颖诉张涛、中国人民财产保险股份有限公司南京市分公司机动车交通事故责任纠纷案【《最高人民法院公报》2017年第4期】

裁判要旨：在合同有效期内，保险标的的危险程度显著增加的，被保险人应当及时通知保险人，保险人可以增加保险费或者解除合同。被保险人未作通知，因保险标的危险程度显著增加而发生的保险事故，保险人不承担赔偿责任。以家庭自用名义投保的车辆从事网约车营运活动，显著增加了车辆的危险程度，被保险人应当及时通知保险公司。被保险人未作通知，因从事网约车营运发生的交通事故，保险公司可以在商业三者险范围内免赔。

◎典型案例

江苏省东台市人民检察院诉徐某华、某财险南通公司生态环境保护民事公益诉讼案【人民法院案例库：2023-11-2-466-003】

裁判要旨：野生动物是国家所有的自然资源，是自然生态系统中不可替代的重要组成部分。保护野生动物对保护生物多样性、维护生态平衡具有重要意义。本案中，徐某华驾驶车辆发生交通事故致国家一级保护野生动物麋鹿死亡，并负交通事故的全部责任，其行为造成了野生动物资源损失，损害了社会公共利益，依法应当承担损害赔偿责任。徐某华所驾车辆在某财险南通公司投保机动车交通事故责任强制保险和机动车商业三者险。本次事故发生在保险期间，且在责任限额范围内能够足额赔偿，故某财险南通公司应在交强险和商业三者险范围内赔偿因徐某华交通事故造成的野生动物资源损失。

某生态环境局诉金某、某物流公司等环境污染责任纠纷案【人民法院案例库：2023-11-2-377-001】

裁判要旨：道路交通事故所造成的环境污染损失依法应当由交通事故中造成污染的侵权一方承担。环保行政部门对此环境污染依法进行处置后所产生的处置费用实际即为此环境污染损失。环保行政部门在对该道路交通事故造成的环境污染处置费用代履行后，有权对该环境污染处置费用即代履行费用提起民事诉讼要求侵权方承担，但该处置费用作为代履行费用依法应当按照合理成本确定。

因道路交通事故造成的环境污染处置费用即环境污染损失依法属于交强险和商业三者险中的第三者的财产损失范畴，故即使是在环保行政部门将其作为代履行费用提起民事赔偿诉讼的情况下，对该费用的赔偿仍然应当按照《民法典》第一千二百一十三条所规定的道路交通事故的侵权赔偿规则进行处理。即因交通事故造成的环境污染损失依法属于交强险和商业三者险中的第三者的财产损失范畴，且该污染并不属于机动车商业保险免责事项中的"污染"的范畴，保险公司对此不能免责而应予赔偿。

江西省遂川县生态环境局诉某和财保荆门公司等机动车交通事故责任纠纷案【人民法院案例库：2023-11-2-374-001】

裁判要旨：投保人先后向不同的保险人投保车辆综合商业险，其中成立在后的保险合同约定了绝对免赔条款的，因该约定符合投保人的保险利益需求，且既未加重成立在前保险合同保险人的保险义务，也未约定由其先行赔付，故未损害其合法权益，成立在前的保险合同保险人应当按照其与投保人的合同约定履行义务。成立在后的保险合同中的绝对免赔条款的风险应当由保险人承担，故应当认定免赔条款系合同双方真实意思表示，未违反法律禁止性规定，未加重、损害第三人的权益，合法有效。

投保人投保机动车强制保险的同时，向两个以上保险人投保不同车辆综合商业险的，保险事故发生后，机动车强制保险优先赔偿，强制保险赔偿不足部分，应当由商业保险按各自保险限额比例赔偿。保险人主张特定商业保险先予赔偿的，依法不予支持。

第一千二百一十四条 【拼装车、报废车交通事故责任】

以买卖或者其他方式转让拼装或者已经达到报废标准的机动车，发生交通事故造成损害的，由转让人和受让人承担连带责任。

条文理解

本条是关于拼装车、报废车的责任的规定。根据本条，如果以买卖或者其他方式转让拼装或者已经达到报废标准的机动车，在因为该机动车发生交通事故造成被侵权人受到损害时，该机动车的转让人和受让人应当承担连带责任。关于机动车报废标准的认定，应当以《机动车强制报废标准规定》为准。

之所以对于拼装车、报废车导致的机动车交通事故责任采取较为严格的立场，主要的考虑有两点：其一，拼装车、报废车相较于普通的车辆而言危险性较高，因而有必要通过更为严格的责任规定增加行为人违法利用拼装车、报废车的成本；其二，拼装车、报废车无法投保机动车强制保险，在发生交通事故时，受害人未必能够获得充分的损害赔偿，因而有必要扩大承担责任的主体范围。

需要注意的是，转让人、受让人不得以其不知道且不应当知道造成交通事故的机动车系拼装车或者已经达到报废标准为由主张不承担侵权责任。此外，本条所规定的转让人与受让人包括连环买卖或者其他转让方式中的每一个环节的转让人与受让人，而非仅限于最终交易的转让人与受让人。

相关条文

◎法律

《道路交通安全法》（2021年4月29日）

第十四条　国家实行机动车强制报废制度，根据机动车的安全技术状况和不同用途，规定不同的报废标准。

应当报废的机动车必须及时办理注销登记。

达到报废标准的机动车不得上道路行驶。报废的大型客、货车及其他营运车辆应当在公安机关交通管理部门的监督下解体。

第十六条第一项　任何单位或者个人不得有下列行为：

（一）拼装机动车或者擅自改变机动车已登记的结构、构造或者特征；

……

◎行政法规

《报废机动车回收管理办法》（中华人民共和国国务院令第715号　2019年6月1日）

第十五条　禁止任何单位或者个人利用报废机动车"五大总成"和其他零部件拼装机动车，禁止拼装的机动车交易。

除机动车所有人将报废机动车依法交售给报废机动车回收企业外，禁止报废机动车整车交易。

◎司法解释

《最高人民法院关于适用〈中华人民共和国民法典〉侵权责任编的解释（一）》（法释〔2024〕12号　2024年9月27日）

第二十条　以买卖或者其他方式转让拼装或者已经达到报废标准的机动车，发生交通事故造成损害，转让人、受让人以其不知道且不应当知道该机动车系拼装或者已经达到报废标准为由，主张不承担侵权责任的，人民法院不予支持。

《最高人民法院关于审理道路交通事故损害赔偿案件适用法律若干问题的解释》（法释〔2020〕17号　2021年1月1日）

第四条　拼装车、已达到报废标准的机动车或者依法禁止行驶的其他机动车被多次转让，并发生交通事故造成损害，当事人请求由所有的转让人和受让人承担连带责任的，人民法院应予支持。

> 相关案例

◎典型案例

朱某等交通肇事案【（2014）苏刑抗字第0001号】

裁判要旨：某市交通局明知报废车辆违规上路行驶可能发生交通事故的危害结果，为了追求经济利益，仍然持放任态度将报废汽车出售给李某的行为，足以认定其主观上具有直接故意。李某明知某市交通局出售的是无号牌报废车辆，因贪图便宜而购买，违反交通法规教妻子朱某在人行道上开车造成致人死亡的重大交通事故，对事故应当承担全部责任。某市交通局违规出售报废汽车与李某、朱某开车肇事之间虽然无意思联络，但各自的侵权行为之间紧密、直接的结合与交通肇事结果发生的原因力和加害结果无法区分，具有共同关联性和致害结果的一致性，其共同侵权行为成立。因此，某市交通局对交通事故造成的损失应当承担连带赔偿责任。

陈某某等诉夏某华等机动车交通事故责任纠纷案【（2020）湘0224民初946号】

裁判要旨：案涉湘B4××某某湘B4××某某车的登记所有人为被告夏某平，车辆状态为逾期未检验，达到报废标准公告牌证作废，机动车业务查询单显示案涉摩托车已于2017年1月9日报废，被告夏某平提交转让协议证明2019年8月12日其妻子以200元的价格将摩托车转让给夏某华，本院对其真实性予以采信。湘B4××某某湘B4××某某车已成为报废车，此时夏某平转让该车的行为即为非法，为法律所禁止，其非法转让行为增加了道路风险，损害了公共利益……报废车辆依法严禁买卖，被告夏某平在庭审中陈述是以废铁的价格将摩托车卖给夏某华，但未说明该摩托车已报废，不得驾驶，另在被告夏某华将摩托车修理后进行驾驶，也未将车辆追回或有其他阻止其驾驶的行为……故本院对被告夏某平辩称不承担本次事故赔偿责任的意见，不予采信，被告夏某平对本次交通事故造成的损害应与被告夏某华承担连带责任。

第一千二百一十五条　【盗抢机动车交通事故责任】

盗窃、抢劫或者抢夺的机动车发生交通事故造成损害的，由盗窃人、抢劫人或者抢夺人承担赔偿责任。盗窃人、抢劫人或者抢夺人与机动车使用人不是同一人，发生交通事故造成损害，属于该机动车一方责任的，由盗窃人、抢劫人或者抢夺人与机动车使用人承担连带责任。

保险人在机动车强制保险责任限额范围内垫付抢救费用的，有权向交通事故责任人追偿。

> 条文理解

本条是关于盗窃、抢劫或者抢夺的机动车交通事故责任的规定。在机动车被盗窃、抢劫或者抢夺的情况下，由于盗窃人、抢劫人或者抢夺人取代机动车的所有人、管理人或者使用人成为实际控制机动车的主体，所以，应当由其对机动车造成的交通事故承担侵权责任。在此基础上，根据本条规定，即使盗窃人、抢劫人或者抢夺人与机动车使用人不是同一人，前者也需要与机动车使用人承担连带责任。此种特别规定的考虑主要在于惩罚盗窃、抢劫或者抢夺机动车的行为。

根据本条第2款，保险人在盗窃、抢

劫或者抢夺的机动车发生交通事故造成损害的情况下，如果其垫付了抢救费用，有权向交通事故责任人追偿。存在争议的是，机动车强制保险的保险人在此种情况下是否负有《民法典》第1213条所规定的在强制保险责任限额范围内予以赔偿的义务。对此本书认为，从文义上看，由于本条第2款采取了"垫付"的表述，而且垫付的范围仅包括抢救费用，所以，相对更为契合文义的解释是机动车强制保险人在此种情况下不负有《民法典》第1213条所规定的义务。然而，此种解释方案未必合理。强制责任保险的目的在于防止被侵权人因为侵权人缺乏赔偿能力而无法获得救济，所以，即使交通事故发生于机动车被盗窃、抢劫或者抢夺期间，机动车强制保险的保险人仍需承担保险给付义务。只不过，由于盗窃、抢劫或者抢夺的行为具有较为明显的过错，应当允许机动车强制保险的保险人向交通事故责任人追偿。

相关条文

◎ **法律**

《民法典》（2021年1月1日）

第一千二百一十二条 未经允许驾驶他人机动车，发生交通事故造成损害，属于该机动车一方责任的，由机动车使用人承担赔偿责任；机动车所有人、管理人对损害的发生有过错的，承担相应的赔偿责任，但是本章另有规定的除外。

◎ **行政法规**

《机动车交通事故责任强制保险条例》（中华人民共和国国务院令第709号 2019年3月2日）

第二十二条 有下列情形之一的，保险公司在机动车交通事故责任强制保险责任限额范围内垫付抢救费用，并有权向致害人追偿：

（一）驾驶人未取得驾驶资格或者醉酒的；

（二）被保险机动车被盗抢期间肇事的；

（三）被保险人故意制造道路交通事故的。

有前款所列情形之一，发生道路交通事故的，造成受害人的财产损失，保险公司不承担赔偿责任。

相关案例

◎ **典型案例**

范某某与中国大某财产保险股份有限公司五原支公司追偿权纠纷案【（2019）内民申3047号】

裁判要旨：范某某未能证实已对车辆尽到管理义务，亦未能证实张某某驾驶其车辆系侵权责任法第五十二条[1]所规定的盗窃、抢劫或抢夺所致，应承担举证不能的法律后果。原审判决认定范某某对损害发生存在过错行为，应与张某某共同承担大某保险公司给付款项的责任并无不当。

费某某诉尼某等机动车交通事故责任纠纷【（2016）川民再395号】

裁判要旨：被盗的机动车在保险期间发生交通事故，保险公司应当在交强险限额范围内赔偿受害人的人身伤亡损失。《侵权责任法》第五十二条[2]旨在明确盗抢的车辆发生交通事故的侵权责任主体问题即由盗窃人承担赔偿责任，并未明确保险公司应否承担交强险责任的问题。而

---

[1]《民法典》第1215条。
[2] 同上。

《道路交通安全法》第七十六条则是基于对受害人的救济确立了保险公司的无过错责任，体现了保护受害人，让受害人及时得到救济的立法目的。因此，保险公司在盗抢的机动车发生交通事故的情形中，应当在交强险限额内对受害人的人身伤亡损失承担赔付责任。

王某忠与天某保险苏州公司机动车驾驶人肇事逃逸保险公司主张交强险追偿权案
【（2014）苏民再提字第00136号】

裁判要旨：天某保险苏州公司主张因王某忠在交通肇事后逃逸，故参照《机动车交通事故责任强制保险条例》第二十二条、第二十四条的规定，其有权在承担保险赔偿责任后向王某忠追偿。对此，第一，《机动车交通事故责任强制保险条例》第二十二条规定，保险公司享有追偿权的情形并不包括交通肇事后逃逸，亦未规定其他情形可以参照适用；第二十四条仅规定了社会救助基金的追偿权，未规定保险公司享有追偿权，故天某保险苏州公司主张适用上述条款，理由不能成立……社会救助基金管理机构的经费来源于行政拨款或社会捐助，支付交通事故受害人抢救等费用系无偿垫付，而保险公司的经费来源于投保人的缴费，保险公司向受害人支付费用属于履行保险合同义务，系有偿赔付，故保险公司不应享有救助基金管理机构的追偿权。事实上，肇事逃逸系发生在交通事故之后，没有增加保险事故发生的概率和风险，与事故的发生本身并没有关联，因此，其与《机动车交通事故责任强制保险条例》第二十二条中规定的保险公司享有追偿权的情形存在本质区别。

第一千二百一十六条 【驾驶人逃逸责任承担规则】

机动车驾驶人发生交通事故后逃逸，该机动车参加强制保险的，由保险人在机动车强制保险责任限额范围内予以赔偿；机动车不明、该机动车未参加强制保险或者抢救费用超过机动车强制保险责任限额，需要支付被侵权人人身伤亡的抢救、丧葬等费用的，由道路交通事故社会救助基金垫付。道路交通事故社会救助基金垫付后，其管理机构有权向交通事故责任人追偿。

条文理解

本条是关于机动车驾驶人肇事后逃逸时的赔偿顺序的规定。根据本条规定，如果机动车参加了机动车强制保险，则由该保险的保险人首先在保险责任限额范围内予以赔偿，这与《民法典》第1213条关于机动车交通事故责任赔偿顺序的一般规定也相一致。在无法由机动车强制保险的保险人赔偿或者赔偿超过该保险的限额时，本条规定道路交通事故社会救助基金应当垫付被侵权人人身伤亡的抢救、丧葬等费用。道路交通事故社会救助基金在其垫付的费用范围内取得对交通事故责任人的债权，因而可以向其追偿。

之所以要求道路交通事故社会救助基金垫付被侵权人人身伤亡的抢救、丧葬等费用，主要的考虑在于避免被侵权人因为缺乏经济来源而遭受生命权、身体权、健康权、人格尊严等重要的人格权益上的损害。参考《道路交通事故社会救助基金管理办法》第42条、第43条的规定，本条意义上的抢救费是指机动车发生道路交通事故导致人员受伤时，医疗机构按照道路交通事故受伤人员临床诊疗相关指南和规范，对生命体征不平稳和虽然生命体征平稳但如果不采取必要的救治措施会产生生命危险，或者导致残疾、器官功能障碍，或者导致病程明显延长的受伤人员，采取必要的救治措施所发生的医疗费用。丧葬费用是指丧葬所必需的遗体接运、存放、火化、骨灰寄存和安葬等服务费用。

相关条文

◎法律

《道路交通安全法》（2021年4月29日）

第七十五条　医疗机构对交通事故中的受伤人员应当及时抢救，不得因抢救费用未及时支付而拖延救治。肇事车辆参加机动车第三者责任强制保险的，由保险公司在责任限额范围内支付抢救费用；抢救费用超过责任限额的，未参加机动车第三者责任强制保险或者肇事后逃逸的，由道路交通事故社会救助基金先行垫付部分或者全部抢救费用，道路交通事故社会救助基金管理机构有权向交通事故责任人追偿。

◎行政法规

《机动车交通事故责任强制保险条例》（中华人民共和国国务院令第709号　2019年3月2日）

第二十四条　国家设立道路交通事故社会救助基金（以下简称救助基金）。有下列情形之一时，道路交通事故中受害人人身伤亡的丧葬费用、部分或者全部抢救费用，由救助基金先行垫付，救助基金管理机构有权向道路交通事故责任人追偿：

（一）抢救费用超过机动车交通事故责任强制保险责任限额的；

（二）肇事机动车未参加机动车交通事故责任强制保险的；

（三）机动车肇事后逃逸的。

第二十五条　救助基金的来源包括：

（一）按照机动车交通事故责任强制保险的保险费的一定比例提取的资金；

（二）对未按照规定投保机动车交通事故责任强制保险的机动车的所有人、管理人的罚款；

（三）救助基金管理机构依法向道路交通事故责任人追偿的资金；

（四）救助基金孳息；

（五）其他资金。

第三十一条第二款　因抢救受伤人员需要救助基金管理机构垫付抢救费用的，救助基金管理机构在接到公安机关交通管理部门通知后，经核对应当及时向医疗机构垫付抢救费用。

◎部门规章

《道路交通事故社会救助基金管理办法》（中华人民共和国财政部、中国银行保险监督管理委员会、中华人民共和国公安部、中华人民共和国国家卫生健康委员会、中华人民共和国农业农村部令第107号　2022年1月1日）

第二十八条　救助基金管理机构根据本办法垫付抢救费用和丧葬费用后，应当依法向机动车道路交通事故责任人进行追偿。

发生本办法第十四条第三项情形救助基金垫付丧葬费用、部分或者全部抢救费用的，道路交通事故案件侦破后，处理该道路交通事故的公安机关交通管理部门应当及时通知救助基金管理机构。

有关单位、受害人或者其继承人应当协助救助基金管理机构进行追偿。

第二十九条　道路交通事故受害人或者其继承人已经从机动车道路交通事故责任人或者通过其他方式获得赔偿的，应当退还救助基金垫付的相应费用。

对道路交通事故死亡人员身份无法确

认或者其受益人不明的，救助基金管理机构可以在扣除垫付的抢救费用和丧葬费用后，代为保管死亡人员所得赔偿款，死亡人员身份或者其受益人身份确定后，应当依法处理。

第四十二条 本办法所称抢救费用，是指机动车发生道路交通事故导致人员受伤时，医疗机构按照道路交通事故受伤人员临床诊疗相关指南和规范，对生命体征不平稳和虽然生命体征平稳但如果不采取必要的救治措施会产生生命危险，或者导致残疾、器官功能障碍，或者导致病程明显延长的受伤人员，采取必要的救治措施所发生的医疗费用。

第四十三条 本办法所称丧葬费用，是指丧葬所必需的遗体接运、存放、火化、骨灰寄存和安葬等服务费用。具体垫付费用标准由救助基金主管部门会同有关部门结合当地实际，参考有关规定确定。

第一千二百一十七条 【好意同乘规则】

非营运机动车发生交通事故造成无偿搭乘人损害，属于该机动车一方责任的，应当减轻其赔偿责任，但是机动车使用人有故意或者重大过失的除外。

◎ **条文理解**

本条是关于非营运机动车无偿搭乘他人时的责任的规定。根据本条，非营运机动车发生交通事故造成无偿搭乘人损害的，除非机动车使用人对于损害的发生存在故意或者重大过失，否则其可以主张减轻自身应当承担的侵权责任。此种规定的考虑在于，允许他人无偿搭乘车辆属于利他行为，如果要求机动车使用人在无偿帮助他人时仍然承担与一般情况下相同的责任，不仅不利于鼓励互相帮助的行为，与人们的日常观念也相冲突。而且，无偿行为人仅承担较低程度的注意义务与《民法典》的其他规定（如《民法典》第929条第1款关于无偿委托合同的规定）在价值判断上也相一致。

需要注意的是，在判断是否为本条意义上的"非营运机动车"时，不应完全排除日常用于营运活动的机动车，特别是处于非营运活动状态且未就搭乘行为收取对价的此类机动车。例如，出租车司机在下班途中偶遇亲友并免费搭载其回家的，仍然属于本条的适用范围。

◎ **相关条文**

◎ 司法解释

《最高人民法院关于适用〈中华人民共和国民法典〉时间效力的若干规定》（法释〔2020〕15号 2021年1月1日）

第十八条 民法典施行前，因非营运机动车发生交通事故造成无偿搭乘人损害引起的民事纠纷案件，适用民法典第一千二百一十七条的规定。

◎ **相关案例**

◎ 典型案例

孙某、王某等机动车交通事故责任纠纷案【（2022）甘民申647号】

裁判要旨：关于驾驶人王某如何承担责任的问题。孙某虽主张其乘坐王某驾驶的装载矿石的货车系矿区安排，但案涉车辆并非营运车辆，孙某亦未向王某支付报酬，结合原审审理中当事人的庭审陈述可知，孙某乘坐王某驾驶的车辆并未形成工作制度或惯例，孙某亦未提供确切证据证明系矿区安排，故原审法院认定本案系好意同乘法律关系并无不当。好意同乘是驾驶人基于善意互助或友情帮助而允许他人无偿搭乘的行为，无偿性、利他性、非拘束性是好意搭乘的重要特征。本案被申请人王某作为拉运矿石的货车司机,其捎带孙某系出于善意且未给其工作形成便利,故原审认定双方之间是"好意同乘"关系符合本案实际……案涉车辆发生危险时,孙某为紧急避险选择跳车并造成损害,与王某过失驾驶并不存在直接因果关系,因此原审法院以好意同乘为事实基础判处王某承担70%责任并无不当。

钱某生、钱某东等诉李某军、茅某等好意同乘机动车交通事故责任纠纷案【(2016)苏 0102 民初 1002 号】

裁判要旨:好意同乘是指车辆供乘者不以牟利为目的邀请或者允许搭乘人搭乘车辆的行为。好意同乘是一种好意施惠行为,这种行为本身不是民事法律行为。驾驶人只是基于良好的道德风尚邀请或允许同乘人搭乘,属于一种情谊行为,驾驶人与同乘人并没有设定法律上的权利义务关系,应由道德规范来调整。好意同乘是我国社会乐于助人良好社会道德风尚的具体体现,其核心要素是车辆供乘者不以牟利为目的,而是旨在为他人提供帮助。虽然好意同乘行为本身系一种不受法律调整的情谊行为,但搭乘人无偿或以较小成本乘坐他人车辆并不意味着其甘愿冒一切风险,车辆供乘人因邀请或允许他人搭乘的情谊行为的履行而负有保障搭乘者人身和财产安全的安全注意义务。在好意同乘中发生交通事故,造成搭乘人损害的情形下,好意同乘行为就转变为侵权行为,车辆驾驶人应对其过错承担法律责任。要求驾驶人承担法律责任并不是否定助人为乐的良好动机,而是要求驾驶人尽到合理注意义务,保障搭乘人的安全。关于在好意同乘中发生交通事故构成侵权行为的情况下,是否可以适当减轻驾驶人责任的问题,法院认为,为体现司法对情谊行为的有限介入,鼓励助人为乐、相互帮助的施惠行为,应当对施惠者采取宽容的态度……对驾驶人提供无偿搭乘情谊行为发生交通事故的,也应当酌情宽容、减轻其侵权赔偿责任。

第六章 医疗损害责任

第一千二百一十八条 【医疗损害责任归责原则】

患者在诊疗活动中受到损害,医疗机构或者其医务人员有过错的,由医疗机构承担赔偿责任。

条文理解

本条是关于医疗侵权责任的一般规定。根据本条,医疗侵权责任为过错责任,患者请求医疗机构承担医疗侵权责任的构成要件包括以下内容:(1)医疗机构或者其医务人员在诊疗活动中实施了加害行为;(2)患者在诊疗活动中受到损害;(3)患者受到的损害与医疗机构或者其医务人员的加害行为存在因果关系;(4)医疗机构或者其医务人员存在过错。

本条在解释与适用上需要注意以下四点。第一,关于医疗机构与医务人员的界定。就前者而言,根据《医疗机构管理条例实施细则》第2条、第3条的规定,医疗机构应当登记取得《医疗机构执业许可证》,具体包括十三类机构。就后者而言,除了与医疗机构存在雇佣关系的工作人员(包括医生、护士、护工等)外,根据

《最高人民法院关于审理医疗损害责任纠纷案件适用法律若干问题的解释》第20条，医疗机构所邀请的本单位以外的医务人员在诊疗活动中造成患者受到损害的，该医疗机构同样应当承担侵权责任。

第二，关于诊疗活动的范围，根据《医疗机构管理条例实施细则》第88条，诊疗活动包括各种检查，使用药物、器械及手术等方法，对疾病作出判断和消除疾病、缓解病情、减轻痛苦、改善功能、延长生命、帮助患者恢复健康的活动。但考虑到医疗侵权责任的特殊之处在于行为人需要运用医学专业相关的知识与技能，因而在解释诊疗活动时不应限于前述规定，保健服务、医疗美容服务等同样应当被纳入诊疗活动的范围，文身、美甲、美发等服务则应被排除在外。

第三，关于患者所受损害的认定。有观点认为，患者在诊疗活动中受到的损害应当限于生命权、身体权、健康权、患者的自主决定权等受损，不包括财产利益及其他人身利益。此种观点并不合理，尽管诊疗活动通常仅会损害前述具体列举的人身权益，但并不意味着完全不可能损害其他类型的权益。例如，负责核磁共振检查的医生未告知患者不得携带金属物品进行检测，导致患者体内用于辅助心脏疾病治疗的金属设备移位因而需要重新更换的，医疗机构同样应当就此承担侵权责任。

第四，在判断医疗机构或者其医务人员是否存在过错时，应当以合理的医疗机构或者医务人员在面对患者时应当尽到的注意义务为标准。

此外，患者与医疗机构之间就诊疗活动往往存在合同关系，医疗机构或者其工作人员存在过错的，还可能构成违约行为，患者可以选择请求医疗机构承担本条规定的侵权责任或者违约责任。

相关条文

◎司法解释

《最高人民法院关于审理医疗损害责任纠纷案件适用法律若干问题的解释》（法释〔2020〕17号 2021年1月1日）

第一条 患者以在诊疗活动中受到人身或者财产损害为由请求医疗机构、医疗产品的生产者、销售者、药品上市许可持有人或者血液提供机构承担侵权责任的案件，适用本解释。

患者以在美容医疗机构或者开设医疗美容科室的医疗机构实施的医疗美容活动中受到人身或者财产损害为由提起的侵权纠纷案件，适用本解释。

当事人提起的医疗服务合同纠纷案件，不适用本解释。

第二条 患者因同一伤病在多个医疗机构接受诊疗受到损害，起诉部分或者全部就诊的医疗机构的，应予受理。

患者起诉部分就诊的医疗机构后，当事人依法申请追加其他就诊的医疗机构为共同被告或者第三人的，应予准许。必要时，人民法院可以依法追加相关当事人参加诉讼。

第四条第一、二款 患者依据民法典第一千二百一十八条规定主张医疗机构承担赔偿责任的，应当提交到该医疗机构就诊、受到损害的证据。

患者无法提交医疗机构或者其医务人员有过错、诊疗行为与损害之间具有因果关系的证据，依法提出医疗损害鉴定申请的，人民法院应予准许。

第二十条 医疗机构邀请本单位以外的医务人员对患者进行诊疗，因受邀医务人员的过错造成患者损害的，由邀请医疗机构承担赔偿责任。

《湖南省高级人民法院关于涉新型冠状病毒感染肺炎疫情案件法律适用若干问题的解答》（湘高法〔2020〕16 号　2020 年 2 月 27 日）

问题 12　如何处理疫情防控期间，因医疗卫生资源不足，转运、救助、治疗不及时，导致疫情轻症患者病情加重或死亡等引发的医患纠纷

答：在新冠肺炎疫情患者救治工作中，由于在短期内感染者众多、医疗机构资源有限，加之冠状病毒的未知性等各方面原因，不可避免会造成因医疗救治工作不及时、不到位等问题产生医患纠纷。人民法院应积极组织双方当事人进行调解，调解不成的，根据《侵权责任法》第五十四条[1]的规定，准确适用过错责任原则处理相关问题。

◎部门规章

《医疗机构管理条例实施细则》（国家卫生和计划生育委员会令第 12 号　2017 年 4 月 1 日）

第二条　条例及本细则所称医疗机构，是指依据条例和本细则的规定，经登记取得《医疗机构执业许可证》的机构。

第三条　医疗机构的类别：

（一）综合医院、中医医院、中西医结合医院、民族医院、专科医院、康复医院；

（二）妇幼保健院、妇幼保健计划生育服务中心；

（三）社区卫生服务中心、社区卫生服务站；

（四）中心卫生院、乡（镇）卫生院、街道卫生院；

（五）疗养院；

（六）综合门诊部、专科门诊部、中医门诊部、中西医结合门诊部、民族医门诊部；

（七）诊所、中医诊所、民族医诊所、卫生所、医务室、卫生保健所、卫生站；

（八）村卫生室（所）；

（九）急救中心、急救站；

（十）临床检验中心；

（十一）专科疾病防治院、专科疾病防治所、专科疾病防治站；

（十二）护理院、护理站；

（十三）医学检验实验室、病理诊断中心、医学影像诊断中心、血液透析中心、安宁疗护中心；

（十四）其他诊疗机构。

第八十八条　条例及本细则中下列用语的含义：

诊疗活动：是指通过各种检查，使用药物、器械及手术等方法，对疾病作出判断和消除疾病、缓解病情、减轻痛苦、改善功能、延长生命、帮助患者恢复健康的活动。

……

相关案例

◎典型案例

孙某某诉北京某医疗美容诊所侵权责任纠纷案【人民法院案例库：2024-07-2-504-002】

裁判要旨：对于某医疗诊所的医疗行为是否存在过错、医疗过错与孙某某的损害后果之间是否存在因果关系、孙某某是否构成伤残及伤残等级及孙某某后续修复费用、治疗费用等问题，根据鉴定机构出具的鉴定结果，已确定了本次诊疗行为对孙某某造成了损害后果，确定某医疗诊所对损害后果承担主要责任，并认定孙某某

---

[1]　《民法典》第 1218 条。

目前伤残程度属于九级……鉴定机构认为某美容诊所主要存在以下几方面的问题：1. 术前沟通不充分、在美学上没有与孙某某达成一致，风险告知不充分。2. 鉴定机构是参考术前某美容诊所对患者情况的描述、术后患者病历中对患者病情的描述，同时结合患者现在的情况综合评断认定某医疗诊所存在主要过错。3. 作为专业美容医疗机构的某医疗诊所，其留存的手术医疗病历不完整。基于上述情况，法院认为，鉴定机构做出的鉴定意见适当，应予认定。某医疗诊所的该上诉理由不成立，不予采信。

陈某与广州市某医院医疗损害责任案【广州法院医疗纠纷诉讼情况白皮书（2015-2017）暨典型案例之案例一（2018年12月24日）】

裁判要旨：申请医疗损害鉴定是患方的权利，也是患方履行举证责任的方法，患方负有申请医疗损害鉴定的举证义务。经人民法院释明，患方无正当理由拒绝申请医疗损害鉴定，导致不能通过鉴定查明医学专门性问题的，构成举证妨碍，应当承担不利后果。

本案中，患者术后出现十二指肠及胆胰管损伤、消化道穿孔本身属于ERCP术的并发症和医疗风险，仅根据术后出现手术并发症的事实不足以推定手术有过错。因医疗行为尤其是手术本身具有高风险，手术预后不良产生并发症是因医疗过失行为所致，还是属于难以防范的并发症范围，涉及医学专门性问题的查明，应当委托医疗损害鉴定机构予以判断。患方无正当理由拒绝申请鉴定，并拒绝缴纳鉴定费用，导致鉴定不能。人民法院无法通过鉴定查明医疗过错及因果关系两项责任成立要件所涉及的医学专门性问题，应由主张权利受到妨碍的患方承担举证不能的不利

后果。

高某某诉某市人民医院过失诊疗损害赔偿纠纷案【（2014）邳民初字第4836号】

裁判要旨：医疗机构及其医务人员在实施诊疗行为前，应当根据诊疗方案可能给患者带来的医疗风险，对患者的病情、体质和既往病史等信息进行详细检查和询问，据此做出相应的风险预测和风险控制，并应将拟采取的诊疗方案和医疗风险等重要信息以明确、合理的方式告知患者，如未尽到询问和告知义务造成患者人身伤害的，应当承担相应的赔偿责任。

因医务人员诊疗行为不符合国家医疗行业协会等机构确定的常规诊疗操作规范，给患者造成损害；或依照当下医疗水平，应当发现而未能发现患者症状病因，未能及时开展对症救治，延误诊疗，造成患者损害的，医疗机构应当承担相应的赔偿责任。

第一千二百一十九条 【医务人员说明义务与患者知情同意权】

医务人员在诊疗活动中应当向患者说明病情和医疗措施。需要实施手术、特殊检查、特殊治疗的，医务人员应当及时向患者具体说明医疗风险、替代医疗方案等情况，并取得其明确同意；不能或者不宜向患者说明的，应当向患者的近亲属说明，并取得其明确同意。

医务人员未尽到前款义务，造成患者损害的，医疗机构应当承担赔偿责任。

条文理解

本条是关于医务人员说明义务与获取同意义务的规定。由于诊疗活动通常涉及

患者的身体权、健康权等重要的人身权利，且具有一定风险，为了尊重患者对于自身利益的决定自由，医务人员因而应当在诊疗活动中向患者说明病情与医疗措施（特别是医疗措施可能具有的风险），并在采取手术、特殊检查、特殊治疗前取得患者或其近亲属的同意。

根据本条第1款，说明义务在内容上包括病情与医疗措施。具体而言，医务人员应当向患者或其近亲属说明病情的种类、严重程度、可能的影响、是否需要治疗、不予治疗可能导致的后果以及治疗后能够达到的程度等。医疗措施包括拟采取的医疗措施的具体内容（如时间、频次、是否需要手术）、预期达到的效果、成功可能性、医疗措施对于健康的影响（特别是可能导致的并发症、后遗症以及不良反应）、是否存在替代的医疗方案（以及不同方案之间的优劣）、医疗费用等。由于诊疗活动具有高度专业性，医务人员在履行前述说明义务时应当采取通俗易懂的语言说明病情和医疗措施，避免一味使用专业术语导致患者或其近亲属无法实际理解诊疗活动的内容以及风险。

在患者缺乏行为能力或者虽然具备行为能力但因为疾病、精神状态等暂时缺乏判断能力的情况下，由于患者无法自主作出决定，因而应当向患者的近亲属说明病情和医疗措施，并取得患者近亲属的同意。与之类似，在有些情况下，尽管患者具备自主决定的能力，但如果告知其病情和医疗措施可能会影响患者的健康（如患者易受刺激而导致病情加重）或者诊疗活动的进行，医务人员此时同样应当向患者的近亲属履行说明义务。此外，有些特别规定还对近亲属的范围进行了限缩，如《精神卫生法》第43条规定应当向"患者或者其监护人"告知医疗风险、替代医疗方案等。

根据本条第2款，如果患者所受到的损害与是否说明病情和医疗措施、是否取得患者或其近亲属的同意之间不存在因果关系，患者不得基于本条第2款请求医疗机构承担侵权责任。

相关条文
◎ 法律

《医师法》（2022年3月1日）

第二十五条　医师在诊疗活动中应当向患者说明病情、医疗措施和其他需要告知的事项。需要实施手术、特殊检查、特殊治疗的，医师应当及时向患者具体说明医疗风险、替代医疗方案等情况，并取得其明确同意；不能或者不宜向患者说明的，应当向患者的近亲属说明，并取得其明确同意。

《精神卫生法》（2018年4月27日）

第四十三条　医疗机构对精神障碍患者实施下列治疗措施，应当向患者或者其监护人告知医疗风险、替代医疗方案等情况，并取得患者的书面同意；无法取得患者意见的，应当取得其监护人的书面同意，并经本医疗机构伦理委员会批准：

（一）导致人体器官丧失功能的外科手术；

（二）与精神障碍治疗有关的实验性临床医疗。

实施前款第一项治疗措施，因情况紧急查找不到监护人的，应当取得本医疗机构负责人和伦理委员会批准。

禁止对精神障碍患者实施与治疗其精神障碍无关的实验性临床医疗。

《**基本医疗卫生与健康促进法**》（2020年6月1日）

第三十二条第一、二款　公民接受医疗卫生服务，对病情、诊疗方案、医疗风险、医疗费用等事项依法享有知情同意的权利。

需要实施手术、特殊检查、特殊治疗的，医疗卫生人员应当及时向患者说明医疗风险、替代医疗方案等情况，并取得其同意；不能或者不宜向患者说明的，应当向患者的近亲属说明，并取得其同意。法律另有规定的，依照其规定。

◎行政法规

《医疗机构管理条例》（中华人民共和国国务院令第752号 2022年5月1日）

第三十二条 医务人员在诊疗活动中应当向患者说明病情和医疗措施。需要实施手术、特殊检查、特殊治疗的，医务人员应当及时向患者具体说明医疗风险、替代医疗方案等情况，并取得其明确同意；不能或者不宜向患者说明的，应当向患者的近亲属说明，并取得其明确同意。因抢救生命垂危的患者等紧急情况，不能取得患者或者其近亲属意见，经医疗机构负责人或者授权的负责人批准，可以立即实施相应的医疗措施。

《医疗纠纷预防和处理条例》（中华人民共和国国务院令第701号 2018年10月1日）

第十三条第一款 医务人员在诊疗活动中应当向患者说明病情和医疗措施。需要实施手术，或者开展临床试验等存在一定危险性、可能产生不良后果的特殊检查、特殊治疗，医务人员应当及时向患者说明医疗风险、替代医疗方案等情况，并取得其书面同意；在患者处于昏迷等无法自主作出决定的状态或者病情不宜向患者说明等情形下，应当向患者的近亲属说明，并取得其书面同意。

《医疗事故处理条例》（中华人民共和国国务院令第351号 2002年9月1日）

第十一条 在医疗活动中，医疗机构及其医务人员应当将患者的病情、医疗措施、医疗风险等如实告知患者，及时解答其咨询；但是，应当避免对患者产生不利后果。

◎部门规章

《医疗机构临床用血管理办法》（中华人民共和国国家卫生健康委员会令第2号 2019年2月28日）

第二十一条第一款 在输血治疗前，医师应当向患者或者其近亲属说明输血目的、方式和风险，并签署临床输血治疗知情同意书。

《医疗美容服务管理办法》（中华人民共和国国家卫生和计划生育委员会令第8号 2016年1月19日）

第十九条 执业医师对就医者实施治疗前，必须向就医者本人或亲属书面告知治疗的适应症、禁忌症、医疗风险和注意事项等，并取得就医者本人或监护人的签字同意。未经监护人同意，不得为无行为能力或者限制行为能力人实施医疗美容项目。

◎司法解释

《最高人民法院关于审理医疗损害责任纠纷案件适用法律若干问题的解释》（法释〔2020〕17号 2021年1月1日）

第五条 患者依据民法典第一千二百一十九条规定主张医疗机构承担赔偿责任的，应当按照前条第一款规定提交证据。

实施手术、特殊检查、特殊治疗的，医疗机构应当承担说明义务并取得患者或者患者近亲属明确同意，但属于民法典第一千二百二十条规定情形的除外。医疗机构提交患者或者患者近亲属明确同意证据的，人民法院可以认定医疗机构尽到说明义务，但患者有相反证据足以反驳的除外。

第十七条 医务人员违反民法典第一千二百一十九条第一款规定义务，但未造成患者人身损害，患者请求医疗机构承担损害赔偿责任的，不予支持。

相关案例

◎ 典型案例

徐某等与彭某某等生命权、健康权、身体权纠纷案【（2018）京03民终1531号】

裁判要旨：徐某等人主张柴某等陪同送医人员作出了拒绝洗胃的意思表示，对李某2的死亡具有过错，其主要证据为朝某医院出具的记载有"陪同人员拒绝洗胃检查，要求输液"的病历记录，柴某等陪同送医人员不予认可，并称朝某医院未告知洗胃事宜。本院认为，朝某医院系与本案处理结果有利害关系的一方主体，现该病历上并无送医人员的签字，朝某医院虽称陪同人员签字并非必须，但该情况与同时就医的另一醉酒人徐某的病历不符，朝某医院亦未提交其他证据证明其已向陪同就医人员告知了洗胃的必要性和不洗胃的风险，依据现有证据，本院无法认定柴某等送医人员作出了拒绝洗胃的意思表示。退一步讲，即便柴某等陪同送医人员确实作出了拒绝洗胃的意思表示，该行为是否违反了注意义务亦应具体分析……洗胃属于特殊诊疗方案，是否洗胃应当由医院征得患者本人或者近亲属的同意，或者在紧急情况下由医院的负责人批准，一般送医人员并无资格对洗胃发表同意与否的意见。柴某等陪同送医人员系李某2的同事，决定诊疗方案不属于其法定义务，故无论其是否作出过"拒绝洗胃"的意思表示，均不应认定其违反注意义务而承担责任。

张某某等与温某等人格权纠纷二审民事判决书【（2020）京02民终7645号】

裁判要旨：医务人员的告知义务的履行亦需有益于患者知情权的实现，同时不能对患者产生不利后果，其立足点在于全面、充分地保护患者的生命权、健康权、身体权……在患者自身能够且适合行使知情权及决定权的情况下，近亲属没有代替患者行使知情权和决定权的权利。进言之，亦应当允许患者在其能够且适合行使知情权和决定权之时，为其丧失决定能力之时的知情权、决定权的行使进行必要的准备，包括决定代其行使知情权、决定权的代理人人选，这是患者行使自主决定权的一种方式。患者的自主决定权系其自身生命权、健康权等人格权利的应有之义，其有权对自己的身体、生命相关的利益作出自我决定，患者的自主决定权亦系其人格尊严的体现……赵某某通过签署授权委托书的方式将其享有的知情权、决定权交由张某某行使，既是赵某某对自身权利的处分，亦为满足治疗过程的现实需要。虽《北京电某医院患者授权委托书》的内容并非完整意义上的意定监护行为，仅从意定监护制度设计可见，我国现行法律允许成年人在全部或部分丧失行为能力前委任他人在其无判断能力时照顾其人身或管理其财产。赵某某在其临终前通过出具授权委托书的形式授予张某某代为履行知情权、决定权并不违反我国现行法律的制度设计和规范要求。

雷某与南京市某医院医疗损害责任纠纷案【（2011）宁民再终字第31号】

裁判要旨：在应用新临床技术治疗的活动中，是否选择接受新技术治疗，只能由患者在全面知情的基础上遵从自己内心的真实意愿作出决定。这是此环节中患者人格权益的重要体现，也是确保此类具有临床实验性质的治疗是否符合正当性要求的根本判断标准。医院在术前告知的过程中凡不能使患者获得客观、全面信息并导致患者"被自愿"选择的行为，均是侵犯患者人格权益和生命健康权益的行为，应就此对新技术临床应用的风险（不良）后果承担过错赔偿责任，责任大小与其告知行为的过错程度相当。

吴某与温州某医院医疗损害责任纠纷案【（2008）温民四终字第230号】

裁判要旨：医疗机构未尽基本的谨慎和注意义务，未向患者充分说明医疗风险，没有将相应的术后并发症列入告知范围，侵害了患者的知情权和手术选择权，对术后并发症损害后果的发生具有主观过错，与患者损害后果之间存在因果关系，法院应根据原因力的大小，确定医疗机构承担相应的赔偿责任。

第一千二百二十条　【紧急情况下实施的医疗措施】

因抢救生命垂危的患者等紧急情况，不能取得患者或者其近亲属意见的，经医疗机构负责人或者授权的负责人批准，可以立即实施相应的医疗措施。

条文理解

本条是关于紧急情况下无须说明例外的规定。在《民法典》第1219条规定的医务人员的说明义务与获取同意义务的基础上，本条规定了无须履行这两类义务的例外情况，以更好地保护患者的生命权、健康权等人身权益，避免医疗机构在患者病情紧急且救治时间紧迫的情况下因为未获得同意而无法采取医疗措施。

需要特别注意的是，即使患者出现生命垂危等紧急情况，也应当优先尊重患者本人及其近亲属对于是否采取医疗措施的态度。如果医疗机构知悉患者或者其近亲属曾经表示拒绝接受治疗（特别是拒绝接受侵入式治疗方式），则不得援引本条作为不承担侵权责任的抗辩。

关于本条中的"不能取得患者或者其近亲属意见"，有观点认为仅包括客观上不能取得患者或近亲属意见的情况，例如，患者失去意识且医务人员未能联系上患者的近亲属。换言之，如果能够联系上患者的近亲属但由于近亲属之间的意见分歧或者未发表意见导致医务人员无法获得近亲属的一致同意，则不属于本条的适用范围，医疗机构不得依据本条主张有权经负责人批准后直接实施医疗措施。此种观点并不合理，除非患者曾经明确表示不愿意在紧急情况下接受医疗措施，否则便应当优先保障患者的生命权与健康权。《最高人民法院关于审理医疗损害责任纠纷案件适用法律若干问题的解释》第18条第1款第3项、第4项也明确规定，近亲属拒绝发表意见以及近亲属达不成一致意见的情况均属于本条的适用范围。

根据本条，医务人员在获得医疗机构负责人或者授权的负责人批准后可以实施相应的医疗措施，患者不得因此主张医疗机构承担侵权责任，除非医务人员在实施医疗措施的过程中存在过错。医疗机构应当就医疗措施与患者所处情况相适应承担举证责任。

相关条文

◎法律

《医师法》（2022年3月1日）

第二十七条　对需要紧急救治的患者，医师应当采取紧急措施进行诊治，不得拒绝急救处置。

因抢救生命垂危的患者等紧急情况，不能取得患者或者其近亲属意见的，经医疗机构负责人或者授权的负责人批准，可以立即实施相应的医疗措施。

国家鼓励医师积极参与公共交通工具等公共场所急救服务；医师因自愿实施急救造成受助人损害的，不承担民事责任。

◎行政法规

《医疗机构管理条例》（中华人民共和国国务院令第752号　2022年5月1日）

第三十二条　医务人员在诊疗活动中应当向患者说明病情和医疗措施。需要实施手术、特殊检查、特殊治疗的，医务人员应当及时向患者具体说明医疗风险、替代医疗方案等情况，并取得其明确同意；不能或者不宜向患者说明的，应当向患者的近亲属说明，并取得其明确同意。因抢救生命垂危的患者等紧急情况，不能取得患者或者其近亲属意见的，经医疗机构负责人或者授权的负责人批准，可以立即实施相应的医疗措施。

◎部门规章

《医疗机构临床用血管理办法》（中华人民共和国国家卫生健康委员会令第2号　2019年2月28日）

第二十一条第二款　因抢救生命垂危的患者需要紧急输血，且不能取得患者或者其近亲属意见的，经医疗机构负责人或者授权的负责人批准后，可以立即实施输血治疗。

《抗菌药物临床应用管理办法》（中华人民共和国卫生部令第84号　2012年8月1日）

第二十八条　因抢救生命垂危的患者等紧急情况，医师可以越级使用抗菌药物。越级使用抗菌药物应当详细记录用药指征，并应当于24小时内补办越级使用抗菌药物的必要手续。

《临床输血技术规范》（2000年10月1日）

第六条　决定输血治疗前，经治医师应向患者或其家属说明输同种异体血的不良反应和经血传播疾病的可能性，征得患者或家属的同意，并在《输血治疗同意书》上签字。《输血治疗同意书》入病历。无家属签字的无自主意识患者的紧急输血，应报医疗职能部门或主管领导同意、备案，并记入病历。

《医院工作制度》（1992年3月7日）

第四十条附第六条　实行手术前必须由病员家属、或单位签字同意（体表手术可以不签字），紧急手术来不及征求家属或机关同意时，可由主治医师签字，经科主任或院长、业务副院长批准执行。

◎司法解释

《最高人民法院关于审理医疗损害责任纠纷案件适用法律若干问题的解释》（法释〔2020〕17号　2021年1月1日）

第十八条　因抢救生命垂危的患者等紧急情况且不能取得患者意见时，下列情形可以认定为民法典第一千二百二十条规定的不能取得患者近亲属意见：

（一）近亲属不明的；

（二）不能及时联系到近亲属的；

（三）近亲属拒绝发表意见的；

（四）近亲属达不成一致意见的；

（五）法律、法规规定的其他情形。

前款情形，医务人员经医疗机构负责人或者授权的负责人批准立即实施相应医疗措施，患者因此请求医疗机构承担赔偿责任的，不予支持；医疗机构及其医务人员怠于实施相应医疗措施造成损害，患者请求医疗机构承担赔偿责任的，应予支持。

相关案例

◎典型案例

原某某、张某某医疗损害责任纠纷案【（2019）豫民申7332号】

裁判要旨：安某医院发现患者李某某出现抽搐、心脏停止等异常症状时，因患者近亲属不在医院，而且情况紧急，为了救治生命垂危的患者，安某医院及时对李某某施行了抢救措施，并在抢救过程中科主任张某某让护士长通过电话向副院长邵某某进行了报告。安某医院通过施行抢救措施后，根据副院长邵某某的意见，医生随同自备的救护车一起将患者李某某转院至瑞某医院抢救，并通知了患者配偶原某某……原某某等四人主张安某医院与瑞某医院的救治行为存在违反法律规定及诊疗规范的依据不足。

第一千二百二十一条　【违反诊疗义务的赔偿责任】

医务人员在诊疗活动中未尽到与当时的医疗水平相应的诊疗义务，造成患者损害的，医疗机构应当承担赔偿责任。

【条文理解】

本条是关于违反诊疗义务的侵权责任的规定。相较于《民法典》第1218条关于医疗侵权责任的一般规定，本条的重点在于强调医务人员如果未能尽到与当时的医疗水平相应的诊疗义务，则属于典型的有过错的行为。本条在理解与适用上的关键在于如何根据"当时的医疗水平"认定医务人员的诊疗义务范围。一般认为，应当以医务人员通常所应尽到的义务为准，即相同专业的医务人员在相同的医疗条件下，面对特定的患者通常所采取的诊疗措施。

具体而言，医务人员应当根据患者的病情选择合适的诊疗方案。实践中，就诊疗方案是否合适的判断，法律、行政法规、部门规章以及各级医疗卫生主管部门就特定病症发布的诊疗规范占据重要地位。如果医疗机构或者其医务人员满足了诊疗规范的要求，一般认为不存在过错。不过，如果医务人员采取了不同于诊疗规范的做法，并不必然意味着存在过错。原因在于，一方面，诊疗规范所提供的方案并非唯一可行的方案，更何况，诊疗方案的选择还受到医疗条件（如医疗机构的硬件设施、相关药品的储备情况等）的限制，医务人员在不同医疗条件下能够采取的最优诊疗方案并不必然不同。另一方面，不同患者的病情可能存在差异，诊疗规范提供的方案未必适合所有类型的患者。所以，如果医疗机构或者其医务人员能够就其背离诊疗规范的做法给出合理化说明，则同样不应当认为其存在过错，否则既可能阻碍新的诊疗方案的提出，还可能导致医疗机构与医务人员完全依照诊疗规范治疗，不考虑患者的特殊情况。

此外，在自身所在医疗机构的条件有限（如缺乏必要的检验设备或者特殊药物），难以就患者病情给出明确意见或者提供治疗时，医务人员应当及时告知患者转至其他医疗机构就诊。

【相关条文】

◎法律

《民法典》（2021年1月1日）

第一千二百二十二条第一项　患者在诊疗活动中受到损害，有下列情形之一的，推定医疗机构有过错：

（一）违反法律、行政法规、规章以及其他有关诊疗规范的规定；

《医师法》（2022年3月1日）

第二十三条第二项　医师在执业活动中履行下列义务：

……

（二）遵循临床诊疗指南，遵守临床技术操作规范和医学伦理规范等；

……

第二十九条　医师应当坚持安全有效、经济合理的用药原则，遵循药品临床应用指导原则、临床诊疗指南和药品说明书等合理用药。

在尚无有效或者更好治疗手段等特殊情况下，医师取得患者明确知情同意后，可以采用药品说明书中未明确但具有循证医学证据的药品用法实施治疗。医疗机构应当建立管理制度，对医师处方、用药医嘱的适宜性进行审核，严格规范医师用药行为。

《精神卫生法》（2018年4月27日）

第二十六条　精神障碍的诊断、治疗，应当遵循维护患者合法权益、尊重患者人格尊严的原则，保障患者在现有条件下获得良好的精神卫生服务。

精神障碍分类、诊断标准和治疗规范，由国务院卫生行政部门组织制定。

第三十九条　医疗机构及其医务人员应当遵循精神障碍诊断标准和治疗规范，制定治疗方案，并向精神障碍患者或者其监护人告知治疗方案和治疗方法、目的以及可能产生的后果。

◎行政法规

《医疗纠纷预防和处理条例》（中华人民共和国国务院令第701号　2018年10月1日）

第十四条　开展手术、特殊检查、特殊治疗等具有较高医疗风险的诊疗活动，医疗机构应当提前预备应对方案，主动防范突发风险。

◎司法解释

《最高人民法院关于审理医疗损害责任纠纷案件适用法律若干问题的解释》（法释〔2020〕17号　2021年1月1日）

第十六条　对医疗机构或者其医务人员的过错，应当依据法律、行政法规、规章以及有关诊疗规范进行认定，可以综合考虑患者病情的紧急程度、患者个体差异、当地的医疗水平、医疗机构与医务人员资质等因素。

相关案例

◎典型案例

高某某诉某市人民医院过失诊疗损害赔偿纠纷案【（2014）邳民初字第4836号】

裁判要旨：因医务人员诊疗行为不符合国家医疗行业协会等机构确定的常规诊疗操作规范，给患者造成损害；或依照当下医疗水平，应当发现而未能发现患者症状病因，未能及时开展对症救治，延误诊疗，造成患者损害的，医疗机构应当承担相应的赔偿责任。

石某某诉南京明某医院有限公司未对体检报告重要指标异常情况作出说明医疗损害赔偿纠纷案【（2012）宁民终字第2101号】

裁判要旨：医疗机构未按规范向受检者出具健康体检报告，或未对重要指标异常情况作出说明确提示和建议，导致受检者丧失及时确诊时机，应认定医疗机构的体检行为存在过失。医疗机构的过失行为侵害了受检者对保障自身健康和提高生存可能的期待利益，此种期待利益既是体检的目的又符合其精神需求。因而法院可以判决医疗机构给予受检者相应的精神损害赔偿。

第一千二百二十二条　【医疗机构过错推定的情形】

患者在诊疗活动中受到损害，有下列情形之一的，推定医疗机构有过错：

（一）违反法律、行政法规、规章以及其他有关诊疗规范的规定；

> （二）隐匿或者拒绝提供与纠纷有关的病历资料；
> （三）遗失、伪造、篡改或者违法销毁病历资料。

条文理解

本条是关于医疗机构的过错推定的规定。根据《民法典》第1218条的规定，患者请求医疗机构承担侵权责任的，应当证明医疗机构在诊疗活动中存在过错。但在实践中，由于医疗活动所具有的高度专业性以及医疗机构在专业知识、技术手段、所掌握相关的证据材料等方面的优势，患者实际上较难证明医疗机构存在过错，处于较为弱势的地位。为了平衡医患双方的利益，本条规定了三种推定医疗机构存在过错的事由。在患者能够证明医疗机构存在本条规定的三种事由之一时，法院可以推定医疗机构存在过错，医疗机构意图推翻此种推定的，需要提供相应的证据。

其一，关于本条第1项，法律、行政法规、规章以及其他有关诊疗规范的规定建立在医学长期以来发展的基础上，代表了医学领域对于特定病症治疗方案的共识，如果违反诊疗规范的规定，医务人员存在过错的可能性较大，故本条第1项将其作为过错推定事由。但正如上述关于《民法典》第1221条的分析所言，诊疗规范所提供的方案并非唯一可行的方案，更何况，诊疗方案的选择还受到医疗条件、患者病情等因素的影响。所以，如果医疗机构或者其医务人员能够就其背离诊疗规范的做法给出合理化说明，则可以推翻本条第1项的过错推定。

其二，关于本条第2项、第3项，病历资料对于判断医疗机构在诊疗活动中是否存在过错具有重要意义。一方面，病历资料是患者所能利用的主要证据材料。而且，由于患者通常缺乏专业的医疗知识，因而大多只能借助申请医疗损害鉴定证明医疗机构存在过错。而在缺少病历资料或者病历资料内容不真实的情况下，鉴定机构难以就医疗机构在诊疗活动中的行为予以准确评价。实践中，在缺乏病历资料的情况下，鉴定机构甚至会直接拒绝鉴定申请。另一方面，针对本条第2项、第3项的各种行为，从概率的角度看，医疗机构实施这些行为往往是因为医疗机构在诊疗活动中存在过错，因而有必要通过过错推定规则平衡双方当事人之间的利益。

需要注意的是，关于本条第2项，如果存在不可抗力等客观原因导致医疗机构无法提交的，则不能仅基于医疗机构未提交病历资料这一结果推定其存在过错。此外，在适用本条第3项时，如果医疗机构对病历资料内容存在的明显矛盾或错误不能作出合理解释的，应承担相应的不利后果，但如果病历仅存在错别字、未按病历规范格式书写等形式瑕疵的，不影响对病历资料真实性的认定。

相关条文

◎法律

《医师法》（2022年3月1日）

第二十四条第一款 医师实施医疗、预防、保健措施，签署有关医学证明文件，必须亲自诊查、调查，并按照规定及时填写病历等医学文书，不得隐匿、伪造、篡改或者擅自销毁病历等医学文书及有关资料。

第五十六条第三项 违反本法规定，医师在执业活动中有下列行为之一的，由县级以上人民政府卫生健康主管部门责令改正，给予警告，没收违法所得，并处一万元以上三万元以下的罚款；情节严重的，责令暂停六个月以上一年以下执业活动直至吊销医师执业证书：

……

（三）隐匿、伪造、篡改或者擅自销毁病历等医学文书及有关资料；

……

◎行政法规

《医疗事故处理条例》（中华人民共和国国务院令第351号 2002年9月1日）

第九条 严禁涂改、伪造、隐匿、销毁或者抢夺病历资料。

第十六条 发生医疗事故争议时，死亡病例讨论记录、疑难病例讨论记录、上级医师查房记录、会诊意见、病程记录应当在医患双方在场的情况下封存和启封。封存的病历资料可以是复印件，由医疗机构保管。

◎司法解释

《最高人民法院关于审理医疗损害责任纠纷案件适用法律若干问题的解释》（法释〔2020〕17号 2021年1月1日）

第六条 民法典第一千二百二十二条规定的病历资料包括医疗机构保管的门诊病历、住院志、体温单、医嘱单、检验报告、医学影像检查资料、特殊检查（治疗）同意书、手术同意书、手术及麻醉记录、病理资料、护理记录、出院记录以及国务院卫生行政主管部门规定的其他病历资料。

患者依法向人民法院申请医疗机构提交由其保管的与纠纷有关的病历资料等，医疗机构未在人民法院指定期限内提交的，人民法院可以依照民法典第一千二百二十二条第二项规定推定医疗机构有过错，但是因不可抗力等客观原因无法提交的除外。

《第八次全国法院民事商事审判工作会议（民事部分）纪要》（法〔2016〕399号 2016年11月21日）

第十二条 对当事人所举证据材料，应根据法律、法规及司法解释的相关规定进行综合审查。因当事人采取伪造、篡改、涂改等方式改变病历资料内容，或者遗失、销毁、抢夺病历，致使医疗行为与损害后果之间的因果关系或医疗机构及其医务人员的过错无法认定的，改变或者遗失、销毁、抢夺病历资料一方当事人应承担相应的不利后果；制作方对病历资料内容存在的明显矛盾或错误不能作出合理解释的，应承担相应的不利后果；病历仅存在错别字、未按病历规范格式书写等形式瑕疵，不影响对病历资料真实性的认定。

《关于妥善审理与新冠肺炎疫情有关的医疗纠纷案件和其他侵权纠纷案件的审理指引》（穗中法〔2020〕31号 2020年2月26日）

第八条 医疗机构不存在《中华人民共和国侵权责任法》第五十八条第二项、第三项[1]规定之情形，仅存在病历书写方面的瑕疵，应结合疫情发展情况和具体案情综合认定；

医疗机构因抗击疫情等客观原因未及时让患方查阅、复制、封存病历，不应认定医疗机构存在过错。患方以此否定或质疑病历的真实性的，不予支持。

《山东省高级人民法院关于印发全省民事审判工作会议纪要的通知》（鲁高法〔2011〕297号 2011年12月2日）

问题六第六点 关于医疗损害赔偿案件的举证责任分配问题

---

[1]《民法典》第1222条第2项、第3项。

……

因伪造、篡改、涂改或以其他不当方式改变病历资料内容、遗失、销毁、抢夺病历等情形导致医疗行为与损害后果之间是否在因果关系及医疗机构、医务人员是否有过错无法认定的，由改变、遗失、销毁、抢夺病历一方当事人承担不利的法律后果；病历制作方对病历资料的内容存在明显矛盾或错误不能作出合理解释的，应当承担不利的法律后果；病历仅存在错别字、未按病历书写规范书写等形式瑕疵的，不影响病历的真实性的认定。

◎ 部门规章

《医疗机构管理条例实施细则》（国家卫生和计划生育委员会令第 12 号　2017 年 4 月 1 日）

第五十三条　医疗机构的门诊病历的保存期不得少于十五年；住院病历的保存期不得少于三十年。

相关案例

◎ 典型案例

曹某某等与湖南省某医院医疗损害责任纠纷案【（2016）最高法民再 285 号】

裁判要旨：在医患双方对医方的诊疗行为是否存在过错，死亡后果是否与诊疗行为存在因果关系意见不一的情况下，只能通过医疗过错鉴定或者医疗事故鉴定来进行确定。而客观、全面、规范、完整的病历资料是进行医疗鉴定最基本、最重要的素材，医疗机构应当为鉴定机构、患者亲属提供客观、全面、规范、完整的病历资料……患者丁某于 2011 年 7 月 11 日死亡后，患者亲属与某医院共同封存病历资料。7 月 22 日，某医院与患者亲属共同启封病历资料时，在未告知丁某亲属的情况下，某医院工作人员往封存病历中加插材料……本院认为，某医院往已经封存的病历中加插材料的行为破坏了已封存病历的完整性、真实性和客观性，明显系故意篡改病历的行为，推定某医院有过错，有事实和法律依据。就本案而言，某医院的加插病历行为不仅扰乱了正常的病历管理秩序，而且行为性质恶劣，最终导致了鉴定结论无法作出、各方责任无法确定的严重后果。在本案中，判令由某医院承担不利法律后果和完全民事责任……有利于医疗机构的规范管理，更能体现对患者家属的精神抚慰和合法权益的有力保护。

吴某某、陈某某、陈金某、陈银某、陈美某与瑞安市某医院医疗损害责任纠纷案【（2020）浙 03 民终 3750 号】

裁判要旨：本案双方当事人均确认《血糖记录表》的存在及该表不在封存的病历中，但依据陈某某二审庭审的陈述，在双方第二次封存病历后，其向医院询问《血糖记录表》，护士长从电脑里打印了出来让其复制，该事实表明医院并不存在隐匿病历拒不提供的行为。吴某某等主张瑞安市中医院存在隐匿病历的行为应依推定医院有过错，法院不予采纳。

淮北某医院集团与刘某某等医疗损害责任纠纷案【（2020）皖 06 民终 1092 号】

裁判要旨：周某某因患病到某医院就诊治疗，与某医院形成医患关系。周某某住院治疗 5 日后死亡，在医方和患者近亲属对死因有异议的情况下，应当及时封存病历及病程记录，交由第三方专业机构进行鉴定，作出医方对患者诊疗行为是否规范的评判，或者进行尸检查明死因。本案由于封存的纸质病历中的病程记录不完整，院方后期打印的电子病历形成的病程记录患方不认可，鉴定机构无法做出鉴定意见。根据《电子病历基本规范（试行）》第三十二条规定，发生医疗事故争议时，应当在医患双方在场的情况下锁定电子病历并制作相同的纸质版本供封存，封存的纸质病历资料由医疗机构保管。据此，某医院对于电子病历应当在双方封存纸质病历的同时予以锁定并打印封存，而某医院未予同时锁定并打印封存，一审认定提交鉴定机构的病历材料的缺失责任在于某医院并无不当。及时书写客观真实的病程记录是医务人员的基本义务，妥善保管真实完整的病历资料是医疗机构的法定职责，医疗机构在掌握证据资料的能力方面明显优于患者，一审将该举证责任分配给医疗机构并无不当，某医院关于提交病历资料真实性的责任分配给某医院不符合法定程序的上诉理由不能成立。

李某某等诉昆山市某医院医疗损害责任案【《江苏省高级人民法院公报》2017 年第 6 辑】

裁判要旨：本案中，昆山市某医院在接到苏州市医学会通知后并未尽到通知李某某等到场共同见证启封病历的义务，程序上存在瑕疵，这一行为违反了国务院《医疗事故处理条例》的规定，使得封存病历的意义丧失，也使病历的真实性和完整性无法得到保障，导致医方对患者在诊疗过程中是否存在过错无法通过司法鉴定加以确定。结合我国侵权责任法的上述规定，因昆山市某医院在从事诊疗活动的过程中存在违反《医疗事故处理条例》规定的情形，故推定其存在医疗过错，应对患者李某某的死亡承担赔偿责任。同时，亦考虑到本案患者李某某患有直肠恶性肿瘤、乙状结肠恶性肿瘤，病情严重、凶险，患者死亡的结果主要是因为该严重、凶险的疾病本身导致。尽管昆山市某医院存在一定的过错，但在综合考虑医方诊疗过错与患者死亡后果之间关联度的基础上酌情判处医方承担 10% 的赔偿责任，即昆山市某医院赔偿李某某等损失 23647.232 元（236472.32 元 × 10%）。

第一千二百二十三条 【因药品、消毒产品、医疗器械的缺陷或输入不合格的血液的侵权责任】

因药品、消毒产品、医疗器械的缺陷，或者输入不合格的血液造成患者损害的，患者可以向药品上市许可持有人、生产者、血液提供机构请求赔偿，也可以向医疗机构请求赔偿。患者向医疗机构请求赔偿的，医疗机构赔偿后，有权向负有责任的药品上市许可持有人、生产者、血液提供机构追偿。

条文理解

本条是关于药品、消毒产品、医疗器械缺陷或者血液不合格的侵权责任的规定。与一般的医疗侵权责任采取过错责任不同，本条所规定的侵权责任为无过错责任，因而在构成要件上不要求行为人存在过错，无论是医疗机构还是药品上市许可持有人、生产者、血液提供机构均不得以自身不存在过错主张不承担侵权责任。患者只需要证明：（1）医疗机构使用的医疗产品存在缺陷（包括药品、消毒产品、医疗器械存在缺陷以及输入的血液不合格）；（2）患者受到损害；（3）损害与使用存在缺陷的医疗产品之间具有因果关系。参考《民法典》第 1202 条、第 1203 条关于产品责任的规定不难看出，本条实际上是产品责任在医疗侵权领域的具体体现。

为了便利患者获得法律救济，避免医疗机构与医疗产品提供者之间相互推卸责任，本条规定患者可以选择向医疗机构或者医疗产品提供者（包括药品上市许可持有人、生产者、血液提供机构）请求承担侵权责任。一般认为，医疗机构与医疗产品提供者之间承担的是不真正连带责任，所以，任一主体向患者承担赔偿责任的，即可消灭患者对于其他主体的侵权损害赔偿请求权。而在内部的责任分担上，如果医疗机构承担了侵权责任但不存在过错，可以根据本条向负有责任的药品上市许可持有人、生产者、血液提供机构追偿。反之，如果医疗产品提供者承担了侵权责任但存在过错的是医疗机构，例如，因为其保管方式不当导致药品变质，则医疗产品提供者也可以在医疗机构存在过错的范围内向其追偿。

此外，根据《最高人民法院关于审理医疗损害责任纠纷案件适用法律若干问题的解释》第23条规定，如果医疗产品的生产者、销售者、药品上市许可持有人明知医疗产品存在缺陷仍然生产、销售，造成患者死亡或者健康严重损害，被侵权人请求生产者、销售者、药品上市许可持有人赔偿损失及二倍以下惩罚性赔偿的，人民法院应予支持。在解释上，该条中的"销售者"应当包括医疗机构。所以，医疗机构明知医疗产品存在缺陷仍然用于诊疗的，如果造成患者死亡或者健康严重损害，被侵权人有权请求医疗机构赔偿损失并承担二倍以下的惩罚性赔偿。

相关条文

◎**法律**

《民法典》（2021年1月1日）

第一千二百零二条 因产品存在缺陷造成他人损害的，生产者应当承担侵权责任。

第一千二百零三条 因产品存在缺陷造成他人损害的，被侵权人可以向产品的生产者请求赔偿，也可以向产品的销售者请求赔偿。

产品缺陷由生产者造成的，销售者赔偿后，有权向生产者追偿。因销售者的过错使产品存在缺陷的，生产者赔偿后，有权向销售者追偿。

《医师法》（2022年3月1日）

第二十八条第一款 医师应当使用经依法批准或者备案的药品、消毒药剂、医疗器械，采用合法、合规、科学的诊疗方法。

《药品管理法》（2019年12月1日）

第三十条第一款 药品上市许可持有人是指取得药品注册证书的企业或者药品研制机构等。

第九十八条 禁止生产（包括配制，下同）、销售、使用假药、劣药。

有下列情形之一的，为假药：

（一）药品所含成份与国家药品标准规定的成份不符；

（二）以非药品冒充药品或者以他种药品冒充此种药品；

（三）变质的药品；

（四）药品所标明的适应症或者功能主治超出规定范围。

有下列情形之一的，为劣药：

（一）药品成份的含量不符合国家药品标准；

（二）被污染的药品；

（三）未标明或者更改有效期的药品；

（四）未注明或者更改产品批号的药品；

（五）超过有效期的药品；

（六）擅自添加防腐剂、辅料的药品；

（七）其他不符合药品标准的药品。

禁止未取得药品批准证明文件生产、进口药品；禁止使用未按照规定审评、审批的原料药、包装材料和容器生产药品。

《产品质量法》（2018年12月29日）

第四十六条 本法所称缺陷，是指产品存在危及人身、他人财产安全的不合理的危险；产品有保障人体健康和人身、财产安全的国家标准、行业标准的，是指不符合该标准。

《献血法》（1998年10月1日）

第二十二条　医疗机构的医务人员违反本法规定，将不符合国家规定标准的血液用于患者的，由县级以上地方人民政府卫生行政部门责令改正；给患者健康造成损害的，应当依法赔偿，对直接负责的主管人员和其他直接责任人员，依法给予行政处分；构成犯罪的，依法追究刑事责任。

◎行政法规

《医疗器械监督管理条例》（中华人民共和国国务院令第739号　2021年6月1日）

第五十六条　医疗器械使用单位之间转让在用医疗器械，转让方应当确保所转让的医疗器械安全、有效，不得转让过期、失效、淘汰以及检验不合格的医疗器械。

◎司法解释

《最高人民法院关于审理医疗损害责任纠纷案件适用法律若干问题的解释》（法释〔2020〕17号　2021年1月1日）

第三条　患者因缺陷医疗产品受到损害，起诉部分或者全部医疗产品的生产者、销售者、药品上市许可持有人和医疗机构的，应予受理。

患者仅起诉医疗产品的生产者、销售者、药品上市许可持有人、医疗机构中部分主体，当事人依法申请追加其他主体为共同被告或者第三人的，应予准许。必要时，人民法院可以依法追加相关当事人参加诉讼。

患者因输入不合格的血液受到损害提起侵权诉讼的，参照适用前两款规定。

第七条　患者依据民法典第一千二百二十三条规定请求赔偿的，应当提交使用医疗产品或者输入血液、受到损害的证据。

患者无法提交使用医疗产品或者输入血液与损害之间具有因果关系的证据，依法申请鉴定的，人民法院应予准许。

医疗机构，医疗产品的生产者、销售者、药品上市许可持有人或者血液提供机构主张不承担责任的，应当对医疗产品不存在缺陷或者血液合格等抗辩事由承担举证证明责任。

第二十一条　因医疗产品的缺陷或者输入不合格血液受到损害，患者请求医疗机构，缺陷医疗产品的生产者、销售者、药品上市许可持有人或者血液提供机构承担赔偿责任的，应予支持。

医疗机构承担赔偿责任后，向缺陷医疗产品的生产者、销售者、药品上市许可持有人或者血液提供机构追偿的，应予支持。

因医疗机构的过错使医疗产品存在缺陷或者血液不合格，医疗产品的生产者、销售者、药品上市许可持有人或者血液提供机构承担赔偿责任后，向医疗机构追偿的，应予支持。

第二十二条　缺陷医疗产品与医疗机构的过错诊疗行为共同造成患者同一损害，患者请求医疗机构与医疗产品的生产者、销售者、药品上市许可持有人承担连带责任的，应予支持。

医疗机构或者医疗产品的生产者、销售者、药品上市许可持有人承担赔偿责任后，向其他责任主体追偿的，应当根据诊疗行为与缺陷医疗产品造成患者损害的原因力大小确定相应的数额。

输入不合格血液与医疗机构的过错诊疗行为共同造成患者同一损害的，参照适用前两款规定。

第二十三条　医疗产品的生产者、销售者、药品上市许可持有人明知医疗产品存在缺陷仍然生产、销售，造成患者死亡或者健康严重损害,被侵权人请求生产者、销售者、药品上市许可持有人赔偿损失及二倍以下惩罚性赔偿的,人民法院应予支持。

第二十五条 患者死亡后,其近亲属请求医疗损害赔偿的,适用本解释;支付患者医疗费、丧葬费等合理费用的人请求赔偿该费用的,适用本解释。

本解释所称的"医疗产品"包括药品、消毒产品、医疗器械等。

《北京市高级人民法院关于审理医疗损害赔偿纠纷案件若干问题的指导意见(试行)》(京高法发〔2010〕第400号 2010年11月18日)

第四条 因药品、消毒药剂、医疗器械的缺陷造成患者损害的,患者一方可以依据《侵权责任法》第43条[1]及第59条[2]的规定同时起诉产品生产者、产品销售者以及医疗机构要求赔偿。

患者一方仅起诉部分责任主体,人民法院可以依被诉责任主体的申请追加未被起诉的其他责任主体为案件的当事人。必要时,人民法院也可以依职权追加当事人。

第五条 因输入不合格的血液造成患者损害的,患者一方可以依据《侵权责任法》第59条[3]的规定起诉血液提供机构及医疗机构要求赔偿。

患者一方仅起诉血液提供机构或者仅起诉医疗机构的,人民法院可以依血液提供机构或医疗机构的申请追加未被起诉的另一方为案件的当事人。必要时,人民法院也可以依职权追加当事人。

◎部门规章

《医疗机构临床用血管理办法》(中华人民共和国国家卫生健康委员会令第2号 2019年2月28日)

第三十八条 医疗机构及其医务人员违反本办法规定,将不符合国家规定标准的血液用于患者的,由县级以上地方人民政府卫生行政部门责令改正;给患者健康造成损害的,应当依据国家有关法律法规进行处理,并对负有责任的主管人员和其他直接责任人员依法给予处分。

《血站管理办法》(中华人民共和国国家卫生和计划生育委员会令第18号 2017年12月26日)

第六十三条 血站违反规定,向医疗机构提供不符合国家规定标准的血液的,由县级以上人民政府卫生计生行政部门责令改正;情节严重,造成经血液途径传播的疾病传播或者有传播严重危险的,限期整顿,对直接负责的主管人员和其他责任人员,依法给予行政处分;构成犯罪的,依法追究刑事责任。

> **相关案例**

◎典型案例

江西洪某医疗器械集团有限公司、大荔县官池镇马某村卫生室医疗产品责任纠纷案
【(2021)陕民申3166号】

裁判要旨:村卫生室在向四案外患者承担了赔偿责任后,根据《最高人民法院关于审理医疗损害责任纠纷案件适用法律若干问题的解释》第二十一条规定,向案涉针头的生产者江西洪某公司追偿。该追偿权被支持的前提在于能够证明案涉医疗产品确实存在缺陷、该缺陷与患者损害存在因果关系以及该缺陷形成原因在于医疗

---

[1] 《民法典》第1203条。
[2] 《民法典》第1223条。
[3] 同上。

产品的生产者，而非医疗机构自己过错行为所致……《最高人民法院关于审理医疗损害责任纠纷案件适用法律若干问题的解释》第七条第三款关于医疗机构、医疗产品生产者对患者抗辩不承担责任时应当承担的举证责任的规定，并不能理解为在医疗机构与医疗产品生产者之间举证责任由医疗产品的生产者承担……江西洪某公司为证明案涉针头的产品质量符合相关标准提交了《产品检验报告》《产品使用说明书》《合格证》《医疗器械注册证》，可以认定其基本达到证明产品质量符合要求的初步证明责任。在此情况下，村卫生室应对其主张的案涉针头存在缺陷的事实提交反驳证据。

陈某某诉厦门市某医院医疗损害责任纠纷案【（2013）集民初字第1538号】

裁判要旨：因医疗器械的缺陷造成患者损害，患者可以向生产者请求赔偿，也可以向医疗机构请求赔偿，本案系因被告为原告医疗所使用的医疗钢板断裂造成原告损失，原告作为患者向被告请求赔偿于法有据，应予支持。被告申请追加生产者常州市某医疗器械有限公司作为本案共同被告参加诉讼，原告不同意追加，被告的申请亦没有法律依据，本院不予采纳，但是被告在赔偿后，有权向负有责任的生产者追偿。被告作为医疗机构，所使用的医疗钢板是以营利为目的，符合产品特征，应适用产品侵权责任的相关规定来确定被告应承担的责任，而根据我国《民法通则》《产品质量法》《侵权责任法》的相关规定，产品责任属无过错责任，产品销售者不得以自己无过错主张免责，即使是无过错的销售者，也应首先承担直接赔偿责任。被告为原告植入的钢板发生断端错位，钢板折断，被告虽在举证期限内向法院申请对涉案钢板是否存在质量缺陷及涉案钢板与原告再次骨折的因果关系（需明确参与度比例范围）进行鉴定但随后又撤回该鉴定申请，庭审中被告当庭提出的鉴定申请已经超过举证期限，因此，本院认为，断裂的医疗钢板虽是被告合法购买，但不能排除医疗钢板无缺陷，被告作为医疗钢板的销售者，在无法证明存在免责事由的情况下应当承担赔偿责任。

第一千二百二十四条 【医疗机构免责事由】

患者在诊疗活动中受到损害，有下列情形之一的，医疗机构不承担赔偿责任：

（一）患者或者其近亲属不配合医疗机构进行符合诊疗规范的诊疗；

（二）医务人员在抢救生命垂危的患者等紧急情况下已经尽到合理诊疗义务；

（三）限于当时的医疗水平难以诊疗。

前款第一项情形中，医疗机构或者其医务人员也有过错的，应当承担相应的赔偿责任。

条文理解

本条是关于医疗机构免责事由的规定，如果存在本条第1款所列举的三种事由中的任何一种，医疗机构可以主张自身不承担赔偿责任。

首先，如果患者及其近亲属本身不配合医疗机构进行符合诊疗规范的诊疗，则应当由患者承受相应行为引发的损害。在判断患者的行为是否构成不配合医疗机构的行为时，需要考虑患者是否有意识地作出该行为，如果患者本就处于无意识状态，医疗机构不得因此主张不承担赔偿责任。与之类似，对于有些类型的患者，医疗机构负有照顾、看管的义务（如重症患者、存在精神疾病的患者），因而不得基于患者的自残、自杀行为主张不承担赔偿责任。就本条第1款第1项的适用范围而言，除了患者的近亲属以外，其他陪同患者参与诊疗活动的民事主体（如患者的同居伴侣、朋友、同事等）存在不配合治疗行为的，同样应当由患者承受相应的损失。此外，本条第1款第1项的适用以诊疗活动符合诊疗规范为前提，如果医疗机构实施的诊疗活动不满足这一条件，则不得以患者或其近亲属不配合为由主张不承担赔偿责任。

其次，如果医务人员在抢救生命垂危的患者等紧急情况下已经尽到合理诊疗义务，则医疗机构不承担赔偿责任。就医疗机构以及医务人员所负有的诊疗义务而言，该义务的履行并不以实现特定的结果（如患者康复）为前提，而仅强调在履行义务的过程中应当满足一定的行为要求。紧急情况下合理诊疗义务的特殊之处在于，由于时间紧迫，医务人员难以按照非紧急情况下的诊疗标准实施诊疗措施，尤其是缺乏观察患者病情而后决定具体诊疗方案的可能性。准确而言，在其他非紧急情况下，如果医务人员已经按照合理诊疗义务的要求采取措施，则医疗机构同样不应负有赔偿责任（参考《民法典》第1221条的规定）。

最后，在医疗水平有限导致难以诊疗时，医疗机构同样不承担赔偿责任。本条第3项的实质也是医疗机构在特定条件下已经尽到了合理的诊疗义务。所以，在判断何为"当时的医疗水平"时，不能仅考虑现有医学技术的发展情况，而是要结合处于纠纷中的医疗机构在诊疗时所具有的

医疗水平，如医生的数量与专业能力、医疗物资的种类与储备情况等。

相关条文

◎ 法律

《医师法》（2022年3月1日）

第二十七条 对需要紧急救治的患者，医师应当采取紧急措施进行诊治，不得拒绝急救处置。

因抢救生命垂危的患者等紧急情况，不能取得患者或其近亲属意见的，经医疗机构负责人或者授权的负责人批准，可以立即实施相应的医疗措施。

国家鼓励医师积极参与公共交通工具等公共场所急救服务；医师因自愿实施急救造成受助人损害的，不承担民事责任。

◎ 行政法规

《护士条例》（中华人民共和国国务院令第726号 2020年3月27日）

第十七条第一款 护士在执业活动中，发现患者病情危急，应当立即通知医师；在紧急情况下为抢救垂危患者生命，应当先行实施必要的紧急救护。

《医疗事故处理条例》（中华人民共和国国务院令第351号 2002年9月1日）

第三十三条 有下列情形之一的，不属于医疗事故：

（一）在紧急情况下为抢救垂危患者生命而采取紧急医学措施造成不良后果的；

（二）在医疗活动中由于患者病情异常或者患者体质特殊而发生医疗意外的；

（三）在现有医学科学技术条件下，发生无法预料或者不能防范的不良后果的；

（四）无过错输血感染造成不良后果的；

（五）因患方原因延误诊疗导致不良

后果的；

（六）因不可抗力造成不良后果的。

◎ 司法解释

《最高人民法院关于审理医疗损害责任纠纷案件适用法律若干问题的解释》（法释〔2020〕17 号 2021 年 1 月 1 日）

第四条第三款 医疗机构主张不承担责任的，应当就民法典第一千二百二十四条第一款规定情形等抗辩事由承担举证证明责任。

《北京市高级人民法院关于审理医疗损害赔偿纠纷案件若干问题的指导意见（试行）》（京高法发〔2010〕第 400 号 2010 年 11 月 18 日）

第十一条 医疗损害赔偿纠纷案件，医疗机构对《侵权责任法》第 60 条[1]规定的免责事由承担举证责任。

《湖北省高级人民法院关于审理医疗损害责任纠纷案件若干问题的意见》（2013 年 11 月 23 日）

第十条第四款 医疗机构认为已经尽到了侵权责任法第五十五条第一款[2]规定的说明义务的，应当提交证据证明；认为符合侵权责任法第六十条[3]规定情形的，应当对免责事由承担举证责任。

《深圳市中级人民法院关于审理医疗损害赔偿纠纷案件的裁判指引》（2014 年 8 月 14 日）

第九条 医疗机构主张存在《侵权责任法》第六十条[4]规定的情形，主张免责的，应当对免责事由承担举证责任。

---

[1]《民法典》第 1224 条。
[2]《民法典》第 1219 条。
[3]《民法典》第 1224 条。
[4] 同上。

相关案例

◎ 典型案例

苟某立、向某蕾与某某卫生室医疗损害责任纠纷案【（2023）鄂民申 9222 号】

裁判要旨：原审法院根据《医疗事故处理条例》第十八条第一款关于"患者死亡，医患双方当事人不能确定死因或者对死因有异议的，应当在患者死亡后 48 小时内进行尸检；具备尸体冻存条件的，可以延长至 7 日。尸检应当经死者近亲属同意并签字"的规定，结合本案逝者已入土近一年，而苟某立、向某蕾并未在前述法定时限内及时申请对尸体进行尸检等事实，考虑到违背前述法律规定将可能导致鉴定结果不确定性等问题，不再对死亡原因续行司法鉴定有充分的法律依据，也符合公序良俗以及社会大众的普遍认知，并无不当之处。原审法院根据三位证人的证言、某某卫生室的门诊日志登记簿以及日常工作记录等证据综合认定某某卫生室履行了告知义务而逝者及其家属并未采纳或自行转诊应自负责任，有相应的事实根据，而法律囿于现实问题也难以苛责基层医疗机构必须提供符合较高诊疗标准的医疗服务以及举证能力。苟某立、向某蕾未能提交更为充分且更具证明力的反驳证据，其关于证人证言不实以及病历资料涉嫌造假等主张因无事实根据而不能成立。

某县人民医院、王某某等医疗损害责任纠纷案【（2022）甘民申 2218 号】

裁判要旨：由于张某家属未按医院要求进行 24 小时陪护，事发后又拒绝尸检，导致张某死因无法查明，故仅以现有在案证据，尚不足以认定张某死亡与某县人民医院诊疗行为存在因果关系。与此同时，作为专业医疗机构，某县人民医院理应具有较高的注意义务，充分关注特殊患者的心理健康和情绪波动。根据张某入院初诊和最后诊断均包括"焦虑症"症状及其入院后无法入睡，由住院医师开具抗焦虑药物处方并让其自行服用的事实，医护人员对张某的精神状态应当有所预见，并按照其入院时确定的一级护理规范，采取有效的照顾、看护措施，但自张某2019年12月11日入院直至其于同年12月15日8时50分被发现在医院停车场死亡，《护理记录单》只记载一次测量血压的护理记录，《首次病程记录》亦未反映出院方在13-14日对其进行了诊疗。由此可见，某县人民医院对张某的护理显然存在一定的疏忽过错，该院如果按照一级护理规范尽到诊疗义务，高度注意、严格管理，则有可能避免损害后果的发生，因此，某县人民医院对本案损害后果不能完全免责。

陈某娜等诉厦门某医院有限公司医疗损害责任纠纷案【（2014）海民初字第1647号】

裁判要旨：法院依法委托鉴定机构进行鉴定，均被退件，且退件理由多为患儿未做法医解剖，根据现有材料无法进行鉴定。根据被告厦门某医院提交的《遗体处理单》来看，该单上有记载"须待法医验尸"的选择，原告作为理性成年人，若对医院诊疗存在疑问，应当知道要留存尸体，等待尸检，然而原告却选择"委由贵院合约承揽厂商全权处理"，并将遗体领出火化，导致无法进行司法鉴定……综上述，不能认定被告对原告及其女儿的诊疗行为存在过错，亦不能认定被告的诊疗行为与原告损害后果是否存在因果关系，

原告在本案的所有诉讼请求不能成立，本院不予支持。

黄某某等与北京市某医院赔偿责任纠纷案【（2010）一中民终字第3924号】

裁判要旨：医护人员的职业要求是其应具有较高的注意义务，这种注意义务不仅涵盖在医疗技术上，也包括对患者精神上的关怀和心理上的抚慰。法官在判断医疗机构是否履行了注意义务时，需要对注意义务划定一定的边界，判断医护人员注意义务的范围。因此，法官在判断医疗机构是否尽到注意义务时，会因为具体的情形不同而有所差异。自杀并不构成医院免责的绝对事由。

第一千二百二十五条　【医疗机构对病历的义务及患者对病历的权利】

医疗机构及其医务人员应当按照规定填写并妥善保管住院志、医嘱单、检验报告、手术及麻醉记录、病理资料、护理记录等病历资料。

患者要求查阅、复制前款规定的病历资料的，医疗机构应当及时提供。

条文理解

本条是关于病历资料保管义务的规定，根据本条规定，医疗机构及其医护人员应当填写并妥善保管患者的各种病历资料，患者要求查阅、复制病历资料的，医疗机构负有及时提供的义务。本条所列举的各种具体类型的资料仅仅是典型的病历资料，并非封闭列举。所以，如果医疗机构与医务人员在诊疗过程中通过其他方式记录患者病情以及诊疗过程的（如部分医

院在手术过程中录制视频），同样属于本条意义上的病历资料，患者有权要求查阅、复制相关资料。

医疗机构及其医护人员在填写病历资料时，应当按照《病历书写基本规范》〔卫医政发〔2010〕11号〕、《处方管理办法》（中华人民共和国卫生部令第53号）、《中医病历书写基本规范》〔国中医药医政发〔2010〕29号〕等规定的要求填写。医疗机构填写病历资料不符合要求的，如果影响到对于医疗机构是否尽到诊疗义务的认定，则应当推定医疗机构存在过错。与之类似，医疗机构拒绝提供病历的，法院同样可以基于《民法典》第1222条第2项的规定推定医疗机构在诊疗过程中存在过错。

相关条文

◎法律

《民法典》（2021年1月1日）

第一千二百二十二条第二、三项 患者在诊疗活动中受到损害，有下列情形之一的，推定医疗机构有过错：

……

（二）隐匿或者拒绝提供与纠纷有关的病历资料；

（三）遗失、伪造、篡改或者违法销毁病历资料。

《医师法》（2022年3月1日）

第二十四条 医师实施医疗、预防、保健措施，签署有关医学证明文件，必须亲自查看、调查，并按照规定及时填写病历等医学文书，不得隐匿、伪造、篡改或者擅自销毁病历等医学文书及有关资料。

医师不得出具虚假医学证明文件以及与自己执业范围无关或者与执业类别不相符的医学证明文件。

《精神卫生法》（2018年4月27日）

第四十七条 医疗机构及其医务人员应当在病历资料中如实记录精神障碍患者的病情、治疗措施、用药情况、实施约束、隔离措施等内容，并如实告知患者或者其监护人。患者及其监护人可以查阅、复制病历资料；但是，患者查阅、复制病历资料可能对其治疗产生不利影响的除外。病历资料保存期限不得少于三十年。

◎行政法规

《医疗纠纷预防和处理条例》（中华人民共和国国务院令第701号 2018年10月1日）

第十五条 医疗机构及其医务人员应当按照国务院卫生主管部门的规定，填写并妥善保管病历资料。

因紧急抢救未能及时填写病历的，医务人员应当在抢救结束后6小时内据实补记，并加以注明。

任何单位和个人不得篡改、伪造、隐匿、毁灭或者抢夺病历资料。

第十六条 患者有权查阅、复制其门诊病历、住院志、体温单、医嘱单、化验单（检验报告）、医学影像检查资料、特殊检查同意书、手术同意书、手术及麻醉记录、病理资料、护理记录、医疗费用以及国务院卫生主管部门规定的其他属于病历的全部资料。

患者要求复制病历资料的，医疗机构应当提供复制服务，并在复制的病历资料上加盖证明印记。复制病历资料时，应当有患者或者其近亲属在场。医疗机构应患者的要求为其复制病历资料，可以收取工本费，收费标准应当公开。

患者死亡的，其近亲属可以依照本条例的规定，查阅、复制病历资料。

《医疗事故处理条例》（中华人民共和国国务院令第351号 2002年9月1日）

第十六条 发生医疗事故争议时，死亡病例讨论记录、疑难病例讨论记录、上级医师查房记录、会诊意见、病程记录应当在医患双方在场的情况下封存和启封。封存的病历资料可以是复印件，由医疗机构保管。

《医疗机构管理条例实施细则》（国家卫生和计划生育委员会令第12号 2017年4月1日）

第五十三条 医疗机构的门诊病历的保存期不得少于十五年；住院病历的保存期不得少于三十年。

《医疗机构病历管理规定》（国卫医发〔2013〕31号 2014年1月1日）

第二条 病历是指医务人员在医疗活动过程中形成的文字、符号、图表、影像、切片等资料的总和，包括门（急）诊病历和住院病历。病历归档以后形成病案。

第十七条 医疗机构应当受理下列人员和机构复制或者查阅病历资料的申请，并依规定提供病历复制或者查阅服务：

（一）患者本人或者其委托代理人；

（二）死亡患者法定继承人或者其代理人。

第十八条 医疗机构应当指定部门或者专（兼）职人员负责受理复制病历资料的申请。受理申请时，应当要求申请人提供有关证明材料，并对申请材料的形式进行审核。

（一）申请人为患者本人的，应当提供其有效身份证明；

（二）申请人为患者代理人的，应当提供患者及其代理人的有效身份证明，以及代理人与患者代理关系的法定证明材料和授权委托书；

（三）申请人为死亡患者法定继承人的，应当提供患者死亡证明、死亡患

定继承人的有效身份证明，死亡患者与法定继承人关系的法定证明材料；

（四）申请人为死亡患者法定继承人代理人的，应当提供患者死亡证明、死亡患者法定继承人及其代理人的有效身份证明，死亡患者与法定继承人关系的法定证明材料，代理人与法定继承人代理关系的法定证明材料及授权委托书。

◎司法解释

《最高人民法院关于审理医疗损害责任纠纷案件适用法律若干问题的解释》（法释〔2020〕17号 2021年1月1日）

第六条 民法典第一千二百二十二条规定的病历资料包括医疗机构保管的门诊病历、住院志、体温单、医嘱单、检验报告、医学影像检查资料、特殊检查（治疗）同意书、手术同意书、手术及麻醉记录、病理资料、护理记录、出院记录以及国务院卫生行政主管部门规定的其他病历资料。

患者依法向人民法院申请医疗机构提交由其保管的与纠纷有关的病历资料等，医疗机构未在人民法院指定期限内提交的，人民法院可以依照民法典第一千二百二十二条第二项规定推定医疗机构有过错，但是因不可抗力等客观原因无法提交的除外。

▶ 相关案例

◎典型案例

丘某媚、蕉岭县某某医院医疗损害责任纠纷案【（2024）粤14民终215号】

裁判要旨：《侵权责任法》第六十一条[1]规定，医疗机构及其医务人员应当按照规定填写并妥善保管病历资料。《病

---

[1] 《民法典》第1225条。

历书写基本规范》第二十二条规定，对病危患者应当根据病情变化随时书写病程记录。综合本案鉴定意见及张某运的病历材料可知，张某运在被注射丘某媚诉称的"高危药"至其死亡期间已处于病危状态，但蕉岭县某某医院未记录该期间内张某运病情的变化情况，使得相关病程发展缺乏连续性，据此可推定蕉岭县某某医院对张某运病情未予审慎积极观察并治疗，存在怠于履行病情记录及诊疗义务的过错。

刘某与哈尔滨某某医疗损害责任纠纷案【（2023）黑01民终13910号】

裁判要旨：如医疗机构未如实制作、保管或提供病历资料，达到某种严重程度的，可以推定其有过错。也即，当充满科学不确定性的医疗过错因缺乏真实、完整的病历记录而陷入证明不能时，患方可转而举证证明医方存在隐匿、拒绝提供、伪造、篡改或销毁等事实，继而推定医方有过错。根据《医疗机构病历管理规定》，门（急）诊病历原则上由患者负责保管。医疗机构建有门（急）诊病历档案室或者已建立门（急）诊电子病历的，经患者或者其法定代理人同意，其门（急）诊病历可以由医疗机构负责保管。刘某的门诊病历应由刘某本人保管，且其提交的证据无法证实某某提交的病历资料存在隐匿、拒绝、提供、伪造、篡改或销毁等事实，故其认为应推定某某存在医疗过错的主张于法无据，本院不予支持。

刘某与楚雄彝族自治州某医院案【（2023）云23民终218号】

裁判要旨：根据昆明法医院司法鉴定中心出具的司法鉴定意见书第五项分析说明（三）的内容，自治州某医院病历管理不规范，送鉴定病历资料中长期医嘱单、临时医嘱单及护理记录单的医生、护士签名处未见相应医务人员的手写签名，故自治州某医院的前述病历资料未由相应医务人员签名，违反了前述规定，应推定自治州某医院存在过错。一审结合本案事实认定自治州某医院对刘某慢性肾功能不全急性加重的损害后果承担10%的赔偿责任并无不当，应予支持。

第一千二百二十六条　【患者隐私和个人信息保护】

医疗机构及其医务人员应当对患者的隐私和个人信息保密。泄露患者的隐私和个人信息，或者未经患者同意公开其病历资料的，应当承担侵权责任。

条文理解

本条是关于患者隐私与个人信息保护的规定。患者的隐私与个人信息是其人格权益的重要组成内容，所以，未经患者同意而泄露其隐私及个人信息的，构成对患者人格权益的侵害，应当承担侵权责任。即便是出于医学会诊、医疗教学与研究等目的，医疗机构及其医务人员也应当尊重患者的隐私与个人信息。例如，在使用相关资料时，可以隐去患者的个人信息或者使用化名等。由于《民法典》的人格权编（如《民法典》第995条）以及侵权责任编的一般规定（如《民法典》第1165条第1款、第1167条）已经就侵害隐私和个人信息的行为规定了相应的民事责任，本条的意义主要在于强调未经患者同意便公开其病历资料属于典型的侵犯他人隐私与个人信息的行为。

需要特别强调的是，根据《个人信息保护法》第28条第1款的规定，医疗健康信息属于敏感信息，因而在信息处理上适用更为严格的规定。例如，医疗机构应当告知患者处理医疗健康信息的必要性以及对患者的个人权益的影响。

> **相关条文**

◎**法律**

《民法典》（2021年1月1日）

第九百九十五条　人格权受到侵害的，受害人有权依照本法和其他法律的规定请求行为人承担民事责任。受害人的停止侵害、排除妨碍、消除危险、消除影响、恢复名誉、赔礼道歉请求权，不适用诉讼时效的规定。

第一千零三十二条　自然人享有隐私权。任何组织或者个人不得以刺探、侵扰、泄露、公开等方式侵害他人的隐私权。

隐私是自然人的私人生活安宁和不愿为他人知晓的私密空间、私密活动、私密信息。

第一千零三十四条　自然人的个人信息受法律保护。

个人信息是以电子或者其他方式记录的能够单独或者与其他信息结合识别特定自然人的各种信息，包括自然人的姓名、出生日期、身份证件号码、生物识别信息、住址、电话号码、电子邮箱、健康信息、行踪信息等。

个人信息中的私密信息，适用有关隐私权的规定；没有规定的，适用有关个人信息保护的规定。

《医师法》（2022年3月1日）

第二十三条第三项　医师在执业活动中履行下列义务：

……

（三）尊重、关心、爱护患者，依法保护患者隐私和个人信息；

……

《个人信息保护法》（2021年11月1日）

第二十八条　敏感个人信息是一旦泄露或者非法使用，容易导致自然人的人格尊严受到侵害或者人身、财产安全受到危害的个人信息，包括生物识别、宗教信仰、特定身份、医疗健康、金融账户、行踪轨迹等信息，以及不满十四周岁未成年人的个人信息。

只有在具有特定的目的和充分的必要性，并采取严格保护措施的情形下，个人信息处理者方可处理敏感个人信息。

第二十九条　处理敏感个人信息应当取得个人的单独同意；法律、行政法规规定处理敏感个人信息应当取得书面同意的，从其规定。

第三十条　个人信息处理者处理敏感个人信息的，除本法第十七条第一款规定的事项外，还应当向个人告知处理敏感个人信息的必要性以及对个人权益的影响；依照本法规定可以不向个人告知的除外。

《基本医疗卫生与健康促进法》（2020年6月1日）

第三十三条第一款　公民接受医疗卫生服务，应当受到尊重。医疗卫生机构、医疗卫生人员应当关心爱护、平等对待患者，尊重患者人格尊严，保护患者隐私。

《精神卫生法》（2018年4月27日）

第四条第三款　有关单位和个人应当对精神障碍患者的姓名、肖像、住址、工作单位、病历资料以及其他可能推断出其身份的信息予以保密；但是，依法履行职责需要公开的除外。

《传染病防治法》（2013年6月29日）

第十二条第一款　在中华人民共和国领域内的一切单位和个人，必须接受疾病预防控制机构、医疗机构有关传染病的调查、检验、采集样本、隔离治疗等预防、控制措施，如实提供有关情况。疾病预防控制机构、医疗机构不得泄露涉及个人隐私的有关信息、资料。

◎**行政法规**

《护士条例》（中华人民共和国国务院令第

726 号 2020 年 3 月 27 日）

第十八条 护士应当尊重、关心、爱护患者，保护患者的隐私。

◎ 部门规章

《医疗美容服务管理办法》（中华人民共和国国家卫生和计划生育委员会令第 8 号 2016 年 1 月 19 日）

第二十条 美容医疗机构和医疗美容科室的从业人员要尊重就医者的隐私权，未经就医者本人或监护人同意，不得向第三方披露就医者病情及病历资料。

《医疗机构病历管理规定》（国卫医发〔2013〕31 号 2014 年 1 月 1 日）

第六条 医疗机构及其医务人员应当严格保护患者隐私，禁止以非医疗、教学、研究目的泄露患者的病历资料。

相关案例

◎ 典型案例

徐某 1 与北京市某医院等隐私权、个人信息保护纠纷案【（2023）京 03 民终 15621 号】

裁判要旨：病历资料属于患者的敏感个人信息，处理患者的病历资料应当取得患者的单独同意。医疗机构及其医务人员对患者隐私和个人信息负有保护的义务。查阅或复制患者在医疗机构的病历资料，应当提供患者及其代理人的有效身份证明，以及代理人与患者代理关系的法定证明材料和授权委托书。本案中，对于徐某 1 在某医院的病历资料，某医院负有严格管理、保存、保密义务，不得随意泄露给他人。根据现有证据及当事人陈述，王某在向某医院申请调取徐某 1 病历资料时，仅提供了王某本人的身份证，并未提供徐某 1 的有效身份证明、二人之间关系的证明材料和授权委托书，故王某并不符合某医院应当受理并提供病历复印件的法定条件，而某医院在此情况下，且未经徐某 1 本人同意，直接向王某提供徐某 1 的病历资料，不仅未尽到法定的审查义务，亦违反了其作为医疗机构的保密义务，某医院的行为存在过错，构成对徐某 1 个人信息权益及隐私权的侵害。

曾某、广州韩某医学美容门诊部有限公司一般人格权纠纷案【（2019）粤 01 民终 16956 号】

裁判要旨：曾某主张韩某美容公司和禾某美容公司侵犯了其人格权，应提供证据予以证实。曾某在本案中并未提交充分证据证实韩某美容公司泄露了其个人隐私。曾某曾前往禾某美容公司与其商谈诊疗情况，本案中，曾某并未提供证据证实禾某美容公司未对曾某进行诊疗是由于韩某美容公司向其泄露了个人隐私。由于在本案中，曾某提供的证据并不能证实其主张，其应承担举证不能的不利后果。

赣州市某人民医院、李某名誉权纠纷案【（2017）赣 07 民终 3923 号】

裁判要旨：被上诉人李某曾经患有精神疾病的事实和相关就医记录、病情属个人隐私，其个人隐私受法律保护。被上诉人赣州市某保健院违背被上诉人李某的意愿，非因法定事由、未经法定程序而委托上诉人赣州市某人民医院对其精神疾病进行鉴定并出具精神残疾鉴定书、擅自为其办理精神残疾证，上诉人赣州市某人民医院非因法定事由、未经法定程序而接受被上诉人赣州市某保健院的委托并出具被上诉人李某构成精神残疾的《精神残疾鉴定书》，导致被上诉人李某曾经患有精神疾病的个人隐私为他人所知晓并进而被认为其仍有精神残疾，致其社会评价降低、名誉受损，上诉人赣州市某人民医院、被上诉人赣州市某保健院的行为均有过错，构成名誉权侵权。

第一千二百二十七条 【不必要检查禁止义务】

医疗机构及其医务人员不得违反诊疗规范实施不必要的检查。

条文理解

本条是关于禁止不必要检查的规定。所谓不必要的检查，是指超出患者诊疗措施需要的检查。实践中较为典型的不必要检查包括两类：一是与患者的病情无关的检查。例如，患者的主诉症状是发烧，并无其他疾病的疑似症状，但医疗机构要求其接受全面的身体检查。二是虽然与患者的病情有关但超出诊断需要的检查。例如，针对患者的病情原本只需使用普通仪器诊断，但医疗机构强制要求使用费用更高的进口仪器。此外，本条意义上的不必要的检查还应当包括一种特殊类型，即虽然是诊断患者病情所应当实施的检查，但患者已经在其他医疗机构接受过类似检查，医疗机构缺乏正当理由否认其他医疗机构的检查报告的效力、要求患者重新接受检查。

医疗机构及其医务人员违反诊疗规范实施不必要检查的，如果给患者造成损害，患者可以基于《民法典》第1221条请求医疗机构承担侵权损害赔偿责任。给患者造成的损害既包括检查措施本身给患者造成的人身权益的损害，也包括患者已经就检查措施支出的费用。医疗机构应当就其所实施的检查具有必要性承担举证责任。如果患者主动要求实施不必要的检查，医疗机构应当尽到告知义务，向患者说明必要检查措施的范围，如果患者仍然坚持要求接受检查，则不得主张医疗机构违反本条规定。

有观点认为，医疗机构及其医务人员实施不必要检查的，属于违反《民法典》第1219条所规定的说明义务的一种类型，此种观点并不准确。原因在于，《民法典》第1219条在适用范围上限于"特殊检查"，而构成特殊检查须以满足《医疗机构管理条例实施细则》第88条第3款规定的四项条件为前提。相比之下，本条所欲限制的对象是一切不必要的检查，并非仅限于特殊检查。

相关条文

◎法律

《医师法》（2022年3月1日）

第三十一条 医师不得利用职务之便，索要、非法收受财物或者牟取其他不正当利益；不得对患者实施不必要的检查、治疗。

《基本医疗卫生与健康促进法》（2020年6月1日）

第五十四条第一款 医疗卫生人员应当遵循医学科学规律，遵守有关临床诊疗技术规范和各项操作规范以及医学伦理规范，使用适宜技术和药物，合理诊疗，因病施治，不得对患者实施过度医疗。

◎部门规章

《医疗机构检查检验结果互认管理办法》（国卫医发〔2022〕6号 2022年3月1日）

第十六条 医疗机构及其医务人员应当在不影响疾病诊疗的前提下，对标有全国或本机构所在地区互认标识的检查检验结果予以互认。

鼓励医务人员结合临床实际，在不影响疾病诊疗的前提下，对其他检查检验结果予以互认。

第十七条 对于患者提供的已有检查检验结果符合互认条件、满足诊疗需要的，医疗机构及其医务人员不得重复进行检查检验。

第十八条 医务人员应当根据患者病情开具检查检验医嘱。对于符合互认条件的检查检验项目，不得以与其他项目打包等形式再次收取相关费用。

第十九条 出现以下情况，医疗机构及其医务人员可以对相关项目进行重新检查：

（一）因病情变化，检查检验结果与患者临床表现、疾病诊断不符，难以满足临床诊疗需求的；

（二）检查检验结果在疾病发展演变过程中变化较快的；

（三）检查检验项目对于疾病诊疗意义重大的（如手术、输血等重大医疗措施前）；

（四）患者处于急诊、急救等紧急状态下的；

（五）涉及司法、伤残及病退等鉴定的；

（六）其他情形确需复查的。

第二十一条 医疗机构及其医务人员应当加强医患沟通，对于检查检验项目未予互认的，应当做好解释说明，充分告知复检的目的及必要性等。

◎ **司法解释**

《北京市高级人民法院关于审理医疗损害赔偿纠纷案件若干问题的指导意见（试行）》（京高法发〔2010〕第400号 2010年11月18日）

第六条 医疗机构及其医务人员违反诊疗规范对患者实施不必要的检查，导致患者支出不必要的检查费用，患者一方有权要求医疗机构退还。造成其他损害后果的，患者一方有权要求医疗机构承担相应的侵权责任。

◎ **相关案例**

◎ **典型案例**

任某某与大连某医院侵害患者知情同意权责任纠纷案【（2022）辽02民终8499号】

裁判要旨：患者主张医疗机构因侵害患者知情同意权承担损害赔偿责任的，应承担举证责任。本案中，上诉人因"突发疼痛、疼得直打冷颤、满头冷汗"到被上诉人医院急诊科就诊，医生接诊后初步判断系结石。CT检查是一种广泛应用于临床的常规影像学检查，也是诊断结石的检查方式之一，在上诉人疼痛难耐的情况下，被上诉人对上诉人行CT检查能够准确确定病因及病灶位置，是高效的诊疗方式。上诉人认为CT检查属于特殊检查，需要向患者进行解释和说明，但其提交的依据不能证明其主张。一审中，任某某明确表示不申请司法鉴定，故本案现有证据不足以认定被上诉人侵害了上诉人任某某的知情同意权。

徐某某与北京某医院医疗损害责任纠纷案【（2021）京民申7274号】

裁判要旨：原审法院认定徐某某因自身疾病慕名在北京某医院诊治，双方建立了医疗关系。接诊医师有权在注册的执业范围内，为徐某某进行相关检查以便针对其病情制订合理的治疗方案。徐某某坚持认为北京某医院在同一天为其开出皮肤活检和PET—CT检查，属过度医疗。现北京某医院已就其同一天为其开具两项检查的目的做了说明。因徐某某提出的问题关系北京某医院相关诊疗行为是否妥当，属医学专业问题，应当由专门机构对此进行评价。原审法院已经向徐某某释明，其可以申请进行司法鉴定，但被徐某某拒绝，判决徐某某承担不利的诉讼后果并无不当，本院予以维持。徐某某申诉所持意见多为其主观认知，并未提供相关证据支持，在现有证据情况下，其申诉请求不能得到支持。

徐某某与首都某医院医疗损害责任纠纷案【（2021）京02民终1697号】

裁判要旨：本案中，徐某某主张其赴某医院就诊仅为明确诊断，并非寻求手术治疗，故认为某医院为手术目的所开具的检查项目及其已经在另一医院所进行的检查项目均为不必要的检查。本案现有证据无法直接证明徐某某赴天坛医院就诊的目的，但从双方庭审陈述可知，徐某某交费时对于其所患疾病需要住院治疗已经明确知晓，某医院亦为其开具了住院证，徐某某亦自认交费时收费人员亦已向其告知特需门诊全部自费，现有证据无法证明某医院存在剥夺其知情权之情况。至于某医院开具的检查项目的必要性，某医院已经进行必要说明，徐某某虽不予认可，但未能就某医院的检查违反诊疗规范进一步举证。徐某某作为完全民事行为能力人，自行选择特需门诊就诊，明知需住院治疗并领取检查单，亦明知知晓特需门诊所需费用均自费的情况下选择交费并接受各项检查；另根据其自述，其对自身所患疾病已在其他医院进行过检查，本应就相关检查的流程及目的有所了解，故一审法院对其诉讼请求未予支持，并无不妥。

第一千二百二十八条 【医疗机构及医务人员合法权益的维护】

医疗机构及其医务人员的合法权益受法律保护。

干扰医疗秩序，妨碍医务人员工作、生活，侵害医务人员合法权益的，应当依法承担法律责任。

条文理解

本条是关于医疗机构与医务人员合法权益应受法律保护的规定。本条在规范性质上为宣示性规范，即申明医疗机构及其医务人员的合法权益不受侵犯，以回应当前较为严重的医患矛盾问题，特别是严重

影响医疗机构及其医务人员的生命财产安全、工作和生活安宁的"医闹""伤医"等行为。由于本条在构成要件与法律效果方面均较为模糊，因而不宜作为独立的请求权基础。医疗机构及其医务人员合法权益受到侵害的，应当根据受侵害的具体情况寻求法律救济手段。例如，医务人员在"医闹"过程中被打伤的，可以根据《民法典》第1165条第1款规定请求伤人者赔偿自身健康权受侵害导致的损失。

本条第2款的"依法承担法律责任"并不限于侵权责任等民事责任，还包括行政责任、刑事责任等。例如，根据《治安管理处罚法》第23条第1款第1项规定，扰乱医疗机构秩序导致医疗活动不能正常进行的，行政机关可以根据具体情节处以警告、罚款、拘留等行政处罚。再如，根据《刑法》第290条第1款，聚众扰乱社会秩序导致医疗活动无法进行的，可能构成聚众扰乱社会秩序罪。

相关条文

◎法律

《刑法》（2024年3月1日）

第二百九十条第一款 聚众扰乱社会秩序，情节严重，致使工作、生产、营业和教学、科研、医疗无法进行，造成严重损失的，对首要分子，处三年以上七年以下有期徒刑；对其他积极参加的，处三年以下有期徒刑、拘役、管制或者剥夺政治权利。

《医师法》（2022年3月1日）

第二十二条 医师在执业活动中享有下列权利：

（一）在注册的执业范围内，按照有关规范进行医学诊查、疾病调查、医学处置、出具相应的医学证明文件，选择合理的医疗、预防、保健方案；

（二）获取劳动报酬，享受国家规定

的福利待遇，按照规定参加社会保险并享受相应待遇；

（三）获得符合国家规定标准的执业基本条件和职业防护装备；

（四）从事医学教育、研究、学术交流；

（五）参加专业培训，接受继续医学教育；

（六）对所在医疗卫生机构和卫生健康主管部门的工作提出意见和建议，依法参与所在机构的民主管理；

（七）法律、法规规定的其他权利。

《基本医疗卫生与健康促进法》（2020年6月1日）

第三十三条第二款　公民接受医疗卫生服务，应当遵守诊疗制度和医疗卫生服务秩序，尊重医疗卫生人员。

第五十七条　全社会应当关心、尊重医疗卫生人员，维护良好安全的医疗卫生服务秩序，共同构建和谐医患关系。

医疗卫生人员的人身安全、人格尊严不受侵犯，其合法权益受法律保护。禁止任何组织或者个人威胁、危害医疗卫生人员人身安全，侵犯医疗卫生人员人格尊严。

国家采取措施，保障医疗卫生人员执业环境。

《治安管理处罚法》（2013年1月1日）

第二十三条第一款第一项、第二款

有下列行为之一的，处警告或者二百元以下罚款；情节较重的，处五日以上十日以下拘留，可以并处五百元以下罚款：

（一）扰乱机关、团体、企业、事业单位秩序，致使工作、生产、营业、医疗、教学、科研不能正常进行，尚未造成严重损失的；

……

聚众实施前款行为的，对首要分子处十日以上十五日以下拘留，可以并处一千元以下罚款。

◎行政法规

《护士条例》（中华人民共和国国务院令第726号　2020年3月27日）

第三条　护士人格尊严、人身安全不受侵犯。护士依法履行职责，受法律保护。

全社会应当尊重护士。

《乡村医生从业管理条例》（中华人民共和国国务院令第386号　2004年1月1日）

第二十三条　乡村医生在执业活动中享有下列权利：

（一）进行一般医学处置，出具相应的医学证明；

（二）参与医学经验交流，参加专业学术团体；

（三）参加业务培训和教育；

（四）在执业活动中，人格尊严、人身安全不受侵犯；

（五）获取报酬；

（六）对当地的预防、保健、医疗工作和卫生行政主管部门的工作提出意见和建议。

《医疗事故处理条例》（中华人民共和国国务院令第351号　2002年9月1日）

第五十九条　以医疗事故为由，寻衅滋事、抢夺病历资料、扰乱医疗机构正常医疗秩序和医疗事故技术鉴定工作，依照刑法关于扰乱社会秩序罪的规定，依法追究刑事责任；尚不够刑事处罚的，依法给予治安管理处罚。

◎司法解释

《关于依法惩处涉医违法犯罪维护正常医疗秩序的意见》（法发〔2014〕5号　2014年4月22日）

第二条　严格依法惩处涉医违法犯罪对涉医违法犯罪行为，要依法严肃追究、坚决打击。公安机关要加大对暴力杀医、伤医、扰乱医疗秩序等违法犯罪活动的查处力度，接到报警后应当及时出警、快速处置，需要追究刑事责任的，及时立案侦查，全面、客观地收集、调取证据，确保侦查质量。人民检察院应当及时依法批捕、起诉，对于重大涉医犯罪案件要加强法律监督，必要时可以对收集证据、适用法律提出意见。人民法院应当加快审理进度，在全面查明案件事实的基础上依法准确定罪量刑，对于犯罪手段残忍、主观恶性深、人身危险性大的被告人或者社会影响恶劣的涉医犯罪行为，要依法从严惩处。

（一）在医疗机构内殴打医务人员或者故意伤害医务人员身体、故意损毁公私财物，尚未造成严重后果的，分别依照治安管理处罚法第四十三条、第四十九条的规定处罚；故意杀害医务人员，或者故意伤害医务人员造成轻伤以上严重后果，或者随意殴打医务人员情节恶劣、任意损毁公私财物情节严重，构成故意杀人罪、故意伤害罪、故意毁坏财物罪、寻衅滋事罪的，依照刑法的有关规定定罪处罚。

（二）在医疗机构私设灵堂、摆放花圈、焚烧纸钱、悬挂横幅、堵塞大门或者以其他方式扰乱医疗秩序，尚未造成严重损失，经劝说、警告无效的，要依法驱散，对拒不服从的人员要依法带离现场，依照治安管理处罚法第二十三条的规定处罚；聚众实施的，对首要分子和其他积极参加者依法予以治安处罚；造成严重损失或者扰乱其他公共秩序情节严重，构成寻衅滋事罪、聚众扰乱社会秩序罪、聚众扰乱公共场所秩序、交通秩序罪的，依照刑法的有关规定定罪处罚。

在医疗机构的病房、抢救室、重症监护室等场所及医疗机构的公共开放区域违规停放尸体，影响医疗秩序，经劝说、警告无效的，依照治安管理处罚法第六十五条的规定处罚；严重扰乱医疗秩序或者其他公共秩序，构成犯罪的，依照前款的规定定罪处罚。

（三）以不准离开工作场所等方式非法限制医务人员人身自由的，依照治安管理处罚法第四十条的规定处罚；构成非法拘禁罪的，依照刑法的有关规定定罪处罚。

（四）公然侮辱、恐吓医务人员的，依照治安管理处罚法第四十二条的规定处罚；采取暴力或者其他方法公然侮辱、恐吓医务人员情节严重（恶劣），构成侮辱罪、寻衅滋事罪的，依照刑法的有关规定定罪处罚。

（五）非法携带枪支、弹药、管制器具或者爆炸性、放射性、毒害性、腐蚀性物品进入医疗机构的，依照治安管理处罚法第三十条、第三十二条的规定处罚；危及公共安全情节严重，构成非法携带枪支、弹药、管制刀具、危险物品危及公共安全罪的，依照刑法的有关规定定罪处罚。

（六）对于故意扩大事态，教唆他人实施针对医疗机构或者医务人员的违法犯罪行为，或者以受他人委托处理医疗纠纷为名实施敲诈勒索、寻衅滋事等行为的，依照治安管理处罚法和刑法的有关规定从严惩处。

◎ 相关案例

◎典型案例

石某与内蒙古某附属人民医院侵权责任纠纷案【（2015）呼民一终字第01065号】

裁判要旨：关于搬离病房，根据日常经验法则判断，住院治疗是一种较高层级的治疗方式，相较于门诊治疗等普通方式，具有特殊性和必要性，而病房作为医院的重要医疗资源，在收治病人过程中发挥着重要的作用。本案中，附属人民医院于 2015 年 5 月 28 日向石某下发了《离院通知书》，并从当日起不再为其提供医疗服务，后又于 2015 年 6 月 5 日为其办理了出院证，《离院通知书》和出院证上载明了石某已不需要药物治疗，且住院已无意义，应到他院继续进行康复治疗的内容。本院认为，依照《侵权责任法》第六十四条[1]规定："医疗机构及其医务人员的合法权益受法律保护。干扰医疗秩序，妨害医务人员工作、生活的，应当依法承担法律责任。"本案中，石某在附属人民医院为其下发《离院通知书》，不再为其提供医疗服务且亦未出现病情复发及出现后遗症的情况下，拒不搬离病房，已干扰了附属人民医院的正常医疗秩序，故原审法院判决其搬离病房并无不当，本院依法予以维持。

文某某与某县公安局、某县人民政府行政监察案【（2024）湘 02 行终 110 号】

裁判要旨：文某某先后九次带其母亲等人到医院吵闹、堵门、静坐，干扰了该医院的医疗秩序，妨害了医务人员的工作，应当依法承担法律责任。被上诉人经受理、询问、调查取证后，告知了上诉人拟对其作出行政处罚决定的事实、理由和依据，告知其陈述和申辩的权利，在上诉人提出申辩后作出不予采纳的复核意见并送达给文某某。被上诉人据此作出行政处罚决定书并向文某某宣读，同时向家属送达了《行政拘留家属通知书》，程序合法。被上诉人攸县人民政府收到文某某的行政复议申请后，经立案、审查，依照《行政复议法》的相关规定作出攸政行复〔2023〕23 号《行政复议决定书》，维持某县公安局的行政处罚决定，符合法律规定。

第七章　环境污染和生态破坏责任

第一千二百二十九条　【环境污染和生态破坏侵权责任】

因污染环境、破坏生态造成他人损害的，侵权人应当承担侵权责任。

条文理解

本条是关于污染环境、破坏生态侵权责任的一般规定。其中，污染环境是指行为人向环境排放的物质或者能量超出了环境的自净能力，导致环境质量降低；破坏生态是指行为人改变环境结构与功能，并对环境发展产生不利影响。破坏生态的行为并不必然同时构成对于环境的污染，如过度砍伐树木会导致水土流失以及荒漠化的问题，对于生态系统存在一定破坏，但并未污染环境。

根据本条规定，因为污染环境、破坏生态引发的侵权责任为无过错责任，被侵权人无须证明行为人存在过错。所以，被侵权人请求行为人承担污染环境、破坏生态侵权责任的，如果其所主张的为侵权损害赔偿责任，则只需要证明：（1）行为人存在污染环境或者破坏生态的加害行为；（2）被侵权人遭受损害；（3）行为人的加

---

[1]《民法典》第 1228 条。

害行为与被侵权人的损失之间具有关联性。关于第三项构成要件要素有必要说明的是，根据《民法典》第1230条，行为人应就其污染环境、破坏生态的行为与被侵权人的损害之间不存在因果关系承担举证责任，所以，该构成要件要素意义上的"具有关联性"并不要求达到足以证明存在因果关系的程度。除了损害赔偿之外，被侵权人还可以主张侵权人停止侵害、排除妨害、消除危险。

实践中，国家或者地方制定的污染物排放标准对于判断行为人是否存在环境污染行为具有重要意义，如果排放的污染物超过标准设定的范围，行为人将受到行政处罚。但就环境侵权责任而言，被侵权人基于本条请求侵权人承担侵权责任的，侵权人不得以其污染环境、破坏生态的行为满足排放标准要求作为不承担侵权责任的抗辩事由。换言之，即使行为人合规排污造成他人损害的，仍需承担侵权责任。

对于环境侵权责任而言，被侵权人所遭受的损害包括人身损害以及财产损害。如果污染环境、破坏生态的行为尚未导致损害的发生，被侵权人仍可基于《民法典》第1167条请求侵权人承担停止侵害、排除妨碍、消除危险的责任。

关于行为人的加害行为与被侵权人的损失之间是否具有关联性的问题，一般认为，被侵权人只需提供初步证据说明行为人的行为与自身遭受的损害可能存在关系。例如，被侵权人所养殖的水产品因为水体质量变化而大面积死亡，而行为人在此之前于上游排放污水。由于排放污水是常见的导致水体质量变化的因素，因此可以认为被侵权人已经证明二者存在关联性。相应地，如果行为人主张其不应承担侵权责任，则需要证明自身排放污水的行为与造成水产品死亡之间不存在因果关系。

> **相关条文**
>
> ◎ **法律**
>
> 《海洋环境保护法》（2024年1月1日）
>
> 第一百一十四条第一款　对污染海洋环境、破坏海洋生态，造成他人损害的，依照《中华人民共和国民法典》等法律的规定承担民事责任。
>
> 《大气污染防治法》（2018年10月26日）
>
> 第一百二十五条　排放大气污染物造成损害的，应当依法承担侵权责任。
>
> 《水污染防治法》（2018年1月1日）
>
> 第九十六条第一款　因水污染受到损害的当事人，有权要求排污方排除危害和赔偿损失。
>
> 《环境保护法》（2015年1月1日）
>
> 第二条　本法所称环境，是指影响人类生存和发展的各种天然的和经过人工改造的自然因素的总体，包括大气、水、海洋、土地、矿藏、森林、草原、湿地、野生生物、自然遗迹、人文遗迹、自然保护区、风景名胜区、城市和乡村等。
>
> 《放射性污染防治法》（2003年10月1日）
>
> 第五十九条　因放射性污染造成他人损害的，应当依法承担民事责任。
>
> ◎ **司法解释**
>
> **《最高人民法院关于审理生态环境侵权责任纠纷案件适用法律若干问题的解释》**（法释〔2023〕5号　2023年9月1日）
>
> 第一条　侵权人因实施下列污染环境、破坏生态行为造成他人人身、财产损害，被侵权人请求侵权人承担生态环境侵权责任的，人民法院应予支持：
>
> （一）排放废气、废水、废渣、医疗废物、粉尘、恶臭气体、放射性物质等污染环境的；
>
> （二）排放噪声、振动、光辐射、电

磁辐射等污染环境的；
（三）不合理开发利用自然资源的；
（四）违反国家规定，未经批准，擅自引进、释放、丢弃外来物种的；
（五）其他污染环境、破坏生态的行为。

第二条 因下列污染环境、破坏生态引发的民事纠纷，不作为生态环境侵权案件处理：
（一）未经由大气、水、土壤等生态环境介质，直接造成损害的；
（二）在室内、车内等封闭空间内造成损害的；
（三）不动产权利人在日常生活中造成相邻不动产权利人损害的；
（四）劳动者在职业活动中受到损害的。
前款规定的情形，依照相关法律规定确定民事责任。

第三条 不动产权利人因经营活动污染环境、破坏生态造成相邻不动产权利人损害，被侵权人请求其承担生态环境侵权责任的，人民法院应予支持。

第四条第一款 污染环境、破坏生态造成他人损害，行为人不论有无过错，都应当承担侵权责任。

《最高人民法院关于生态环境侵权民事诉讼证据的若干规定》（法释〔2023〕6号 2023年9月1日）

第二条 环境污染责任纠纷案件、生态破坏责任纠纷案件的原告应当就以下事实承担举证责任：
（一）被告实施了污染环境或者破坏生态的行为；
（二）原告人身、财产受到损害或者有遭受损害的危险。

第四条 原告请求被告就其污染环境、破坏生态行为支付人身、财产损害赔

偿费用，或者支付民法典第一千二百三十五条规定的损失、费用的，应当就其主张的损失、费用的数额承担举证责任。

第五条 原告起诉请求被告承担环境污染、生态破坏责任的，应当提供被告行为与损害之间具有关联性的证据。
人民法院应当根据当事人提交的证据，结合污染环境、破坏生态的行为方式、污染物的性质、环境介质的类型、生态因素的特征、时间顺序、空间距离等因素，综合判断被告行为与损害之间的关联性是否成立。

第三十条 在环境污染责任纠纷、生态破坏责任纠纷案件中，损害事实成立，但人身、财产损害赔偿数额难以确定的，人民法院可以结合侵权行为对原告造成损害的程度、被告因侵权行为获得的利益以及过错程度等因素，并可以参考负有环境资源保护监督管理职责的部门的意见等，合理确定。

《最高人民法院关于生态环境侵权案件适用禁止令保全措施的若干规定》（法释〔2021〕22号 2022年1月1日）

第一条 申请人以被申请人正在实施或者即将实施污染环境、破坏生态行为，不及时制止将使申请人合法权益或者生态环境受到难以弥补的损害为由，依照民事诉讼法第一百条、第一百零一条规定，向人民法院申请采取禁止令保全措施，责令被申请人立即停止一定行为的，人民法院应予受理。

第二条 因污染环境、破坏生态行为受到损害的自然人、法人或者非法人组织，以及民法典第一千二百三十四条、第一千二百三十五条规定的"国家规定的机关或者法律规定的组织"，可以向人民法院申请作出禁止令。

第四条 申请人向人民法院申请作出

禁止令的，应当提交申请书和相应的证明材料。

申请书应当载明下列事项：

（一）申请人与被申请人的身份、送达地址、联系方式等基本情况；

（二）申请禁止的内容、范围；

（三）被申请人正在实施或者即将实施污染环境、破坏生态行为，以及如不及时制止将使申请人合法权益或者生态环境受到难以弥补损害的情形；

（四）提供担保的财产信息，或者不需要提供担保的理由。

第五条 被申请人污染环境、破坏生态行为具有现实而紧迫的重大风险，如不及时制止将对申请人合法权益或者生态环境造成难以弥补损害的，人民法院应当综合考量以下因素决定是否作出禁止令：

（一）被申请人污染环境、破坏生态行为被行政主管机关依法处理后仍继续实施；

（二）被申请人污染环境、破坏生态行为对申请人合法权益或者生态环境造成的损害超过禁止被申请人一定行为对其合法权益造成的损害；

（三）禁止被申请人一定行为对国家利益、社会公共利益或者他人合法权益产生的不利影响；

（四）其他应当考量的因素。

《贯彻实施〈长江保护法〉工作推进会会议纪要》（法〔2021〕304号 2021年11月24日）

第十条 严格贯彻实施《长江保护法》第四章关于水污染防治规定，审理水污染责任纠纷案件，侵权人以没有超过国家或地方水污染物排放标准，或者不属于相关污染物标准明确列举的污染物种类、或者被污染水域有自净功能、水质得到恢复为由，主张水污染责任不成立或免除、减轻生态环境修复责任的，人民法院应当依照《民法典》第一千二百二十九条等规定予以确定。

相关案例

◎指导案例

吕金奎等79人诉山海关船舶重工有限责任公司海上污染损害责任纠纷案【最高人民法院指导案例127号】

裁判要旨：根据海洋环境保护法等有关规定，海洋环境污染中的"污染物"不限于国家或者地方环境标准明确列举的物质。污染者向海水水域排放未纳入国家或者地方环境标准的含有铁物质等成分的污水，造成渔业生产者养殖物损害的，污染者应当承担环境侵权责任。

第一，《海洋环境保护法》明确规定，只要行为人将物质或者能量引入海洋造成损害，即视为污染；《侵权责任法》第六十五条[1]亦未将环境污染责任限定为排污超过国家标准或者地方标准。故，无论国家或地方标准中是否规定了某类物质的排放控制要求，或排污是否符合国家或地方规定的标准，只要能够确定污染行为造成环境损害，行为人就必须承担赔偿责任。第二，我国现行有效评价海水水质的《渔业水质标准》和《海水水质标准》实施后长期未进行修订，其中列举的项目已不足以涵盖当今可能造成污染的全部物质。据此，《渔业水质标准》和《海水水质标准》并非判断某类物质是否造成污染损害的唯一依据。第三，秦皇岛市环境保护局亦在《秦皇岛市环保局复核意见》中表示，因国家对海水中铁物质含量未明确

---

[1]《民法典》第1229条。

规定污染物排放标准，故是否影响海水养殖需相关部门专家进一步论证。本案中，出具《鉴定意见》的鉴定人具备海洋污染鉴定的专业知识，其通过对相关背景资料进行分析判断，作出涉案海域水质中铁物质对渔业和养殖水域危害程度较大的评价，具有科学性，应当作为认定涉案海域被铁物质污染的依据。

李劲诉华润置地（重庆）有限公司环境污染责任纠纷案【最高人民法院指导案例128号】

裁判要旨：由于光污染对人身的伤害具有潜在性、隐蔽性和个体差异性等特点，人民法院认定光污染损害，应当依据国家标准、地方标准、行业标准，是否干扰他人正常生活、工作和学习，以及是否超出公众可容忍度等进行综合认定。对于公众可容忍度，可以根据周边居民的反映情况、现场的实际感受及专家意见等判断。

九江市人民政府诉江西正鹏环保科技有限公司、杭州连新建材有限公司、李德等生态环境损害赔偿诉讼案【最高人民法院指导案例210号】

裁判要旨：生态环境损害赔偿案件中，国家规定的机关通过诉前磋商，与部分赔偿义务人达成生态环境损害赔偿协议的，可以依法向人民法院申请司法确认；对磋商不成的其他赔偿义务人，国家规定的机关可以依法提起生态环境损害赔偿诉讼。

侵权人虽因同一污染环境、破坏生态行为涉嫌刑事犯罪，但生态环境损害赔偿诉讼案件中认定侵权事实证据充分的，不以相关刑事案件审理结果为依据，人民法院应当继续审理，依法判决侵权人承担生态环境修复和赔偿责任。

◎ **典型案例**

重庆市荣昌区梁某国水产养殖场诉重庆某泉农牧有限公司水污染责任纠纷案【人民法院案例库：2023-11-2-377-004】

裁判要旨：关于水污染责任纠纷中侵权人侵权责任的认定。由于水污染具有间接性、长期性、潜伏性、滞后性等特点，其造成的环境损害是动态的、系统性的，并非简单的、一次性的短期过程。认定水污染责任纠纷中侵权人是否应当承担侵权责任，可以根据鉴定意见或专业人员意见，综合考虑侵权人是否具有明确的排污行为、污染物传输路径是否具有合理性、监测提取的污染物因子是否与被侵权人的损害后果具有牵连性等因素，并结合双方举证责任分配予以认定。

关于水污染责任纠纷案件审理中对于鉴定结论的司法审查。对水污染的鉴定结论进行司法审查时，应当遵循逻辑性、合理性、科学常识和经验法则的审查标准，结合专家意见及具体案情来进行审查判断。因被侵权人向鉴定人提交的证明自身损失的证据不完整，鉴定人系根据其自身专业经验通过理论模型进行推算得出鉴定意见，其中对被侵权人经营期间应当投入的生产成本未予确定，且与市场估价相差悬殊的，可以认定鉴定意见确定的损失金额与被侵权人实际损失不符，对鉴定意见中超出实际损失的部分不应予以采信。

关于水污染责任纠纷中被侵权人实际损失的认定。水污染责任纠纷中，在被侵权人的客观损失难以查清，也无法采信鉴定意见的情况下，可结合专家意见，根据被侵权人的经营面积、同类规模经营主体的平均产值，考虑扣除经营成本支出、经营收益等因素，酌情确定其损失金额。

李某诉茌平某氧化铝公司环境污染责任纠纷案【人民法院案例库：2024-11-2-377-001】

裁判要旨：《最高人民法院关于审理

环境侵权责任纠纷案件适用法律若干问题的解释》（注：本案适用的是法释〔2020〕17号）第六条规定，被侵权人请求赔偿，应当就侵权人排放了污染物及侵权人排放的污染物或者其次生污染物、破坏生态行为与损害之间具有关联性提供初步的证据材料。只有在被侵权人完成了上述举证责任之后，才应当由侵权人就损害行为与结果之间不存在因果关系承担举证责任。在水污染侵权责任纠纷中，侵权人排污口在河道下游，而污染场地在上游的，侵权人应当就污染物到达污染场地的可能性承担举证责任，否则将承担举证不能的不利后果。

宁某诉泰安某化工公司、山东某化工公司环境污染责任纠纷案【人民法院案例库：2024-11-2-377-003】

裁判要旨：环境污染案件中，被侵权人请求赔偿的，应当就侵权人排放了污染物或者破坏了生态、被侵权人的损害、侵权人排放的污染物或者其次生污染物、破坏生态行为与损害之间具有关联性承担证明责任。侵权人系合法排污的，应当适当提高关联性证明标准。被侵权人提供的证据不足以证明存在关联性的，对于其请求赔偿损失的诉讼请求，人民法院不予支持。

张某伟诉泗阳某污水处理有限公司、泗阳某环保有限公司等七家公司环境污染责任纠纷案【人民法院案例库：2024-11-2-377-004】

裁判要旨：生态环境侵权中，被侵权人是否达到关联性举证证明责任，应当综合侵权人的过错及其程度、污染物的性质、时间空间距离、损害后果的严重程度等多个因素判断。在侵权人系合法排污的情况下，被侵权人仅能提交相关报告说明其养殖鱼死亡系因缺氧所致，而水体缺氧可能存在多种原因，且人民法院已查明损害发生前后一段时期内上游排污口附近水体污染物显著低于下游损害发生地污染物浓度的情况下，尚不足以达到关联性证明标准，不能形成侵权人污染水流造成被侵权人养殖鱼缺氧死亡的因果关系推定。

被侵权人明知上游存在企业排污，却仍然在下游养殖鱼造成损害后果的，应当认定被侵权人对损害具有重大过错。侵权人合法排污的，不应就被侵权人的损失承担侵权责任。

张某等12户农户诉某运输公司、李某、罗某、某盐矿、某保险公司等盐卤水泄漏环境污染责任纠纷案【人民法院案例库：2024-11-2-377-007】

裁判要旨：在环境污染责任纠纷案件中，损害事实成立，但人身、财产损害赔偿数额难以确定的，人民法院可以结合侵权行为对受害人造成的损害程度、过错大小、历年赔偿标准、市场价格等因素，参考负有环境资源保护监督管理职责的部门的意见等，合理确定。

12户农户的受损范围和种类来源于《农户损失核算表》，该核算表系事发后当地村组干部组织依职权进行反复核实、统计后最终形成的，在没有其他证据推翻的情况下，应当确认其真实性和合理性。但由于案涉盐卤水泄漏事故发生距今已超过三年时间，受污染的田土、农作物等与损害发生时的情况已发生客观变化，已不具备启动司法鉴定的可能性……法院只能结合已查明的案件事实和其他证据综合予以认定。损失的计算标准和金额应参照某盐矿历年赔偿标准、市场价格合理确定：农户主张的赔偿标准，如相同或高于某盐矿历年赔偿标准的，以某盐矿历年赔偿标准为准；如低于某盐矿历年赔偿标准的，以农户主张的赔偿标准为准；如农户主张的赔偿标准不能与某盐矿历年赔偿标准相比较的，结合案件情况并参考市场价格予以确认。

河北省保定市人民检察院诉易县某石料加工有限公司生态环境保护民事公益诉讼案
【人民法院案例库：2023-11-2-466-029】

裁判要旨：长城是极为珍贵的世界文化遗产，系人文遗迹，属被法律规定的"环境"范畴。行为人在全国重点文物保护单位明长城紫荆关段违法建设经营，破坏长城历史与环境风貌，依法应承担生态环境侵权责任。检察机关提起公益诉讼符合法律规定，人民法院应当依法受理并支持其诉讼请求。

韩某诉某油田分公司环境污染责任纠纷案
【人民法院案例库：2023-11-2-377-002】

裁判要旨："排放污染物行为"，不限于积极地投放或导入污染物质的行为，还包括伴随企业生产活动的消极污染行为。根据预防优先及污染者负担原则，废弃油井的所有者或控制者应当按照法律的规定，采取措施对污染源进行有效的控制和风险防范，对因污染行为造成他人的人身损害、财产损失及环境损害，应当予以赔偿，进行环境治理。

> **第一千二百三十条　【环境污染、生态破坏侵权举证责任】**
> 因污染环境、破坏生态发生纠纷，行为人应当就法律规定的不承担责任或者减轻责任的情形及其行为与损害之间不存在因果关系承担举证责任。

条文理解

本条是关于污染环境、破坏生态侵权责任的举证责任的规定。在一般的侵权案件中，被侵权人须证明其所遭受的损失与侵权人的加害行为之间存在因果关系，但环境侵权案件在因果关系上存在以下三点特殊之处：首先，由于环境污染、生态破坏具有长期性、潜伏性等特点，加害行为实施与损害结果出现之间的时间间隔可能较长，被侵权人在损害结果出现时通常难以证明先前的污染环境行为与自身当前遭受的损害之间存在因果关系。其次，环境污染、生态被破坏在成因上比较复杂，即使借助现代科学技术也未必能够准确说明其中的因果关系，而被侵权人往往缺乏相关领域的专业知识，如果要求被侵权人证明因果关系存在，可能导致许多案件中被侵权人难以获得法律救济。最后，环境侵权问题的广泛出现主要是由于大规模工业活动所引起，相较于被侵权人而言，侵权人一方面能够从引发污染的活动中获利，另一方面也更有能力分散由于环境侵权引发的损失。基于以上考虑，环境侵权责任中采取因果关系倒置作为一般规则，由行为人就其行为与被侵权人遭受的损害之间不存在因果关系承担证责任。

关于行为人不承担责任或者减轻责任的情形，则本就应当由行为人承担相应的证明责任。对于环境侵权责任而言，行为人不承担责任或者减轻责任的情形主要包括两类：第一，被侵权人就损害的发生或者扩大存在故意或者重大过失。具体而言，如果被侵权人存在故意，行为人可以主张不承担责任；如果被侵权人存在重大过失，行为人可以主张减轻责任；如果被侵权人仅存在一般过失，行为人不得主张不承担责任或者减轻责任。第二，有关环境或者生态保护的特别法中规定的事由。例如，根据《水污染防治法》第96条第2款规定，如果水污染损害系由于不可抗力所导致，则排污方不承担赔偿责任。《海洋环境保护法》第116条也列举了战争、不可抗拒的自然灾害以及特殊情况下的第三人原因（负责灯塔或者其他助航设备的主管部门，在执行职责时的疏忽，或者其他过失行为）三种不承担责任的事由。需要强调的是，行为人不得以被污染的环境或者被破坏的生态具有自我恢复功能为由作为不承担责任或者减轻责任的抗辩事由。

相关条文

◎ 法律

《海洋环境保护法》（2024年1月1日）

第一百一十六条 完全属于下列情形之一，经过及时采取合理措施，仍然不能避免对海洋环境造成污染损害的，造成污染损害的有关责任者免予承担责任：

（一）战争；

（二）不可抗拒的自然灾害；

（三）负责灯塔或者其他助航设备的主管部门，在执行职责时的疏忽，或者其他过失行为。

《水污染防治法》（2018年1月1日）

第九十六条第二、三款 由于不可抗力造成水污染损害的，排污方不承担赔偿责任；法律另有规定的除外。

水污染损害是由受害人故意造成的，排污方不承担赔偿责任。水污染损害是由受害人重大过失造成的，可以减轻排污方的赔偿责任。

第九十八条 因水污染引起的损害赔偿诉讼，由排污方就法律规定的免责事由及其行为与损害结果之间不存在因果关系承担举证责任。

◎ 司法解释

《最高人民法院关于审理生态环境侵权责任纠纷案件适用法律若干问题的解释》（法释〔2023〕5号 2023年9月1日）

第二十六条 被侵权人对同一污染环境、破坏生态行为造成损害的发生或者扩大有重大过失，侵权人请求减轻责任的，人民法院可以予以支持。

《最高人民法院关于生态环境侵权民事诉讼证据的若干规定》（法释〔2023〕6号 2023年9月1日）

第六条 被告应当就其行为与损害之间不存在因果关系承担举证责任。

被告主张不承担责任或者减轻责任的，应当就法律规定的不承担责任或者减轻责任的情形承担举证责任。

第七条 被告证明其排放的污染物、释放的生态因素、产生的生态影响未到达损害发生地，或者其行为在损害发生后才实施且未加重损害后果，或者存在其行为不可能导致损害发生的其他情形的，人民法院应当认定被告行为与损害之间不存在因果关系。

《最高人民法院关于审理生态环境损害赔偿案件的若干规定（试行）》（法释〔2020〕17号 2021年1月1日）

第七条 被告反驳原告主张的，应当提供证据加以证明。被告主张具有法律规定的不承担责任或者减轻责任情形的，应当承担举证责任。

相关案例

◎ 指导案例

山东省烟台市人民检察院诉王振殿、马群凯环境民事公益诉讼案【最高人民法院指导案例133号】

裁判要旨：污染者违反国家规定向水域排污造成生态环境损害，以被污染水域有自净功能、水质得到恢复为由主张免除或者减轻生态环境修复责任的，人民法院不予支持。

2017年2月13日水质监测报告显示，在原水质监测范围内的部分监测点位，水质监测结果达标。根据地质环境监测专家出具的意见，可知在消除污染源阻断污染因子进入地下水环境的情况下，随着上游地下水径流和污染区地下水径流扩大区域的地下水稀释及含水层岩土的吸附作用，污染水域的地下水浓度将逐渐降低，水质逐渐好转。地下水污染区域将随着时间的推移，在地下水径流水动力的作用下，整个污染区将逐渐向下游移动扩大。经过一定时间，原污染区可能达到有关水质要求标准，但这并不意味着地区生态环境好转或已修复。王振殿、马群凯仍应当承担其污染区域的环境生态损害修复责任。

吉林省白山市人民检察院诉白山市江源区卫生和计划生育局、白山市江源区中医院环境公益诉讼案【最高人民法院指导案例136号】

裁判要旨：根据公益诉讼人的举证和查明的相关事实，可以确定白山市江源区中医院未安装符合环保要求的污水处理设备，通过渗井、渗坑实施了排放医疗污水的行为。从检测机构的检测结果及检测意见可知，其排放的医疗污水，对附近地下水及周边土壤存在重大环境污染风险。白山市江源区中医院虽辩称其未建设符合环保要求的排污设备系因政府对公办医院投入建设资金不足所致，但该理由不能否定其客观上实施了排污行为，产生了周边地下水及土壤存在重大环境污染风险的损害结果，以及排污行为与损害结果存在因果关系的基本事实。且环境污染具有不可逆的特点，故作出立即停止违法排放医疗污水的判决。

◎ **公报案例**

陈汝国与泰州市天源化工有限公司水污染责任纠纷案【《最高人民法院公报》2016年第3期】

裁判要旨：对环境污染损害因果关系，主张者只需证明被主张者存在污染环境的可能性，不存在因果关系的证明责任则由被主张者承担。

原告陈汝国举证和有关鉴定报告证明，被告天源公司与陈汝国所承包的鱼塘相毗邻，排水口相连通且为野徐镇工业园内唯一使用氰化物的单位。2012年4月20日至次日所降中到大雨导致含有氰化物的污水排入原告承包的鱼塘造成鱼受污染而死亡的可能性较大。本案中，原告证明天源公司系鱼塘周边氰化物使用者的唯一性且有相连通管道排泄雨水及氰化物外泄的可能性，由排污口氰化物浓度高于鱼塘内水可以推定，外源性污染物介入导致鱼死亡的较大可能性。天源公司对原告渔业用水水质标准提出质疑，国家制定的水质标准，是环保、水利部门对水体进行监测、环境管理的依据，而不是确定排污单位是否承担赔偿责任的前提或界限。因此，本案中鱼塘水中的氰化物含量是否符合二类水质的标准以及是否应当用渔业用水的标准衡量，与排污单位承担赔偿责任并无必然之关系，天源公司的抗辩不足以否定本案因果关系的存在。

◎ **典型案例**

王某诉临沂某公司环境污染责任纠纷案【人民法院案例库：2024-11-2-377-002】

裁判要旨：《最高人民法院关于生态环境侵权民事诉讼证据的若干规定》（法释〔2023〕6号）第二十五条规定，负有环境资源保护监督管理职责的部门及其所属或者委托的监测机构在行政执法过程中收集的监测数据、形成的事件调查报告、检验检测报告、评估报告等材料，以及公安机关单独或者会同负有环境资源保护监督管理职责的部门提取样品进行检测获取的数据，经当事人质证，可以作为认定案件事实的根据。在认定当事人的生产行为产生的声音是否超出了一般人的容忍度、侵害了相邻人的安宁权时，可以从环境侵权举证责任分配角度分析，并结合行政机关行政执法调查时委托检测的数值来综合评判。

某家庭农场诉某县自然资源与规划局环境污染责任纠纷案【人民法院案例库：2024-11-2-377-006】

裁判要旨：环境污染侵权是一种特殊的侵权行为，有别于一般的侵权行为，依法实行举证责任倒置规则。被侵权人就污染事实的关联性完成初步的举证责任后，侵权人应就污染事实与损害结果不具有因果关系承担举证责任，否则应承担败诉的不利结果。

某县自规局应当承担其某家庭农场鲈鱼大量死亡与某自规局组织实施的飞防作业不存在因果关系或者减轻其责任的证据。某县自规局提供的证据，不能证明某县自规局组织实施的飞防行为存在法律规定的不承担责任或者减轻责任的情形，不能证明案涉飞防行为与某家庭农场鲈鱼死亡的损害之间不存在因果关系。相反从其提交的证据中可以看出某县自规局对飞防会对环境造成损害、会影响到鱼类养殖是明知的。根据双方对本案事实的举证证明情况，某县自规局关于其组织实施飞防行为不存在过错、飞防所用药物不会造成鲈鱼大量死亡后果、飞防目的是保护环境不会破坏环境、飞防行为与鲈鱼死亡间没有因果关系等理由，无证据支持，与我国民法典关于环境污染责任纠纷的法律规定相悖，不能成立。

山东某生态农业科技发展有限公司诉某集团有限公司等环境污染责任纠纷案【人民法院案例库：2023-11-2-377-010】

裁判要旨：大棚蔬菜的生长与气象条件有着密不可分的关系，影响大棚蔬菜生长的气象要素主要是光照条件。低温寡照导致棚内种植的蔬菜生长停滞、产量降低、叶片变淡、植株枯萎甚至死亡等现象，是温室大棚蔬菜生长的最严重灾害，能给蔬菜生产造成重大损失。某集团有限公司等在施工运输过程中产生大量扬尘，扬尘影响光照条件，并覆盖蔬菜大棚棚膜，棚内作物无法正常采光、保温，致使蔬菜生病、死亡、减产等。山东某生态农业科技发展有限公司提交的《关于对曲阜市恒某农业科技有限公司反映问题的说明》、《山东恒某生态农业科技发展有限公司损失报告证明信》、照片视频等证据，能够初步证明污染物扬尘与蔬菜损害之间具有关联性……本案中，某集团有限公司等未提交充分证据证明其施工运输过程中产生扬尘污染行为与涉案蔬菜、大棚损害之间不存在因果关系，应承担举证不能的法律后果，即承担环境污染损害赔偿责任。

第一千二百三十一条 【两个以上侵权人造成损害的责任分担】

两个以上侵权人污染环境、破坏生态的，承担责任的大小，根据污染物的种类、浓度、排放量，破坏生态的方式、范围、程度，以及行为对损害后果所起的作用等因素确定。

条文理解

本条是关于数人污染环境、破坏生态的侵权责任的规定。与《民法典》第1168条至第1172条关于多数人侵权的一般规定相对应，数人污染环境、破坏生态的侵权行为也可被分为共同实施侵权行为、共同危险行为、教唆或帮助他人实施侵权行为、应当承担连带责任的分别实施侵权行为以及应当承担按份责任的分别实施侵权行为。

参考《最高人民法院关于审理生态环境侵权责任纠纷案件适用法律若干问题的解释》第6条第2款、第8条、第9条的规定，相较于多数人侵权的一般规则，数人污染环境、破坏生态的侵权责任具有以下三点特殊之处。其一，根据《民法典》第1229条、第1230条关于因果关系举证责任的规定，两个以上的侵权人分别污染环境、破坏生态的，应当由侵权人自身证明其行为不足以造成全部损害，如果不能证明这一点，便应当认定其行为足以造成全部损害，因而须就被侵权人的全部损失与其他侵权人承担连带责任（第6条第2款）。其二，两个以上的侵权人分别污染环境、破坏生态，如果其中的部分侵权人能够证明损害在其实施侵权行为之前已经发生，则即使该侵权人的行为本身能够造成全部损害，其仍然不承担侵权责任，由实际导致损害发生的侵权人承担责任（第8条）。其三，两个以上的行为人分别污染环境、破坏生态的，即使其行为分别均不足以造成任何损害，如果行为结合后引发的结果（如通过化学反应生成新的污染物）造成被侵权人受损的，行为人仍应就此承担连带责任（第9条）。

关于污染环境、破坏生态的侵权责任在侵权人的内部分担问题，应当以各个侵权人所实施的污染环境、破坏生态的行为与最终所造成的损害之间的因果关系为主要基准，并在此基础上考虑各个侵权人存在的过错程度。无法确定各个侵权人对于损害结果的影响程度时，应当由各个侵权人平均分担责任。

相关条文

◎ 司法解释

《最高人民法院关于审理生态环境侵权责任纠纷案件适用法律若干问题的解释》（法释〔2023〕5号　2023年9月1日）

第五条　两个以上侵权人分别污染环境、破坏生态造成同一损害，每一个侵权人的行为都足以造成全部损害，被侵权人根据民法典第一千一百七十一条的规定请求侵权人承担连带责任的，人民法院应予支持。

第六条　两个以上侵权人分别污染环境、破坏生态，每一个侵权人的行为都不足以造成全部损害，被侵权人根据民法典第一千一百七十二条的规定请求侵权人承担责任的，人民法院应予支持。

侵权人主张其污染环境、破坏生态行为不足以造成全部损害的，应当承担相应举证责任。

第七条　两个以上侵权人分别污染环境、破坏生态，部分侵权人的行为足以造成全部损害，部分侵权人的行为只造成部分损害，被侵权人请求足以造成全部损害的侵权人对全部损害承担责任，并与其他侵权人就共同造成的损害部分承担连带责任的，人民法院应予支持。

被侵权人依照前款规定请求足以造成全部损害的侵权人与其他侵权人承担责任的，受偿范围应以侵权行为造成的全部损害为限。

第八条　两个以上侵权人分别污染环境、破坏生态，部分侵权人能够证明其他侵权人的侵权行为已先行造成全部或者部分损害，并请求在相应范围内不承担责任或者减轻责任的，人民法院应予支持。

第九条　两个以上侵权人分别排放的物质相互作用产生污染物造成他人损害，被侵权人请求侵权人承担连带责任的，人民法院应予支持。

第十条　为侵权人污染环境、破坏生态提供场地或者储存、运输等帮助，被侵权人根据民法典第一千一百六十九条的规定请求行为人与侵权人承担连带责任的，人民法院应予支持。

第十一条 过失为侵权人污染环境、破坏生态提供场地或者储存、运输等便利条件，被侵权人请求行为人承担与过错相适应责任的，人民法院应予支持。

前款规定的行为人存在重大过失的，依照本解释第十条的规定处理。

第十四条 存在下列情形之一的，排污单位与第三方治理机构应当根据民法典第一千一百六十八条的规定承担连带责任：

（一）第三方治理机构按照排污单位的指示，违反污染防治相关规定排放污染物的；

（二）排污单位将明显存在缺陷的环保设施交由第三方治理机构运营，第三方治理机构利用该设施违反污染防治相关规定排放污染物的；

（三）排污单位以明显不合理的价格将污染物交由第三方治理机构处置，第三方治理机构违反污染防治相关规定排放污染物的；

（四）其他应当承担连带责任的情形。

第十五条 公司污染环境、破坏生态，被侵权人请求股东承担责任，符合公司法第二十条规定情形的，人民法院应予支持。

第二十一条 环境影响评价机构、环境监测机构以及从事环境监测设备和防治污染设施维护、运营的机构存在下列情形之一，被侵权人请求其与造成环境污染、生态破坏的其他责任人根据环境保护法第六十五条的规定承担连带责任，人民法院应予支持：

（一）故意出具失实评价文件的；

（二）隐瞒委托人超过污染物排放标准或者超过重点污染物排放总量控制指标的事实的；

（三）故意不运行或者不正常运行环境监测设备或者防治污染设施的；

（四）其他根据法律规定应当承担连带责任的情形。

第二十四条 两个以上侵权人就污染环境、破坏生态造成的损害承担连带责任，实际承担责任超过自己责任份额的侵权人根据民法典第一百七十八条的规定向其他侵权人追偿的，人民法院应予支持。侵权人就惩罚性赔偿责任向其他侵权人追偿的，人民法院不予支持。

第二十五条 两个以上侵权人污染环境、破坏生态造成他人损害，人民法院应当根据行为有无许可，污染物的种类、浓度、排放量、危害性，破坏生态的方式、范围、程度，以及行为对损害后果所起的作用等因素确定各侵权人的责任份额。

两个以上侵权人污染环境、破坏生态承担连带责任，实际承担责任的侵权人向其他侵权人追偿的，依照前款规定处理。

■ 相关案例

◎公报案例

上海市松江区叶榭镇人民政府诉蒋荣祥等水污染责任纠纷案【《最高人民法院公报》2014年第4期】

裁判要旨：我国对危险废物污染环境防治实行污染者依法负责的原则。产品的生产者、销售者、进口者、使用者对其产生的危险废物依法承担污染防治责任，应向环保主管部门申报危险废物的种类、产生量、流向、贮存以及处置等资料，同时应按照国家规定交由有相应处理危险废物资质的单位进行处理。危险废物产生者未依法申报危险废物的具体情况，擅自委托不具备处理危险废物资质的单位或者个人处理危险废物的，属于违反污染防治责的行为。因上述违法行为造成环境污染事故的，危险废物的产生者对于相关损害结果的发生具有放任的故意，不能以其并非直接的环境污染侵权人为由免除法律责任，又由于危险废物产生者的擅自委托行为系环境污染事故的必要条件，故应与危险废物的实际处理者承担连带责任。存在多个生产者的，可结合各自违法处理危险废物的数量以及对事故发生所起的作用等因素分担责任。

◎ **典型案例**

邓某某诉广西某唐纸公司等六企业通海水域污染损害责任纠纷案【人民法院案例库：2023-11-2-197-003】

裁判要旨：网箱养殖鱼死亡事件引发的环境污染损害赔偿诉讼中，排污企业较多，水体污染来源多样，在数个企业分别排放污水，造成流域性溶解氧急剧下降的情况下，每个企业的污染行为都不足以造成全部损害，难以确定各自责任大小，应当判定平均承担赔偿责任。

未经许可在政府划定的禁止网箱养殖水域进行生产的养殖户，其不正当收益损失部分及其具体实施非法养殖行为所投入的人工费，不应纳入侵权损害赔偿的范围。

青海省格尔木某集团公司诉格尔木某发展公司环境污染责任纠纷案【人民法院案例库：2023-11-2-377-015】

裁判要旨：环境污染和生态破坏责任具有私害性和公害性的双重特点，民事主体在订立、履行涉环境资源合同法律关系时，应尽到合理的监督提醒和注意义务。被侵权人长期不作为致使污染或破坏状态持续扩大的，应综合侵权行为隐蔽状态、持续时间及损害结果的大小承担相应的责任。

双方《租地合同书》明确约定格尔木某发展公司负不能造成环境污染及合同终止时将土地恢复原样的义务，由此可见青海省格尔木某集团公司明知环保政策，对格尔木某发展公司在履行合同过程时可能存在环境污染有预测性。双方自2006年起存在合同关系，根据《格尔木市历史遗留尾矿渣堆存地块调查及安全处置项目》规定，证实格尔木某发展公司在青海省格尔木某集团公司场地堆存的尾矿量巨大，其间青海省格尔木某集团公司作为出租方对格尔木某发展公司持续多年堆存尾矿渣的行为未制止亦未要求及时处置，在合同关系终止后继而又与第三人签订出租协议，直至政府决定按照属地化管理要求，格尔木市生态环境局向青海省格尔木某集团公司作出《督办通知》后，青海省格尔木某集团公司才实施救济行为，其不作为的态度对损害结果的扩大产生影响，根据双方对损害结果所起的作用，酌情确定青海省格尔木某集团公司承担15%的责任，即其中391860.34元治理费用由青海省格尔木某集团公司自行承担，以此警示企业重视权属区域内环境保护问题。

新疆维吾尔自治区伊犁哈萨克自治州人民检察院诉乌鲁木齐市某运输公司、伊犁某材料公司、山东省某化工厂环境污染民事公益诉讼案【人民法院案例库：2023-11-2-466-009】

裁判要旨：在《民法典》第1231条规定的基础上，《最高人民法院关于审理环境侵权责任纠纷案件适用法律若干问题的解释》按照侵权责任比较过错和比较原因力的一般规则，明确规定"两个以上侵权人污染环境、破坏生态，对侵权人承担责任的大小，人民法院应当根据污染物的种类、浓度、排放量、危害性，有无排污许可证、是否超过污染物排放标准、是否超过重点污染物排放总量控制指标，破坏生态的方式、范围、程度，以及行为对损害后果所起的作用等因素确定"。共同环境侵权人责任份额应以比较原因力为主、比较过错为辅的做法确定。

广西壮族自治区来宾市人民检察院诉某科技公司等72名被告环境污染民事公益诉讼案【人民法院案例库：2023-11-2-466-012】

裁判要旨：存在数个污染行为竞合侵权的情形下，不能简单以共同侵权而全案适用连带责任，若将参与度及致害度低的污染责任主体与其他污染量大、致害参与度高的主体不加区别地判决承担连带责任，会有失公平，仍要结合可分割的损害后果，考虑比例分割赔偿。

山东省生态环境厅诉某新能源公司、某重油化工公司生态环境损害赔偿诉讼案【人民法院案例库：2023-11-2-466-019】

裁判要旨：二侵权人先后向同一位置排放污染物，造成生态环境损害，因二者排放污染物的时间、种类、数量不同，难以认定两方各自行为所造成的污染范围、损害后果及相应的治理费用。在确定二侵权人赔偿责任时，人民法院可以在评估报告基础上，综合专家辅助人和咨询专家的意见，根据主观过错、经营状况等因素，合理分配二被告各自应承担的赔偿责任。如果赔偿数额较高，赔偿责任主体没有一次性支付的履行能力，可依据其主观过错程度及经营情况，允许责任主体申请分期支付赔偿款。

广东省广州市人民检察院诉某环保公司、某检测公司、徐某某环境污染民事公益诉讼案【人民法院案例库：2023-11-2-466-028】

裁判要旨：环境检测机构在侵权行为人的要求下篡改检测数据并出具虚假检测报告，对造成环境污染和生态破坏负有责任的，应当与侵权行为人承担连带责任。

> **第一千二百三十二条 【侵权人的惩罚性赔偿】**
>
> 侵权人违反法律规定故意污染环境、破坏生态造成严重后果的，被侵权人有权请求相应的惩罚性赔偿。

条文理解

本条是关于污染环境、破坏生态的惩罚性赔偿的规定。引入惩罚性赔偿制度旨在打击主观恶性较强、危害结果较重的污染环境与破坏生态行为，而且，通过增加侵权人实施此类侵权行为可能付出的成本，惩罚性赔偿制度还有助于实现阻吓侵权行为的功能。相较于《民法典》第1229条关于污染环境、破坏生态的侵权责任的一般规定，本条额外增加了两项构成要件要素：其一，在主观上要求侵权人故意违反法律规定实施污染环境、破坏生态的行为；其二，在客观上要求侵权人的行为造成了严重后果。这两项构成要件要素均由被侵权人承担证明责任。此外，被侵权人请求侵权人承担惩罚性赔偿责任的，应当在起诉侵权人承担污染环境、破坏生态的侵权责任时提出，并说明所欲主张的赔偿数额。

首先，关于本条中的"法律规定"，解释上包括法律、行政法规，关于是否包括规章的问题，《最高人民法院关于审理生态环境侵权纠纷案件适用惩罚性赔偿的解释》第5条采取的立场是允许人民法院参照规章的规定。

其次，在判断侵权人是否存在故意时，应当重点考虑其职业经历、专业背景或者经营范围，因同一或者同类行为受到行政处罚或者刑事追究的情况，以及污染物的种类、污染环境、破坏生态行为的方式等因素。有必要强调的是，与侵权法上关于认定行为人是否存在故意的一般原理相同，本条意义上的"故意"并不要求裁判者考察侵权人在实施侵权行为时内心的真实状态，相反，重要的仍然是通过侵权人实施的行为来认定其是否存在故意。例如，行为人故意在正常的排污设备之外私设管道投排污水，即使行为人表示是无意为之，结合其行为也可以认定其在实施污染环境的行为时存在故意。关于行为人存在故意的典型情况，可以参考《最高人民法院关于审理生态环境侵权纠纷案件适用惩罚性赔偿的解释》第7条的规定。

最后，关于侵权人的行为是否造成了严重后果，参考《最高人民法院关于审理生态环境侵权纠纷案件适用惩罚性赔偿的解释》第8条、第9条的规定，应当根据污染环境、破坏生态行为的持续时间、地域范围，造成环境污染、生态破坏的范围和程度，以及造成的社会影响等因素综合判断。典型的严重后果是侵权人污染环境、破坏生态行为造成他人死亡、健康严重损害，重大财产损失，生态环境严重损害或者重大不良社会影响。在确定惩罚性赔偿的数额时，应当以侵权行为造成的人身和财产损失数额为基础，综合考虑侵权人的恶意程度、侵权后果的严重程度、侵权人因污染环境、破坏生态行为所获得的利益或者侵权人所采取的修复措施及其效果等因素，一般不超过人身损害赔偿金、财产损失数额的二倍。

相关条文

◎ 司法解释

《最高人民法院关于审理生态环境侵权责任纠纷案件适用法律若干问题的解释》（法释〔2023〕5号　2023年9月1日）

第二十四条　两个以上侵权人就污染环境、破坏生态造成的损害承担连带责任，实际承担责任超过自己责任份额的侵权人根据民法典第一百七十八条的规定向其他侵权人追偿的，人民法院应予支持。侵权人就惩罚性赔偿责任向其他侵权人追偿的，人民法院不予支持。

《最高人民法院关于审理生态环境侵权纠纷案件适用惩罚性赔偿的解释》（法释〔2022〕1号　2022年1月20日）

第三条　被侵权人在生态环境侵权纠纷案件中请求惩罚性赔偿的，应当在起诉时明确赔偿数额以及所依据的事实和理由。

被侵权人在生态环境侵权纠纷案件中没有提出惩罚性赔偿的诉讼请求，诉讼终结后又基于同一污染环境、破坏生态事实另行起诉请求惩罚性赔偿的，人民法院不予受理。

第四条　被侵权人主张侵权人承担惩罚性赔偿责任的，应当提供证据证明以下事实：

（一）侵权人污染环境、破坏生态的行为违反法律规定；

（二）侵权人具有污染环境、破坏生态的故意；

（三）侵权人污染环境、破坏生态的行为造成严重后果。

第五条　人民法院认定侵权人污染环境、破坏生态的行为是否违反法律规定，应当以法律、法规为依据，可以参照规章的规定。

第六条　人民法院认定侵权人是否具有污染环境、破坏生态的故意，应当根据侵权人的职业经历、专业背景或者经营范围，因同一或者同类行为受到行政处罚或者刑事追究的情况，以及污染物的种类，污染环境、破坏生态行为的方式等因素综合判断。

第七条 具有下列情形之一的，人民法院应当认定侵权人具有污染环境、破坏生态的故意：

（一）因同一污染环境、破坏生态行为，已被人民法院认定构成破坏环境资源保护犯罪的；

（二）建设项目未依法进行环境影响评价，或者提供虚假材料导致环境影响评价文件严重失实，被行政主管部门责令停止建设后拒不执行的；

（三）未取得排污许可证排放污染物，被行政主管部门责令停止排污后拒不执行，或者超过污染物排放标准或者重点污染物排放总量控制指标排放污染物，经行政主管机关责令限制生产、停产整治或者给予其他行政处罚后仍不改正的；

（四）生产、使用国家明令禁止生产、使用的农药，被行政主管部门责令改正后拒不改正的；

（五）无危险废物经营许可证而从事收集、贮存、利用、处置危险废物经营活动，或者知道或者应当知道他人无许可证而将危险废物提供或者委托给其从事收集、贮存、利用、处置等活动的；

（六）将未经处理的废水、废气、废渣直接排放或者倾倒的；

（七）通过暗管、渗井、渗坑、灌注，篡改、伪造监测数据，或者以不正常运行防治污染设施等逃避监管的方式，违法排放污染物的；

（八）在相关自然保护区域、禁猎（渔）区、禁猎（渔）期使用禁止使用的猎捕工具、方法猎捕、杀害国家重点保护野生动物，破坏野生动物栖息地的；

（九）未取得勘查许可证、采矿许可证，或者采取破坏性方法勘查开采矿产资源的；

（十）其他故意情形。

第八条 人民法院认定侵权人污染环境、破坏生态行为是否造成严重后果，应当根据污染环境、破坏生态行为的持续时间、地域范围，造成环境污染、生态破坏的范围和程度，以及造成的社会影响等因素综合判断。

侵权人污染环境、破坏生态行为造成他人死亡、健康严重损害，重大财产损失，生态环境严重损害或者重大不良社会影响的，人民法院应当认定为造成严重后果。

第九条 人民法院确定惩罚性赔偿金数额，应当以环境污染、生态破坏造成的人身损害赔偿金、财产损失数额作为计算基数。

前款所称人身损害赔偿金、财产损失数额，依照民法典第一千一百七十九条、第一千一百八十四条规定予以确定。法律另有规定的，依照其规定。

第十条 人民法院确定惩罚性赔偿金数额，应当综合考虑侵权人的恶意程度、侵权后果的严重程度、侵权人因污染环境、破坏生态行为所获得的利益或者侵权人所采取的修复措施及其效果等因素，但一般不超过人身损害赔偿金、财产损失数额的二倍。

因同一污染环境、破坏生态行为已经被行政机关给予罚款或者被人民法院判处罚金，侵权人主张免除惩罚性赔偿责任的，人民法院不予支持，但在确定惩罚性赔偿金数额时可以综合考虑。

第十一条 侵权人因同一污染环境、破坏生态行为，应当承担包括惩罚性赔偿在内的民事责任、行政责任和刑事责任，其财产不足以支付的，应当优先用于承担民事责任。

侵权人因同一污染环境、破坏生态行为，应当承担包括惩罚性赔偿在内的民事责任，其财产不足以支付的，应当优先用于承担惩罚性赔偿以外的其他责任。

第十二条 国家规定的机关或者法律规定的组织作为被侵权人代表，请求判令侵权人承担惩罚性赔偿责任的，人民法院可以参照前述规定予以处理。但惩罚性赔偿金数额的确定，应当以生态环境受到损害至修复完成期间服务功能丧失导致的损失、生态环境功能永久性损害造成的损失数额作为计算基数。

《贯彻实施〈长江保护法〉工作推进会会议纪要》（法〔2021〕304号 2021年11月24日）

第五条 严格贯彻实施《长江保护法》第三十一条和第五十四条规定，审理上游地区水资源开发利用案件，对于未办理水行政许可或环境影响评价、擅自修建拦截坝取水、未保障必要生态下泄流量，导致下游水量减少，损害下游地区河道内生态用水、供水、通航、灌溉、养殖等生态流量受益方合法权益，被侵权人主张侵权人承担惩罚性赔偿责任的，人民法院应当依照《民法典》第一千二百三十二条规定，为被侵权人提供充分救济，惩罚恶意侵权人。

相关案例

◎指导案例

江西省浮梁县人民检察院诉A化工集团有限公司污染环境民事公益诉讼案【最高人民检察院指导性案例检例第164号】

要旨：民法典在环境污染和生态破坏责任中规定惩罚性赔偿，目的在于加大侵权人的违法成本，更加有效地发挥制裁、预防功能，遏制污染环境、破坏生态的行为发生。《民法典》第一千二百三十二条关于惩罚性赔偿的规定是环境污染和环境破坏责任的一般规定，既适用于环境私益诉讼，也适用于环境公益诉讼。故意污染环境侵害公共利益，损害后果往往更为严重，尤其需要发挥惩罚性赔偿的惩戒功能。检察机关履行公共利益代表的职责，在依法提起环境民事公益诉讼时应当重视适用惩罚性赔偿，对于侵权人违反法律规定故意污染环境、破坏生态造成严重后果的，可以请求人民法院判令侵权人承担惩罚性赔偿责任。

基于保护生态环境的公益目的，检察机关在确定环境侵权惩罚性赔偿数额时，应当以生态环境受到损害至修复完成期间服务功能丧失导致的损失、生态环境功能永久性损害造成的损失等可量化的生态环境损害作为计算基数，同时结合具体案情，综合考量侵权人主观过错程度，损害后果的严重程度，生态修复成本，侵权人的经济能力、对案件造成危害后果及承担责任的态度、所受行政处罚和刑事处罚等因素，提出请求判令赔偿的数额。

◎公报案例

江苏省建湖县人民检察院诉张少山等32人非法采矿、马朝玉掩饰、隐瞒犯罪所得刑事附带民事公益诉讼案【《最高人民法院公报》2023年第6期】

裁判要旨：对具有非法采砂犯罪前科、非法采砂犯罪取保候审期间再次实施非法采砂犯罪的被告人，应当认定其具有破坏生态环境的故意，公诉机关要求其承担惩罚性赔偿责任的，人民法院应予支持。

附带民事公益诉讼被告张少山曾因犯非法采矿罪被判处刑罚，被告鲍阿文在涉嫌非法采矿罪取保候审期间再次实施非法采矿犯罪，可认定两被告主观上具有破坏长江生态环境的恶意，且后果严重。根据《民法典》第一千二百三十二条的规定，应当承担惩罚性赔偿责任。

◎**典型案例**

山东省青岛市人民检察院诉青岛市崂山区某艺术鉴赏中心生态破坏民事公益诉讼案【最高人民法院发布15个生物多样性司法保护专题典型案例之案例十（2022年12月5日）】

裁判要旨：某艺术中心违法收购珍贵、濒危野生动物，将其做成菜品销售，造成野生动物及其生态价值损失近百万元，除应承担生态环境侵权赔偿责任外，还应依法承担惩罚性赔偿责任。某艺术中心在本案审理过程中悔改态度较好，申请以劳务代偿方式承担部分惩罚性赔偿责任，予以准许。遂判决某艺术中心赔偿野生动物损失、生态环境服务功能损失及惩罚性赔偿共计108余万元，其中惩罚性赔偿99050元中的24924元以某艺术中心指定两人、每人提供60日生态环境公益劳动的方式承担，由法院指定当地司法局作为协助执行单位管理和指导，最迟于2022年1月28日前完成。

贵州省江口县人民检察院诉陈某平生态破坏民事公益诉讼案【人民法院案例库：2023-11-2-466-013】

裁判要旨：案涉不可移动文物属于世界自然遗产保护范围，游客的刻划行为造成了文物不可逆的损害，贬损了该文物的艺术价值及科学研究价值，破坏了景区的整体生态环境，应当承担相应责任……对于违反法律规定故意污染环境、破坏生态造成严重后果的，应当坚持损害担责、全面赔偿原则，正确适用惩罚性赔偿。

被告陈某平用登山手杖在梵净山"金顶摩崖"上刻划，在其他游客劝阻提醒的情形下，仍执意刻下"丽水陈某"字样，故意破坏生态环境，不仅违反了法律规定，也违背了文明、法治和诚信的社会主义核心价值观，且造成了文物损害的严重后果……被告陈某平依法应当承担惩罚性赔偿。根据专家意见，综合考虑被告陈某平对自己的行为当庭道歉，已经接受了行政处罚，且不存在因破坏生态环境获利等情形，确定其承担支付生态环境损害惩罚性赔偿金25000元；并对其违法行为在国家级新闻媒体上向社会公众赔礼道歉。

第一千二百三十三条　【因第三人过错污染环境、破坏生态的责任】

因第三人的过错污染环境、破坏生态的，被侵权人可以向侵权人请求赔偿，也可以向第三人请求赔偿。侵权人赔偿后，有权向第三人追偿。

▌**条文理解**

本条是关于第三人过错导致污染环境、破坏生态的侵权责任的规定。不同于《民法典》第1175条关于第三人过错的一般规定（仅由第三人承担侵权责任），根据本条规定，即使污染环境、破坏生态的侵权行为系因为第三人的过错所导致的，被侵权人仍然可以选择请求侵权人赔偿，但侵权人赔偿后可以向第三人追偿。本条之所以作出此种特别规定，主要是考虑到污染环境、破坏生态的侵权责任为无过错责任，所以，侵权人对于侵权行为是否存在过错（由于第三人过错导致侵权是典型的侵权人自身不存在过错的情况）并不影响责任是否成立的问题。此种立场与现行法上其他无过错责任的规定也相一致（如《民法典》第1250条关于因第三人过错导致的动物侵权责任）。

本条中的"第三人"指的是侵权人与被侵权人之外的第三人，而且，其行为不能被归属于侵权人或者被侵权人。如果该第三人的行为可被视为是侵权人的行为，如侵权人的雇员实施的行为，则被侵权人只能请求侵权人承担责任；如果该第三人的行为可被视为被侵权人的行为，第三人存在过错的应当视为被侵权人存在过错，从而可能影响侵权人是否需要承担侵权责任以及责任的范围（参考前文《民法典》第1230条关于侵权人不承担责任或者减轻责任事由的分析）。

除向侵权人主张侵权责任外，被侵权人还可以直接请求第三人赔偿损失。但在判断第三人的侵权责任时，不应直接基于《民法典》第1229条的构成要件，而应当结合第三人实施的行为具体判断。例如，如果第三人在实施地下挖掘活动时造成侵权人的排污管道泄漏，此时应当根据《民法典》第1240条判断第三人的侵权责任。

相关条文

◎ 法律

《水污染防治法》（2018年1月1日）

第九十六条第四款 水污染损害是由第三人造成的，排污方承担赔偿责任后，有权向第三人追偿。

《石油天然气管道保护法》（2010年10月1日）

第四十一条 管道泄漏的石油和因管道抢修排放的石油，由管道企业回收、处理，任何单位和个人不得侵占、盗窃、哄抢。

◎ 司法解释

《最高人民法院关于审理生态环境侵权责任纠纷案件适用法律若干问题的解释》（法释〔2023〕5号 2023年9月1日）

第四条第二款 行为人以外的其他责任人对损害发生有过错的，应当承担侵权责任。

第十二条 排污单位将所属的环保设施委托第三方治理机构运营，第三方治理机构在合同履行过程中污染环境造成他人损害，被侵权人请求排污单位承担侵权责任的，人民法院应予支持。

排污单位依照前款规定承担责任后向有过错的第三方治理机构追偿的，人民法院应予支持。

第十三条 排污单位将污染物交由第三方治理机构集中处置，第三方治理机构在合同履行过程中污染环境造成他人损害，被侵权人请求第三方治理机构承担侵权责任的，人民法院应予支持。

排污单位在选任、指示第三方治理机构中有过错，被侵权人请求排污单位承担相应责任的，人民法院应予支持。

第十八条 因第三人的过错污染环境、破坏生态造成他人损害，被侵权人请求侵权人或者第三人承担责任的，人民法院应予支持。

侵权人以损害是由第三人过错造成的为由，主张不承担责任或者减轻责任的，人民法院不予支持。

第十九条 因第三人的过错污染环境、破坏生态造成他人损害，被侵权人同时起诉侵权人和第三人承担责任，侵权人对损害的发生没有过错的，人民法院应当判令侵权人、第三人就全部损害承担责任。侵权人承担责任后有权向第三人追偿。

侵权人对损害的发生有过错的，人民法院应当判令侵权人就全部损害承担责任，第三人承担与其过错相适应的责任。侵权人承担责任后有权就第三人应当承担的责任份额向其追偿。

第二十条 被侵权人起诉第三人承担责任的，人民法院应当向被侵权人释明是否同时起诉侵权人。被侵权人不起诉侵权人的，人民法院应当根据民事诉讼法第五十九条的规定通知侵权人参加诉讼。

被侵权人仅请求第三人承担责任，侵权人对损害的发生也有过错的，人民法院应当判令第三人承担与其过错相适应的责任。

相关案例

◎ 指导案例

江苏省人民政府诉安徽海德化工科技有限公司生态环境损害赔偿纠纷案【最高人民法院指导案例 129 号】

裁判要旨：企业事业单位和其他生产经营者将生产经营过程中产生的危险废物交由不具备危险废物处置资质的企业或者个人进行处置，造成环境污染的，应当承担生态环境损害责任。人民法院可以综合考虑企业事业单位和其他生产经营者的主观过错、经营状况等因素，在责任人提供有效担保后判决其分期支付赔偿费用。

海德公司作为化工企业，对其在生产经营过程中产生的危险废物废碱液，负有防止污染环境的义务。海德公司放任该公司营销部负责人杨峰将碱液交给不具备危险废物处置资质的个人进行处置，导致废碱液被倾倒进长江和新通扬运河，严重污染环境……判决海德公司承担侵权赔偿责任并无不当。

◎ 典型案例

张某等 12 户农户诉某运输公司、李某、罗某、某盐矿、某保险公司等盐卤水泄漏环境污染责任纠纷案【人民法院案例库：2024-11-2-377-007】

裁判要旨：因第三人的过错引发交通事故污染环境造成损失的，被侵权人同时起诉侵权人、第三人及相应的保险公司，法院可就环境侵权法律关系及保险合同法律关系一并审理，并依据机动车交通事故责任的处理规则确定赔偿主体和赔偿范围。

某盐矿系环境污染的直接侵权人，而盐卤水泄漏系因交通事故所致，因此，交通事故的责任人系环境侵权的第三人，12 户农户明确表示选择向第三人请求赔偿，故某盐矿不承担赔偿责任。本案环境侵权系因交通事故所引发，其赔偿事宜应参照交通事故处理原则，就环境侵权法律关系和保险合同法律关系进行合并审理。

第一千二百三十四条　【生态环境损害修复责任】

违反国家规定造成生态环境损害，生态环境能够修复的，国家规定的机关或者法律规定的组织有权请求侵权人在合理期限内承担修复责任。侵权人在期限内未修复的，国家规定的机关或者法律规定的组织可以自行或者委托他人进行修复，所需费用由侵权人负担。

条文理解

本条是关于生态环境修复责任的规定。与破坏生态的损害赔偿责任不同，本条在构成要件方面增加了"违反国家规定"的要求。此处的国家规定主要是关于排放各种污染物的标准，对于符合国家规定的行为，即使其客观上对于生态环境产生了影响，行为人也无须承担修复生态环境的责任。作出前述区分的目的在于，生态环境修复责任具有一定的公益性，与着眼于填补个人所受损害的私益环境侵权案件在价值理念上有所不同。而且，国家可以通过调整相关规定以防止生态环境受到影响。

有观点认为，本条规定的生态环境修

复责任不应当适用因果关系举证责任倒置的规则。此种观点并不合理。一方面，《民法典》第1230条规定采取的表述是"因污染环境、破坏生态发生纠纷"，并未排除国家规定的机关或者法律规定的组织提出生态环境修复请求的情况。另一方面，尽管国家规定的机关或者法律规定的组织相较于一般的被侵权人而言通常更为专业、举证能力也较强，但生态环境纠纷中的因果关系较为复杂，有些案件中即使借助较为先进的科学技术也难以准确认定加害行为对于最终产生的损害的影响。而且，这些机关或组织也受限于人员编制、财政支出预算或者组织内部预算的限制，要求其花费大量人力物力用于证明因果关系并不现实。

根据本条规定，有权请求侵权人承担生态环境修复责任的主体为"国家规定的机关或者法律规定的组织"，具体而言可以分为公权力机关与社会组织两类。其中，前者包括省级、市地级政府及其指定的部门或机构以及检察机关，后者则是指在设区的市级以上民政部门登记、专门从事环保公益活动满5年且无违法记录的社会组织。

就生态环境修复责任的承担，原则上应当要求侵权人在合理期限内负责修复生态环境，但如果侵权人在合理期限内未履行修复义务，根据本条规定，国家规定的机关或者法律规定的组织可以自行或者委托他人进行修复，并就由此产生的费用向侵权人求偿。此种规定背后的考虑在于，尽管侵权人负有修复生态环境的义务，但此种义务依据其性质难以请求强制履行，因而应当允许权利人主张替代履行。

相关条文

◎法律

《**海洋环境保护法**》（2024年1月1日）

第一百一十四条第二、三款　对污染海洋环境、破坏海洋生态，给国家造成重大损失的，由依照本法规定行使海洋环境监督管理权的部门代表国家对责任者提出损害赔偿要求。

前款规定的部门不提起诉讼的，人民检察院可以向人民法院提起诉讼。前款规定的部门提起诉讼的，人民检察院可以支持起诉。

《**民事诉讼法**》（2024年1月1日）

第五十八条　对污染环境、侵害众多消费者合法权益等损害社会公共利益的行为，法律规定的机关和有关组织可以向人民法院提起诉讼。

人民检察院在履行职责中发现破坏生态环境和资源保护、食品药品安全领域侵害众多消费者合法权益等损害社会公共利益的行为，在没有前款规定的机关和组织或者前款规定的机关和组织不提起诉讼的情况下，可以向人民法院提起诉讼。前款规定的机关或组织提起诉讼的，人民检察院可以支持起诉。

《**固体废物污染环境防治法**》（2020年9月1日）

第一百二十二条　固体废物污染环境、破坏生态给国家造成重大损失的，由设区的市级以上地方人民政府或者其指定的部门、机构组织与造成环境污染和生态破坏的单位和其他生产经营者进行磋商，要求其承担损害赔偿责任；磋商未达成一致的，可以向人民法院提起诉讼。

对于执法过程中查获的无法确定责任人或者无法退运的固体废物，由所在地县级以上地方人民政府组织处理。

《**环境保护法**》（2015年1月1日）

第五十八条　对污染环境、破坏生态，损害社会公共利益的行为，符合下列条件的社会组织可以向人民法院提起诉讼：

（一）依法在设区的市级以上人民政府民政部门登记；

（二）专门从事环境保护公益活动连续五年以上且无违法记录。

符合前款规定的社会组织向人民法院提起诉讼，人民法院应当依法受理。

提起诉讼的社会组织不得通过诉讼牟取经济利益。

◎司法解释

《最高人民法院关于生态环境侵权民事诉讼证据的若干规定》（法释〔2023〕6号 2023年9月1日）

第三条 生态环境保护民事公益诉讼案件的原告应当就以下事实承担举证责任：

（一）被告实施了污染环境或者破坏生态的行为，且该行为违反国家规定；

（二）生态环境受到损害或者有遭受损害的重大风险。

《最高人民法院关于审理森林资源民事纠纷案件适用法律若干问题的解释》（法释〔2022〕16号 2022年6月15日）

第十七条 违反国家规定造成森林生态环境损害，生态环境能够修复的，国家规定的机关或者法律规定的组织依民法典第一千二百三十四条的规定，请求侵权人在合理期限内以补种树木、恢复植被、恢复林地土壤性状、投放相应生物种群等方式承担修复责任的，人民法院依法予以支持。

人民法院判决侵权人承担修复责任的，可以同时确定其在期限内不履行修复义务时应承担的森林生态环境修复费用。

第十八条 人民法院判决侵权人承担森林生态环境修复责任的，可以根据鉴定意见，或者参考林业主管部门、林业调查规划设计单位、相关科研机构和人员出具的专业意见，合理确定森林生态环境修复方案，明确侵权人履行修复义务的具体要求。

《最高人民法院关于适用〈中华人民共和国民事诉讼法〉的解释》（法释〔2022〕11号 2022年4月10日）

第二百八十二条 环境保护法、消费者权益保护法等法律规定的机关和有关组织对污染环境、侵害众多消费者合法权益等损害社会公共利益的行为，根据民事诉讼法第五十八条规定提起公益诉讼，符合下列条件的，人民法院应当受理：

（一）有明确的被告；

（二）有具体的诉讼请求；

（三）有社会公共利益受到损害的初步证据；

（四）属于人民法院受理民事诉讼的范围和受诉人民法院管辖。

第二百八十三条 公益诉讼案件由侵权行为地或者被告住所地中级人民法院管辖，但法律、司法解释另有规定的除外。

因污染海洋环境提起的公益诉讼，由污染发生地、损害结果地或者采取预防污染措施地海事法院管辖。

对同一侵权行为分别向两个以上人民法院提起公益诉讼的，由最先立案的人民法院管辖，必要时由它们的共同上级人民法院指定管辖。

《最高人民法院关于审理环境民事公益诉讼案件适用法律若干问题的解释》（法释〔2020〕20号 2021年1月1日）

第二条 依照法律、法规的规定，在设区的市级以上人民政府民政部门登记的社会团体、基金会以及社会服务机构等，可以认定为环境保护法第五十八条规定的社会组织。

第三条 设区的市，自治州、盟、地区，不设区的地级市，直辖市的区以上人民政府民政部门，可以认定为环境保护法第五十八条规定的"设区的市级以上人民政府民政部门"。

第四条 社会组织章程确定的宗旨和主要业务范围是维护社会公共利益，且从事环境保护公益活动的，可以认定为环境保护法第五十八条规定的"专门从事环境保护公益活动"。

社会组织提起的诉讼所涉及的社会公共利益，应与其宗旨和业务范围具有关联性。

第五条 社会组织在提起诉讼前五年内未因从事业务活动违反法律、法规的规定受过行政、刑事处罚的，可以认定为环境保护法第五十八条规定的"无违法记录"。

第八条 提起环境民事公益诉讼应当提交下列材料：

（一）符合民事诉讼法第一百二十一条规定的起诉状，并按照被告人数提出副本；

（二）被告的行为已经损害社会公共利益或者具有损害社会公共利益重大风险的初步证明材料；

（三）社会组织提起诉讼的，应当提交社会组织登记证书、章程、起诉前连续五年的年度工作报告书或者年检报告书，以及由其法定代表人或者负责人签字并加盖公章的无违法记录的声明。

第十一条 检察机关、负有环境资源保护监督管理职责的部门及其他机关、社会组织、企业事业单位依据民事诉讼法第十五条的规定，可以通过提供法律咨询、提交书面意见、协助调查取证等方式支持社会组织依法提起环境民事公益诉讼。

第二十条第一、二款 原告请求修复生态环境的，人民法院可以依法判决被告将生态环境修复到损害发生之前的状态和功能。无法完全修复的，可以准许采用替代性修复方式。

人民法院可以在判决被告修复生态环境的同时，确定被告不履行修复义务时应承担的生态环境修复费用；也可以直接判决被告承担生态环境修复费用。

第二十七条 法庭辩论终结后，原告申请撤诉的，人民法院不予准许，但本解释第二十六条规定的情形除外。

第二十八条 环境民事公益诉讼案件的裁判生效后，有权提起诉讼的其他机关和社会组织就同一污染环境、破坏生态行为另行起诉，有下列情形之一的，人民法院应予受理：

（一）前案原告的起诉被裁定驳回的；

（二）前案原告申请撤诉被裁定准许的，但本解释第二十六条规定的情形除外。

环境民事公益诉讼案件的裁判生效后，有证据证明存在前案审理时未发现的损害，有权提起诉讼的机关和社会组织另行起诉的，人民法院应予受理。

第二十九条 法律规定的机关和社会组织提起环境民事公益诉讼的，不影响因同一污染环境、破坏生态行为受到人身、财产损害的公民、法人和其他组织依据民事诉讼法第一百一十九条的规定提起诉讼。

第三十条 已为环境民事公益诉讼生效裁判认定的事实，因同一污染环境、破坏生态行为依据民事诉讼法第一百一十九条规定提起诉讼的原告、被告均无需举证证明，但原告对该事实有异议并有相反证据足以推翻的除外。

对于环境民事公益诉讼生效裁判就被告是否存在法律规定的不承担责任或者减轻责任的情形、行为与损害之间是否存在因果关系、被告承担责任的大小等所作的认定，因同一污染环境、破坏生态行为依据民事诉讼法第一百一十九条规定提起诉讼的原告主张适用的，人民法院应予支持，但被告有相反证据足以推翻的除外。被告主张直接适用对其有利的认定的，人民法院不予支持，被告仍应举证证明。

《最高人民法院关于审理生态环境损害赔偿案件的若干规定（试行）》（法释〔2020〕17号 2021年1月1日）

第一条 具有下列情形之一，省级、市地级人民政府及其指定的相关部门、机构，或者受国务院委托行使全民所有自然资源资产所有权的部门，因与造成生态环境损害的自然人、法人或者其他组织经磋商未达成一致或者无法进行磋商的，可以作为原告提起生态环境损害赔偿诉讼：

（一）发生较大、重大、特别重大突发环境事件的；

（二）在国家和省级主体功能区规划中划定的重点生态功能区、禁止开发区发生环境污染、生态破坏事件的；

（三）发生其他严重影响生态环境后果的。

前款规定的市地级人民政府包括设区的市、自治州、盟、地区，不设区的地级市，直辖市的区、县人民政府。

第二条 下列情形不适用本规定：

（一）因污染环境、破坏生态造成人身损害、个人和集体财产损失要求赔偿的；

（二）因海洋生态环境损害要求赔偿的。

第五条 原告提起生态环境损害赔偿诉讼，符合民事诉讼法和本规定并提交下列材料的，人民法院应当登记立案：

（一）证明具备提起生态环境损害赔偿诉讼原告资格的材料；

（二）符合本规定第一条规定情形之一的证明材料；

（三）与被告进行磋商但未达成一致或者因客观原因无法与被告进行磋商的说明；

（四）符合法律规定的起诉状，并按照被告人数提出副本。

第六条 原告主张被告承担生态环境损害赔偿责任的，应当就以下事实承担举证责任：

（一）被告实施了污染环境、破坏生态的行为或者具有其他应当依法承担责任的情形；

（二）生态环境受到损害，以及所需修复费用、损害赔偿等具体数额；

（三）被告污染环境、破坏生态的行为与生态环境损害之间具有关联性。

第十一条 被告违反国家规定造成生态环境损害的，人民法院应当根据原告的诉讼请求以及具体案情，合理判决被告承担修复生态环境、赔偿损失、停止侵害、排除妨碍、消除危险、赔礼道歉等民事责任。

第十七条 人民法院受理因同一损害生态环境行为提起的生态环境损害赔偿诉讼案件和民事公益诉讼案件，应先中止民事公益诉讼案件的审理，待生态环境损害赔偿诉讼案件审理完毕后，就民事公益诉讼案件未被涵盖的诉讼请求依法作出裁判。

第十八条 生态环境损害赔偿诉讼案件的裁判生效后，有权提起民事公益诉讼的国家规定的机关或者法律规定的组织就同一损害生态环境行为有证据证明存在前案审理时未发现的损害，并提起民事公益诉讼的，人民法院应予受理。

民事公益诉讼案件的裁判生效后，有权提起生态环境损害赔偿诉讼的主体就同一损害生态环境行为有证据证明存在前案审理时未发现的损害,并提起生态环境损害赔偿诉讼的,人民法院应予受理。

《最高人民法院关于审理矿业权纠纷案件适用法律若干问题的解释》(法释〔2020〕17号 2021年1月1日)

第二十一条 勘查开采矿产资源造成环境污染,或者导致地质灾害、植被毁损等生态破坏,国家规定的机关或者法律规定的组织提起环境公益诉讼的,人民法院应依法予以受理。

国家规定的机关或者法律规定的组织为保护国家利益、环境公共利益提起诉讼的,不影响因同一勘查开采行为受到人身、财产损害的自然人、法人和非法人组织依据民事诉讼法第一百一十九条的规定提起诉讼。

《最高人民法院关于审理海洋自然资源与生态环境损害赔偿纠纷案件若干问题的规定》(法释〔2017〕23号 2018年1月15日)

第三条 海洋环境保护法第五条规定的行使海洋环境监督管理权的机关,根据其职能分工提起海洋自然资源与生态环境损害赔偿诉讼,人民法院应予受理。

第六条 依法行使海洋环境监督管理权的机关请求造成海洋自然资源与生态环境损害的责任者承担停止侵害、排除妨碍、消除危险、恢复原状、赔礼道歉、赔偿损失等民事责任的,人民法院应当根据诉讼请求以及具体案情,合理判定责任者承担民事责任。

◎行政法规

《生态环境损害赔偿制度改革方案》(2018年1月1日)

第四条 ……

明确赔偿权利人。国务院授权省级、市地级政府(包括直辖市所辖的区县级政府,下同)作为本行政区域内生态环境损害赔偿权利人。省域内跨市地的生态环境损害,由省级政府管辖;其他工作范围划分由省级政府根据本地区实际情况确定。省级、市地级政府可指定相关部门或机构负责生态环境损害赔偿具体工作。省级、市地级政府及其指定的部门或机构均有权提起诉讼。跨省域的生态环境损害,由生态环境损害地的相关省级政府协商开展生态环境损害赔偿工作。

在健全国家自然资源资产管理体制试点区,受委托的省级政府可指定统一行使全民所有自然资源资产所有者职责的部门负责生态环境损害赔偿具体工作;国务院直接行使全民所有自然资源资产所有权的,由受委托代行该所有权的部门作为赔偿权利人开展生态环境损害赔偿工作。

相关案例

◎指导案例

北京市人民检察院第四分院诉朱清良、朱清涛环境污染民事公益诉讼案【最高人民法院指导案例206号】

裁判要旨:两个以上侵权人分别实施污染环境、破坏生态行为造成同一损害的,每一个侵权人的污染环境、破坏生态行为都不足以造成全部损害,部分侵权人根据修复方案确定的整体修复要求履行全部修复义务后,请求以代其他侵权人支出的修复费用折抵其应当承担的生态环境服务功能损失赔偿金的,人民法院应予支持。

对于侵权人实施的生态环境修复工程,应当进行修复效果评估。经评估,受损生态环境服务功能已经恢复的,可以认定侵权人已经履行生态环境修复责任。

黄某辉、陈某等8人非法捕捞水产品刑事附带民事公益诉讼案【最高人民法院指导案例213号】

裁判要旨:人民法院判决生态环境侵

权人采取增殖放流方式恢复水生生物资源、修复水域生态环境的，应当遵循自然规律，遵守水生生物增殖放流管理规定，根据专业修复意见合理确定放流水域、物种、规格、种群结构、时间、方式等，并可以由渔业行政主管部门协助监督执行。

昆明闽某纸业有限责任公司等污染环境刑事附带民事公益诉讼案【最高人民法院指导案例215号】

裁判要旨：公司股东滥用公司法人独立地位、股东有限责任，导致公司不能履行其应当承担的生态环境损害修复、赔偿义务，国家规定的机关或者法律规定的组织请求股东对此依照《公司法》第二十条[1]的规定承担连带责任的，人民法院依法应当予以支持。

◎典型案例

贵州省遵义市人民检察院诉某公司生态破坏民事公益诉讼案【人民法院案例库：2023-11-2-466-014】

裁判要旨：侵权人采取补种树木方式承担生态修复责任的，应当从"种植"与"管护"两个阶段综合评价相关义务是否履行到位。"种植"阶段应当按照生态修复方案科学栽培，确保树种、密度、质量、面积、数量等全部达标；"管护"阶段应当加强抚育培植、病害防治、伐残除枯、密度调整，视案情可采取设置警示牌、延长管护期等执行监督措施，切实提高林木成活率与保存率，确保林地生态服务功能逐步恢复。

侵权人通过替代性修复方式全面履行生态环境修复义务后，主张不承担生态环境功能永久性损害造成的损失的，人民法院依法予以支持；侵权人据此主张不承担生态环境受到损害至修复完成期间服务功能丧失导致的损失赔偿责任的，人民法院不予支持。

某环境研究所诉某电力公司生态环境保护民事公益诉讼案【人民法院案例库：2024-11-2-466-012】

裁判要旨：法院在审理生态环境民事公益诉讼案件时，应当综合考量经济社会发展、生态修复效果、企业生存发展等因素选择最优的生态环境修复方案。原位恢复不具经济性的情况下，评估鉴定机构出具专业意见建议采取在受损区域异位恢复与受损生态环境基线同等类型和质量的生境并补偿期间损失的修复方案，有利于提升受损区域整体保护效果，能够实现受损区域保护目标的，法院可予支持。

李某诉北京市某公路发展集团有限公司侵权责任纠纷案【人民法院案例库：2024-11-2-504-001】

裁判要旨：法院判决环境污染责任人承担土壤修复责任时，可以要求侵权人采取相关措施自行修复受损土地，也可以于环境污染责任人未按期履行修复责任时由被侵权人实施修复，被侵权人凭发票由环境污染责任人承担修复费用。

李某主张由某发集团对其受损土壤进行修复，亦属于合法请求，法院予以支持，考虑到冬季土壤条件，关于某发集团履行期限，法院适当予以延长。李某主张若某发集团不履行修复责任，要求某发集团承担13万元的修复费用一项，因李某提交的《复垦预算工程报价单》无出具机构盖章，无证明效力，13万元的修复费用无相关依据，故法院不予支持。对此，某发集团同意若其不履行修复责任，李某可自行修复，修复费用凭票由某发集团负

---

[1]《公司法》（2023年修订）第21条。

担,法院认为,此种方式既可监督某发集团履行修复责任,又具有可执行性,故法院采纳某发集团的意见。

王某武等13人危害珍贵、濒危野生动物刑事附带民事公益诉讼案【人民法院案例库：2023-11-1-344-004】

裁判要旨：人民法院审理破坏野生动物资源案件,应当结合涉案野生动物的不同状况,确定侵权人的生态环境损害赔偿与修复责任。对于存活且符合放归条件的野生动物,优先采取野化放归方式修复生态环境,由侵权人承担相关饲养救治、放归实施等费用。

重庆市某区林业局与陈某某执行实施案【人民法院案例库：2024-17-5-102-005】

裁判要旨：环境公益诉讼执行中被执行人无财产可供执行的,人民法院可以根据生态环境损害事实和损害程度,综合考量相关因素,积极推动当事人达成和解,将被执行人的金钱给付义务灵活变更为公益劳动的行为履行方式,以完成一定数量公益劳动折抵生态系统服务功能损失费的赔偿,达到生态环境修复目标。

北京市丰台区某环境研究所诉江苏某集团有限公司环境污染民事公益诉讼案【人民法院案例库：2023-11-2-466-017】

裁判要旨：环境民事公益诉讼中,原告诉讼请求除涉及其自身利益外,还包括清除污染、修复生态环境、赔偿损失等涉及公共利益的内容。原告申请撤诉的,人民法院应对其撤诉申请进行审查。例如,负有环境资源保护监督管理职责的部门依法履行监管职责,而使原告关于被告承担生态环境修复、赔偿责任等涉及公共利益的诉讼请求已经全部实现,符合《最高人民法院关于审理环境民事公益诉讼案件适用法律若干问题的解释》第26条规定的,应准许原告撤诉;对于被告承担律师费及为诉讼支出的其他合理费用等仅涉及原告自身利益的诉讼请求,则应按照普通民事诉讼撤诉审查标准审查。

第一千二百三十五条 【生态环境损害赔偿的范围】

违反国家规定造成生态环境损害的,国家规定的机关或者法律规定的组织有权请求侵权人赔偿下列损失和费用：

（一）生态环境受到损害至修复完成期间服务功能丧失导致的损失；

（二）生态环境功能永久性损害造成的损失；

（三）生态环境损害调查、鉴定评估等费用；

（四）清除污染、修复生态环境费用；

（五）防止损害的发生和扩大所支出的合理费用。

条文理解

本条是关于生态环境损害赔偿范围的规定。本条所列举的五类损失或费用是生态环境损害赔偿中的典型赔偿项目,但本条并非关于损害赔偿项目的封闭式列举。例如,根据《最高人民法院关于审理环境民事公益诉讼案件适用法律若干问题的解释》第22条第3项规定,合理的律师费以及为诉讼支出的其他合理费用也属于可以请求损害赔偿的范围。

首先,关于生态环境受到损害至修复完成期间服务功能丧失导致的损失,生态环境修复完成是指生态环境的物理、化学或生物特性及其提供的生态系统服务恢复至基线状态。参考《环境损害鉴定评估推荐方法（第Ⅱ版）》第6.1条的规定，确定生态环境的基线状态可以采用"历史数据法"（利用污染环境或破坏生态行为发生前评估区域的历史数据）、"对照区域数据法"（利用未受污染环境或破坏生态行为影响的相似现场数据）以及"模型法"（构建污染物浓度与人体健康指标、财产损害程度、生物量或生境丰度等损害评价指标之间的剂量—反应关系模型）。

其次，生态环境受到侵害的，并不必然能够恢复至基线状态。在受损害的生态环境无法或者难以恢复时，只能要求侵权人赔偿永久性损害造成的损失。在计算该损失时，参考《环境损害鉴定评估推荐方法（第Ⅱ版）》第8.3.1.3.3条的规定，应当考虑采用环境价值评估方法。以方法的不确定性为序，从小到大依次建议采用直接市场价值法、揭示偏好法和陈述偏好法，条件允许时可以采用效益转移法。

再次，生态环境损害调查、鉴定评估等费用是指调查、勘查、监测污染区域和评估污染等损害风险与实际损害所发生的费用以及聘请专业机构与人士就生态环境所受损失的具体内容进行鉴定评估的费用。

复次，清除污染的费用是指清洗生态环境所受到的污染以及处理污染物所支出的费用。生态环境修复费用包括制订、实施修复方案的费用，修复期间的监测、监管费用，以及修复完成后的验收费用、修复效果后评估费用等。

最后，防止损害的发生和扩大所支出的合理费用是指预防损害结果发生以及防止侵权人实施的侵权行为在原有损害范围基础上进一步增加所支出的费用，典型如《最高人民法院关于审理海洋自然资源与生态环境损害赔偿纠纷案件若干问题的规定》第7条第1项所规定的"为减轻或者防止海洋环境污染、生态恶化、自然资源减少所采取合理应急处置措施而发生的费用"。

相关条文

◎司法解释

《最高人民法院关于审理生态环境侵权责任纠纷案件适用法律若干问题的解释》（法释〔2023〕5号 2023年9月1日）

第二十二条 被侵权人请求侵权人赔偿因污染环境、破坏生态造成的人身、财产损害，以及为防止损害发生和扩大而采取必要措施所支出的合理费用的，人民法院应予支持。

被侵权人同时请求侵权人根据民法典第一千二百三十五条的规定承担生态环境损害赔偿责任的，人民法院不予支持。

《最高人民法院关于生态环境侵权民事诉讼证据的若干规定》（法释〔2023〕6号 2023年9月1日）

第三十一条 在生态环境保护民事公益诉讼案件中，损害事实成立，但生态环境修复费用、生态环境受到损害至修复完成期间服务功能丧失导致的损失、生态环境功能永久性损害造成的损失等数额难以确定的，人民法院可以根据污染环境、破坏生态的范围和程度等已查明的案件事实，结合生态环境及其要素的稀缺性、生态环境恢复的难易程度、防治污染设备的运行成本、被告因侵权行为获得的利益以及过错程度等因素，并可以参考负有环境资源保护监督管理职责的部门的意见等，合理确定。

《最高人民法院关于审理森林资源民事纠纷案件适用法律若干问题的解释》（法释〔2022〕16号 2022年6月15日）

第十九条 人民法院依据民法典第一千二百三十五条的规定确定侵权人承担的森林生态环境损害赔偿金额，应当综合考虑受损森林资源在调节气候、固碳增汇、保护生物多样性、涵养水源、保持水土、防风固沙等方面的生态环境服务功能，予以合理认定。

第二十条　当事人请求以认购经核证的林业碳汇方式替代履行森林生态环境损害赔偿责任的，人民法院可以综合考虑各方当事人意见、不同责任方式的合理性等因素，依法予以准许。

第二十一条　当事人请求以森林管护、野生动植物保护、社区服务等劳务方式替代履行森林生态环境损害赔偿责任的，人民法院可以综合考虑侵权人的代偿意愿、经济能力、劳动能力、赔偿金额、当地相应工资标准等因素，决定是否予以准许，并合理确定劳务代偿方案。

第二十二条　侵权人自愿交纳保证金作为履行森林生态环境修复义务担保的，在其不履行修复义务时，人民法院可以将保证金用于支付森林生态环境修复费用。

《最高人民法院关于审理环境民事公益诉讼案件适用法律若干问题的解释》（法释〔2020〕20号　2021年1月1日）

第二十条第三款　生态环境修复费用包括制定、实施修复方案的费用，修复期间的监测、监管费用，以及修复完成后的验收费用、修复效果后评估费用等。

第二十一条　原告请求被告赔偿生态环境受到损害至修复完成期间服务功能丧失导致的损失、生态环境功能永久性损害造成的损失的，人民法院可以依法予以支持。

第二十二条　原告请求被告承担以下费用的，人民法院可以依法予以支持：

（一）生态环境损害调查、鉴定评估等费用；

（二）清除污染以及防止损害的发生和扩大所支出的合理费用；

（三）合理的律师费以及为诉讼支出的其他合理费用。

第二十三条　生态环境修复费用难以确定或者确定具体数额所需鉴定费用明显过高的，人民法院可以结合污染环境、破坏生态的范围和程度，生态环境的稀缺性，生态环境恢复的难易程度，防治污染设备的运行成本，被告因侵害行为所获得的利益以及过错程度等因素，并可以参考负有环境资源保护监督管理职责的部门的意见、专家意见等，予以合理确定。

第二十四条　人民法院判决被告承担的生态环境修复费用、生态环境受到损害至修复完成期间服务功能丧失导致的损失、生态环境功能永久性损害造成的损失等款项，应当用于修复被损害的生态环境。

其他环境民事公益诉讼中败诉原告所需承担的调查取证、专家咨询、检验、鉴定等必要费用，可以酌情从上述款项中支付。

第三十一条　被告因污染环境、破坏生态在环境民事公益诉讼和其他民事诉讼中均承担责任，其财产不足以履行全部义务的，应当先履行其他民事诉讼生效裁判所确定的义务，但法律另有规定的除外。

《最高人民法院关于审理生态环境损害赔偿案件的若干规定（试行）》（法释〔2020〕17号　2021年1月1日）

第十二条　受损生态环境能够修复的，人民法院应当依法判决被告承担修复责任，并同时确定被告不履行修复义务时应承担的生态环境修复费用。

生态环境修复费用包括制定、实施修复方案的费用，修复期间的监测、监管费用，以及修复完成后的验收费用、修复效果后评估费用等。

原告请求被告赔偿生态环境受到损害

至修复完成期间服务功能损失的,人民法院根据具体案情予以判决。

第十三条 受损生态环境无法修复或者无法完全修复,原告请求被告赔偿生态环境功能永久性损害造成的损失的,人民法院根据具体案情予以判决。

第十四条 原告请求被告承担下列费用的,人民法院根据具体案情予以判决:

(一)实施应急方案、清除污染以及为防止损害的发生和扩大所支出的合理费用;

(二)为生态环境损害赔偿磋商和诉讼支出的调查、检验、鉴定、评估等费用;

(三)合理的律师费以及其他为诉讼支出的合理费用。

第十五条 人民法院判决被告承担的生态环境服务功能损失赔偿资金、生态环境功能永久性损害造成的损失赔偿资金,以及被告不履行生态环境修复义务时所应承担的修复费用,应当依照法律、法规、规章予以缴纳、管理和使用。

第十九条 实际支出应急处置费用的机关提起诉讼主张该费用的,人民法院应予受理,但人民法院已经受理就同一损害生态环境行为提起的生态环境损害赔偿诉讼案件且该案原告已经主张应急处置费用的除外。

生态环境损害赔偿诉讼案件原告未主张应急处置费用,因同一损害生态环境行为实际支出应急处置费用的机关提起诉讼主张该费用的,由受理生态环境损害赔偿诉讼案件的人民法院受理并由同一审判组织审理。

《最高人民法院关于审理海洋自然资源与生态环境损害赔偿纠纷案件若干问题的规定》(法释〔2017〕23号 2018年1月15日)

第七条 海洋自然资源与生态环境损失赔偿范围包括:

(一)预防措施费用,即为减轻或者防止海洋环境污染、生态恶化、自然资源减少所采取合理应急处置措施而发生的费用;

(二)恢复费用,即采取或者将要采取措施恢复或者部分恢复受损害海洋自然资源与生态环境功能所需费用;

(三)恢复期间损失,即受损害的海洋自然资源与生态环境功能部分或者完全恢复前的海洋自然资源损失、生态环境服务功能损失;

(四)调查评估费用,即调查、勘查、监测污染区域和评估污染等损害风险与实际损害所发生的费用。

第八条 恢复费用,限于现实修复实际发生和未来修复必然发生的合理费用,包括制定和实施修复方案和监测、监管产生的费用。

未来修复必然发生的合理费用和恢复期间损失,可以根据有资格的鉴定评估机构依据法律法规、国家主管部门颁布的鉴定评估技术规范作出的鉴定意见予以确定,但当事人有相反证据足以反驳的除外。

预防措施费用和调查评估费用,以实际发生和未来必然发生的合理费用计算。

责任者已经采取合理预防、恢复措施,其主张相应减少损失赔偿数额的,人民法院应予支持。

第九条 依照本规定第八条的规定难以确定恢复费用和恢复期间损失的,人民法院可以根据责任者因损害行为所获得的收益或者所减少支付的污染防治费用,合理确定损失赔偿数额。

前款规定的收益或者费用无法认定的,可以参照政府部门相关统计资料或者其他证据所证明的同区域同类生产经营者同期平均收入、同期平均污染防治费用，合理酌定。

第十条 人民法院判决责任者赔偿海洋自然资源与生态环境损失的，可以一并写明依法行使海洋环境监督管理权的机关受领赔款后向国库账户交纳。

发生法律效力的裁判需要采取强制执行措施的，应当移送执行。

◎ 相关案例
◎公报案例

江西省金溪县人民检察院诉徐华文、方雨平人文遗迹保护民事公益诉讼案【《最高人民法院公报》2022年第9期】

裁判要旨：人民法院应综合考虑检察机关的公益诉讼请求、人文遗迹所在地经济发展水平、人文遗迹自身的社会影响力、被告的主观过错及其经济条件、对人文遗迹整体性的破坏程度和专家意见等要素，依法酌定人文生态资源损失。

人文生态资源损失，既包含服务功能损失，也应包含永久性功能损失……案涉"甲第里""三公旧第"牌匾及其依存建筑具有浓厚的地域文化特征，且包含了丰富的历史信息，属于不可再生的文化遗产。虽然被盗牌匾及被破坏的门楼建筑可以依照原貌进行修复，但被盗牌匾的原物已难以追回，而且经过修复后的门楼及牌匾的人文生态价值相较原物价值必有贬损，原生态的古村落传统风貌的完整性和传统村落历史文化的传承功能已不可逆地遭到破坏，对当地人文生态资源造成了损害，这种损害严重影响了当地人民群众的人文情怀、历史情感，这种无形的损失难以用金钱来衡量。综合考虑金溪县地方经济发展水平、"甲第里"石牌所在地波源村等"江西省传统村落"、两被告的主观过错及其家庭经济条件、对传统村落整体

性的破坏程度以及专家依据专业知识出具的人文生态环境服务功能损失费用310617元的意见等情况……酌定两被告承担因破坏人文生态资源所造成的损失为300000元。鉴定和评估费用共计11200元，应由两被告一并承担。

重庆市人民检察院第一分院诉重庆市昆仑化工有限公司水污染责任纠纷环境民事公益诉讼案【《最高人民法院公报》2021年第11期】

裁判要旨：污染物排放的精确数量无法查明的，可根据生产量、单位产量污染物产出量、单次排污量、排污频次推定污染物排放数量。

本案所涉污染物排放的精确实际数量因客观证据所限已无法查明，但污染物排放量的认定对损害后果的最终确定不可或缺。根据在案证据，对排放量的认定有两种路径：一是证据显示生产1吨对硝基苯乙酮会产生10吨至15吨废液，被告重庆市昆仑化工有限公司共生产154.25吨对硝基苯乙酮，由此认定排放的废液量为1542.5吨至2313.75吨；二是证据显示暂存废液的应急池容积为317.1m³，容量达80%时即排放，此时废液体积约为253.68m³，共排放七次或八次，共约1775.76m³至2029.44m³，且被查处当天应急池中尚有不明数量的废液尚未排出。无论依何种路径计算，被告实际排污量均应不少于1542.5吨，故公益诉讼起诉人认定污染物排放量为1542.5吨证据充分，有相应事实依据。重庆市环境科学研究院采用该排污量进行鉴定评估，予以采信。

连云港市赣榆区环境保护协会诉王升杰环境污染损害赔偿公益诉讼案【《最高人民法院公报》2016年第8期】

裁判要旨：造成环境污染危害者，有责任排除危害。行为人未经许可将工业废

酸违法排放到河流中，造成环境污染，应当承担修复受污染环境的责任以排除已经造成的危害。为了达到使被污染环境得到最科学合理的恢复这一最终目标，法院可以采取专家证人当庭论证的方式提供专业技术支持。当行为人的经济赔偿能力不足时，可以参照目前全国职工日工资标准确定修复费用，按照"谁污染，谁治理，谁损害，谁赔偿"的环境立法宗旨，要求行为人通过提供有益于环境保护的劳务活动抵补其对环境造成的损害。

◎典型案例

某生态环境局诉金某、某物流公司等环境污染责任纠纷案【人民法院案例库：2023-11-2-377-001】

裁判要旨：道路交通事故所造成的环境污染损失依法应当由交通事故中造成污染的侵权一方承担。环保行政部门对此环境污染依法进行处置后所产生的处置费用实际即为此环境污染损失。环保行政部门在对该道路交通事故造成的环境污染处置费用代履行后，有权对该环境污染处置费用即代履行费用提起民事诉讼要求侵权方承担，但该处置费用作为代履行费用依法应当按照合理成本确定。

因道路交通事故造成的环境污染处置费用即环境污染损失依法属于交强险和商业三者险中的第三者的财产损失范畴，故即使是在环保行政部门将其作为代履行费用提起民事赔偿诉讼的情况下，对该费用的赔偿仍然应当按照《民法典》第一千二百一十三条所规定的道路交通事故的侵权赔偿规则进行处理。即因交通事故造成的环境污染损失依法属于交强险和商业三者险中的第三者的财产损失范畴，且该污染并不属于机动车商业保险免责事项中的"污染"的范畴，保险公司对此不能免责而应予赔偿。

某环保基金会诉梁某茂生态环境保护民事公益诉讼案【人民法院案例库：2024-11-2-466-011】

裁判要旨：非法倾倒具有危险废物特征的固体废物对倾倒地点的周边环境造成污染的，处置费不仅包括实际倾倒废物的处置费，还包括倾倒废物所接触和渗透的土壤等受污染的周边物质的处置费。

汕头市生态环境局诉陈某标生态环境损害赔偿案【人民法院案例库：2024-11-2-466-015】

裁判要旨：在办理被告人涉嫌污染环境犯罪案件时，为查明生态环境损害程度和损害事实，有关机关委托相关机构对案涉固体废物危险特性进行鉴定出具的鉴定意见，并作为刑事诉讼证据使用，由此产生的鉴定费用依法应在刑事案件中处理。省级、市地级政府及其指定的部门、机构提起生态环境损害赔偿诉讼主张由赔偿义务人支付该笔费用的，不予支持。

陈某与陕西某煤田公司环境污染责任纠纷案【人民法院案例库：2024-16-2-377-001】

裁判要旨：环境侵权具有侵害方式的复合性、侵害过程的复杂性、侵害后果的隐蔽性和长期性等特征，故在环境侵权中，侵权行为人应对可预见的、持续造成的损害承担责任，不仅包括现有损失，还应包括应有损失，以修复污染环境造成的损害。在侵权行为人已采取向政府有关管理部门缴纳环境治理补偿费等补救措施的情况下，并不影响向被侵权人承担相应的侵权责任。

北京市规划和自然资源委员会平谷分局诉王某生态环境损害赔偿诉讼案【人民法院案例库：2024-11-2-466-013】

裁判要旨：非法采矿行为是导致涉案地块的土壤肥力、水源涵养和水土保持功能等生态功能受到损害,赔偿权利人请求赔偿义务人承担修复涉案地块受损生态环境、赔偿生态服务功能损失等责任的,应予支持。支持起诉人为支持生态环境损害赔偿诉讼委托有关机构出具的鉴定评估意见在诉讼中被采信,请求赔偿义务人向支持起诉人支付相关鉴定评估费用的,人民法院应予支持。

第八章　高度危险责任

第一千二百三十六条　【高度危险责任一般规定】
从事高度危险作业造成他人损害的,应当承担侵权责任。

条文理解

本条是关于高度危险责任的一般规定。根据本条,高度危险责任为无过错责任,侵权人即使就侵权行为不存在过错,也需要承担侵权责任。此种做法背后的考虑在于,高度危险作业一方面具有显著的社会、经济价值,其不仅能够给实施高度危险作业的民事主体带来利益,对于其他民事主体的生活而言也具有相当重要的价值,如果一概不允许其存在反而会阻碍社会的发展与进步。以民用航空器这一典型的高度危险物为例,如果完全禁止行为人从事高度危险作业,则以民用航空器为基础的各种经营活动都将不复存在,这无疑会给人们的日常生活带来诸多不便。另一方面,高度危险作业又可能给其他民事主体造成损害,而且,从事高度危险作业的民事主体即使采取安全措施并尽到了相当程度的注意也难以完全避免损害的发生。所以,在综合考虑被侵权人利益保护以及行为人行为自由等利益的基础上,法律在允许行为人从事高度危险作业的同时,也通过无过错责任保护被侵权人的合法利益。

本条的构成要件为:(1)侵权人从事高度危险作业;(2)被侵权人遭受损害;(3)侵权人从事的高度危险作业与被侵权人遭受的损害之间存在因果关系。

一般认为,"高度危险作业"既包括从事高度危险活动,也包括占有、使用高度危险物。本章以下条文所列举的各种具体类型(《民法典》第1237-1243条)即典型的高度危险作业。除《民法典》外,另有部分单行法也规定了高度危险责任,如《放射性污染防治法》第59条所规定的放射性污染责任[1]。由于立法上并未就"高度危险作业"的具体含义予以界定,该概念因而具有开放性,不限于现行法已经明确列举的情况。

参考《民法典》第1237-1243条的规定,在判断是否满足"高度危险作业"的要求时,可以从是否属于以下两种类型予以考虑:其一,从事该活动是否有造成他人受损的高度可能性,而且,行为人难以通过采取防范措施完全避免损害发生。以《民法典》第1239条为例,根据该条规

---

[1] 该法意义上的放射性污染是指"中华人民共和国领域和管辖的其他海域在核设施选址、建造、运行、退役和核技术、铀(钍)矿、伴生放射性矿开发利用过程中发生的放射性污染",因而在适用范围上广于《民法典》第1237条规定的核事故责任。

定，使用易燃、易爆物构成高度危险作业，其合理性在于，行为人尽管可以通过计算易燃、易爆物的爆炸范围、疏散受影响人群等方式避免损害的发生，但爆炸活动仍具有一定的不可控性，可能导致行为人意料之外、难以完全避免的损害。其二，某些活动虽然造成他人受损的可能性较低，但如果风险现实化，将会造成非常严重的损害结果。以《民法典》第1237条规定的核事故责任以及第1238条规定的民用航空器责任为例，这些事故的发生概率尽管较低，但一旦发生将极有可能引发严重的人身与财产损害。

高度危险责任中，侵权人不得以自身不存在过错主张不承担责任或者减轻责任，但仍可主张其他的不承担责任或者减轻责任的事由。尽管本条并未明确规定此类事由，但有关各种具体类型的高度危险责任往往对此有所规定，例如，根据《民法典》第1238条规定，如果民用航空器所造成的损害系由于受害人故意所导致，则民用航空器的经营者不承担责任。有观点认为，对于高度危险责任，受害人故意属于一般性的免责事由。换言之，即使缺乏关于受害人故意是否能够使得侵权人不承担责任或者减轻责任的明确规定，也应当承认该事由的免责效力。此种观点值得商榷，受害人存在故意未必均能使得侵权人免予承担责任，还可能是减轻责任甚至完全不影响侵权责任。体系解释上可供参考的是，尽管同为无过错责任，但根据《民法典》第1246条规定，只要动物饲养人或者管理人违反了关于动物管理的规定，即使损害是因被侵权人故意造成的，也只能主张减轻责任。至于饲养了禁止饲养的危险动物的情况，《民法典》第1247条并未提及被侵权人故意对于责任承担的影响，解释上一般认为即使其存在故意也不影响动物饲养人或者管理人承担的侵权责任（《最高人民法院关于适用〈中华人民共和国民法典〉侵权责任编的解释（一）》第23条）。

◎相关条文

◎法律

《电力法》（2018年12月29日）

第六十条　因电力运行事故给用户或者第三人造成损害的，电力企业应当依法承担赔偿责任。

电力运行事故由下列原因之一造成的，电力企业不承担赔偿责任：

（一）不可抗力；

（二）用户自身的过错。

因用户或者第三人的过错给电力企业或者其他用户造成损害的，该用户或者第三人应当依法承担赔偿责任。

《铁路法》（2015年4月24日）

第五十八条　因铁路行车事故及其他铁路运营事故造成人身伤亡的，铁路运输企业应当承担赔偿责任；如果人身伤亡是因不可抗力或者由于受害人自身的原因造成的，铁路运输企业不承担赔偿责任。

违章通过平交道口或者人行过道，或者在铁路线路上行走、坐卧造成的人身伤亡，属于受害人自身的原因造成的人身伤亡。

《放射性污染防治法》（2003年10月1日）

第五十九条　因放射性污染造成他人损害的，应当依法承担民事责任。

◎相关案例

◎典型案例

韦某鑫与汉某能源集团郧西玉皇滩水电有限公司、郧西县通某公路工程有限责任公司财产损害赔偿纠纷案【（2023）鄂民申8521号】

裁判要旨：本案系因水库泄洪造成下

游施工工程机械淹没引起的侵权纠纷。水库泄洪并非《民法典》明确规定的高度危险作业行为，泄洪行为本身并不具有高度危险性，该行为通过相关部门的管理具有可控制性，不符合高度危险作业的特征，原审将本案确定为一般侵权行为并无不当。

新疆振某水产品开发有限公司诉中国石某集团河南石油勘探局等侵权责任纠纷案【（2017）最高法民申618号】

裁判要旨：本案中，中石某河南勘探局、中石某河南分公司实施的作业系高度危险作业，该作业造成了部分蟹死亡之事实，各方当事人均无异议。按照《侵权责任法》第六十九条、第七十二条[1]之规定，中石某河南勘探局、中石某河南分公司作为高度危险作业的实施者，除能证明振某公司有重大过失可以减轻责任的情形外，应对其行为所造成的损害承担侵权责任。同时，在行为过错、因果关系等方面，采取的是举证责任倒置，对此，二审判决认为因果关系并不实行举证责任倒置，依法无据，本院予以纠正。但侵权责任的成立，尚需被侵权人承担部分举证责任。具体到本案中，振某公司应对是否存在财产损害事实及损失数额承担举证责任。

贵州红某荣某物流有限责任公司与清镇市站街镇某某页岩砖厂财产损害赔偿纠纷案【（2024）黔民申2176号】

裁判要旨：原审中，红某荣某公司申请对某某页岩砖厂脱硫塔倒塌与红某荣某公司放炮之间的因果关系进行评估，渝某公司出具《检测鉴定报告》及《补充鉴定意见》，该两份鉴定意见相互矛盾，原审法院经某某公司出庭接受询问，渝某公司均未派有资质人员出庭接受询问，在该两份鉴定意见存在较大争议且鉴定人员未出庭接受询问的情形下，原审法院按照法律规定对《检测鉴定报告》及《补充鉴定意见》均不予认定并无不当。原审中，红某荣某公司均表示不再对案涉厂房坍塌的因果关系进行鉴定，故红某荣某公司不能够证明损害是因受害人故意或者不可抗力造成的，红某荣某公司应当承担责任。而原审法院根据某某页岩砖厂举证的《房屋安全鉴定报告》的内容，某某页岩砖厂厂房设施的老化、长期未做防护亦对厂房坍塌造成一定影响，故可以减轻红某荣某公司的责任。红某荣某公司虽然对《资产评估报告》不予认可，但红某荣某公司并未对该评估报告提出合理异议并申请重新鉴定，故对某某页岩砖厂设施设备评估事发时价值529073元本院予以确认。

厦门国某中顺环保能源股份有限公司、邓某、谢某某等生命权纠纷案【（2020）闽民申257号】

裁判要旨：国某中顺环能公司经营管理的高温高压蒸气管道破裂喷出的高温高压蒸气系直接作用于受害人身体，邓某、谢某某经营地点选址不符合规范要求加剧了管道腐蚀进而破裂的速度，系两种原因共同导致受害人死亡的后果。因经营高温高压蒸气管道行为存在一定的危险性，二审判决适用《侵权责任法》第六十九条[2]关于危险物致人损害的规定，认定国某中顺环能公司系本案侵权损害赔偿责任的主体，并无不当。另外，基于邓某、谢某某亦存在违法经营之事实，二审判决

---

[1]《民法典》第1236条、第1239条。
[2]《民法典》第1236条。

认定国某中顺环能公司承担了全部赔偿责任后可另行向邓某、谢某某追偿，权衡了国某中顺环能公司与邓某、谢某某之间的利益关系，也无不妥。

> **第一千二百三十七条　【核事故致害责任】**
>
> 民用核设施或者运入运出核设施的核材料发生核事故造成他人损害的，民用核设施的营运单位应当承担侵权责任；但是，能够证明损害是因战争、武装冲突、暴乱等情形或者受害人故意造成的，不承担责任。

条文理解

本条是关于核事故责任的规定，包括民用核设施发生核事故以及运入运出核设施的核材料发生核事故两种情况。具体而言，核事故是指核设施内的核燃料、放射性产物、废料或运入运出核设施的核材料引发的放射性、毒害性、爆炸性或其他危害性事故。关于核设施以及核材料的定义，应当以《核安全法》第2条第2款、第3款的规定为准。

针对核事故责任的免责事由，本条明确规定只有战争、武装冲突、暴乱以及受害人故意这四种类型。所以，如果核事故系由于本条已经明确的四种情况之外的原因所导致，即使一般认为该原因达到构成不可抗力的程度，民用核设施的营运单位也不得以此主张不承担责任。

相关条文

◎**法律**

《**核安全法**》（2018年1月1日）

第二条第二、三款　核设施，是指：

（一）核电厂、核热电厂、核供汽供热厂等核动力厂及装置；

（二）核动力厂以外的研究堆、实验堆、临界装置等其他反应堆；

（三）核燃料生产、加工、贮存和后处理设施等核燃料循环设施；

（四）放射性废物的处理、贮存、处置设施。

核材料，是指：

（一）铀-235材料及其制品；

（二）铀-233材料及其制品；

（三）钚-239材料及其制品；

（四）法律、行政法规规定的其他需要管制的核材料。

第九十条　因核事故造成他人人身伤亡、财产损失或者环境损害的，核设施营运单位应当按照国家核损害责任制度承担赔偿责任，但能够证明损害是因战争、武装冲突、暴乱等情形造成的除外。

为核设施营运单位提供设备、工程以及服务等的单位不承担核损害赔偿责任。核设施营运单位与其有约定的，在承担赔偿责任后，可以按照约定追偿。

核设施营运单位应当通过投保责任保险、参加互助机制等方式，作出适当的财务保证安排，确保能够及时、有效履行核损害赔偿责任。

◎**行政法规**

《**民用核设施安全监督管理条例**》（1986年10月29日）

第二十四条第五项　本条例中下列用语的含义是：

……

（五）"核事故"是指核设施内的核燃料、放射性产物、废料或运入运出核设施的核材料所发生的放射性、毒害性、爆炸性或其他危害性事故，或一系列事故。

《**国务院关于核事故损害赔偿责任问题的批复**》（国函〔2007〕64号　2007年6月

30 日）

第一条 中华人民共和国境内，依法取得法人资格，营运核电站、民用研究堆、民用工程实验反应堆的单位或者从事民用核燃料生产、运输和乏燃料贮存、运输、后处理且拥有核设施的单位，为该核电站或者核设施的营运者。

第二条 营运者应当对核事故造成的人身伤亡、财产损失或者环境受到的损害承担赔偿责任。营运者以外的其他人不承担赔偿责任。

第五条 核事故损害涉及 2 个以上营运者，且不能明确区分各营运者所应承担的责任的，相关营运者应当承担连带责任。

第七条 核电站的营运者和乏燃料贮存、运输、后处理的营运者，对一次核事故所造成的核事故损害的最高赔偿额为 3 亿元人民币；其他营运者对一次核事故所造成的核事故损害的最高赔偿额为 1 亿元人民币。核事故损害的应赔总额超过规定的最高赔偿额的，国家提供最高限额为 8 亿元人民币的财政补偿。

对非常核事故造成的核事故损害赔偿，需要国家增加财政补偿金额的由国务院评估后决定。

第八条 营运者应当做出适当的财务保证安排，以确保发生核事故损害时能够及时、有效的履行核事故损害赔偿责任。

在核电站运行之前或者乏燃料贮存、运输、后处理之前，营运者必须购买足以履行其责任限额的保险。

第十条 受到核事故损害的自然人、法人以及其他组织有权请求核事故损害赔偿。

《国务院关于处理第三方核责任问题给核工业部、国家核安全局、国务院核电领导小组的批复》（国函〔1986〕44 号　1986

年 3 月 29 日）

第一条第一款 在中华人民共和国境内，经政府指定，经营核电站的单位，或者从事核电站核材料的供应、处理、运输，而拥有其他核设施的单位，为该核电站或者核设施的营运人。

第二条 在核电站现场内发生核事故所造成的核损害，或者核设施的核材料于其他人接管之前，以及在接管其他人的核材料之后，在中华人民共和国境内发生核事故所造成的核损害，该营运人对核损害承担绝对责任；其他人不承担任何责任。

第三条 对于一次核事故所造成的核损害，营运人对全体受害人的最高赔偿额合计为人民币一千八百万元。

对核损害的应赔总额如果超过前款规定的最高赔偿额，中华人民共和国政府将提供必要的、有限的财政补偿，其最高限额为人民币三亿元。

第六条 核事故的受害人，有权在受害人已知或者应知核事故所造成的核损害之日起的三年内，要求有关营运人予以赔偿；但是，这种要求必须在核事故发生之日起的十年内提出，逾期赔偿要求权即告丧失。

第一千二百三十八条　【民用航空器致害责任】

民用航空器造成他人损害的，民用航空器的经营者应当承担侵权责任；但是，能够证明损害是因受害人故意造成的，不承担责任。

条文理解

本条是关于民用航空器责任的规定。从受害人层面进行区分，可以将民用航空器责任分为对运输的旅客、货物的责任以及对地面第三人的责任。其中，就前一种类型而言，除了本条规定的侵权责任以外，旅客、货物的托运人或者收货人还可以基于合同关系请求民用航空器的经营者承担违约责任。

根据《民用航空法》第5条的规定，民用航空器是指除了用于执行军事、海关、警察飞行任务以外的航空器。所以，即使是民用航空器，在其因为被征用等原因而执行军事、海关、警察飞行任务时，由此产生的损害也不适用本条，受害人应当通过国家赔偿制度主张救济。一般认为，航空器是指在大气层中靠空气反作用力做支撑的器械，各类民用飞机、飞船、卫星、热气球等均属于民用航空器。关于民用无人机是否属于本条意义上的民用航空器，应当结合无人机的具体情况（如机身结构、飞行高度、飞行速度等）判断，如果已经具有了航空器的典型特征，在危险程度上也较为接近，则应当认定为民用航空器。反之则不适用本条规定（如市场上的各种仅能在低空飞行的玩具类无人机）。

关于民用航空器责任的免责事由，本条仅规定了受害人故意造成损害的，民用航空器的经营者不承担责任。在解释该免责事由时须注意，如果损害是由受害人的受雇人、代行权利人（典型如代理人）所导致的，民用航空器的经营者同样不承担侵权责任。此外，民用航空器责任的免责事由并不限于本条规定，例如，根据《民用航空法》第125条第4款第3-4项规定，如果货物的毁灭、遗失或者损坏系由于"战争或者武装冲突"或者"政府有关部门实施的与货物入境、出境或者过境有关的行为"，民用航空器的经营者也不承担侵权责任。与之类似的还有《民用航空法》第159条（第三人原因）与第160条（武装冲突或者骚乱的直接后果）规定的免责事由。

相关条文

◎法律

《民用航空法》（2021年4月29日）

第五条 本法所称民用航空器，是指除用于执行军事、海关、警察飞行任务外的航空器。

第一百二十四条 因发生在民用航空器上或者在旅客上、下民用航空器过程中的事件，造成旅客人身伤亡的，承运人应当承担责任；但是，旅客的人身伤亡完全是由于旅客本人的健康状况造成的，承运人不承担责任。

第一百二十五条 因发生在民用航空器上或者在旅客上、下民用航空器过程中的事件，造成旅客随身携带物品毁灭、遗失或者损坏的，承运人应当承担责任。因发生在航空运输期间的事件，造成旅客的托运行李毁灭、遗失或者损坏的，承运人应当承担责任。

旅客随身携带物品或者托运行李的毁灭、遗失或者损坏完全是由于行李本身的自然属性、质量或者缺陷造成的，承运人不承担责任。

本章所称行李，包括托运行李和旅客随身携带的物品。

因发生在航空运输期间的事件，造成货物毁灭、遗失或者损坏的，承运人应当承担责任；但是，承运人证明货物的毁灭、遗失或者损坏完全是由于下列原因之一造成的，不承担责任：

（一）货物本身的自然属性、质量或者缺陷；

（二）承运人或者其受雇人、代理人以外的人包装货物的，货物包装不良；

（三）战争或者武装冲突；

（四）政府有关部门实施的与货物入境、出境或者过境有关的行为。

本条所称航空运输期间，是指在机场内、民用航空器上或者机场外降落的任何地点，托运行李、货物处于承运人掌管之下的全部期间。

航空运输期间，不包括机场外的任何陆路运输、海上运输、内河运输过程；但是，此种陆路运输、海上运输、内河运输是为了履行航空运输合同而装载、交付或者转运，在没有相反证据的情况下，所发生的损失视为在航空运输期间发生的损失。

第一百二十七条 在旅客、行李运输中，经承运人证明，损失是由索赔人的过错造成或者促成的，应当根据造成或者促成此种损失的过错的程度，相应免除或者减轻承运人的责任。旅客以外的其他人就旅客死亡或者受伤提出赔偿请求时，经承运人证明，死亡或者受伤是旅客本人的过错造成或者促成的，同样应当根据造成或者促成此种损失的过错的程度，相应免除或者减轻承运人的责任。

在货物运输中，经承运人证明，损失是由索赔人或者代行权利人的过错造成或者促成的，应当根据造成或者促成此种损失的过错的程度，相应免除或者减轻承运人的责任。

第一百三十二条 经证明，航空运输中的损失是由于承运人或者其受雇人、代理人的故意或者明知可能造成损失而轻率地作为或者不作为造成的，承运人无权援用本法第一百二十八条、第一百二十九条有关赔偿责任限制的规定；证明承运人的受雇人、代理人有此种作为或者不作为的，还应当证明该受雇人、代理人是在受雇、代理范围内行事。

第一百五十七条 因飞行中的民用航空器或者从飞行中的民用航空器上落下的人或者物，造成地面（包括水面，下同）上的人身伤亡或者财产损害的，受害人有权获得赔偿；但是，所受损害并非造成损害的事故的直接后果，或者所受损害仅是民用航空器依照国家有关的空中交通规则在空中通过造成的，受害人无权要求赔偿。

前款所称飞行中，是指自民用航空器为实际起飞而使用动力时起至着陆冲程终了时止；就轻于空气的民用航空器而言，飞行中是指自其离开地面时起至其重新着地时止。

第一百五十八条 本法第一百五十七条规定的赔偿责任，由民用航空器的经营人承担。

前款所称经营人，是指损害发生时使用民用航空器的人。民用航空器的使用权已经直接或者间接地授予他人，本人保留对该民用航空器的航行控制权的，本人仍被视为经营人。

经营人的受雇人、代理人在受雇、代理过程中使用民用航空器，无论是否在其受雇、代理范围内行事，均视为经营人使用民用航空器。

民用航空器登记的所有人应当被视为经营人，并承担经营人的责任；除非在判定其责任的诉讼中，所有人证明经营人是他人，并在法律程序许可的范围内采取适当措施使该人成为诉讼当事人之一。

第一百五十九条 未经对民用航空器有航行控制权的人同意而使用民用航空器，对地面第三人造成损害的，有航行控制权的人除证明本人已经适当注意防止此种使用外，应当与该非法使用人承担连带责任。

第一百六十条 损害是武装冲突或者骚乱的直接后果，依照本章规定应当承担责任的人不承担责任。

依照本章规定应当承担责任的人对民

用航空器的使用权业经国家机关依法剥夺的，不承担责任。

第一百六十一条 依照本章规定应当承担责任的人证明损害是完全由于受害人或者其受雇人、代理人的过错造成的，免除其赔偿责任；应当承担责任的人证明损害是部分由于受害人或者其受雇人、代理人的过错造成的，相应减轻其赔偿责任。但是，损害是由于受害人的受雇人、代理人的过错造成时，受害人证明其受雇人、代理人的行为超出其所授权的范围的，不免除或者不减轻应当承担责任的人的赔偿责任。

一人对另一人的死亡或者伤害提起诉讼，请求赔偿时，损害是该另一人或者其受雇人、代理人的过错造成的，适用前款规定。

第一百六十二条 两个以上的民用航空器在飞行中相撞或者相扰，造成本法第一百五十七条规定的应当赔偿的损害，或者两个以上的民用航空器共同造成此种损害的，各有关民用航空器均应当被认为已经造成此种损害，各有关民用航空器的经营人均应当承担责任。

第一百六十三条 本法第一百五十八条第四款和第一百五十九条规定的人，享有依照本章规定经营人所能援用的抗辩权。

第一百六十四条 除本章有明确规定外，经营人、所有人和本法第一百五十九条规定的应当承担责任的人，以及他们的受雇人、代理人，对于飞行中的民用航空器或者从飞行中的民用航空器上落下的人或者物造成的地面上的损害不承担责任，但是故意造成此种损害的人除外。

◎**国际公约**

《**统一国际航空运输某些规则的公约（1999年蒙特利尔公约）**》（2005年7月31日）〔1〕

第十七条 旅客死亡和伤害——行李损失

一、对于因旅客死亡或者身体伤害而产生的损失，只要造成死亡或者伤害的事故是在航空器上或者在上、下航空器的任何操作过程中发生的，承运人就应当承担责任。

二、对于因托运行李毁灭、遗失或者损坏而产生的损失，只要造成毁灭、遗失或者损坏的事件是在航空器上或者在托运行李处于承运人掌管之下的任何期间内发生的，承运人就应当承担责任。但是，行李损失是由于行李的固有缺陷、质量或者瑕疵造成的，在此范围内承运人不承担责任。关于非托运行李，包括个人物件，承运人对因其过错或者其受雇人或者代理人的过错造成的损失承担责任。

三、承运人承认托运行李已经遗失，或者托运行李在应当到达之日起二十一日后仍未到达的，旅客有权向承运人行使运输合同所赋予的权利。

四、除另有规定外，本公约中"行李"一词系指托运行李和非托运行李。

第十八条 货物损失

一、对于因货物毁灭、遗失或者损坏而产生的损失，只要造成损失的事件是在航空运输期间发生的，承运人就应当承担

---

〔1〕该公约的原副标题为（本公约尚未生效 中国政府代表于一九九九年五月二十八日签署了本公约 此为公约的中文作准文本）。该公约于2005年2月28日获全国人大批准，2005年7月31日对我国生效。此外，在中华人民共和国政府另行通知前，《统一国际航空运输某些规则的公约》暂不适用于中华人民共和国香港特别行政区。

责任。

二、但是，承运人证明货物的毁灭、遗失或者损坏是由于下列一个或者几个原因造成的，在此范围内承运人不承担责任：

（一）货物的固有缺陷、质量或者瑕疵；

（二）承运人或者其受雇人、代理人以外的人包装货物的，货物包装不良；

（三）战争行为或者武装冲突；

（四）公共当局实施的与货物入境、出境或者过境有关的行为。

三、本条第一款所称的航空运输期间，系指货物处于承运人掌管之下的期间。

四、航空运输期间，不包括机场外履行的任何陆路、海上或者内水运输过程。但是，此种运输是在履行航空运输合同时为了装载、交付或者转运而办理的，在没有相反证明的情况下，所发生的任何损失推定为在航空运输期间发生的事件造成的损失。承运人未经托运人同意，以其他运输方式代替当事人各方在合同中约定采用航空运输方式的全部或者部分运输的，此项以其他方式履行的运输视为在航空运输期间。

第二十条 免责

经承运人证明，损失是由索赔人或者索赔人从其取得权利的人的过失或者其他不当作为、不作为造成或者促成的，应当根据造成或者促成此种损失的过失或者其他不当作为、不作为的程度，相应全部或者部分免除承运人对索赔人的责任。旅客以外的其他人就旅客死亡或者伤害提出赔偿请求的，经承运人证明，损失是旅客本人的过失或者其他不当作为、不作为造成或者促成的，同样应当根据造成或者促成此种损失的过失或者其他不当作为、不作为的程度，相应全部或者部分免除承运人的责任。本条适用于本公约中的所有责任条款，包括第二十一条第一款。

相关案例
◎ **典型案例**

北京乔某航空设备有限公司等诉赵某某等民用航空器损害责任纠纷案【（2017）京03民终4319号】

裁判要旨：在高度危险作业致人损害的侵权行为中，即使是无过错责任，也应当适用过失相抵原则……例如，适用过失相抵制度，在适用过错责任归责原则情形下应以受害人有过失为前提；在适用无过错责任归责原则情形下，须以受害人有故意或重大过失为要件，受害人有一般过失不能适用过失相抵……民用航空器致人损害适用无过错责任的情况下，受害人故意是唯一的法定免责事由……加害人主张免责事由的应举证证明受害人的故意，其故意行为与损害后果之间具有因果关系。实践中，受害人故意常见的有自杀和自伤等。根据查明的事实，涉事航空器属于北京乔某公司所有，该航空器未取得中国民航的型号认可和生产许可证等行政许可，河南乔某公司组织此次飞行活动未向军、民航空管部门申报，涉案事故系北京乔某公司、河南乔某公司违法侵权造成，上述两公司未能举证证明赵某某具有自杀或自伤的故意，因此不具备法定免责事由，应依法承担全部赔偿责任。

德国汉某航空公司上海办事处等案【（2019）京0113民初10205号】

裁判要旨：《蒙特利尔公约》第十七条第一款规定："对于因旅客死亡或者身体伤害而产生的损失，只要造成死亡或者伤害的事故是在航空器上或者在上、下航空器的任何操作过程中发生的，承运人就应当承担责任"……就国际航空旅客运输中发生的人身损害，公约规定适用无过错责任原则，赔偿责任的成立不以承运人有过错为要件，而要求造成人身损害的"事故"发生"在航空器上或者在上、下航空器的任何操作过程中"……关于原告就人身损害提起的索赔。原告系在通过廊桥进入航站楼后上到扶梯时摔伤，是否能够获得赔偿，要看其是否满足《蒙特利尔公约》第十七条第一款规定的条件。就本案而言，争议焦点在于判断原告摔倒时是否在"下航空器的操作过程中"。《蒙特利尔公约》未对第十七条"上、下航空器"操作的开始和结束时点进行界定，本院认为下航空器的操作过程可以通过事故发生时旅客的位置、事故发生时旅客的活动和旅客受航空公司管控程度来判断。当旅客经由停机坪、廊桥、舷梯等离开航空器并且进入航站楼的公共区域时，总体上可以认为下航空器已经完成。原告摔伤时，其已离开廊桥上到航站楼的扶梯，扶梯属于航站楼的固定设施，是航站楼的公共区域，已不受航空公司管控，应当认定原告摔伤时已经完成了下飞机的过程，不符合《蒙特利尔》公约第十七条第一款规定的人身损害赔偿的条件。原告基于身体受到伤害要求被告赔偿医疗费和误工损失，本院不予支持。

第一千二百三十九条 【高度危险物致害责任】

占有或者使用易燃、易爆、剧毒、高放射性、强腐蚀性、高致病性等高度危险物造成他人损害的，占有人或者使用人应当承担侵权责任；但是，能够证明损害是因受害人故意或者不可抗力造成的，不承担责任。被侵权人对损害的发生有重大过失的，可以减轻占有人或者使用人的责任。

条文理解

本条是关于高度危险物责任的规定。高度危险物的主要类型即为本条所列举的易燃、易爆、剧毒、高放射性、强腐蚀性、高致病性物质。需要注意的是，并非所有的危险物均具有高度危险，对于仅具有普通危险的物质引发的损害，应当适用《民法典》第1165条第1款或者相关特别规范。关于各种类型的高度危险物的认定标准，可以参考《危险货物分类和品名编号》（GB 6944-2012）、《危险货物品名表》（GB 12268-2012）以及《化学品分类和危险性公示通则》（GB 13690-2009）等规范性文件或者国家强制性标准。例如，《危险货物分类和品名编号》第4.1.2条依据危险程度将危险货物区分为三类，第一类就是具有高度危险的货物。此外，本条并非关于高度危险物的封闭式列举规定，如果其他物质依其性质与本条所列举的高度危险物具有类似程度的危险，由于该危险物引发的侵权责任同样属于本条的调整范围。

高度危险物所具有的危险系由于其物质属性所决定的，所以，在判断高度危险物责任的责任主体时，应当以高度危险物的生产、运输、储存、使用等过程中能够实际控制高度危险物的主体为准，即本条规定的占有人或者使用人。所以，如果高度危险物的所有权人委托承运人运输高度危险物，应当由承运人承担高度危险物责任。此种规定的合理性还在于，高度危险物的占有人或者使用人相较于其他主体而言更可能采取措施预防危险的现实化。

相较于核设施、核材料以及民用航空

器，高度危险物尽管也具有较高的危险性，但在危险程度以及可能造成的损害方面相对更弱，所以，高度危险物责任的减轻与免除事由的范围也相对更广（除本条规定的免责事由还可参考《民法典》第1242条的规定）。具体而言，如果高度危险物引发的损害是由于受害人故意或者不可抗力造成，高度危险物的占有人或者使用人不承担责任。此外，如果被侵权人对于损害的发生有重大过失，尽管不能因此免除高度危险物的占有人或者使用人的侵权责任，但可以减轻其责任。高度危险物的占有人或者使用人就存在责任减轻与免除事由承担证明责任。

◆相关条文

◎法律

《民法典》（2021年1月1日）

第一千二百四十一条 遗失、抛弃高度危险物造成他人损害的，由所有人承担侵权责任。所有人将高度危险物交由他人管理的，由管理人承担侵权责任；所有人有过错的，与管理人承担连带责任。

第一千二百四十二条 非法占有高度危险物造成他人损害的，由非法占有人承担侵权责任。所有人、管理人不能证明对防止非法占有尽到高度注意义务的，与非法占有人承担连带责任。

◆相关案例

◎典型案例

兴化新某燃气有限公司与李某某等违反安全保障义务责任纠纷案【（2020）苏民申1794号】

裁判要旨：经营燃气管道属于高度危险作业，根据上述规定，应适用无过错责任归责原则，案涉事故系因燃气管道泄漏造成，新某公司作为案涉事故燃气管道的经营单位应当承担无过错责任。受害人李某某作为顾客入住天某宾馆，因原入住的306房间煤气味过重要求天某宾馆更换房间，不存在故意或重大过失，在此情况下，新某公司应对案涉事故承担赔偿责任。同时，因燃气经营具有高度危险性，国家对管道燃气经营实行特许经营制度，对燃气经营者的资质、设施安全管理、安全事故的预防和处理等作出了严格规定。燃气经营企业应当建立燃气安全管理责任制，健全安全管理网络，对燃气设施进行定期巡查、检修和更新，发现事故隐患的，应当及时消除。燃气经营企业应当定期对燃气用户的燃气计量表、管道及其附属设施、燃气器具使用情况进行检查，发现用户违反安全用气规定的，应当予以劝阻、制止。

海某风、洛阳市孟津区麻屯镇人民政府与洛阳某某燃气有限公司健康权纠纷案【（2023）豫03民终3581号】

裁判要旨：关于某某燃气公司是否应当承担责任的问题，某某燃气公司陈述事发当日下午路通置业出现燃气泄漏并予以维修，泄漏点与海某风事故发生地点直线距离二三百米；根据海某风提交的照片，事发地处于路口，周围未见燃气管道，地上空间空气流通状况良好，与燃气泄漏点存在较远距离；且根据证人的陈述及麻屯镇政府作出的信访处理意见书，能够认定事发时系下水道口发生冒火，现有证据不能证明下水管道起火是燃气泄漏扩散所致，海某风要求某某燃气公司承担责任的事实依据不足，本院依法不予支持。根据生活经验可知，下水道在使用的过程中，管道内腐败物质会产生可燃气体，达到一定浓度便会产生安全隐患。事发地点位于公共道路路口，麻屯镇政府对设施负有日常管理职责，应排除、降低下水道管网设施在使用过程中可能存在的潜在风险，但其未能妥当履行职责，致使海某风受伤，麻屯镇政府应当承担相应责任。窨井下可能存在可燃气体应是常识，海某风制作售卖炸物，却选择在下水管道上方摆摊，对自身安全放任冒险，存在过错，应负主要责任，一审法院确定海某风、麻屯镇政府承担责任的比例并无不当。

杨某、林某颖等健康权纠纷案【（2023）粤 19 民终 8457 号】

裁判要旨：案涉事故的直接原因为厨房连接燃气胶管被老鼠咬破，泄漏的天然气聚集遇热水器打火发生爆燃……案涉房屋燃气胶管系被老鼠咬破导致燃气泄漏，故与胶管是否穿墙、安检人员是否取得资质无关……2021 年 5 月 2 日，某乙公司对案涉房屋进行年度安检时，案涉房屋中的燃气胶管并未发生被老鼠咬破的情形并能正常使用，故某乙公司的安全检查未拍摄橱柜转弯附近燃气软管与案涉事故的发生并无关联，无法据此认定某乙公司在为案涉房屋提供天然气或安全检查时存在过错。综上，某乙公司无须承担赔偿责任。

袁某泽、王某菊等与刘某庆、中国平某财产保险股份有限公司延安中心支公司等占有、使用高度危险物损害责任纠纷案【（2023）豫 02 民终 2091 号】

裁判要旨：案涉运输槽罐车尚未开始卸载液化石油气，该液化石油气还由刘某庆一方占用，由液化石油气造成的袁某的损害，应由占有人承担侵权责任。刘某庆系案涉车辆的实际车主，也是本次运输的司机，其应承担直接侵权责任。刘某庆将案涉车辆挂靠到延川华某公司，双方形成挂靠关系，延川华某公司应对袁某泽等四人的损失与刘某庆承担连带赔偿责任。袁某系通许县惠民液化气供应站的工作人员，亦具备高级城市燃气工程师的职业资格，其应知晓液化石油气的危险程度及发生安全事故时的基本应对知识，其在无任何安全防护措施情况下上车关闭安全阀，存在重大过失，可以减轻侵权人的责任。但鉴于液化石油气系高度危险物，泄漏后易引起爆炸，袁某上车关闭安全阀是为避免可能发生的严重损害后果，故减轻侵权人责任的比例不宜偏高，本院对此酌减 20%，占有人应承担 80% 的责任。袁某泽等四人上诉称袁某无重大过失的上诉理由不能成立，本院不予支持。

松滋市某某村民委员会、松滋某某燃气发展有限公司与刘某进占有、使用高度危险物损害责任纠纷案【（2024）鄂 10 民终 416 号】

裁判要旨：根据事故现场情况，被上诉人刘某进点火烧荒的地点与某甲丙公司的管道发生天然气泄漏燃烧的地点有数米远距离。被上诉人刘某进点火烧荒的地下埋有某甲丙公司的天然气管道，未发生管道天然气爆燃。距离刘某进点火烧荒的地点有数米远距离的位于某甲壬公司的管道天然气爆燃。据此，可以推定管道天然气爆燃地点存在管道天然气事先泄漏情形。故，上诉人松滋某某燃气发展有限公司上诉称其天然气管道泄漏的原因是刘某进烧荒引起泄漏的上诉理由不能成立，本院不予支持……刘某进点火烧荒是引发事故的原因，某甲丙公司对天然气管道疏于巡查、维护，导致事发时天然气管道裸露在外且燃气泄漏，是造成事故的主要原因。某甲壬公司的行为共同导致剑某桥被烧受损，双方均有责任。一审法院根据查明的事实酌定由某甲丙公司、刘某进分别承担某某村委会损失的 80%、20% 的责任比例适当，故两上诉人上诉称原判责任比例不当的上诉理由不能成立，本院不予支持。

第一千二百四十条　【高度危险活动致害责任】

从事高空、高压、地下挖掘活动或者使用高速轨道运输工具造成他人损害的，经营者应当承担侵权责任；但是，能够证明损害是因受害人故意或者不可抗力造成的，不承担责任。被侵权人对损害的发生有重大过失的，可以减轻经营者的责任。

条文理解

本条是关于高空、高压、地下挖掘活动或者使用高速轨道运输工具等高度危险活动致害责任的规定。其中，本条意义上的高空活动是指在可能坠落的高处作业，而且由于坠落高度距离基准面较高，因而具有高度危险性。有观点结合《高处分级作业》（GB/T 3608-2008）这一国家标准认为，凡是距离基准面距离在两米以上的均属于高空作业。然而，该强制标准的目的在于通过区分不同类型的作业活动以要求作业者采取不同程度的安全保护措施，以该标准作为认定高度危险责任意义上的高空作业并不合理。高压活动引发的责任包括高压电损害责任以及高压容器损害责任。前者通常是指1千伏以上的电压引发的损害，后者包括有较高危险性的高压锅炉、压力较大的管道、容器等因为爆炸、泄漏等引发的损害。高速轨道运输工具是指以较高时速沿着固定轨道行驶的车辆，包括火车、地铁、磁悬浮列车等，公交系统常使用的有轨电车等虽然也沿着固定道路行驶，但由于其速度较慢，应当适用一般的机动车交通事故责任。

关于本条所规定的免责与责任减轻事由。由于高空、高压、地下挖掘活动或者使用高速轨道运输工具在危险程度以及可能造成的损害严重性上弱于核设施、民用航空器等，所以本条规定了受害人故意或者不可抗力作为免责事由以及被侵权人的重大过失作为责任减轻事由。在此基础上，还需要注意特别法上关于具体类型的高度危险活动的特别规定。例如，根据《电力法》第60条第2款第2项，如果电力运行事故是由于用户自身的过错所导致，电力企业不承担赔偿责任。

相关条文

◎法律

《电力法》（2018年12月29日）

第六十条　因电力运行事故给用户或者第三人造成损害的，电力企业应当依法承担赔偿责任。

电力运行事故由下列原因之一造成的，电力企业不承担赔偿责任：

（一）不可抗力；

（二）用户自身的过错。

因用户或者第三人的过错给电力企业或者其他用户造成损害的，该用户或者第三人应当依法承担赔偿责任。

《铁路法》（2015年4月24日）

第五十八条　因铁路行车事故及其他铁路运营事故造成人身伤亡的，铁路运输企业应当承担赔偿责任；如果人身伤亡是因不可抗力或者由于受害人自身的原因造成的，铁路运输企业不承担赔偿责任。

违章通过平交道口或者人行过道，或者在铁路线路上行走、坐卧造成的人身伤亡，属于受害人自身的原因造成的人身伤亡。

◎司法解释

《最高人民法院关于审理铁路运输人身损害赔偿纠纷案件适用法律若干问题的解释》（法释〔2021〕19号　2022年1月1

日）

第五条 铁路行车事故及其他铁路运营事故造成人身损害，有下列情形之一的，铁路运输企业不承担赔偿责任：

（一）不可抗力造成的；

（二）受害人故意以卧轨、碰撞等方式造成的；

（三）法律规定铁路运输企业不承担赔偿责任的其他情形造成的。

第六条 因受害人的过错行为造成人身损害，依照法律规定应当由铁路运输企业承担赔偿责任的，根据受害人的过错程度可以适当减轻铁路运输企业的赔偿责任，并按照以下情形分别处理：

（一）铁路运输企业未充分履行安全防护、警示等义务，铁路运输企业承担事故主要责任的，应当在全部损害的百分之九十至百分之六十之间承担赔偿责任；铁路运输企业承担事故同等责任的，应当在全部损害的百分之六十至百分之五十之间承担赔偿责任；铁路运输企业承担事故次要责任的，应当在全部损害的百分之四十至百分之十之间承担赔偿责任。

（二）铁路运输企业已充分履行安全防护、警示等义务，受害人仍施以过错行为的，铁路运输企业应当在全部损害的百分之十以内承担赔偿责任。

铁路运输企业已充分履行安全防护、警示等义务，受害人不听从值守人员劝阻强行通过铁路平交道口、人行过道，或者明知危险后果仍然无视警示规定沿铁路线路纵向行走、坐卧故意造成人身损害的，铁路运输企业不承担赔偿责任，但是有证据证明并非受害人故意造成损害的除外。

第七条 铁路运输造成无民事行为能力人人身损害的，铁路运输企业应当承担赔偿责任；监护人有过错的，按照过错程度减轻铁路运输企业的赔偿责任。

铁路运输造成限制民事行为能力人人身损害的，铁路运输企业应当承担赔偿责任；监护人或者受害人自身有过错的，按照过错程度减轻铁路运输企业的赔偿责任。

第九条 在非铁路运输企业实行监护的铁路无人看守道口发生事故造成人身损害的，由铁路运输企业按照本解释的有关规定承担赔偿责任。道口管理单位有过错的，铁路运输企业对赔偿权利人承担责任后，有权向道口管理单位追偿。

第十条 对于铁路桥梁、涵洞等设施负有管理、维护等职责的单位，因未尽职责使该铁路桥梁、涵洞等设施不能正常使用，导致行人、车辆穿越铁路线路造成人身损害的，铁路运输企业按照本解释有关规定承担赔偿责任后，有权向该单位追偿。

《最高人民法院关于审理铁路运输损害赔偿案件若干问题的解释》（法释〔2020〕17号 2021年1月1日）

第十一条 铁路旅客运送责任期间

铁路运输企业对旅客运送的责任期间自旅客持有效车票进站时起到旅客出站或者应当出站时止。不包括旅客在候车室内的期间。

第十二条 第三者责任造成旅客伤亡的赔偿

在铁路旅客运送期间因第三者责任造成旅客伤亡，旅客或者其继承人要求铁路运输企业先予赔偿的，应予支持。铁路运输企业赔付后，有权向有责任的第三者追偿。

相关案例

◎典型案例

杨某某诉鲍某某、陈某、朱某某、某电力公司人身损害侵权责任纠纷案【人民法院案例库：2023-16-2-382-001】

裁判要旨：高度危险责任实行无过错责任原则，即无须考虑加害人的过错。高度危险责任中的"经营者"，是指能够支配高压、高空和地下挖掘等高度危险活动的运行并从中享受运行利益的主体。本案中，导致受害人朱某海死亡的原因是持续运行的高压电流，电力公司对高压线路的运行具有绝对支配地位并从中享受运行利益，应认定为"经营者"，依法承担赔偿责任。此外，本案纠纷系因侵权导致，某电力公司与鲍某某签订的高压供用电合同关于产权及责任的划分，不能约定排除电力公司的赔偿责任。

开某（集团）有限责任公司、开某（集团）有限责任公司荆各庄某某分公司与唐山市开平区某某混凝土有限公司侵权责任纠纷案【（2023）冀民申227号】

裁判要旨：就某丙公司办公楼和生产车间所在位置土地下陷、裂缝、错位与开某某某公司地下采煤行为是否存在因果关系，原审法院根据某丙公司的申请，依法委托河北某某科技事务有限公司进行了鉴定，鉴定意见为某丙公司办公楼外墙、生产车间、场内等地面下陷、裂缝、错位等形成原因是某某集团、开某某某公司采煤采空区变形造成的。针对某某集团、开某某某公司原审中对鉴定意见提出的资质等异议，鉴定单位均予书面回复，原审法院认定鉴定程序正当，对鉴定意见予以采信，并无不妥……本案中，开某某某公司高度危险的地下挖煤活动给某丙公司造成了损害后果，高度危险作业和损害后果间具有因果关系，某某集团、开某某某公司对某丙公司的损失应承担赔偿责任。

徐某某、薛某等与陕西省地方电某集团有限公司子长县供电分公司触电人身损害责任纠纷案【（2020）陕民申322号】

裁判要旨：涉案电线为10KV高压输电线路，属于高度危险作业，高压电触电人身损害应适用无过错责任归责原则，本条将受害人故意或者不可抗力作为免责事由，将受害人的过失作为减轻行为人责任的条件。本案中，受害人薛某作为有完全民事行为能力的人，应当意识到在在雨后持相对较长的钢管垂直捅烟囱存在触电的危险，其对事故的发生存在严重过失，该过失是导致损害结果的主要原因，因此应由薛某对损害结果承担主要责任。但陕西省地方电某集团有限公司子长市供电分公司未能证明损害是因为受害人故意或者不可抗力造成的，其依照法律规定仍应承担无过错的民事责任，受害人的过失只能作为减轻行为人责任的条件。

博湖县塔温觉肯乡人民政府、国网新疆电某公司博湖县供电公司与麦某某、郭某某等生命权、健康权、身体权纠纷案【（2020）新民申461号】

裁判要旨："经营者"在概念上与"消费者"相对应，是为"消费者"提供其生产、销售的商品或提供服务的主体。即，"经营者"概念重点突出主体向外提供商品或服务并追求盈利的特征。高压输电线路侵权损害中，其经营者即为利用涉事高压线路从事高压活动的盈利性主体。本案中，国网新疆电某公司博湖县供电公司虽非涉案高压线路的产权人，但是其利用该线路从事输送高压电的盈利性活动，其支配运营利益，应负有与之对应的管理、维护义务，属侵权责任法规定应承担侵权责任的主体。此外，涉案高压输电线路由其架设，其对架设活动亦负有管理及注意义务。原审法院考虑受害人过错，用电人应承担的责任等种种因素，酌定判令国网新疆电某公司博湖县供电公司承担各项损失10%的赔偿责任亦并无不当。

薛甲等诉南屏供电公司、天台村委会触电

人身损害赔偿责任纠纷案【(2019)川 15 民终 1691 号】

裁判要旨：南屏供电公司作为供电企业向天台村委会输送电能并获取收益，发生事故的输电线路上存在的高压电能为南屏供电公司经营，故南屏供电公司系所供电能的经营者。受害人薛某在垂钓过程中因自身过失导致触电死亡，南屏供电公司未能提供证据证明薛某的死亡系故意或者不可抗力造成，南屏供电公司应当承担无过错责任，一审判决结合受害人过错程度，认定南屏供电公司承担 30% 的赔偿责任，并无不当。

电力设施的产权人系该设施的管理人，对于未经许可进入高压电力设施保护区并受到损害的被侵权人，该设施产权人应当对其承担赔偿责任。天台村委会在发生事故的输电线路保护区内设置有隔离围栏和警示标志，已经采取安全措施并尽到警示义务，薛某未经许可进入该区域，天台村委会无须承担赔偿责任。

北京市地铁运营有限公司运营三分公司与苏某某生命权、健康权、身体权纠纷案【(2016)京 02 民终 9178 号】

裁判要旨：高度危险责任中的"高度危险"，是指按照现有的技术发展水平，人们不能完全控制和有效防止的致损风险。高速轨道运输工具其实质为"高度危险运输工具"；对地铁是否构成高速轨道运输工具，不应以单纯的物理速度为标准予以判断，而应看其是否达到"对周围环境具有高度危险"的标准，从法律角度进行价值判断。从物理速度看，《道路交通安全法》第六十七条规定了高速公路的最低时速为 70 公里。而按照国际惯例，通常以火车速度为标准，时速 200 公里至 400 公里称之为高速。北京地铁 2 号线的最高时速为 80 公里，虽然远低于高速铁路，但已经超过高速公路规定的最低时速。从产生危险的特点看，地铁列车重量大、体积大、产生的动能大，如和车外人员发生撞击，会造成极其严重的伤亡；地铁只能在固定轨道上运行，如前方轨道上出现人员或其他物体，列车无法避让，即使紧急制动，亦会因高速和本身巨大的质量，导致惯性向前滑行很长距离，对近距离内轨道上出现的人员、车辆或其他物品，将无法避免地产生严重碰撞损害。从危险是否可控的角度看，虽然国家对地铁运行有严格的安全和技术规范要求，很多城市甚至实现了智能运行，但限于科学技术和工业制造能力，现阶段还不能完全了解和控制某些自然力量和物质属性，即使尽到审慎的高度注意和勤勉义务，采取必要的防范措施，造成损害的危险性还是不能完全消除。从地铁发展现状看，地铁在一些城市已经成为城市公共交通的重要工具，如北京地铁的日运量已突破 1100 万人次，在城市人口稠密区运营的地铁增加了其危险性……由于地铁运营所具有的高度危险，本案案涉的北京 2 号线地铁列车应属于《侵权责任法》第七十三条[1]规定的高速轨道运输工具；对于乘客因列车紧急制动摔伤的后果应适用无过错责任归责原则，由地铁三分公司承担赔偿责任。

依据查明的事实，苏某某进入地铁列车后一直双手拿手机在看，没有扶扶手。众所周知，乘坐地铁时站稳扶好以保证安全系基本的安全常识；而北京地铁 2 号线列车在运行中为提升驾驶安全，采用自动循环播放公益广播的方式进行广播，包括

---

[1]《民法典》第 1240 条。

"乘车时请扶稳站好，不要倚靠或手扶车门"之类的话语，此亦为经常乘坐地铁的乘客所熟知。苏某某作为一名具有完全民事行为能力的成年人，上下班途中的主要通行工具即为地铁，其在乘坐地铁时对于不扶扶手可能导致的摔伤后果应当预见而未予以重视，故其对于摔伤一节存在明显过错。至于此种过错的程度如何，依据前述，站稳扶好系乘坐地铁基本的安全常识，苏某某对自己的安全连普通人的注意义务亦未尽到，应属重大过失。

第一千二百四十一条　【遗失、抛弃高度危险物致害的侵权责任】

遗失、抛弃高度危险物造成他人损害的，由所有人承担侵权责任。所有人将高度危险物交由他人管理的，由管理人承担侵权责任；所有人有过错的，与管理人承担连带责任。

条文理解

本条是关于遗失、抛弃以及管理高度危险物责任的规定。本条共规定了两种情况下的高度危险物责任：一是高度危险物的所有人遗失、抛弃高度危险物，而后因为高度危险物使他人受损；二是高度危险物的所有人将高度危险物交给他人管理，在他人管理期间发生了高度危险物致人受损的结果。所有人在这两种情况中对于高度危险物责任发生的影响程度不同，因而在须承担的责任上亦不相同。

具体而言，根据《民法典》第1239条关于高度危险物责任的一般规定，应当承担侵权责任的主体本应为高度危险物的占有人或者使用人，但针对遗失、抛弃高度危险物的情况，考虑到高度危险物所具有的特殊风险，所有人遗失、抛弃高度危险物的行为可被认为具有较为明显的过错（尤其是抛弃行为）。相应地，即使其并不实际占有或者使用高度危险物，也应当承担侵权责任。此外，本条第1句所规定的所有人责任并不排斥实际占有高度危险物的民事主体应当承担的侵权责任。所以，所有人遗失、抛弃高度危险物后该物体被其他人占有、使用的，如果该民事主体能够意识到该物体为高度危险物，则应当根据《民法典》第1239条规定承担高度危险物责任，反之则仅根据《民法典》第1165条第1款规定承担一般的过错侵权责任。基于《民法典》第1171条关于分别侵权承担连带责任的规定，该民事主体与所有人之间为连带责任关系。

不同于遗失、抛弃高度危险物，如果所有人将高度危险物交由他人管理，由于此种行为本身不具有可谴责性，在判断高度危险物责任的主体时应当以占有、使用高度危险物的主体为准，即本条所规定的"由管理人承担侵权责任"。问题在于，如果所有人将高度危险物交由他人管理便可一概免予承担侵权责任，可能导致的风险是所有人在选择管理人时将不再考虑管理人所具有的资质、能力等。所以，本条专门就所有人有过错的情况规定其与管理人承担连带责任。

相关条文

◎**法律**

《民法典》（2021年1月1日）

第一千二百三十九条　占有或者使用易燃、易爆、剧毒、高放射性、强腐蚀性、高致病性等高度危险物造成他人损害的，占有人或者使用人应当承担侵权责任；但是，能够证明损害是因受害人故意或者不可抗力造成的，不承担责任。被侵权人对损害的发生有重大过失的，可以减轻占有人或者使用人的责任。

相关案例

◎典型案例

辉县市气象局与陈某1等遗失、抛弃高度危险物损害责任纠纷案【（2020）苏民申4182号】

裁判要旨：根据现场勘验并结合专业人士的判断，案涉事故现场符合氢气球化学爆炸的表象，房屋倒塌也系氢气球爆炸引起。烧灼伤只是化学爆炸的特征之一，而非唯一特征，辉县市气象局以无烧灼伤为由对事故成因提出的异议不能成立……辉县市气象局虽对案涉事故成因提出异议，但未提供证据证明案涉事故非因氢气球爆炸引起，对此应承担举证不能的责任……被侵权人对损害的发生也有过错的，可以减轻侵权人的责任。本案中，受害人及其监护人未意识到氢气球的危险性，将拾得的氢气球滞留家中，任由未成年人玩耍，最终导致案涉事故的发生，对此受害人及其监护人亦存在过错，一审、二审判决已酌情减轻侵权人的赔偿责任，并无不当，辉县市气象局主张受害人及其监护人应承担主要责任，依据不足。

郭某某与李某某、宜兴市南某涂料有限公司提供劳务者受害责任纠纷案【（2020）苏02民终4151号】

裁判要旨：南某公司系上述甲苯、溶剂原料等易燃高度危险物的所有人，其与李某某之间的买卖仅是针对储存罐，并不涉及罐中所涉的高度危险物。南某公司在未对储存罐中尚存的高度危险物进行安全处置的情形下，就将该储存罐出售给不具有处置高度危险物能力的个人，已属于对高度危险物的随意处置，主观上已有放弃所有权、抛弃不管之故意，故其对郭某某的损害，应承担侵权责任。南某公司与李某某之间在买卖合同中对责任的有关约定，不能免除其作为高度危险物的所有权人抛弃高度危险物造成他人损害应依法承担的侵权责任。被侵权人郭某某明知其破拆的系化工设备，却缺乏专业判断能力，在未做任何防范及事先准备的情形下即直接用氧气切割刀切割，操作显属不当，故其自身对损害的发生也存在明显过错，应减轻侵权人的责任。另郭某某是为执行合伙事务前去破拆储存罐，合伙体理应知晓郭某某专业能力有限，且也未能尽到相应的安全注意和劳动保护义务，故合伙体作为接受劳务一方也存在明显过错，应对郭某某的损害承担责任。综上，结合本起损害事故发生的原因及各方过错情况，对郭某某目前的损害，酌定由南某公司承担50%的赔偿责任、合伙体承担25%的赔偿责任、郭某某自负25%的责任。

徐某某、宋某亮、宋某林等不明抛掷物、坠落物损害责任纠纷案【（2020）鲁07民终3621号】

裁判要旨：本案系因易燃易爆危险物品造成受害人死亡而引发的侵权责任纠纷，危险物品的所有人、管理人应当就其存在的过错承担赔偿责任。关于大某公司的责任认定问题，大某公司系涉案危险物品的购买方，其在使用过程中以质量不好为由通知美某公司退货，美某公司承诺退货并安排人员取回，大某公司与沈某某、王某某进行了退货交接，及至本案事故发生，涉案物品已经完全脱离大某公司的管控……沈某某、王某某在运输过程中发生的行为及后果均非大某公司造成，徐某某等五人虽主张大某公司未依法履行安全防范义务存在过错，但大某公司的购买行为与本案事故的发生并无直接必然的因果关系，故大某公司对于本案事故的发生不应承担责任，徐某某等五人要求大某公司承担赔偿责任不能成立。

关于美某公司的责任认定问题。涉案危险物品系由沈某某、王某某生产，由美某公司进行销售，虽然徐某某等五人主张美某公司对涉案危险物品的生产、管理、运输存在过错，但是美某公司作为销售者，其销售行为与本案事故的发生亦无直接必然的因果关系。而且，从沈某某、王某某取回涉案危险物品后予以丢弃并将其余17桶固化剂另行销售的行为看，涉案危险物品自沈某某、王某某取回后，均由沈某某、王某某控制、管理、处分，美某公司既非涉案危险物品的所有权人，亦非管理人，在此期间发生的事故与美某公司缺乏关联性，徐某某等五人要求美某公司承担赔偿责任缺乏依据，不能成立。

第一千二百四十二条 【非法占有高度危险物致害的侵权责任】

非法占有高度危险物造成他人损害的，由非法占有人承担侵权责任。所有人、管理人不能证明对防止非法占有尽到高度注意义务的，与非法占有人承担连带责任。

条文理解

本条是关于非法占有高度危险物责任的规定。本条中的非法占有，除了违背所有人或者管理人意志、通过非法行为（如盗窃、抢夺等）取得对高度危险物的占有以外，还包括占有人并未实施侵夺占有行为，但根据法律规定无权占有高度危险物的情况（如在缺乏经营资质的情况下售卖高度危险物）。即使没有本条，根据《民法典》第1239条关于高度危险责任的规定，由于非法占有人在占有期间实际控制高度危险物，由此导致的损害应当由其承担侵权责任。

具有一定危险的物品被他人非法占有时，所有权人或者管理人通常无须对危险现实化引发的损害承担侵权责任（即使是危险程度高于一般物品的机动车，由于其本身并不具有危险性，必须通过驾驶才具有致人损害的危险性，法律上因而也不要求所有权人或者管理人对无权占有人引发的损害负责，可以参考《民法典》第1215条的规定），但由于高度危险物具有较高的危险性，其所有人、管理人相较于其他一般危险物的所有人、管理人应当尽到更高的注意义务以防止高度危险物被他人非法占有。相应地，所有人、管理人如果不能证明自身已经尽到高度注意义务，则应当与非法占有人承担连带责任。从规范文义上不难看出，本条关于所有人、管理人是否尽到高度注意义务采取过错推定的立场，所有人、管理人承担证明自身无过错的证明责任。

相关条文

◎法律

《民法典》（2021年1月1日）

第一千二百三十九条 占有或者使用易燃、易爆、剧毒、高放射性、强腐蚀性、高致病性等高度危险物造成他人损害的，占有人或者使用人应当承担侵权责任；但是，能够证明损害是因受害人故意或者不可抗力造成的，不承担责任。被侵权人对损害的发生有重大过失的，可以减轻占有人或者使用人的责任。

《安全生产法》（2021年9月1日）

第三十九条 生产、经营、运输、储存、使用危险物品或者处置废弃危险物品的，由有关主管部门依照有关法律、法规的规定和国家标准或者行业标准审批并实施监督管理。

生产经营单位生产、经营、运输、储存、使用危险物品或者处置废弃危险物品，必须执行有关法律、法规和国家标准或者行业标准，建立专门的安全管理制度，采取可靠的安全措施，接受有关主管部门依法实施的监督管理。

《核安全法》（2018年1月1日）

第三十八条 核设施营运单位和其他有关单位持有核材料，应当按照规定的条件依法取得许可，并采取下列措施，防止核材料被盗、破坏、丢失、非法转让和使用，保障核材料的安全与合法利用：

（一）建立专职机构或者指定专人保管核材料；

（二）建立核材料衡算制度，保持核材料收支平衡；

（三）建立与核材料保护等级相适应的实物保护系统；

（四）建立信息保密制度，采取保密措施；

（五）法律、行政法规规定的其他措施。

第四十条第一、三款 放射性废物应当实行分类处置。

高水平放射性废物实行集中深地质处置，由国务院指定的单位专营。

《石油天然气管道保护法》（2010年10月1日）

第二十二条 管道企业应当建立、健全管道巡护制度，配备专门人员对管道线路进行日常巡护。管道巡护人员发现危害管道安全的情形或者隐患，应当按照规定及时处理和报告。

第二十三条 管道企业应当定期对管道进行检测、维修，确保其处于良好状态；对管道安全风险较大的区段和场所应当进行重点监测，采取有效措施防止管道事故的发生。

对不符合安全使用条件的管道，管道企业应当及时更新、改造或者停止使用。

相关案例

◎ **典型案例**

中国石油天然气股份有限公司华北油田分公司、胡某某财产损害赔偿纠纷案【（2018）冀民再25号】

裁判要旨：华北油田分公司认可胡某某冷库的着火原因是盗油分子在作案过程中引发的，起火点在冷库内。虽然此盗窃案属于在侦案件，消防部门也未出具相关鉴定结论，但在民事案件审理中，原审法院据此认定案件事实，符合《最高人民法院关于民事诉讼证据的若干规定》第八条的规定，并无不当……根据《石油天然气管道保护法》的有关规定，华北油田分公司应采取相应措施，对管道线路进行日常巡护，以发现危害管道安全的情形或者隐患。根据冀中公安局辛北分局出具的现场勘验检查工作记录，可以认定在冷库之外有盗油分子所挖的土坑、所埋的钢管等，说明华北油田分公司未尽到相关义务，具有过错，应对本次火灾造成的损失承担一定的责任。

本案中的盗油点、起火点在胡某某所建冷库内，使华北油田分公司对管道线路的巡护受到一定限制。而且胡某某作为冷库的所有人和管理人对冷库具有管理、看护义务，胡某某未发现冷库内有盗油设备等情形，说明其未尽到管理、看护义务，具有主要过错，应对本次火灾造成的损失承担主要责任。胡某某称火灾之前已发现冷库内有盗油设备，曾多次报案。但其未提交相关证据予以证实，本院对其主张不予认定。

张某某、徐某与张某1生命权纠纷案【（2016）甘民申96号】

裁判要旨：再审申请人张某某、徐某之女张某的死亡结果系自己服食农药"乐果"所致，此损害不是发生在被申请人占有或非法占有、使用的过程中,是被害人张某故意造成的,不符合申请人所提《侵权责任法》第七十二条〔1〕规定的占有人或者使用人应当承担侵权责任及第七十五条〔2〕规定的所有人、管理人与非法占有人承担连带责任情形。张某1经营农药,超出了其营业执照规定的经营场所和经营范围,且没有在张某购买农药时说明农药的用途、中毒急救措施和注意事项,与张某的死亡后果之间存在一定的联系,其应承担一定的责任。

第一千二百四十三条 【未经许可进入高度危险区域的致害责任】 未经许可进入高度危险活动区域或者高度危险物存放区域受到损害,管理人能够证明已经采取足够安全措施并尽到充分警示义务的,可以减轻或者不承担责任。

条文理解

本条是关于高度危险活动区域或者高度危险物存放区域管理人责任的规定。在管理人已经采取了足够的安全措施并充分尽到警示义务时,受害人未经许可便进入高度危险活动区域或者高度危险物存放区域的行为无疑存在较为明显的过错,高度危险源的管理人相应地有权主张减轻责任或者不承担责任。参考《民法典》第1239条、第1240条关于责任免除与减轻事由的规定,在解释本条时应当认为,管理人减轻责任的情况限于受害人对损害的发生存在重大过失,不承担责任的情况则限于受害人故意造成损害发生。

在判断管理人是否"已经采取足够安全措施并尽到充分警示义务",需要注意高度危险活动以及高度危险物在危险程度上的特殊性,管理人因此应当承担更为严格的预防措施,本条中"足够"与"充分"这两个限定词也意在强调这一点。其中,管理人应当采取的安全措施包括防止他人未经许可进入高度危险活动区域或者高度危险物存放区域以及采取必要措施避免高度危险活动或者高度危险物对于进入相关区域之人造成损害。

如果管理人未能采取足够的安全措施并尽到充分警示义务,在判断管理人能否主张减轻或者不承担责任时应当回到本章其余各条关于高度危险责任的一般性规定,判断是否存在相应条文规定的减轻或者不承担责任的事由。例如,根据《民法典》第1238条关于民用航空器责任的规定,如果损害是因受害人故意造成的,则经营者不承担责任。所以,在经营者未能采取足够的安全措施并尽到充分警示义务的情况下,如果旅客未经许可进入航空器活动区等限制进入的区域而遭受损害的,只有在其行为能被认定为故意造成损害发生时,经营者才可以主张不承担侵权责任。

相关条文

◎法律

《**道路交通安全法**》(2021年4月29日)

第六十七条 行人、非机动车、拖拉机、轮式专用机械车、铰接式客车、全挂拖斗车以及其他设计最高时速低于七十公里的机动车,不得进入高速公路。高速公

---

〔1〕《民法典》第1239条。
〔2〕《民法典》第1242条。

路限速标志标明的最高时速不得超过一百二十公里。

《铁路法》（2015年4月24日）

第四十七条第一、二款　禁止擅自在铁路线路上铺设平交道口和人行过道。

平交道口和人行过道必须按照规定设置必要的标志和防护设施。

◎行政法规

《城镇燃气管理条例》（中华人民共和国国务院令第666号　2016年2月6日）

第三十四条　在燃气设施保护范围内，有关单位从事敷设管道、打桩、顶进、挖掘、钻探等可能影响燃气设施安全活动的，应当与燃气经营者共同制定燃气设施保护方案，并采取相应的安全保护措施。

第三十五条　燃气经营者应当按照国家有关工程建设标准和安全生产管理的规定，设置燃气设施防腐、绝缘、防雷、降压、隔离等保护装置和安全警示标志，定期进行巡查、检测、维修和维护，确保燃气设施的安全运行。

《铁路安全管理条例》（中华人民共和国国务院令第639号　2014年1月1日）

第二十八条　设计开行时速120公里以上列车的铁路应当实行全封闭管理。铁路建设单位或者铁路运输企业应当按照国务院铁路行业监督管理部门的规定，在铁路用地范围内设置封闭设施和警示标志。

《危险化学品安全管理条例》（中华人民共和国国务院令第645号　2013年12月7日）

第二十条　生产、储存危险化学品的单位，应当根据其生产、储存的危险化学品的种类和危险特性，在作业场所设置相应的监测、监控、通风、防晒、调温、防火、灭火、防爆、泄压、防毒、中和、防潮、防雷、防静电、防腐、防泄漏以及防护围堤或者隔离操作等安全设施、设备，并按照国家标准、行业标准或者国家有关规定对安全设施、设备进行经常性维护、保养，保证安全设施、设备的正常使用。

生产、储存危险化学品的单位，应当在其作业场所和安全设施、设备上设置明显的安全警示标志。

第二十一条　生产、储存危险化学品的单位，应当在其作业场所设置通信、报警装置，并保证处于适用状态。

第二十三条第二款　生产、储存剧毒化学品、易制爆危险化学品的单位，应当设置治安保卫机构，配备专职治安保卫人员。

第二十四条　危险化学品应当储存在专用仓库、专用场地或者专用储存室（以下统称专用仓库）内，并由专人负责管理；剧毒化学品以及储存数量构成重大危险源的其他危险化学品，应当在专用仓库内单独存放，并实行双人收发、双人保管制度。

危险化学品的储存方式、方法以及储存数量应当符合国家标准或者国家有关规定。

《民用航空安全保卫条例》（中华人民共和国国务院令第588号　2011年1月8日）

第十条　民用机场开放使用，应当具备下列安全保卫条件：

（一）设有机场控制区并配备专职警卫人员；

（二）设有符合标准的防护围栏和巡逻通道；

（三）设有安全保卫机构并配备相应的人员和装备；

（四）设有安全检查机构并配备与机场运输量相适应的人员和检查设备；

（五）设有专职消防组织并按照机场消防等级配备人员和设备；

（六）订有应急处置方案并配备必要的应急援救设备。

第十一条　机场控制区应当根据安全保卫的需要，划定为候机隔离区、行李分检装卸区、航空器活动区和维修区、货物存放区等，并分别设置安全防护设施和明显标志。

第十二条　机场控制区应当有严密的安全保卫措施，实行封闭式分区管理。具体管理办法由国务院民用航空主管部门制定。

第十三条　人员与车辆进入机场控制区，必须佩带机场控制区通行证并接受警卫人员的检查。

机场控制区通行证，由民航公安机关按照国务院民用航空主管部门的有关规定制发和管理。

第十五条　停放在机场的民用航空器必须有专人警卫；各有关部门及其工作人员必须严格执行航空器警卫交接制度。

◎司法解释

《最高人民法院关于审理铁路运输人身损害赔偿纠纷案件适用法律若干问题的解释》（法释〔2021〕19号　2022年1月1日）

第六条　因受害人的过错行为造成人身损害，依照法律规定应当由铁路运输企业承担赔偿责任的，根据受害人的过错程度可以适当减轻铁路运输企业的赔偿责任，并按照以下情形分别处理：

（一）铁路运输企业未充分履行安全防护、警示等义务，铁路运输企业承担事故主要责任的，应当在全部损害的百分之九十至百分之六十之间承担赔偿责任；铁路运输企业承担事故同等责任的，应当在全部损害的百分之六十至百分之五十之间承担赔偿责任；铁路运输企业承担事故次要责任的，应当在全部损害的百分之四十至百分之十之间承担赔偿责任；

（二）铁路运输企业已充分履行安全防护、警示等义务，受害人仍施以过错行为的，铁路运输企业应当在全部损害的百分之十以内承担赔偿责任。

铁路运输企业已充分履行安全防护、警示等义务，受害人不听从值守人员劝阻强行通过铁路平交道口、人行过道，或者明知危险后果仍然无视警示规定沿铁路线路纵向行走、坐卧故意造成人身损害的，铁路运输企业不承担赔偿责任，但是有证据证明并非受害人故意造成损害的除外。

《最高人民法院关于审理道路交通事故损害赔偿案件适用法律若干问题的解释》（法释〔2020〕17号　2021年1月1日）

第七条第二款　依法不得进入高速公路的车辆、行人，进入高速公路发生交通事故造成自身损害，当事人请求高速公路管理者承担赔偿责任的，适用民法典第一千二百四十三条的规定。

◎部门规章

《高速铁路安全防护管理办法》（中华人民共和国交通运输部、中华人民共和国公安部、中华人民共和国自然资源部、中华人民共和国生态环境部、中华人民共和国住房和城乡建设部、中华人民共和国水利部、中华人民共和国应急管理部令2020年第8号　2020年7月1日）

第二十六条　高速铁路应当实行全封闭管理，范围包括线路、车站、动车存放场所、隧道斜井和竖井的出入口，以及其他与运行相关的附属设备设施处所。铁路建设单位或者铁路运输企业应当按照国家铁路局的规定在铁路用地范围内设置封闭设施和警示标志。

高速铁路与普速铁路共用车站的并行地段，在高速铁路线路与普速铁路线路间设置物理隔离；区间的并行地段，在普速铁路外侧依照高速铁路线路标准进行封闭。

高速铁路高架桥下的铁路用地，应当根据周边生产、生活环境情况，按照确保高速铁路设备设施安全的要求，实行封闭管理或者保护性利用管理。

铁路运输企业应当建立进出高速铁路线路作业门的管理制度。

第二十七条 铁路运输企业应当在客运车站广场、售票厅、进出站口、安检区、直梯及电扶梯、候车区、站台、通道、车厢、动车存放场所等重要场所和其他人员密集的场所，以及高速铁路桥梁、隧道、重要设备设施处所和路基重要区段等重点部位配备、安装监控系统。监控系统应当符合相关国家标准、行业标准，与当地公共安全视频监控系统实现图像资源共享。

客运车站以及动车存放场所周界应当设置实体围墙。车站广场应当设置防冲撞设施，有条件的设置硬隔离设施。

第二十八条第一款 铁路运输企业应当在高速铁路沿线桥头、隧道口、路基地段等易进入重点区段安装、设置周界入侵报警系统。站台两端应当安装、设置警示标志和封闭设施，防止无关人员进入高速铁路线路。高速铁路周界入侵报警系统应当符合相关国家标准、行业标准。

第三十一条 在下列地点，应当按照国家有关规定安装、设置防止车辆以及其他物体进入、坠入高速铁路线路的安全防护设施和警示标志：

（一）高速铁路路堑上的道路；

（二）位于高速铁路线路安全保护区内的道路；

（三）跨越高速铁路线路的道路桥梁及其他建筑物、构筑物。

相关案例

◎公报案例

杨本波、侯章素与中国铁路上海局集团有限公司、中国铁路上海局集团有限公司南京站铁路运输人身损害责任纠纷案【《最高人民法院公报》2019年第10期】

裁判要旨：在车站设有上下车安全通道，且铁路运输企业已经采取必要的安全措施并尽到警示义务的情况下，受害人未经许可、违反众所周知的安全规则，进入正有列车驶入的车站内轨道、横穿线路，导致生命健康受到损害的，属于《铁路法》第五十八条规定的因受害人自身原因造成人身伤亡的情形，铁路运输企业不承担赔偿责任。

法律之所以如此规定，是基于铁路运输系高度危险作业，铁路线路给人们的正常通行带来了不便，严格的责任规定可以促使铁路企业在提供优质高效运输服务的同时，主动采取有效措施，避免和减少事故发生。但是，任何权利与义务都是对等的。承担严格责任的情况下，法律仍然赋予了责任人依法提出减轻责任甚至免责抗辩的权利，这也是均衡保护公平与效率理念的具体体现：一方面通过补偿受害人实现社会公正，维护和保障弱势群体的权益；另一方面，对各方当事人的行为给予指引和制约，规范各参与方的行为，兼顾公平与效率，维护和保障高度危险责任人及其所属行业的发展，从而有效降低高度危险行业损害事故的发生。

◎典型案例

杨某某等与北京铁路局铁路运输人身损害责任纠纷案【（2011）京铁中民终字第43号】

裁判要旨：北京铁路局不能举证证明本案存在不可抗力以及受害人故意以卧

轨、碰撞等方式造成损害的情形，因此，依照最高院司法解释的规定，北京铁路局应当承担赔偿责任……本案中被上诉人北京铁路局未在事发地附近可能发生行人侵入限界的地点安装防护设施、设立警示标志……列车司机在发现危险后亦未及时采取有效制动措施……被上诉人北京铁路局未充分履行安全防护和警示等义务，其应就此承担相应的赔偿责任……受害人杨某某作为限制民事行为能力人，其应对铁路运输作业的高度危险性和实施进入铁路作业区域及线路等行为的危险后果有一定的认知，但其仍实施了上述行为，受害人杨某某自身是有过错的，且其监护人的监护责任缺失也是显而易见的。因此，应减轻被上诉人北京铁路局的赔偿责任。

金某1、钱某1等生命权、身体权、健康权纠纷案【（2023）浙04民终3058号】

裁判要旨：案涉厂房是×××政府从案外人甲公司处收回，事发前处于征收后关停封闭状态，事发房间内是否存在高压电均不影响对×××政府未从事高度危险作业这一事实的认定……其次，行为人因过错侵害他人民事权益造成损害的，应当承担侵权责任。根据已查明的事实，×××政府在接收案涉厂房时，关闭了厂房大门卷闸门并上锁，边侧小门用木板围挡；事发房间一侧的铁门上张贴了红色纸张，纸上有写文字"有电危险请勿进入"，同时悬挂警示牌提示"禁止攀登高压危险"，另一侧木门上亦张贴了红色纸张，纸上亦有文字"有电危险请勿进入"，木门边的墙壁上写有"注意：请不要入内。"的文字。结合事发当天公安机关现场勘察视频反映的厂房状况，可以认定×××政府对厂房已尽到必要的封闭及安全管理义务。钱某3居住在厂房隔壁，常理而言应当知道厂房已被×××政府征收的事实，退一步讲，其作为完全民事行为能力人，通过厂房大门的封闭状态也应当知道厂房属于他人所有而非开放的公共区域。在此情况下，钱某3未经许可擅自进入厂房活动并触电死亡，即使存在个别安全警示标识脱落，其对于因上述行为产生的损害后果也应当自行承担责任。

某公司与某公司、樊某某等生命权、身体权等纠纷案【（2024）陕06民终13号】

裁判要旨：上诉人延延分公司作为事发高速公路入口的管理者，事故发生时对樊某某进入高速公路收费通道是否采取了足够的安全措施并尽到了充分警示义务，决定其公司是否可减轻责任或者不承担赔偿责任。判断上诉人延延分公司是否采取足够的安全措施和尽到了充分的警示义务，首先要依据相应的法律法规的规定，其次要根据高速路危险程度的高低来确定安全保护或者警示义务的高低，最后还要根据事发时道路综合情况和樊某某个人情况综合判断。高速公路收费通道是高速公路的一部分，具有较大的危险性，不允许行人进入已被社会公众普遍知晓且认可，樊某某作为可驾驶车辆的成年人，应当对这一常识性问题熟悉且知晓，其于凌晨0时32分35秒至33分快速进入交费通道系将其自身置于高度危险的状态，应当对损害后果承担相应的过错责任。根据上诉人延延分公司提交的证据，可知其虽然在收费站前广场处已经设置了行人禁止进入高速公路的警示标识。另根据事发时的监控录像、李某某询问笔录的陈述、004号车道收费员赵某的陈述，事发时，从樊某某停车后进入003交费通道上诉人延延分公司工作人员均未及时发现，即便004收费通道收费员发现樊某某进入通道后排窗警示，但实际并未起到任何警示作用，且上诉人延延分公司为003收费岗亭配备了外勤人员，事故发生时，外勤人员位于岗亭内休息，未能按照规定履行其安全保障义务，上诉人延延分公司对樊某某的死亡存在一定的错过。

第一千二百四十四条 【高度危险责任赔偿限额】
承担高度危险责任，法律规定赔偿限额的，依照其规定，但是行为人有故意或者重大过失的除外。

条文理解

本条是关于高度危险责任赔偿限额的规定。由于高度危险责任为无过错责任，在构成要件上不考虑行为人是否存在过错，所以，设定赔偿限额有助于平衡行为人与受害人之间的利益。尤其是，高度危险活动可能影响的受害人数量较多，如果一概完全赔偿可能导致行为人丧失继续经营的能力。但是，这些预设在行为人存在故意或者重大过失的情况下便不再成立，所以，本条专门规定了行为人故意或者重大过失的例外。

相关条文

◎**法律**

《民用航空法》（2021年4月29日）

第一百二十九条 国际航空运输承运人的赔偿责任限额按照下列规定执行：

（一）对每名旅客的赔偿责任限额为16600计算单位；但是，旅客可以同承运人书面约定高于本项规定的赔偿责任限额。

（二）对托运行李或者货物的赔偿责任限额，每公斤为17计算单位。旅客或者托运人在交运托运行李或者货物时，特别声明在目的地点交付时的利益，并在必要时支付附加费的，除承运人证明旅客或者托运人声明的金额高于托运行李或者货物在目的地点交付时的实际利益外，承运人应当在声明金额范围内承担责任。

托运行李或者货物的一部分或者托运行李、货物中的任何物件毁灭、遗失、损坏或者延误的，用以确定承运人赔偿责任限额的重量，仅为该一包件或者数包件的总重量；但是，因托运行李或者货物的一部分或者托运行李、货物中的任何物件的毁灭、遗失、损坏或者延误，影响同一份行李票或者同一份航空货运单所列其他包件的价值的，确定承运人的赔偿责任限额时，此种包件的总重量也应当考虑在内。

（三）对每名旅客随身携带的物品的赔偿责任限额为332计算单位。

第一百三十二条 经证明，航空运输中的损失是由于承运人或者其受雇人、代理人的故意或者明知可能造成损失而轻率地作为或者不作为造成的，承运人无权援用本法第一百二十八条、第一百二十九条有关赔偿责任限制的规定；证明承运人的受雇人、代理人有此种作为或者不作为的，还应当证明该受雇人、代理人是在受雇、代理范围内行事。

第一百三十三条 就航空运输中的损失向承运人的受雇人、代理人提起诉讼时，该受雇人、代理人证明他是在受雇、代理范围内行事的，有权援用本法第一百二十八条、第一百二十九条有关赔偿责任限制的规定。

在前款规定情形下，承运人及其受雇人、代理人的赔偿总额不得超过法定的赔偿责任限额。

经证明，航空运输中的损失是由于承运人的受雇人、代理人的故意或者明知可能造成损失而轻率地作为或者不作为造成的，不适用本条第一款和第二款的规定。

◎**行政法规**

《国内航空运输承运人赔偿责任限额规定》

（中国民用航空总局令第 164 号　2006 年 3 月 28 日）

第三条　国内航空运输承运人（以下简称承运人）应当在下列规定的赔偿责任限额内按照实际损害承担赔偿责任，但是《民用航空法》另有规定的除外：

（一）对每名旅客的赔偿责任限额为人民币 40 万元；

（二）对每名旅客随身携带物品的赔偿责任限额为人民币 3000 元；

（三）对旅客托运的行李和对运输的货物的赔偿责任限额，为每公斤人民币 100 元。

第四条　本规定第三条所确定的赔偿责任限额的调整，由国务院民用航空主管部门制定，报国务院批准后公布执行。

第五条　旅客自行向保险公司投保航空旅客人身意外保险的，此项保险金额的给付，不免除或者减少承运人应当承担的赔偿责任。

《国务院关于核事故损害赔偿责任问题的批复》（国函〔2007〕64 号　2007 年 6 月 30 日）

第七条　核电站的营运者和乏燃料贮存、运输、后处理的营运者，对一次核事故所造成的核事故损害的最高赔偿额为 3 亿元人民币；其他营运者对一次核事故所造成的核事故损害的最高赔偿额为 1 亿元人民币。核事故损害的应赔总额超过规定的最高赔偿额的，国家提供最高限为 8 亿元人民币的财政补偿。

对非常核事故造成的核事故损害赔偿，需要国家增加财政补偿金额的由国务院评估后决定。

《国务院关于处理第三方核责任问题给核工业部、国家核安全局、国务院核电领导小组的批复》（国函〔1986〕44 号　1986 年 3 月 29 日）

第三条　对于一次核事故所造成的核损害，营运人对全体受害人的最高赔偿额合计为人民币一千八百万元。

对核损害的应赔总额如果超过前款规定的最高赔偿额，中华人民共和国政府将提供必要的、有限的财政补偿，其最高限额为人民币三亿元。

第九章　饲养动物损害责任

第一千二百四十五条　【饲养动物损害责任一般规定】

饲养的动物造成他人损害的，动物饲养人或者管理人应当承担侵权责任；但是，能够证明损害是因被侵权人故意或者重大过失造成的，可以不承担或者减轻责任。

条文理解

本条是关于饲养动物侵权责任的一般规定，构成要件上包括：（1）动物为饲养的动物；（2）造成被侵权人遭受损害；（3）存在因果关系；（4）被侵权人对于损害发生不存在故意。饲养动物侵权责任的特殊之处在于其为无过错责任。因此，动物的饲养人或者管理人不能以自身不存在过错为由主张不承担侵权责任。

在理解本条中的"饲养的动物"时需要注意两点。其一，如果某一动物并未被民事主体管理、控制，则不属于本条的适用范围。所以，除非投喂流浪动物能够使行为人取得对流浪动物的控制，否则，被侵权人不得基于本条主张投喂人承担侵权责任。其二，本条中的动物包括家畜、家禽、宠物或者驯养的野兽、爬行类动物等，但不包括微生物与病毒（由此引发的损害应当适用《民法典》第1239条关于高度危险物侵权责任的规定）。

如果被侵权人遭受损害并非因为动物的特有危险实现而发生，则同样不属于本条的适用范围。在判断是否属于动物的特有风险时，可以考虑其他无生命的物体是否能够以相同方式造成损害。所以，诸如动物从居民楼坠落导致他人受伤、投掷动物导致他人受伤的情况均不属于本条的适用范围。

本条中的动物饲养人是指动物的所有权人，管理人是指虽然对动物不享有所有权，但直接占有动物之人。动物饲养人与管理人之间通常存在合同关系，如保管合同、委托合同等，但双方之间即使不存在合同关系，实际占有动物之人仍然可以成为管理人，如基于无因管理关系照顾他人动物之人，甚至是无权占有他人动物之人。当动物饲养人与管理人为不同的民事主体时，由于后者对于动物具有实际控制力，因而应当由其承担侵权责任。动物管理人不得基于其与动物饲养人之间关于责任分担的约定主张不承担侵权责任。

根据本条规定，如果动物饲养人或者管理人能够证明是由于被侵权人的故意导致损害结果发生，则不承担侵权责任；如果被侵权人存在重大过失，则可以减轻动物饲养人或者管理人的侵权责任。不同于《民法典》第1173条关于受害人与有过失的规定，被侵权人仅存在轻过失的，动物饲养人或者管理人不得以此主张自身不承担或者减轻责任。

相关条文

◎ 法律

《民法典》（2021年1月1日）

第一千一百六十六条 行为人造成他人民事权益损害，不论行为人有无过错，法律规定应当承担侵权责任的，依照其规定。

相关案例

◎ 公报案例

欧丽珍诉高燕饲养动物损害责任纠纷案
【《最高人民法院公报》2019年第10期】

裁判要旨：饲养动物损害责任纠纷案件中，饲养动物虽未直接接触受害人，但因其追赶、逼近等危险动作导致受害人摔倒受伤的，应认定其与损害与受害人发生结果身体之间存在因果关系。动物饲养人或管理人不能举证证明受害人对损害的发生存在故意或者重大过失的，应当承担全部的侵权责任。

◎ 典型案例

张某甲诉张某乙饲养动物损害责任纠纷案
【人民法院案例库：2024-07-2-380-002】

裁判要旨：饲养动物的危险性并不仅指身体上的直接接触所致伤害，给他人造成的惊吓也属危险之一。被侵权人的受伤与侵权人饲养的动物使被侵权人受到惊吓的行为之间存在因果关系的，若侵权人为动物的饲养人，未尽到合理的管理义务，不能证明被侵权人存在故意，应当承担全部赔偿责任。

安某诉缪某饲养动物损害责任纠纷案【人民法院案例库：2024-07-2-380-003】

裁判要旨：在认定被犬只咬伤注射狂犬病疫苗与终止妊娠间因果关系时，除了依赖鉴定、医学结论以外，还应考量一般社会认知并兼顾社会伦理，注重裁判结果的社会价值引导。因此，犬只致人损害后注射疫苗和终止妊娠之间存在侵权责任法上的因果关系，终止妊娠产生的损害是犬只致损责任的范围，侵权人应予赔偿。

胡某诉陈某甲饲养动物损害责任纠纷案【北京市第三中级人民法院发布十一个涉宠物纠纷典型案例之案例四（2024年5月30日）】

裁判要旨：饲养的动物造成他人损害的，动物饲养人或者管理人应当承担侵权责任。根据在案证据，可以认定陈某甲饲养的牧羊犬咬伤胡某具有高度可能性，并造成胡某胸椎体压缩骨折构成十级伤残的损害后果。涉案牧羊犬虽系陈某甲替朋友代养，但事发时陈某甲属于涉案牧羊犬的饲养人、管理人，其应当对胡某被狗扑咬产生的损害后果承担侵权责任。因陈某甲于二审期间去世，由其子陈某乙继续参加本案诉讼，故由陈某乙在继承陈某甲遗产的范围内对胡某的上述损失予以赔偿。故改判：陈某乙在继承陈某甲遗产的范围内赔偿胡某医疗费、住院伙食补助费、营养费、残疾赔偿金、交通费、精神损害抚慰金等共计十七万余元。

沈某诉高某饲养动物损害责任纠纷案【上海市高级人民法院2023年度十大涉民生典型案例提名奖之案例七（2024年6月18日）】

裁判要旨：事发时，被告所持的牵引绳较长，犬只与被告之间存在较大的间距，导致犬只先行进入道路。原告驾驶车辆经过时，突然察觉犬只而紧急制动，导致摔倒。沈某的受伤与高某爱犬的行为有因果关系。高某又未能举证证明沈某存在故意或重大过失，应对沈某的合理损失承担全部赔偿责任。

沈阳市皇姑区佳慕鲜花坊、房某生命权、健康权、身体权纠纷案【（2022）辽01民终1986号】

裁判要旨：案涉猫系沈阳市皇姑区佳某鲜花坊经营者的朋友寄养在店里，管理人应对猫尽到看管义务。房某在店里办理业务时被猫抓伤，沈阳市皇姑区佳某鲜花坊应赔偿房某因此而造成的损失。二审期间，上诉人提供的贾某与梁某签订的小猫寄放约定，虽然约定猫抓伤人等情况由猫主人负责，但该约定仅对签订协议的双方有效，其效力不能对抗被侵权人房某。

> **第一千二百四十六条 【未对动物采取安全措施损害责任】**
>
> 违反管理规定，未对动物采取安全措施造成他人损害的，动物饲养人或者管理人应当承担侵权责任；但是，能够证明损害是因被侵权人故意造成的，可以减轻责任。

条文理解

本条的适用以存在关于动物饲养的管理规定且动物的饲养人或者管理人未能按照相关规定的要求采取安全措施为前提。例如，根据《武汉市物业管理条例》（武汉市人民代表大会常务委员会公告15届第3号 2022年6月23日）第49条第2款规定，业主、物业使用人携犬只出户的，应当为犬只挂犬牌、束犬链、戴嘴套，由成年人牵引，主动避让他人。如果饲养人未束犬链便携犬外出，因而导致他人被咬伤，饲养人应当赔偿被侵权人遭受的损失。只有当饲养人能够证明损害结果是因被侵权人故意导致的，才可以适当减轻赔偿责任，但不能完全免责。本条意义上的"管理规定"包括法律、法规、规章以及其他相关规范性文件关于饲养动物的规定，实践中较为常见的是各地有关养犬管理的规定。本条在法律效果层面相较于《民法典》第1245条的特殊之处在于，即使被侵权人对于损害的发生存在故意，动物的饲养人或者管理人也只能主张减轻责任，而非不承担责任。

相关条文

◎法律

《动物防疫法》（2021年5月21日）

第三十条第二款 携带犬只出户的，应当按照规定佩戴犬牌并采取系犬绳等措施，防止犬只伤人、疫病传播。

相关案例

◎典型案例

洪某某诉欧某、斯某饲养动物损害责任纠纷案【人民法院案例库：2024-07-2-380-001】

裁判要旨：动物饲养人或者管理人任由未成年人单独遛犬致人损害，违反了动物饲养管理规定，除被侵权人对损害的发生存在故意外，饲养人、管理人承担全部赔偿责任。

刘某与高某财产损害赔偿纠纷案【（2023）京民申2302号】

裁判要旨：《民法典》第一千二百四十五条规定："饲养的动物造成他人损害的，动物饲养人或者管理人应承担侵权责任；但是，能够证明损害是因被侵权人故意或者重大过失造成的，可以不承担或减轻责任。"该条是饲养动物致害侵权的一般归责原则，而《民法典》第一千二百四十六条"违反管理规定，未对动物采取安全措施造成他人损害的，动物饲养人或者管理人应当承担侵权责任；但是，能够证明损害是因被侵权人故意造成的，可以减轻责任"是针对饲养动物违反管理规定致害侵权的特殊归责原则，二者为一般法与特别法的关系，按照特别法优先于一般法的法理，本案情形应当优先适用第一千二百四十六条规定。根据该条规定，刘某违反养犬管理规定致高某的泰迪犬受伤，其应当承担侵权责任，只有证明损害是因高某故意造成的，才可以减轻刘某的责任。

彭某、马某某饲养动物损害责任纠纷案【（2023）皖民申852号】

裁判要旨：彭某提供的录音资料、马某某提供的执法记录仪视频内容及双方陈述证实，事发当天彭某在凌晨2时许放涉犬只出户、使其长时间在楼梯间吠叫，且彭某对出户犬只未束犬链，未有效约束、即时制止犬吠，亦未采取其他安全措施，案涉犬只虽无直接撕咬马某某等加害行为，但其所诱发的损害亦属于"饲养的动物造成他人损害"范畴，原判认定马某某遭受的损害系彭某饲养的犬只造成，并无不当。彭某系个人在限养区养犬，未提供证据证明其取得合法有效的犬只免疫证，亦无到公安部门设立的养犬登记服务场所申请养犬登记的证据。彭某放任犬只吠叫干扰他人正常生活，案涉犬只出户未束犬链，未对案涉犬只采取安全措施，违反《蚌埠市养犬管理条例》第十六条、二十八条规定，应当适用《民法典》第一千二百四十六条"违反管理规定，未对动物采取安全措施造成他人损害的，动物饲养人或者管理人应当承担侵权责任；但是，能够证明损害是因被侵权人故意造成的，可以减轻责任"之规定，承担侵权责任。

第一千二百四十七条 【禁止饲养的危险动物损害责任】

禁止饲养的烈性犬等危险动物造成他人损害的，动物饲养人或者管理人应当承担侵权责任。

条文理解

本条在《民法典》第1245-1246条的基础上规定了更为严格的动物侵权责任，

即使被侵权人就其所遭受的损失存在故意，动物饲养人或者管理人仍然不能主张不承担或者减轻责任。此种特别规定的主要考虑在于烈性犬等危险动物具有高度危险性，相应地，如果某一动物本身并不具有高度危险，但因为其他原因而被法律禁止饲养（如属于国家保护动物），则不属于本条的适用范围。关于烈性犬以及其他危险动物的具体类型，应当依据各地区的规定确定（实践中一般由各地区的行政规章或者公安部门、行业协会发布的目录确定）。例如，根据《深圳市市场监督管理局关于公布烈性犬名单的通告》（深圳市市场监督管理局深市监规〔2024〕6号 2024年7月5日），烈性犬品种包括西藏獒犬、比特斗牛梗犬、阿根廷杜高犬等38类犬种。

■ 相关条文

◎司法解释

《最高人民法院关于适用〈中华人民共和国民法典〉侵权责任编的解释（一）》（法释〔2024〕12号 2024年9月27日）

第二十三条 禁止饲养的烈性犬等危险动物造成他人损害，动物饲养人或者管理人主张不承担责任或者减轻责任的，人民法院不予支持。

■ 相关案例

◎典型案例

徐某某诉刘某某饲养动物损害责任纠纷案【人民法院案例库：2024-07-2-380-004】

裁判要旨：禁止饲养的烈性犬、大型犬造成他人损害与一般犬只造成他人损害在适用法律、举证责任分配上均不同。禁止饲养的烈性犬等危险动物造成他人损害的，饲养人、管理人承担非常严格的无过错责任，其没有任何的免责事由可以援引，显然其承担着更重的法律责任。

许某某、徐某某与重庆某实业发展有限公司侵权责任纠纷案【（2023）渝民申3305号】

裁判要旨：许某某、徐某某提出的本案应适用《民法典》第一千二百四十七条规定进行处理的理由不能成立，因为案涉是中华田园犬（俗称：土狗），有关机关并未将之纳入禁止饲养的范围。虽然某实业发展有限公司饲养案涉犬只未办理审批手续，但是不因此认定该犬只就属于禁止饲养的范围。

朱某某、杨某1健康权纠纷案【（2024）苏03民终2137号】

裁判要旨：《民法典》第一千二百四十七条规定："禁止饲养的烈性犬等危险动物造成他人损害的，动物饲养人或者管理人应当承担侵权责任。"根据《徐州市养犬管理条例》第十条、《关于加强邳州市市区养犬管理的通告》第二条的规定，案涉小区在重点管理区内，每户居民限养一条小型观赏犬，禁止饲养大型犬和烈性犬。本案中，杨某1主张案涉犬只系禁止饲养的大型犬，朱某某应该赔偿全部损失，朱某某在一审庭审中陈述案涉犬只为秋田犬。根据徐州市公安局、徐州市农业农村局公布的徐州市禁止饲养的危险犬标准和名录，危险犬是指攻击性强的烈性犬只，有烈性血统的混种犬只，以及体型特别巨大并容易造成视觉恐惧的大型犬只，包括阿富汗猎犬、秋田犬等。朱某某一审庭审中明确案涉犬只系秋田犬，属于禁止饲养的烈性犬，案涉犬只造成杨某1损害，朱某某作为饲养人和管理人，应当承担侵权责任。朱某某二审庭审中又辩称案涉犬只系土狗而非秋田犬，但其并未提供养犬登记证等证据予以证明，本院对其二审庭审陈述不予采信。朱某某辩称杨某1遛狗未拴狗绳、用滑板车殴打案涉犬只，存在过错，自身应该承担责任。一方面，朱某某提供的证据不足以证明杨某1存在故意或重大过失等情形，另一方面，上述法律并未规定被害人存在过错可以减轻管理人的侵权责任，故朱某某关于杨某1应负主要责任、其应负次要责任的主张不能成立，本院不予支持。

附：禁止饲养动物名单示例
《深圳市市场监督管理局关于
公布烈性犬名单的通告》
(深圳市市场监督管理局　深市监规〔2024〕6号　2024年7月5日)

根据《深圳市养犬管理条例》第九条"禁止在居民住宅区、商业区、工业区以及市主管部门划定的其他禁止饲养烈性犬的区域内饲养烈性犬。烈性犬的具体品种，由市场监管部门确定，并向社会公布"的规定，现将烈性犬品种的名单通告如下：

1. 西藏獒犬（Tibetan Mastiff）
2. 比特斗牛梗犬（Pit Bull Terrier，别名比特犬）
3. 阿根廷杜高犬（Dogo Argentino，别名杜高、阿根廷獒）
4. 巴西菲勒犬（Fila Braziliero，别名巴西獒犬 Brazilian Mastiff）
5. 土佐犬（Tosa Inu）
6. 中亚牧羊犬（Central Asian Shepherd Dog）
7. 川东犬（ChuanDongHound，别名重庆犬）
8. 苏俄牧羊犬（Borzoi）
9. 牛头梗犬（Bull Terrier）
10. 马士提夫犬（Mastiff，别名英国獒犬、獒犬）
11. 卡斯罗犬（Cane Corso）
12. 大丹犬（Great Dane）
13. 高加索犬（Caucasian Owtcharka）
14. 纽波利顿犬（Neopolitan Mastiff，别名意大利獒犬、那不勒斯獒、拿破仑獒犬）
15. 斯塔福梗犬（Staffordshire Terrier）
16. 阿富汗猎犬（Afghan Hound）
17. 波音达犬（Pointer）
18. 威玛猎犬（Weimaraner）
19. 雪达犬（Setter）
20. 寻血猎犬（Blood Hound）
21. 巴仙吉犬（Basenji）
22. 秋田犬（Akita）
23. 纽芬兰犬（Newfoundland）
24. 凯丽蓝梗犬（Kerry Blue Terrier）
25. 牛头獒犬（Bullmastiff，别名斗牛獒犬）
26. 法国波尔多獒犬（Dogue de Bordeaux）
27. 美国斗牛犬（American Bulldog）
28. 罗威纳犬（Rottweiler）
29. 荷兰牧羊犬（Dutch Shepherd Dog）
30. 比利时牧羊犬（Belgian Shepherd Dog）
31. 安纳托利亚牧羊犬（Anatolian Shepherd）
32. 捷克狼犬（Czech Wolfdog）
33. 昆明犬（Kunming Dog，别名中国狼犬）
34. 法国狼犬（Beauceron Wolfdog）
35. 爱尔兰猎狼犬（Irish Wolfhound）
36. 圣伯纳犬（Saint Bernard Dog）
37. 拳师犬（Boxer）
38. 韩国杜莎犬（Molossarea）

本通告自2024年7月5日起施行，有效期5年，《深圳市市场监督管理局关于公布烈性犬名单的通告》（深市监规〔2019〕13号）同时废止。

第九章 饲养动物损害责任 245

第一千二百四十八条 【动物园饲养动物损害责任】
动物园的动物造成他人损害的,动物园应当承担侵权责任;但是,能够证明尽到管理职责的,不承担侵权责任。

条文理解

不同于《民法典》第 1245 条规定的无过错责任,根据本条规定,动物园就其饲养的动物导致他人受损的,仅承担过错推定责任。而且,在《民法典》第 1245 条规定的两类不承担责任或者减轻责任的抗辩事由之外,本条还规定了动物园尽到管理职责作为不承担侵权责任的抗辩事由。

关于动物园是否尽到管理职责,需要基于动物的种类以及特性,综合考虑动物园是否采取了必要的防护措施、是否提示可能存在的危险以及动物园的工作人员是否对受害人的行为予以劝阻等因素。如果动物园与受害人均存在过错,则应当适用《民法典》第 1173-1174 条关于受害人与有过失的规则,根据双方的过错类型与程度确定各自承担的责任范围。本条不影响动物园作为公共场所的经营者、管理者所承担的安全保障义务(《民法典》第 1198 条)。

相关条文

◎部门规章

《城市动物园管理规定》(中华人民共和国住房和城乡建设部令第 9 号 2011 年 1 月 26 日)

第二条第一款 本规定适用于综合性动物园(水族馆)、专类性动物园、野生动物园、城市公园的动物展区、珍稀濒危动物饲养繁殖研究场所。

第十六条 动物园管理机构应当严格执行建设部颁发的《动物园动物管理技术规程》[1] 标准。

第十七条 动物园管理机构应当备有卫生防疫、医疗救护、麻醉保定设施,定时进行防疫和消毒。有条件的动物园要设有动物疾病检疫隔离场。

第二十一条 动物园管理机构应当完善各项安全设施,加强安全管理,确保游人、管理人员和动物的安全。

动物园管理机构应当加强对游人的管理,严禁游人在动物展区内惊扰动物和大声喧哗,闭园后禁止在动物展区进行干扰动物的各种活动。

《住房和城乡建设部关于进一步加强动物园管理的意见》(建城〔2010〕172 号 2010 年 10 月 18 日)

第二条第三项 加强安全管理,保证动物园安全运营

各地建设(园林绿化)主管部门要加强对动物园日常运行管理中各个环节的监管,定期组织安全检查,及时发现问题、消除隐患。

动物园要制定日常安全管理工作制度,完善安全警示标识等设置,及时检查维护园内设备设施,确保动物和人的安全。要制定动物逃逸、伤人等突发事故及重大动物疫情等突发事件的应急预案,定

---

[1] 根据住房和城乡建设部《关于废止〈中、短波广播发射台与电缆载波通信系统的防护间距标准〉等 169 项现行标准的公告》(公告第 1624 号),《动物园动物管理技术规程》已被废止。根据住房和城乡建设部《关于发布行业标准〈动物园管理规范〉的公告》(公告第 1431 号),目前关于动物园管理的有效行业标准为《动物园管理规范》(CJJ/T263-2017)。

期组织模拟演练。

相关案例

◎公报案例

谢叶阳诉上海动物园饲养动物致人损害纠纷案【《最高人民法院公报》2013年第8期】

裁判要旨：《侵权责任法》第八十一条[1]就动物园无过错责任作出了明确规定，同时规定，如受害人或监护人确有过错，动物园可以减轻或者不承担责任。动物园作为饲养管理动物的专业机构，依法负有注意和管理义务，其安全设施应充分考虑到未成年人的特殊安全需要，最大限度杜绝危害后果发生。游客亦应当文明游园，监护人要尽到监护责任，否则亦要依法承担相应的责任。

根据本案查明的事实，事发地点灵长馆的笼舍系铁网状的封闭性笼舍，在笼舍外还另有金属隔离护栏，笼舍上也悬挂了"禁止跨越栏杆"等的警示牌。金属隔离护栏与铁质笼舍一样，都是起到防止灵长类动物伤及游客的防护作用。游园时不可穿越隔离护栏对每一个具有民事行为能力的人来说都应是明知的。上诉人谢某某这一4岁男童，正是活泼好动而又缺乏危险意识的时期，谢某某的监护人在对谢某某进行文明游园安全教育的同时，更应严格监管防止发生意外，然谢某某监护人却让谢某某脱离了监护人监护，发生了自行穿越防护栏并喂食猴子的行为，导致本案伤害的发生，因此，谢某某的监护人存在重大过失。谢某某一方上诉认为其对于本案不应承担任何责任的观点，法院不予采信。对上诉人上海动物园而言，其作为专门饲养管理动物的机构较一般动物饲养人有着更高的注意和管理义务。金属隔离护栏除警示的作用外亦应负担着一定的隔离作用，而护栏之间15厘米的间距，存在着不能杜绝幼童钻入的可能性。另外，本案事发时上海动物园无工作人员在场。事发后，上海动物园又缺乏有效的紧急联系方式供需要帮助的游客与园方取得联络，致使谢某某一方不能及时进行手指被咬伤后的紧急善后处理，只能自行至医院救治。基于以上原因，原审法院认为上海动物园未尽到管理职责，并无不当。上海动物园关于其已尽到管理职责，不应承担赔偿责任的上诉观点，法院亦不予采信。综合本案双方过错情况，原审法院酌定谢某某的法定代理人对谢某某的受伤承担60%的责任，上海动物园承担40%的责任，尚属合理，法院予以维持。

◎典型案例

胡某诉某旅游开发公司饲养动物损害责任纠纷案【北京市第三中级人民法院发布十一个涉宠物纠纷典型案例之案例六（2024年5月30日）】

裁判要旨：胡某事发时年仅二岁四个月，属完全无民事行为能力人，监护人负有照顾看护义务。尤其是对于近距离投喂动物可能带来的风险，其监护人应负有更高的注意义务。事发时，在已有双层防护格网及安全标语提示下，胡某的监护人未尽到注意义务和看护义务致使胡某投喂兔子时被咬伤，是事故发生的主要原因，应承担事故的主要责任。某旅游公司设置的兔子笼隔网的网眼直径虽能防止兔子将嘴伸出，但对于未成年人的安全防护方面仍存在一定安全隐患，且并无充分证据证明事发时兔子笼旁边有工作人员进行安全提示等，故某旅游公司对于胡某损害的发生

---

[1]《民法典》第1248条。

亦存在一定过错，应承担次要责任。综合考虑某旅游公司采取的防护措施情况、事发原因及双方过错程度等，二审法院认定某旅游公司对胡某的合理损失承担30%的赔偿责任，胡某自担70%责任。

淮南市龙某公园、张某民事二审民事判决书【（2024）皖04民终1432号】

裁判要旨：本案中，张某作为具有完全民事行为能力的成年人，应当对投喂猛兽的危险性有清醒的认识，并加强自我防范意识。张某在参观已设立隔离网的棕熊时，在龙某公园并未设置投喂点的情形下，违反文明游园的行为规范主动将手指伸进格网内投喂棕熊，并最终导致其手指受损，对于损害后果的发生具有重大过错，应承担主要责任。龙某公园作为公共场所的经营者、管理者，应为游客提供安全保障义务。张某受伤发生在龙某公园动物园区内，事发时案涉棕熊笼舍东北角护栏的设置存在安全隐患，使游客与棕熊接触存在可能性，且龙某公园未能及时制止张某将手指伸进格网内投喂棕熊的危险行为，导致张某手指受损，龙某公园对于损害后果的发生具有一定的过错，应承担次要责任。根据双方的过错程度，本院认为龙某公园对张某的各项损失承担40%的赔偿责任为宜，故龙某公园应当赔偿张某的数额为36622.8元（91557.01×40%）。

第一千二百四十九条 【遗弃、逃逸动物损害责任】

遗弃、逃逸的动物在遗弃、逃逸期间造成他人损害的，由动物原饲养人或者管理人承担侵权责任。

条文理解

本条中的遗弃是指动物的原饲养人或者管理人基于主观意志抛弃动物，逃逸是指由于动物的原饲养人或者管理人意志以外的因素导致其失去对于动物的控制。由于动物被遗弃或逃逸后均会对社会公众造成危险，因而仍应当由动物的原饲养人或者管理人承担责任。关于遗弃、逃逸的动物引发的侵权责任，须根据《民法典》第1245-1247条确定，动物园里的动物被遗弃或者逃逸的，动物园不得主张仅依据《民法典》第1248条承担侵权责任。

遗弃、逃逸的动物如果被他人收留，成为他人饲养或者管理的动物，则遗弃、逃逸期间结束，此时应当由新的饲养人或者管理人承担侵权责任。遗弃、逃逸的动物进入小区以及各种公共场所的，除非这些场所的管理者已经实际控制遗弃、逃逸的动物，否则不应直接将其认定为新的饲养人或者管理人。对于由此引发的侵权责任，应当分别根据场所管理者所负担的义务类型判断。例如，如果经营场所的管理者未尽到《民法典》第1198条第1款规定的安全保障义务，导致遗弃、逃逸的动物损害他人利益，则受害人可以基于该款请求场所管理者承担侵权责任。

相关条文

◎法律

《民法典》（2021年1月1日）

第九百四十二条第一款 物业服务人应当按照约定和物业的使用性质，妥善维修、养护、清洁、绿化和经营管理物业服务区域内的业主共有部分，维护物业服务区域内的基本秩序，采取合理措施保护业主的人身、财产安全。

第一千一百九十八条第一款 宾馆、商场、银行、车站、机场、体育场馆、娱乐场所等经营场所、公共场所的经营者、管理者或者群众性活动的组织者，未尽到安全保障义务，造成他人损害的，应当承担侵权责任。

相关案例

◎ **典型案例**

刘某甲诉徐某饲养动物损害责任纠纷案【湖北高院发布弘扬社会主义核心价值观十大典型案例之案例三（2024年1月29日）】

裁判要旨：人民法院认为，根据《民法典》第一千二百四十九条"遗弃、逃逸的动物在遗弃、逃逸期间造成他人损害的，由动物原饲养人或者管理人承担侵权责任"的规定，小狗脱离原饲养人或管理人的管控，在遗弃、逃逸期间伤人，并不能免除饲养人或者管理人的责任，徐某作为小狗的原饲养人，应当认识到动物的危险性，可能会对他人造成伤害，应就未尽管理义务造成的损害后果承担责任。据此组织双方当事人进行调解，经过释法说理，双方当事人达成调解协议，徐某向刘某甲支付疫苗费用共计1000余元。

蒋某与莫某、李某等生命权、健康权、身体权纠纷案【（2019）渝01民终9309号】

裁判要旨：本院认为，本案系逃逸动物逃逸期间造成他人伤害的民事侵权案件，根据《侵权责任法》的相关规定，应由动物饲养人或者管理人承担侵权责任。因此，要确定本案责任主体，首先应确定徐某义与蒋某扬之间是否存在牛的买卖关系。本案中，徐某义与蒋某扬未签订购买牛的书面买卖合同，且在发生纠纷后就是否存在买卖关系各执一词，但根据蒋某扬在公安机关的询问笔录、事发后向徐某义出具的牛款欠条、蒋某扬向徐某义的微信转款记录以及要求徐某义将牛运送至合川指定地点的微信记录，可以形成证据锁链证明蒋某扬与徐某义之间形成事实上的买卖合同关系。蒋某扬上诉称微信转款1万元给徐某义系借款，系为了促成交易支付的徐某义路费，嗣后向徐某义出具欠条亦系代其收取剩余牛款并非支付的交易对价，但该辩称理由不符合一般的商业交易模式和交易习惯，不具有合理性和可信度，同时蒋某扬认为其系居间人，但一、二审审理中并未提交证据证明徐某义向其支付过居间费或劳务费等，故原审法院认定双方存在买卖合同关系并无不当，本院予以确认。蒋某扬在二审中提交的村委会证明，与本案无关联性，达不到证明目的，本院不予采信。二审中提交的证人证言，尚不足以否定一审认定的基本事实，本院亦不予采信。其次，徐某义将牛运送至蒋某扬指定地点并由蒋某扬组织人员卸牛，双方即完成动产的现实交付，此时蒋某扬作为买受人对牛具有管理和控制义务，由于其管理不当致案涉牛失去控制逃逸并致人伤害，其作为牛的所有人和管理人应为动物致人损害的法律后果承担民事责任。

郭某与赖某、信丰县日某康畜禽食品有限公司饲养动物损害责任纠纷案【（2020）赣民再213号】

裁判要旨：二审判决认为，案涉水牛逃逸后被信丰县公安局嘉定派出所管理控制，二被申请人因此丧失了对案涉水牛危险性的实际管理控制权，不承担本案责任，适用法律错误。《侵权责任法》第八十二条[1]规定："遗弃、逃逸的动物在遗弃、逃逸期间造成他人损害的，由原动物饲养人或者管理人承担侵权责任。"本案中，即使信丰县公安局嘉定派出所临时收留、控制了案涉水牛，其目的也是防止案涉水牛继续伤人，为了社会公共利益，而

---

[1]《民法典》第1249条。

不是为了收养案涉水牛成为水牛的饲养人或管理人,因此,不能因为信丰县公安局嘉定派出所曾经控制住了案涉水牛而免除原饲养人或管理人的责任。况且,案涉水牛逃逸后是否被信丰县公安局嘉定派出所控制,案涉水牛是否再次逃逸,若存在再次逃逸的事实,信丰县公安局嘉定派出所对此是否存在重大过失而应承担相应责任,因信丰县公安局嘉定派出所并非本案当事人,原审对这些事实未予查清甚至未予审理。

何某与北京长某恒远物业管理中心物业服务合同纠纷案【(2021)京02民终201号】

裁判要旨:本院认为,物业服务合同是物业服务人在物业服务区域内,为业主提供建筑物及其附属设施的维修养护、环境卫生和相关秩序的管理维护等物业服务,业主支付物业费的合同。长某恒远中心作为本案中的物业服务公司,应尽到物业服务义务。因双方尚未签订物业服务合同,长某恒远中心亦未收取物业费和车辆管理费,故长某恒远中心对小区内停放的车辆仅具有一般管理义务,现何某以其停放在小区的车辆被流浪狗损坏为由要求长某恒远中心承担损害赔偿责任,超出长某恒远中心应尽的一般管理义务。此外,遗弃、逃逸的动物在遗弃、逃逸期间造成他人损害的,由动物原饲养人或者管理人承担侵权责任。本案中,何某虽主张长某恒远中心工作人员有投食流浪狗的行为,证据不足且不能据此认定长某恒远中心是损害何某车辆的流浪狗的饲养人或者管理人。据此,何某要求长某恒远中心赔偿修车费用的诉讼请求,缺乏法律依据,一审法院对此不予支持,处理正确,本院予以确认。

第一千二百五十条 【因第三人过错致使动物致害责任】

因第三人的过错致使动物造成他人损害的,被侵权人可以向动物饲养人或者管理人请求赔偿,也可以向第三人请求赔偿。动物饲养人或者管理人赔偿后,有权向第三人追偿。

条文理解

本条中的第三人的过错是指动物饲养人、管理人以及被侵权人之外的民事主体对于动物造成他人受损存在过错,如攻击、惊吓动物导致其咬伤他人。根据本条,即使动物饲养人或者管理人不存在任何过错,被侵权人仍可请求动物饲养人或者管理人承担侵权责任,但动物饲养人或者管理人可以向第三人追偿。

有观点认为,本条仅适用于被侵权人的损害完全是由于第三人的过错行为所导致,如果动物饲养人或者管理人也存在过错,则应当适用共同侵权的规定。此种观点并不合理。原因在于,共同侵权所包含的类型较为复杂,如果一概适用相关规定可能导致法律评价矛盾。例如,根据《民法典》第1172条的规定,如果动物的饲养人与第三人分别实施侵权行为造成他人受损,则被侵权人只能按照动物的饲养人与第三人的责任大小分别请求赔偿损失。换言之,动物的饲养人在没有过错时尚且需要为第三人的过错行为承担全部责任(尽管可以向第三人追偿),在有过错的情况下反而无须为第三人承担任何责任。此种评价矛盾不仅不利于被侵权人合法利益的保护,也与动物侵权责任的无过错责任的性质相违背。

相较而言,更为合理的观点是,如果

被侵权人请求动物饲养人或者管理人赔偿损失，则无论后者是否存在过错均应根据本条规定赔偿全部损失，而后其可以向第三人追偿（在判断具体的追偿范围时应当考虑双方之间的过错程度）。如果被侵权人向第三人请求赔偿损失，则以第三人最终应当承担的责任范围为限。

相关条文

◎法律

《民法典》（2021年1月1日）

第一千一百七十五条 损害是因第三人造成的，第三人应当承担侵权责任。

相关案例

◎典型案例

刘某等与中国大某财产保险股份有限公司南阳中心支公司等责任保险合同纠纷案【（2013）南民三终字第00265号 《人民法院报》2013年6月20日6版：案例指导】

裁判要旨：肇事车辆虽未直接与被害人驾驶的车辆碰撞，但其车辆撞到动物后开启了一个危险源，该危险源又致被害人车辆翻倒，被害人的伤亡与该危险源有直接的因果关系，因此，对肇事车辆承保的保险公司应承担赔偿责任。

南阳中院经审理后认为，本案中魏某超驾驶车辆与狗相撞，所撞的狗在惊吓之中，慌不择路又撞上刘某驾驶的三轮摩托车，并造成刘某驾驶的三轮摩托车翻倒，致刘某、崔某芝受伤，所以刘某、崔某芝的受伤与肇事车辆存在因果关系。

赵某与宋某等保险纠纷案【（2022）豫14民终3999号】

裁判要旨：本院认为，根据原审查明的情况，宋某在小区内驾驶车辆不存在超速行驶的情形，属于正常行驶，案涉泰迪狗是从道路的一侧突然窜进宋某行驶中的车下被轧伤的，泰迪狗未拴绳，咬伤了上诉人赵某，对此宋某并无过错，一审法院认定上诉人赵某被泰迪狗咬伤与宋某驾驶车辆轧伤狗不存在直接因果关系，宋某不承担上诉人赵某损失的赔偿责任并无不当。上诉人赵某的上诉理由缺乏事实及法律依据，本院不予支持。

> **第一千二百五十一条** 【饲养动物应负的社会责任】
>
> 饲养动物应当遵守法律法规，尊重社会公德，不得妨碍他人生活。

条文理解

一般认为本条缺乏明确的构成要件与法律效果，在性质上属于倡导性规范，即倡导饲养人以符合法律法规、社会公德的方式饲养动物。除此种倡导功能外，由于《民法典》第1245-1250条关于动物侵权责任的规定均以被侵权人受到损害为前提，本条"不得妨碍他人生活"的规定还具有提示法官适用除损害赔偿外的其他形式的侵权责任形式的意义。例如，饲养动物对于他人的人身、财产利益产生现实威胁时，被侵权人可以请求饲养人消除危险。

相关条文

◎法律

《民法典》（2021年1月1日）

第八条 民事主体从事民事活动，不得违反法律，不得违背公序良俗。

第一百三十二条 民事主体不得滥用民事权利损害国家利益、社会公共利益或者他人合法权益。

第一千一百六十七条 侵权行为危及他人人身、财产安全的，被侵权人有权请求侵权人承担停止侵害、排除妨碍、消除危险等侵权责任。

《治安管理处罚法》（2013年1月1日）

第七十五条 饲养动物，干扰他人正常生活的，处警告；警告后不改正的，或者放任动物恐吓他人的，处二百元以上五百元以下罚款。

驱使动物伤害他人的，依照本法第四十三条第一款的规定处罚。

《动物防疫法》（2021年5月21日）

第三十条第一、二款 单位和个人饲养犬只，应当按照规定定期免疫接种狂犬病疫苗，凭动物诊疗机构出具的免疫证明向所在地养犬登记机关申请登记。

携带犬只出户的，应当按照规定佩戴犬牌并采取系犬绳等措施，防止犬只伤人、疫病传播。

相关案例

◎ **典型案例**

侯某某、徐某某饲养动物损害赔偿纠纷案【（2014）广民终字第49号】

裁判要旨：本院认为，关于侯某某的损伤与徐某某拴牛的行为之间因果关系问题。《侵权责任法》第八十四条[1]规定："饲养动物应当遵守法律，尊重社会公德，不得妨害他人生活。"徐某某家牛圈门口有一条通行道路，但徐某某将家中饲养的公牛拴在牛圈门口外栏杆上，影响了他人及牲畜在该道路上通行，妨害了他人生活，徐某某拴牛的行为对侯某某牵着牛从此处通过时造成的损害有一定的因果关系。

卞某某与洪某某等饲养动物损害责任纠纷案【（2019）苏10民申271号】

裁判要旨：本院经审查认为，卞某某从事蜜蜂养殖业，系合法的经营活动，但依据《侵权责任法》第七十八条、第八十四条[2]的规定，其饲养蜜蜂的行为不得妨害他人生活。依据被申请人提交的蜜蜂蛰伤的病例、卞某某出具的承诺书、村民签名材料等证据，卞某某饲养蜜蜂的行为对村组居民生活造成了一定的影响。二审法院结合养蜂传统、蜜蜂习性、妨碍程度等因素，判令"卞某某每年立春至春分时节停止在扬州市开发区朴席镇双桥村团结组居民生活区内养殖蜜蜂，并在每年立春至春分时节将蜂箱搬离出该组居民生活区（距离约以1.5公里为限）"具有事实和法律依据。

李某某、寻某某等机动车交通事故责任纠纷案【（2021）吉民申5105号】

裁判要旨：车辆驾驶人、行人、乘车人以及与道路交通活动有关的单位和个人在道路上通行均应充分注意安全，而因动物的性质决定，需由其饲养人或管理人采取安全措施，避免动物在无人看管的情况下进入道路影响道路交通秩序，妨碍人车通行安全，对他人人身及财产造成损害。《侵权责任法》第八十四条[3]规定："饲养动物应当遵守法律，尊重社会公德，不得妨害他人生活。"李某某、寻某某的养牛行为不违法，但其放任饲养的牛进入公路的行为，违反法律规定及日常生活准则，对事故发生有明显的过错。

---

[1]《民法典》第1251条。
[2]《民法典》第1245条、第1251条。
[3]《民法典》第1251条。

第十章　建筑物和物件损害责任

第一千二百五十二条　【建筑物、构筑物或者其他设施倒塌、塌陷致害责任】　建筑物、构筑物或者其他设施倒塌、塌陷造成他人损害的，由建设单位与施工单位承担连带责任，但是建设单位与施工单位能够证明不存在质量缺陷的除外。建设单位、施工单位赔偿后，有其他责任人的，有权向其他责任人追偿。

因所有人、管理人、使用人或者第三人的原因，建筑物、构筑物或者其他设施倒塌、塌陷造成他人损害的，由所有人、管理人、使用人或者第三人承担侵权责任。

条文理解

本条是关于建筑物、构筑物或者其他设施倒塌、塌陷责任的规定。根据本条规定，建筑物、构筑物或者其他设施倒塌、塌陷责任为无过错责任。所以，建筑物、构筑物或者其他设施倒塌、塌陷责任的构成要件包括以下内容：（1）建筑物、构筑物或者其他设施倒塌、塌陷；（2）被侵权人遭受损害；（3）被侵权人遭受的损害与建筑物、构筑物或者其他设施倒塌、塌陷之间存在因果关系。在此基础上，对于本条第1款规定的建设单位与施工单位而言，如果其能够证明建筑物、构筑物或者其他设施不存在质量缺陷，或者能够证明存在本条第2款规定的情况，则不承担侵权责任。

建筑物是指在土地上建造的、直接供人们生产生活所用的场所，如住宅、工厂、商场等。构筑物是指在地面上建造的、具有特定用途但不能直接用于人们生产生活的场所，如桥梁、码头、隧道等。其他设施则指建筑物、构筑物的附属设施，如电梯等。

建筑物、构筑物或者其他设施倒塌、塌陷的，被侵权人可以选择建设单位或者施工单位承担责任，也可以要求二者共同承担责任。其中，施工单位不限于总承包人，也包括分包人和转包人。建设单位或者施工单位承担责任后可以向其他责任人追偿，此处的其他责任人主要是指建设工程的勘查单位、设计单位、监理单位等参与建设工程建设、施工的主体。例如，因为设计单位提供的设计图纸存在问题导致建筑物存在质量缺陷而后倒塌的，建设单位或者施工单位承担责任后可以向设计单位追偿。

根据本条第2款规定，如果建筑物、构筑物或者其他设施倒塌、塌陷造成损失系由于所有人、管理人、使用人或者第三人的原因所导致，则建设单位与施工单位均不承担责任，而应当由实际导致损害发生的主体承担责任。例如，物业管理单位因为怠于维护小区内的建筑物附属设施，导致其倒塌后造成损害的，应当由物业管理单位承担责任。如果损害是由于建筑物、构筑物或者其他设施的自身质量缺陷与所有人、管理人、使用人或者第三人的行为共同导致，则建设单位与施工单位仍需根据《民法典》第1172条与所有人、管理人、使用人或者第三人承担按份责任。

相关条文

◎ 法律

《建筑法》（2019年4月23日）

第五十二条　建筑工程勘察、设计、施工的质量必须符合国家有关建筑工程安全标准的要求，具体管理办法由国务院规定。

有关建筑工程安全的国家标准不能适应确保建筑安全的要求时，应当及时修订。

第五十五条　建筑工程实行总承包的，工程质量由工程总承包单位负责，总承包单位将建筑工程分包给其他单位的，应当对分包工程的质量与分包单位承担连带责任。分包单位应当接受总承包单位的质量管理。

◎ 行政法规

《建设工程质量管理条例》（中华人民共和国国务院令第714号　2019年4月23日）

第四十条　在正常使用条件下，建设工程的最低保修期限为：

（一）基础设施工程、房屋建筑的地基基础工程和主体结构工程，为设计文件规定的该工程的合理使用年限；

（二）屋面防水工程、有防水要求的卫生间、房间和外墙面的防渗漏，为5年；

（三）供热与供冷系统，为2个采暖期、供冷期；

（四）电气管线、给排水管道、设备安装和装修工程，为2年。

其他项目的保修期限由发包方与承包方约定。

建设工程的保修期，自竣工验收合格之日起计算。

第四十一条　建设工程在保修范围和保修期限内发生质量问题的，施工单位应当履行保修义务，并对造成的损失承担赔偿责任。

◎ 司法解释

《关于处理涉及汶川地震相关案件适用法律问题的意见（二）》（法发〔2009〕17号　2009年3月23日）

第八条　因地震灾害引起房屋垮塌、建筑物或者其他设施以及建筑物上的搁置物、悬挂物发生倒塌、脱落、坠落造成他人损害的，所有人或者管理人不承担民事责任。

◎ 部门规章

《房屋建筑工程质量保修办法》（中华人民共和国建设部令〔第80号〕　2000年6月30日）

第十四条　在保修期内，因房屋建筑工程质量缺陷造成房屋所有人、使用人或者第三方人身、财产损害的，房屋所有人、使用人或者第三方可以向建设单位提出赔偿要求。建设单位向造成房屋建筑工程质量缺陷的责任方追偿。

相关案例

◎ 典型案例

魏某与江苏北某中豪控股集团有限公司等侵权责任纠纷案【（2018）苏1302民初10241号】

裁判要旨：魏某受伤系多种原因共同作用导致的结果，直接原因系涉案柱子倒塌砸伤魏某。首先，该柱子系北某中豪开发建设的小区外围院墙，因设计原因导致该围墙越朝西距离业主房屋越近，后因部分业主阻工，致使该院墙没有如期建好，只将柱子竖立起来，中间没有拉栅栏，且柱子里面没有用钢筋固定，为后来倒塌埋下了隐患。其次，中某物业没有对房屋及配套设施设备和相关场地起到维修、养护、管理的职责，对业主私拉乱晒的行为没有进行劝导、制止和管理。最后，魏某本人在此次事件中也应负一定的责任。其应知现场遗留的柱子不是晾晒床单被罩的场所，主观上存在一定的过错。

杨某诉北京市八大处均某投资管理公司侵权责任纠纷案【（2020）京0107民初9112号】

裁判要旨：根据《民法典》第一千二百五十二条之规定，这里的构筑物或者其他设施，一般是指人工建造的、固定在土地上，除建筑物以外的设施，如道路、桥梁、隧道、厕所及化粪池等。建筑物、构筑物等倒塌、塌陷损害责任，指建筑物、构筑物或其他设施发生倒塌、塌陷，致他人人身、财产遭受损害，建设单位、施工单位及其他责任人所应承担的侵权责任。建设单位、施工单位建设的公共厕所及化粪池上的盖板因存在质量瑕疵等断裂塌陷致人损害，应推定其存在过错，但能够证明不存在质量缺陷的除外。公共厕所及化粪池的所有人、管理人、使用人因管理、维护缺陷而发生倒塌、塌陷致人损害的，所有人、管理人、使用人应直接承担责任。本案中，根据现场勘查情况，化粪池虽已被填埋，但尚未完全填平，死者李某系站立在化粪池水泥盖板上，因化粪池水泥盖板塌陷跌入化粪池溺亡。被告不能充分证实已尽到对案涉厕所及化粪池修缮、维护等管理义务，故本院认定其对李某溺亡存在过错，且该过错与李某死亡之间存在因果关系，应当承担与其过错相应的赔偿责任。

第一千二百五十三条 【建筑物、构筑物或者其他设施及其搁置物、悬挂物脱落、坠落致害责任】

建筑物、构筑物或者其他设施及其搁置物、悬挂物发生脱落、坠落造成他人损害，所有人、管理人或者使用人不能证明自己没有过错的，应当承担侵权责任。所有人、管理人或者使用人赔偿后，有其他责任人的，有权向其他责任人追偿。

条文理解

本条是关于建筑物、构筑物或者其他设施及其搁置物、悬挂物脱落、坠落责任的规定。搁置物、悬挂物是指搁置、悬挂在建筑物、构筑物或者其他设施上，但并非其本身组成部分的物品，如阳台上的花盆、空调的外机等。

根据本条规定，建筑物、构筑物或者其他设施及其搁置物、悬挂物脱落、坠落责任为过错推定责任，所以，被侵权人请求所有人、管理人或者使用人承担侵权责任时无须证明后者存在过错，而是应当由后者证明自身对于损害结果的发生不存在过错。在判断应当由所有人、管理人或者使用人中的哪一主体承担责任时，需要考虑避免损害发生属于哪一主体的注意义务范围。例如，甲将自己所有的工厂厂房出租于乙，对于乙在厂房天台上摆放的装饰物坠落产生的侵权责任，应当由乙承担。但对于厂房外墙墙皮脱落所造成的侵权责任，由于承租人乙并无定期检修厂房的义务，因而应当由甲承担责任。此外，由于本条规定所有人、管理人或者使用人有权向其他责任人追偿，如果厂房外墙墙皮脱落与第三人的行为有关，则可以向该第三人追偿。

相关条文

◎司法解释

《最高人民法院关于依法妥善审理高空抛

物、坠物案件的意见》（法发〔2019〕25号 2019年10月21日）

第十一条 区分坠落物、抛掷物的不同法律适用规则。建筑物及其搁置物、悬挂物发生脱落、坠落造成他人损害的，所有人、管理人或者使用人不能证明自己没有过错的，人民法院应当适用侵权责任法第八十五条的规定，依法判决其承担侵权责任；有其他责任人的，所有人、管理人或者使用人赔偿后向其他责任人主张追偿权的，人民法院应予支持。从建筑物中抛掷物品造成他人损害的，应当尽量查明直接侵权人，并依法判决其承担侵权责任。

《关于处理涉及汶川地震相关案件适用法律问题的意见（二）》（法发〔2009〕17号 2009年3月23日）

第八条 因地震灾害引起房屋垮塌、建筑物或者其他设施以及建筑物上的搁置物、悬挂物发生倒塌、脱落、坠落造成他人损害的，所有人或者管理人不承担民事责任。

相关案例

◎典型案例

深圳市某科技股份有限公司诉深圳市某物业管理有限公司、深圳市某电子股份有限公司物件损害责任纠纷案【人民法院案例库：2024-07-2-381-001】

裁判要旨：建筑物和物件脱落的事实表明缺陷是客观存在，且未采取足够的安全防护措施，故所有人、管理人、使用人不能简单证明自己尽过注意义务或维修义务而要求免责，而应根据善良管理人的标准证明其无过错，否则应承担相应的赔偿责任。

深圳市属于沿海地区，台风天气频发，某电子公司、某物业公司作为沿海地区高层建筑物的所有人、管理人，具有一定的应对台风的管理、维护经验。案涉台风"山竹"属于罕见的超强台风，气象部门提前进行了充分预警，社会各界纷纷作出相应防台风预案，故某电子公司、某物业公司在应对超强台风时，应采取相较于比一般台风更加妥当的安全防护措施，尽到更大的善良管理人的注意义务。某电子公司、某物业公司提交的证据不足以证明其对损害的发生无过错，况且，某电子大厦北面发生多处窗户脱落，而相邻的某科技大厦并无一处窗户脱落的事实本身即已表明某电子大厦的缺陷是客观存在的，且未采取足够的安全防护措施，所有人、管理人不能简单以证明自己尽过注意义务或维修义务而要求免责。故，应认定某电子公司、某物业公司对案涉损害具有过错。

杨某杰诉某食品商行生命权、身体权、健康权纠纷案【2024-18-2-001-006】

裁判要旨：建筑物、构筑物或者其他设施及搁置物、悬挂物发生脱落、坠落造成他人损害，所有人、管理人或者使用人不能证明自己没有过错的，应当承担侵权责任。根据事发当日派出所对邹某及陶某所作的询问笔录可以看出，原告杨某杰系在被告某食品商行门口被门头附近坠落的物品砸伤，对该事实予以确认。被告某食品商行主张砸伤原告的木盒系物业公司安放，且系因隔壁装修施工的原因造成，但并未提交证据予以证实，应当承担举证不能的法律后果。对原告杨某杰的损失，应由被告承担赔偿责任。

何某某、陈某某等海上、通海水域财产损害责任纠纷案【（2021）最高法民申5647号】

裁判要旨：陈某某是案涉浮桥的经营管理人。浮桥因洪水冲击导致缆绳断裂，其中一段失控并与何某某的船只发生碰撞。二审判决确认了上述事实，陈某某二审过程中亦认可浮桥与自卸运输船发生过碰撞。在此情形下，如陈某某不能证明自己没有过错，其应对何某某的损失承担侵权责任。生效判决将相关证明责任归于何某某，适用法律错误。

第一千二百五十四条　【高空抛掷物、坠落物致害责任】

禁止从建筑物中抛掷物品。从建筑物中抛掷物品或者从建筑物上坠落的物品造成他人损害的，由侵权人依法承担侵权责任；经调查难以确定具体侵权人的，除能够证明自己不是侵权人的外，由可能加害的建筑物使用人给予补偿。可能加害的建筑物使用人补偿后，有权向侵权人追偿。

物业服务企业等建筑物管理人应当采取必要的安全保障措施防止前款规定情形的发生；未采取必要的安全保障措施的，应当依法承担未履行安全保障义务的侵权责任。

发生本条第一款规定的情形的，公安等机关应当依法及时调查，查清责任人。

条文理解

本条是关于从建筑物中抛掷物品、坠落物品责任的规定。关于侵权人就其从建筑物中抛掷物品或者从建筑物上坠落物品所需承担的责任，考虑到《民法典》第1253条对于脱落、坠落物采取了过错推定的立场，本条第1款所规定的情况在行为危险性上至少不低于脱落、坠落物，因而也应当采取过错推定责任。行为人不能证明其不存在过错的，应当承担侵权责任。

现实中较为棘手的问题是，从建筑物中抛掷物品、坠落物品的案件中并不总是能够确定具体的侵权人，本条第1款由此规定，除能够证明自己不是侵权人的外，由可能加害的建筑物使用人对于受害人给予补偿。需要注意的是，此种补偿严格来说并非侵权责任，而是法律基于政策考虑，特别是保护受害人的考虑而设定的一种法定的补偿义务。所以，补偿数额通常低于受害人实际遭受的损害数额，而且，为了避免给建筑物使用人造成过重的负担，在解释本条第1款时，应当认为可能加害的建筑物使用人承担按份责任而非连带责任。在判断某一建筑物使用人是否可能实施加害行为时，需要结合损害发生的原因判断。例如，根据受害人伤势判断抛掷高度在十米以上的，十米以下的低楼层用户原则上不属于可能加害的建筑物使用人。

根据本条第2款规定，物业服务企业等建筑物管理人应当采取必要的安全保障措施防止建筑物中抛掷物品、坠落物品的情况发生。例如，在引发社会广泛关注的"长春高空抛物致死案"中，犯罪嫌疑人在事发前曾多次从高空扔下物品，对于该案，物业服务企业等建筑物管理人至少应当在发生第一次高空抛物事件后就此展开调查并采取其他的必要措施（如联系公安部门调查此事）。假设该案中无法确定造成被害人死亡的具体侵权人，物业服务企业无疑应当承担违反安全保障义务的侵权责任。根据《民法典》第1198条第2款规定，即使是因为第三人的行为造成损害发生，物业服务企业等建筑物管理人也应当承担相应的补充责任。

本条第3款确立了公安等机关及时调查高空抛物、坠物案件并查清责任人的义务，但此种义务并非结果性义务，不能因为最终未查清责任人而认定调查机关违反了本条第3款规定的义务。

相关条文

◎ **法律**

《民法典》（2021年1月1日）

第一千一百九十八条 宾馆、商场、银行、车站、机场、体育场馆、娱乐场所等经营场所、公共场所的经营者、管理者或者群众性活动的组织者，未尽到安全保障义务，造成他人损害的，应当承担侵权责任。

因第三人的行为造成他人损害的，由第三人承担侵权责任；经营者、管理者或者组织者未尽到安全保障义务的，承担相应的补充责任。经营者、管理者或者组织者承担补充责任后，可以向第三人追偿。

◎ **司法解释**

《最高人民法院关于适用〈中华人民共和国民法典〉侵权责任编的解释（一）》（法释〔2024〕12号 2024年9月27日）

第二十四条 物业服务企业等建筑物管理人未采取必要的安全保障措施防止从建筑物中抛掷物品或者从建筑物上坠落的物品造成他人损害，具体侵权人、物业服务企业等建筑物管理人作为共同被告的，人民法院应当依照民法典第一千一百九十八条第二款、第一千二百五十四条的规定，在判决中明确，未采取必要安全保障措施的物业服务企业等建筑物管理人在人民法院就具体侵权人的财产依法强制执行后仍不能履行的范围内，承担与其过错相应的补充责任。

第二十五条 物业服务企业等建筑物管理人未采取必要的安全保障措施防止从建筑物中抛掷物品或者从建筑物上坠落的物品造成他人损害，经公安等机关调查，在民事案件一审法庭辩论终结前仍难以确定具体侵权人的，未采取必要安全保障措施的物业服务企业等建筑物管理人承担与其过错相应的责任。被侵权人其余部分的损害，由可能加害的建筑物使用人给予适当补偿。

具体侵权人确定后，已经承担责任的物业服务企业等建筑物管理人、可能加害的建筑物使用人向具体侵权人追偿的，人民法院依照民法典第一千一百九十八条第二款、第一千二百五十四条第一款的规定予以支持。

《最高人民法院关于适用〈中华人民共和国民法典〉时间效力的若干规定》（法释〔2020〕15号 2021年1月1日）

第十九条 民法典施行前，从建筑物中抛掷物品或者从建筑物上坠落的物品造成他人损害引起的民事纠纷案件，适用民法典第一千二百五十四条的规定。

《最高人民法院关于依法妥善审理高空抛物、坠物案件的意见》（法发〔2019〕25号 2019年10月21日）

第十条 综合运用民事诉讼证据规则。人民法院在适用侵权责任法第八十七条[1]裁判案件时，对能够证明自己不是侵权人的"可能加害的建筑物使用人"，依法予以免责。要加大依职权调查取证力度，积极主动向物业服务企业、周边群众、技术专家等询问查证，加强与公安部门、基层组织等沟通协调，充分运用日常生活经验法则，最大限度查找确定直接侵权人并依法判决其承担侵权责任。

第十二条 依法确定物业服务企业的责任。物业服务企业不履行或者不完全履行物业服务合同约定或者法律法规规定、相关行业规范确定的维修、养护、管理和

---

[1] 《民法典》第1254条第1款。

维护义务，造成建筑物及其搁置物、悬挂物发生脱落、坠落致使他人损害的，人民法院依法判决其承担侵权责任。有其他责任人的，物业服务企业承担责任后，向其他责任人行使追偿权的，人民法院应予支持。物业服务企业隐匿、销毁、篡改或者拒不向人民法院提供相应证据，导致案件事实难以认定的，应当承担相应的不利后果。

相关案例

◎ 典型案例

庾某娴诉黄某辉高空抛物损害责任纠纷案【最高人民法院发布人民法院贯彻实施民法典典型案例（第一批）之案例十三（2022年2月25日）】

裁判要旨：生效裁判认为，庾某娴散步时被从高空抛下的水瓶惊吓摔倒受伤，经监控录像显示水瓶由黄某辉租住房屋阳台抛下，有视频及庾某娴、黄某辉签订的确认书证明。双方确认抛物者为无民事行为能力人，黄某辉是其监护人，庾某娴要求黄某辉承担赔偿责任，黄某辉亦同意赔偿。涉案高空抛物行为发生在民法典实施前，但为了更好地保护公民、法人和其他组织的权利和利益，根据《最高人民法院关于适用〈中华人民共和国民法典〉时间效力的若干规定》第十九条规定，民法典施行前，从建筑物中抛掷物品或者从建筑物上坠落的物品造成他人损害引起的民事纠纷案件，适用民法典第一千二百五十四条的规定。2021年1月4日，审理法院判决黄某辉向庾某娴赔偿医疗费、护理费、交通费、住院伙食补助费、残疾赔偿金、鉴定费合计8.3万元，精神损害抚慰金1万元。

王某某、甘肃锋某建筑工程有限公司等与海安恒某建筑劳务有限公司、苏州金某某幕墙有限公司等物件脱落、坠落损害责任纠纷案【（2023）甘01民终10903号】

裁判要旨：从建筑物上坠落的物品造成他人损害的情形，由侵权人依法承担侵权责任为一般规则，由可能加害的建筑物使用人给予补偿为例外规则。也就是说，在无法查清责任人的情况下，由可能加害的建筑物使用人承担补偿责任，系着眼于对被害人的救济所制定的特殊规定。本案中，案涉兰州奥体中心整体项目外立面幕墙工程由十七某集团分包给金某螂公司和诚某中奥公司。其中外立面幕墙内侧标段由金某螂公司承包，金某螂公司将外立面幕墙内侧的劳务分包给恒某公司，外立面幕墙外侧标段由诚某中奥公司承包。金某螂公司和诚某中奥公司施工范围内的脚手架由锋某公司提供租赁，租赁期间锋某公司负责脚手架的搭设、维护、拆卸。2021年9月24日，王某某在案涉工地外立面幕墙外侧被一坠落的钢管砸中。王某某受伤时奥体中心整体项目尚未竣工，十七某集团作为兰州奥体中心整体项目总包方是案涉建筑物管理人，其虽然对施工作业人员进行了培训、安全技术交底，但并无证据证明其在案涉外立面幕墙高空作业面采取必要的安全防护措施尽到了监督管理职责。恒某公司、金某螂公司、诚某中奥公司均系施工现场高空作业的施工方，均由可能是案涉坠落钢管的所有人、使用人或管理人，现各方均没有证据证明其不是侵权人。根据法律规定，在难以确定具体侵权人的情况下，由可能存在加害行为的主体承担补偿责任。故，十七某集团、恒某公司、金某螂公司、诚某中奥公司对王某某受伤造成的损失应给予补偿。

第一千二百五十五条 【堆放物致害责任】

堆放物倒塌、滚落或者滑落造成他人损害，堆放人不能证明自己没有过错的，应当承担侵权责任。

条文理解

本条是关于堆放物倒塌、滚落、滑落责任的规定。根据本条规定，堆放物倒塌、滚落、滑落责任为过错推定责任，被侵权人无须证明堆放人就堆放物倒塌、滚落或者滑落造成损害存在过错，相反，堆放人应当主动证明自身已经尽到了必要的注意义务。此外，如果是在公共道路上堆放物品造成他人损害，应当适用《民法典》第1256条这一特别规定。

本条仅规定了堆放人作为责任主体，但这并不排除其他民事主体需要承担的责任。例如，负有安全保障义务的民事主体未能适当履行其义务，导致被侵权人因为堆放物倒塌、滚落或者滑落受到损害的，应当承担相应的违反安全保障义务责任。例如，学生在楼道内堆放杂物，杂物滑落导致其他学生受伤的，学校如果未能尽到必要的监督管理义务，则需要承担补充责任。

相关条文

◎法律

《民法典》（2021年1月1日）

第一千二百五十六条 在公共道路上堆放、倾倒、遗撒妨碍通行的物品造成他人损害的，由行为人承担侵权责任。公共道路管理人不能证明已经尽到清理、防护、警示等义务的，应当承担相应的责任。

◎司法解释

《关于处理涉及汶川地震相关案件适用法律问题的意见（二）》（法发〔2009〕17号 2009年3月23日）

第九条 因地震灾害致使堆放物品倒塌、滚落、滑落或者树木倾倒、折断或者果实坠落致人损害的，所有人或者管理人不承担赔偿责任。

相关案例

◎典型案例

李某某与龙某某等生命权、健康权、身体权纠纷案【（2018）京0115民初10575号】

裁判要旨：堆放物品致人损害的，实行过错推定的归责原则，物品堆放人不能证明自己没有过错的，应当承担侵权责任。龙某某作为物品所有人，其明知空心钢管外露于黑色塑料袋外，对过往的行人具有潜在的危险性，而将此物品随意堆放在走廊内，未放置警示标志，亦未加盖防护装置，放任该危险源的存在，由此造成了李某某的人身伤害，其虽无直接加害李某某的故意，但其堆放危险物品，放任潜在的损害后果发生，其行为属于过失致人损害，理应对此承担侵权责任。

科某学院辩称自己已经尽到了安全保障义务，为此提供了证据证明在宿舍楼内放置了安全警示内容的公示栏，张贴了宿舍安全检查管理制度，并有温馨提示，且称宿管告知了各个专业的辅导员要求学生清理走廊里的物品。作为校方，其管理职责虽不同于营利性的公共场所管理人之谨慎勤勉的义务，但对于宿舍楼内的安全管理也应符合基本的安全规范，以确保住宿学生的人身财产安全；在新学期开学之初，学生整理宿舍并在走廊里堆放物品并不鲜见，实难要求学校及学生做到保持走廊干净无物，但科某学院并未严格执行安全警示栏中公示的日常安全管理制度，以致龙某某堆放的危险物品不能及时清理挪走，造成了物品伤人事件；在李某某事件发生后，堆放的危险物品在较长时间内一直堆放在走廊中，潜在的危险一直存在；故科某学院在本案中疏于安全管理的行为难以被认定为已尽到安全保障义务，故应承担相应的补充赔偿责任，但该补充责任并不能免除或减轻侵权人龙某某的赔偿责任，只有在龙某某没有能力承担赔偿责任的情况下，科某学院在能够防止或制止损害的范围内承担补充赔偿责任。

贵州众某金彩黔矿业有限公司、织金县纳雍乡某某煤矿与张某元、张某义等生命权纠纷案【（2024）黔民申4165号】

裁判要旨： 本案中，某某煤矿堆放煤渣具有一定的危险性，一旦发生倒塌、滚落、滑落，可能对社会公众的人身、财产安全造成威胁。被上诉人对堆放煤渣有管护义务，需要尽到管理、注意义务，应当合理选择堆放地点、堆放高度，做好稳固措施，防止被他人随意挪动、攀爬等。某某煤矿对其实际管理的煤渣堆所存在的可能倒塌、滑落的安全隐患未能及时消除，未充分进行安全警示告知，对李某永进入堆放区域也未能有效制止，因此发生安全事故致使李某永受伤，某某煤矿负有主要责任，应该承担李某永的大部分经济损失。李某永作为一个完全民事行为能力人，对所处的环境应该预见可能出现的潜在危险，但李某永在煤渣堆中捡煤，将自己置身于存在垮塌危险的煤渣堆前，对损害的发生亦有一定的责任，应该自担部分经济损失。

第一千二百五十六条　【在公共道路上妨碍通行物品的致害责任】

在公共道路上堆放、倾倒、遗撒妨碍通行的物品造成他人损害的，由行为人承担侵权责任。公共道路管理人不能证明已经尽到清理、防护、警示等义务的，应当承担相应的责任。

条文理解

本条是关于在公共道路上堆放、倾倒、遗撒妨碍通行的物品责任的规定。与《民法典》第1255条所规定的堆放物倒塌、滚落、滑落责任不同，考虑到在公共道路上堆放、倾倒、遗撒妨碍通行的物品具有较高的危险性，本条规定此种责任为无过错责任。所以，被侵权人请求侵权人依据本条承担侵权责任的，无须证明后者存在过错，后者也不得以证明自身无过错主张不承担侵权责任。

除在公共道路上堆放、倾倒、遗撒妨碍通行的物品的行为人之外，根据本条规定，如果公共道路管理人不能证明自身已经尽到清理、防护、警示等义务，也应当承担相应的责任。此种责任在本质上是《民法典》第1198条关于安全保障义务的具体体现，即公共道路管理人作为公共道路领域内的安全保障义务人，在公共道路上出现本条所列举的各种妨碍道路通行的因素时，应当及时采取清理、防护、警示等措施，以避免他人遭受损害。需要注意的是，在判断公共道路管理人是否尽到清理、防护、警示等义务以及应当具体采取哪些措施时，应当结合公共道路所处位置、路况、妨碍因素、管理人的能力等综合判断。

相关条文

◎法律

《公路法》（2017年11月5日）

第七条第一款 公路受国家保护，任何单位和个人不得破坏、损坏或者非法占用公路、公路用地及公路附属设施。

第四十六条 任何单位和个人不得在公路上及公路用地范围内摆摊设点、堆放物品、倾倒垃圾、设置障碍、挖沟引水、利用公路边沟排放污物或者进行其他损坏、污染公路和影响公路畅通的活动。

第七十条 交通主管部门、公路管理机构负有管理和保护公路的责任，有权检查、制止各种侵占、损坏公路、公路用地、公路附属设施及其他违反本法规定的行为。

◎行政法规

《公路安全保护条例》（中华人民共和国国务院令第593号 2011年7月1日）

第四十三条 车辆应当规范装载，装载物不得触地拖行。车辆装载物易掉落、遗洒或者飘散的，应当采取厢式密闭等有效防护措施方可在公路上行驶。

公路上行驶车辆的装载物掉落、遗洒或者飘散的，车辆驾驶人、押运人员应当及时采取措施处理；无法处理的，应当在掉落、遗洒或者飘散物来车方向适当距离外设置警示标志，并迅速报告公路管理机构或者公安机关交通管理部门。其他人员发现公路上有影响交通安全的障碍物的，也应当及时报告公路管理机构或者公安机关交通管理部门。公安机关交通管理部门应当责令改正车辆装载物掉落、遗洒、飘散等违法行为；公路管理机构、公路经营企业应当及时清除掉落、遗洒、飘散在公路上的障碍物。

车辆装载物掉落、遗洒、飘散后，车辆驾驶人、押运人员未及时采取措施处理，造成他人人身、财产损害的，道路运输企业、车辆驾驶人应当依法承担赔偿责任。

《收费公路管理条例》（中华人民共和国国务院令第417号 2004年11月1日）

第二十六条第一款 收费公路经营管理者应当按照国家规定的标准和规范，对收费公路及沿线设施进行日常检查、维护，保证收费公路处于良好的技术状态，为通行车辆及人员提供优质服务。

相关案例

◎典型案例

四川川某路桥有限责任公司与曾某公共道路妨碍通行损害责任纠纷案【（2017）最高法民再264号】

裁判要旨：公共道路妨碍通行损害责任是指在公共道路上堆放、倾倒、遗撒妨碍通行的物品造成他人损害的，有关责任人应当承担的侵权责任。该责任的构成要件主要包括：一是须有公共道路上堆放、倾倒、遗撒妨碍通行的物品的致害行为；二是须有受害人损害事实；三是损害事实须与堆放、倾倒、遗撒妨碍通行的物品的致害行为之间有因果关系……川某路桥公司为保障施工在距施工路段5公里路外将3144公里改道处（右侧）暨本案事故发生地附近单方设置宽、高均一米左右的土堆封闭道路……曾某驾驶小型普通客车造成驾驶人曾某，乘车人王某、王某、曾某、于某受伤、车辆损坏的道路交通事故，系车辆冲向土堆引起。在公共道路妨碍通行损害责任中，堆放、倾倒、遗撒人承担侵权责任的归责原则为无过错责任原则。只要具有在公共道路上设置妨碍通行的物品，造成损害的事实，并且设置行为与损害事实之间具有因果关系，就可以认定堆放、倾倒、遗撒人未尽应当尽到的注意义务，无须被侵权人证明。

杨某某诉北京通达京某高速公路有限公司公共道路妨碍通行责任纠纷案【（2016）京0118民初字第1984号】

裁判要旨：道路管理者不能证明已经按照法律、法规、规章、国家标准、行业标准或者地方标准尽到清理、防护、警示等义务的，应当承担相应的赔偿责任。京某高速公司系事发路段的管理人，其负有按照规定的技术规范和操作规程对高速公路进行管理以及保证高速公路处于安全畅通良好状态的义务，同时在接到清障、救援信息后，应当立即通知有关人员赶赴现场处理，并及时清障。原告未向本院提交事发之前的合理期间曾有请求救援清障信息的证据，且京某高速公司对于路面障碍物的清理义务系及时清障义务，而非随撒随清义务。根据京某高速公司提交的路产巡视记录，证实事故当天该公司曾对事故路段进行三次路产巡视、一次养护巡视，履行了管理、养护职责，符合公路管理技术规范的要求，不应承担相应民事赔偿责任。故，对原告杨某某要求被告京某高速公司赔偿车辆修理费及其他损失的诉讼请求，本院不予支持。

谢某某诉宿迁市亨某房屋拆迁有限公司等因冲洗路面结冰致人损害赔偿纠纷案【（2012）宿城民初字第0756号】

裁判要旨：在公共道路上堆放、倾倒、遗撒妨碍通行的物品造成他人损害的，有关单位或者个人应承担侵权责任。被告亨某公司清运完渣土后，在没考虑气温的情况下用水冲洗路面，导致路面结冰，妨碍了车辆及行人的通行，并造成原告谢某某损伤，应当承担损害赔偿责任。虽然亨某公司辩称其没有用水冲洗路面，但是综合以下证据材料，足以认定是亨某公司在清运完渣土后用水清洗路面，并导致路面结冰……谢某某在路面没有全部结冰的情况下，未能绕开结冰路面行走，而是直接通过结冰路面导致摔伤，没有尽到必要的注意义务，其本身存在一定过错，应当减轻亨某公司的责任，根据本案事实，酌情减轻亨某公司10%的赔偿责任。

> **第一千二百五十七条　【林木致害的责任】**
>
> 因林木折断、倾倒或者果实坠落等造成他人损害，林木的所有人或者管理人不能证明自己没有过错的，应当承担侵权责任。

条文理解

本条是关于林木折断、倾倒，果实坠落责任的规定。需要注意的是，本条仅是列举了由于林木引发的典型损害场景（林木折断、倾倒或者果实坠落），如果发生与所列举的情况相类似的林木致害事件，同样属于本条的适用范围。林木折断、倾倒、果实坠落责任为过错推定责任，所以，被侵权人请求林木的所有人或者管理人承担侵权责任的，无须证明后者存在过错。在林木的所有人与管理人不一致时，考虑到管理人相较于所有人而言更可能对于林木进行管理、维护，因而应当由其承担责任。

林木的所有人或者管理人负有定期管理、维护林木的义务。而且，即使林木折断、倾倒或者果实坠落等是由于林木的所有人或者管理人之外的第三人或者自然原因所导致的，也并不意味着林木的所有人或者管理人没有过错。例如，林木的管理人明知可能出现极端天气但未采取必要的防护措施，林木在大风中折断导致他人受伤，林木的管理人对于损害结果的发生存在过错，应当承担侵权责任。

相关条文

◎ 法律

《森林法》（2020年7月1日）

第二十条 国有企业事业单位、机关、团体、部队营造的林木，由营造单位管护并按照国家规定支配林木收益。

农村居民在房前屋后、自留地、自留山种植的林木，归个人所有。城镇居民在自有房屋的庭院内种植的林木，归个人所有。

集体或者个人承包国家所有和集体所有的宜林荒山荒地荒滩营造的林木，归承包的集体或者个人所有；合同另有约定的从其约定。

其他组织或者个人营造的林木，依法由营造者所有并享有林木收益；合同另有约定的从其约定。

◎ 司法解释

《关于处理涉及汶川地震相关案件适用法律问题的意见（二）》（法发〔2009〕17号 2009年3月23日）

第九条 因地震灾害致使堆放物品倒塌、滚落、滑落或者树木倾倒、折断或者果实坠落致人损害的，所有人或者管理人不承担赔偿责任。

相关案例

◎ 典型案例

张某某等诉北京市顺义区园某服务中心等林木折断损害责任纠纷案【（2019）京0113民初18622号】

裁判要旨： 林木致害责任的赔偿义务主体是林木的所有人或管理人。当林木的所有人直接占有、管理该物时，该林木致人损害，所有人应当承担赔偿责任。当林木由非所有人占有、管理时，所有人不再是赔偿义务主体，而是由管理人作为赔偿义务主体。实践中，林木的所有人一般为林权证上载明的权利人……具体到本案中，所谓的管理人，是指并非所有人，但依据法律规定或者合同约定对林木进行管理的人……涉案倒伏树木属于公共绿地范围内的城市道路旁树木，为国家所有的林木，依法由绿化行政主管部门负责落实管护责任……绿地管护中心依据合同约定对涉案路段行道树负有管护职责，应认定其为涉案倒伏树木的具体管理人。园某服务中心是绿地管护中心的上级主管部门，虽然绿地管护中心有接受园某服务中心对园林绿地管护的指导、监督、管理、考核之义务，但并不代表园某服务中心对涉案倒伏树木有直接管护之责任，在园某服务中心已通过合同确定了涉案树木明确、具体管理人的情况下，其角色已经发生变化，其对公共绿地的管理责任与绿地管护中心并非同一层次。

涉案树木为公共道路旁的绿化树木，作为公共场所人员通行频繁，林木一旦折断、倾倒造成的损失较大，作为管理人对此具有较高的管理、维护之义务，保证林木不因虫蛀、枯死、老化等原因发生折断（倾倒）致人损害……绿地管护中心作为专业的林木管护部门应当对于常见天气状况可能引发的问题有所预见并采取预防及应对措施，对于特殊天气状况也应当有针对突发或紧急情况的应对预案，但从绿地管护中心提交的《施工日志》及《农药使用记录》来看，该中心的行为多体现为巡查、鲜有养护；多为对已倒塌树木的清理，少有对存活树木生长及可能构成危险的检查；也并无针对大风天气及突发情况的预案……涉案倒伏树木的树冠较大，但根系很浅，自身存在支撑力不足的安全隐患，在一定风力的作用下易发生倾倒。从另一角度看，根据事发地现场情况，并未出现大范围倾倒树木的情况，倾倒树木仅有一棵，可推断倒塌的这个树木自身存在较大的安全隐患，而绿地管护中心未对存在安全隐患的树木进行及时加固，绿地管护中心对此未进行充分、全面地研判与制订改善方案，在种植、扶正、修剪等环节采取的手段、方式较为单一、欠缺先进，存在疏于管理、维护之过错。

吴某某与钟某某等林木折断损害责任纠纷案【（2016）粤08民终506号】

裁判要旨：钟某某是涉案树木的所有人，其购买房屋时已发现涉案树木倾斜，但一直未尽到完全管理义务，未能及时排除安全隐患，直至2014年5月8日才向市城管局申请砍伐涉案树木，在市城管局尚未作出答复时本案事故已发生……钟某某应对事故的发生负主要责任。市城管局作为市区居住区绿地绿化的管理部门，在收到钟某某砍伐涉案树木的申请后，于2014年5月12日派员到现场查看，发现涉案树木存在极大安全隐患，但市城管局作为具备相关专业知识的管理部门，并未采取或建议树木所有人采取紧急防范措施，排除或降低安全隐患，导致涉案树木于次日折断坠落造成事故，市城管局应对事故的发生负次要责任。原审法院认定吴某某对事故的发生无过错，钟某某负70%的责任，市城管局负30%的责任并无不当，法院予以维持。

江苏义某律师事务所诉徐州市泉山区园某管理处因树木断落损坏车辆损害赔偿纠纷案【（2011）泉民初字第1708号】

裁判要旨：被告作为折断树枝的树木管理人，如不能证明自己没有过错，则应当承担侵权责任。在本案中，被告未提交证据证实其对损害的发生没有过错，且林木折断致人损害的事实即可推断林木管理人有过错，故被告应当承担侵权责任……关于原告对损失的发生是否具有过错，应否自行承担一定损失的问题，被告辩称原告在禁止停车的路段停车长达40分钟，原告对损害的发生也具有过错，应当承担一定的责任。对此，法院认为，交通管理部门设立禁停标志，是为维护交通秩序之需要，原告即使存在在禁停路段违反交通管理的停车行为，应受道路交通管理的法律法规调整，但该行为并非导致树木折断的原因，原告对树木折断没有过错，该事由不足以构成林木管理人无过错的有效抗辩，不应因此减轻被告因管理的树木折断致他人财产损害的赔偿责任，故法院对被告的抗辩不予采信。

> **第一千二百五十八条 【公共场所或道路施工致害责任和窨井等地下设施致害责任】**
>
> 在公共场所或者道路上挖掘、修缮安装地下设施等造成他人损害，施工人不能证明已经设置明显标志和采取安全措施的，应当承担侵权责任。
>
> 窨井等地下设施造成他人损害，管理人不能证明尽到管理职责的，应当承担侵权责任。

条文理解

本条是关于在公共场所或者道路上挖掘、修缮安装地下设施责任以及地下设施致害责任的规定。本条中的地下设施是指在地面以下修建的窨井、下水道、水井、地下坑道等设施。根据本条规定，在公共场所或者道路上挖掘、修缮安装地下设施责任以及地下设施致害责任均为过错推定责任，被侵权人无须积极证明行为人存在过错，行为人如果不能证明自己已经采取了必要的措施防止损害发生，便需要承担侵权责任。此种规定的考虑在于，在公共场所或者道路上从事挖掘、修缮安装地下设施等活动以及窨井等地下设施具有较高程度的危险性。而且，相较于被侵权人而言，施工人、管理人更容易获得自身是否已经采取必要措施或者尽到管理职责的证据。

在判断施工人是否已经设置明显标志和采取安全措施时，需要考虑施工人所设置的标志是否能够引起他人注意并提示他人相关危险，施工人是否保证其设置的标志在施工期间持续存在以及除设置明显标志外有无必要采取其他安全措施。对于窨井等地下设施，管理人除了应当在设施周围设置安全防护装置以外，还应当定期巡查、检修以保证相关设施的安全性。

相关条文

◎法律

《道路交通安全法》（2021年4月29日）

第一百零五条 道路施工作业或者道路出现损毁，未及时设置警示标志、未采取防护措施，或者应当设置交通信号灯、交通标志、交通标线而没有设置或者应当及时变更交通信号灯、交通标志、交通标线而没有及时变更，致使通行的人员、车辆及其他财产遭受损失的，负有相关职责的单位应当依法承担赔偿责任。

《公路法》（2017年11月5日）

第三十二条 改建公路时，施工单位应当在施工路段两端设置明显的施工标志、安全标志。需要车辆绕行的，应当在绕行路口设置标志；不能绕行的，必须修建临时通道，保证车辆和行人通行。

◎行政法规

《城市道路管理条例》（中华人民共和国国务院令第710号 2019年3月24日）

第二十三条 设在城市道路上的各类管线的检查井、箱盖或者城市道路附属设施，应当符合城市道路养护规范。因缺损影响交通和安全时，有关产权单位应当及时补缺或者修复。

第二十四条 城市道路的养护、维修工程应当按照规定的期限修复竣工，并在养护、维修工程施工现场设置明显标志和安全防围设施，保障行人和交通车辆安全。

第二十五条 城市道路养护、维修的专用车辆应当使用统一标志；执行任务时，在保证交通安全畅通的情况下，不受行驶路线和行驶方向的限制。

《道路交通安全法实施条例》（中华人民共和国国务院令第687号 2017年10月7日）

第三十五条 道路养护施工单位在道路上进行养护、维修时，应当按照规定设置规范的安全警示标志和安全防护设施。道路养护施工作业车辆、机械应当安装示警灯，喷涂明显的标志图案，作业时应当开启示警灯和危险报警闪光灯。对未中断交通的施工作业道路，公安机关交通管理部门应当加强交通安全监督检查。发生交通阻塞时，及时做好分流、疏导，维护交通秩序。

道路施工需要车辆绕行的，施工单位应当在绕行处设置标志；不能绕行的，应当修建临时通道，保证车辆和行人通行。需要封闭道路中断交通的，除紧急情况外，应当提前5日向社会公告。

《公路安全保护条例》（中华人民共和国国务院令第593号 2011年7月1日）

第五十一条 公路养护作业需要封闭公路的，或者占用半幅公路进行作业，作业路段长度在2公里以上，并且作业期限超过30日的，除紧急情况外，公路养护作业单位应当在作业开始之日前5日向社会公告，明确绕行路线，并在绕行处设置标志；不能绕行的，应当修建临时道路。

第五十二条 公路养护作业人员作业时，应当穿着统一的安全标志服。公路养护车辆、机械设备作业时，应当设置明显的作业标志，开启危险报警闪光灯。

相关案例

◎ 典型案例

覃某诉新疆某热力公司、某物业公司侵权责任纠纷案【人民法院案例库：2024-16-2-504-001】

裁判要旨：在公共场所或者道路上挖掘、修缮安装地下设施等造成他人损害，施工人不能证明已经设置明显标志和采取安全措施的，应当承担侵权责任。受害人是否系本小区居民，并不影响施工人侵权责任的承担。双方均有过错的，按照各自过错承担相应责任。

本案中，施工时，案涉小区处于正常使用状态，物业管理公司仍应负有一定的管理职责，但某物业公司同新疆某热力公司共同设置警戒线和围栏的行为，已明确表明其尽到了管理职责，故原告请求被告某物业公司承担侵权损失的诉讼请求，法院不予支持。被告新疆某热力公司作为施工方虽然对施工现场设置了明显标志，但未能证明采取了安全有效的措施，应承担相应的赔偿责任。原告作为未成年人，对复杂环境的危险性及自身行为的后果缺乏基本的判断，风险认知能力有限，其父母未尽到审慎的看护义务，也存在一定的过错，对其损害后果的发生亦应当承担责任。

靖远县兴某子川人饮供水工程管理所等诉靖远县北滩乡隆某瓦厂财产损害赔偿纠纷案【（2017）最高法民申3370号】

裁判要旨：隆某瓦厂所受损害系兴某子川人饮工程存在工程质量缺陷，洪水沿该人饮工程管沟进入隆某瓦厂内造成。供水工程管理所作为该项工程设施的运行管理部门，水务局作为该项工程的出资建设及行政主管部门，均负有防止他人因该项设施遭受损害的义务。现供水工程管理所、水务局未能提供充分证据证实其已尽到管理职责，根据上述法律规定，其应对隆某瓦厂所受损害承担侵权责任。供水工程管理所、水务局主张案涉工程由甘肃宏某工程建筑有限公司承建，其未参与案涉工程的设计与施工，因该事实并不能减轻其对案涉工程负有的管理职责，故供水工程管理所、水务局关于其不存在侵权行为的申请再审理由，本院不予支持。根据上述法律规定，本案应适用过错推定原则，供水工程管理所、水务局未能提供证据证实损害结果与其无关，故关于其不存在主观过错的申请再审理由，本院亦不予支持。本案中，强降雨仅为损害发生诱因，根据交某检测公司出具的鉴定意见，隆某瓦厂因水浸淹的事实与水务局铺设供水管道的行为之间存在因果关系，二审法院据此判令供水工程管理所、水务局承担全部赔偿责任并无不当。

舒某某诉江苏润某交通工程集团有限公司地面施工损害责任纠纷案【（2014）扬民终字第1494号】

裁判要旨：江苏润某交通工程集团有限公司作为施工人，未在具有安全隐患的涵洞口设置明显安全警示标志，设置的发光锥体在无路灯或汽车灯照射的情形下警示作用较小，难以引起行人注意并起到足够警示作用，不能避免风险。同时，事故发生时该施工路段东向半幅路处于南北通行状态，西面半幅路处于南北封闭状态，东西向未封闭。舒某某家住施工路段西侧，于晚22时左右由东向西回家并无不当，事故发生在夜晚且无路灯照明，舒某某无能力判断事发路段存在危险,对事故发生不存在过错,故其不应自担损失。根据当地派出所出具的情况说明,可以认定当晚有两名行人因夜晚视线不好掉落事发涵洞受伤,这也说明江苏润某交通工程集团有限公司确实未尽基本的警示和保障义务,舒某某对掉落涵洞无过错。

图书在版编目(CIP)数据

民法典实务手册. 侵权责任编 / 刘凝编著. -- 北京：中国法治出版社, 2025. 2. -- ISBN 978-7-5216-4839-3

Ⅰ. D923.05

中国国家版本馆 CIP 数据核字第 20246PW574 号

策划编辑：王彧　　　　责任编辑：王悦　　　　封面设计：周黎明

民法典实务手册. 侵权责任编
MINFADIAN SHIWU SHOUCE. QINQUAN ZERENBIAN

编著/刘凝
经销/新华书店
印刷/三河市紫恒印装有限公司
开本/880 毫米×1230 毫米　32 开　　　　　　　印张/8.625　字数/356 千
版次/2025 年 2 月第 1 版　　　　　　　　　　　2025 年 2 月第 1 次印刷

中国法治出版社出版
书号 ISBN 978-7-5216-4839-3　　　　　　　　　　　　定价：35.00 元

北京市西城区西便门西里甲 16 号西便门办公区
邮政编码：100053　　　　　　　　　　　　　传真：010-63141852
网址：http://www.zgfzs.com　　　　　　　编辑部电话：010-63141830
市场营销部电话：010-63141612　　　　　　印务部电话：010-63141606

(如有印装质量问题，请与本社印务部联系。)